U0572983

BLUE BOOK

智库成果出版与传播平台

传媒蓝皮书

BLUE BOOK OF
CHINA'S MEDIA

中国音频传媒发展研究报告
（2020）

REPORT ON DEVELOPMENT OF CHINA'S AUDIO
MEDIA (2020)

主　编／申启武　牛存有

社会科学文献出版社
SOCIAL SCIENCES ACADEMIC PRESS（CHINA）

图书在版编目（CIP）数据

中国音频传媒发展研究报告. 2020 / 申启武，牛存
有主编. —— 北京：社会科学文献出版社，2020.11
（传媒蓝皮书）
ISBN 978 - 7 - 5201 - 7413 - 8

Ⅰ. ①中… Ⅱ. ①申… ②牛… Ⅲ. ①音频技术 - 传
播媒介 - 产业发展 - 研究报告 - 中国 - 2020 Ⅳ.
①G219. 2

中国版本图书馆 CIP 数据核字（2020）第 190541 号

传媒蓝皮书
中国音频传媒发展研究报告（2020）

主　　编 / 申启武　牛存有

出 版 人 / 谢寿光
责任编辑 / 张建中　周　琼

出　　版 / 社会科学文献出版社 · 政法传媒分社 （010）59367156
　　　　　 地址：北京市北三环中路甲 29 号院华龙大厦　邮编：100029
　　　　　 网址：www.ssap.com.cn
发　　行 / 市场营销中心 （010）59367081　59367083
印　　装 / 天津千鹤文化传播有限公司

规　　格 / 开 本：787mm × 1092mm　1/16
　　　　　 印 张：24.75　字 数：369 千字
版　　次 / 2020 年 11 月第 1 版　2020 年 11 月第 1 次印刷
书　　号 / ISBN 978 - 7 - 5201 - 7413 - 8
定　　价 / 148.00 元

本 书 出 品 方

中科网联数据科技有限公司
（原尼尔森网联媒介数据服务有限公司）
暨南大学新闻与传播学院

《中国音频传媒发展研究报告（2020）》
课 题 组

组　长　申启武　牛存有

成　员　（以姓氏拼音为序）

陈叶红	崔玲玲	龚　捷	郭　倩	李　玥
李颖彦	卢文兴	覃　榕	覃信刚	沈蕙质
孙琳琳	孙鹿童	孙式良	童　云	涂有权
王　宇	王岚岚	武晓毓	徐博阳	杨晓玲
于　丹	苑振扬	张　琳	张　天	张　洋
张　铮	赵海静	赵彦佩	周晓杏	

主编简介

申启武 暨南大学新闻与传播学院广播电视系主任、教授、博士生导师，拥有十余年的媒体工作经历，主要从事广播理论、实务的教学与研究，兼及新媒体、广播影视艺术和纪录片研究；主持国家广电总局社科研究项目重大课题与一般课题、国务院侨务办公室人文社科一般项目、广东省社科基金一般项目、广东省高校人文社科重点研究基地重大项目及中国广播电视协会一般课题等；发表论文 80 多篇，出版专著 6 部，主编著作 3 部；获第十一届全国广播电视学术论文评选一等奖，第六届全国广播电视学术著作评选二等奖，广东省广播影视奖社科论文类一等奖、二等奖，并有作品获 2000 年度、2001 年度、2002 年度"中国广播文艺奖"一等奖，一件作品获"中国广电学会广播文艺专家奖"一等奖。兼任中国广播电影电视社会组织联合会特邀理事、中国高校影视学会理事、中国高校影视学会广播专业委员会副主任委员兼秘书长、全球修辞学会——视听传播学会副会长、《中国广播电视学刊》编委，连续多年担任广东省广播影视奖评委以及第 20、23、25 届中国新闻奖评委。

牛存有 中科网联数据科技有限公司（原尼尔森网联媒介数据服务有限公司）副总裁，聚焦广播受众研究、节目运营、广告经营以及媒体融合等领域 20 余载，尤其擅长数据分析，近年来在《中国广播》等学术期刊发表论文 40 多篇，在广播媒体的发展趋势研究以及新技术应用领域有着丰富的实践经验。对媒体受众研究与市场分析有着深厚的理论基础和实战经验，对广播行业的跨媒体融合和经营有着独到的见解和观察。

摘　要

　　《中国音频传媒发展研究报告（2020）》由中科网联数据科技有限公司（原尼尔森网联媒介数据服务有限公司）和暨南大学新闻与传播学院联合编纂，凝结了中国广播以及音频传媒业界、新闻传播学界和相关媒介数据研究公司专业人士的智慧，以移动互联网传播环境下中国音频传媒的发展现状为基本视角，透视传统广播和移动音频之共生相融关系，为广播媒体的融合发展以及音频传媒在融合与创新中"走自己的路"提供系统化的探索与思考。

　　报告涵盖了中国音频传媒发展的基本生态：传统广播、移动电台、移动音乐、有声阅读和语音直播。通过翔实的数据和实际案例全场景地描述了音频传媒的市场发展状况和创新成果，对传统广播的融合升级进行了客观回顾和系统总结。2019 年，中国音频传媒生态得到进一步规范，广播媒体通过社交平台、第三方音视频平台与短视频平台的入驻与搭建音视频平台，进行全形态生产与全平台分发，从多元媒介的"相加"逐渐走向融合发展的"相融"。媒体深度融合过程中的数字和通信、大数据技术赋能，使广播媒体的内容生产能力和创新能力在最活跃的互联网生产和传播线上得以释放。广播媒体生态圈正在形成"传统传播模式＋移动互联网传播模式"的音频生态圈，音频听众的媒体接触习惯以及收听行为具有相对典型的互联网属性和特征，这不仅改变了广播媒体的内容传播路径，也丰富了广播作为音频媒体的内容生产模式和信息传播方式，同样也深刻地影响着广播媒体的融合发展策略，对广播媒体的融合发展产生着重要的影响。全国各级广播媒体转变经营思路和策略，积极探索活动营销、融媒传播、MCN 领域与多元化产业延伸，形成了广播媒体未来发展的新方向与新动力。

　　广播媒体通过融合传播，极大地增强了广播媒体的传播价值与营销价

值。通过全面评估广播媒体网上网下一体化传播以及全网舆情影响力与融合传播效果，我们可以全面认知广播媒体价值，发掘广播媒体融合传播闪光点，强化广播主流媒体的舆论导向作用，用数据展现广播媒体舆论引导、思想引领、文化传承、服务人民的高位传播效果和价值。

关键词： 音频传媒　音频听众　融媒转型　音频舆情影响力

目　录

Ⅲ 网络音乐篇

Ⅳ 网络电台篇

Ⅴ 网络听书篇

Ⅵ　附录：数据篇

皮书数据库阅读**使用指南**

总 报 告

General Report

B.1

在融合与创新中"走自己的路"

——2019年中国音频传媒发展报告

覃　榕　覃信刚*

摘　要： 2019年，中国音频传媒行业在国家政策法规的指引下，在移动互联网、5G等新技术赋能下，进行融合传播与转型发展，走自己的路，取得了明显成效。这一年，相关政策法规不断出台，全国音频领域生态治理进一步加强，媒体融合向纵深发展，重大活动精彩纷呈。音频传媒行业坚定意志走自己的路，在精准扶贫中精准传播，合伙车联网、布局车载音频市场。新型节庆迸发新活力；儿童音频赋能全场景生态；听书成为新增长点；智能音箱进入黄金期，壮大音频市场。但是

---

* 覃榕，暨南大学新闻与传播学院博士研究生，研究方向为新闻传播学与广播电视学；覃信刚，云南师范大学传媒学院教授，博士生导师，云南广播电视台原台长，高级记者（二级），研究方向为广播电视学与新闻学。

音频影响力与传统广播的声量仍然存在不足，未来整个行业需继续通过融合创新壮大音频主阵地。

关键词： 传统广播　网络音频　媒体融合　场景匹配

2019年，是新中国成立70周年，也是决胜全面建成小康社会的关键之年。这一年，中国音频传媒在融合与创新中"走自己的路"，全国从中央到地方的广播与电视台已全部合并（出于个别因特殊原因分离的除外），少部分省市广播电视台开始与报纸合并，县级融媒体中心建设正如火如荼地进行，网络电台、网络音乐、网络听书与时俱进，音频传媒步入稳定发展时期。

一　新规范不断出台，音频领域生态治理进一步加强

2018年，国务院、国家有关部门颁发涉及视听新媒体的相关政策法律法规共17项，如全国"扫黄打非"办公室、工信部、公安部、文化和旅游部、国家广播电视总局（简称"国家广电总局"）、国家互联网信息办公室（简称"国信办"）8月下发的《关于加强网络直播管理工作的通知》，国家广播电视总局11月下发的《关于促进智慧广电发展的指导意见》《关于进一步加强广播电视和网络视听文艺项目管理的通知》（广电发〔2018〕276号），国务院办公厅12月18日印发《关于文化体制改革中经营性文化事业单位转制为企业和进一步支持文化企业发展两个规定的通知》（国办发〔2018〕124号）等，为音频传媒的健康发展保驾护航，行业管理不断细化并得以落实。

在相关政策、法律法规的引导下，网络音视频的不良现象有所改观。2019年，国家有关部门继续采取良法善治，推动音视频的发展。2月，国家广电总局出台《关于网络视听节目信息备案系统升级的通知》（广电办发〔2018〕158号），颁布了节目备案新规定，这一举措可以有效地把控好网络

作品的内容质量关，特别是可以规避粗俗的网络作品进入市场。3月，国家广电总局牵头组织召开了《网络音频应用的开放式控制架构第1部分：框架》《网络音频应用的开放式控制架构第2部分：类结构》《网络音频应用的开放式控制架构第3部分：用于 TCP/IP 网络的协议》三项广播电视行业标准审查会。[①] 3月29日，国家广电总局发布《未成年人节目管理规定》（国家广播电视总局令第3号），紧紧围绕着引导、规范未成年人广播电视和网络视听节目创作、制作和传播，设定了一系列制度措施。8月，国家广电总局印发《关于推动广播电视和网络视听产业高质量发展的意见》，强调谋划实施好广播电视节目、网络视听节目等重点创作规划，与广电5G网络建设一体化推进。

在习近平总书记提出要抓好县级融媒体中心建设后，中宣部加快推进县级融媒体中心的建设，召开现场会，提出在2020年完成1887个县级融媒体中心的建设。2019年，中宣部、国家广电总局出台了5部规范标准，分别为1月15日中宣部、国家广电总局颁发的《县级融媒体中心建设规范》，国家广电总局颁发的《县级融媒体中心省级技术平台规范要求》；4月9日，中宣部、国家广电总局出台了《县级融媒体中心网络安全规范》《县级融媒体中心运行维护规范》《县级融媒体中心监测管理规范》，对县级融媒体中心的功能、基础设施配套、省级技术平台、网络安全、总体架构等提出了要求，这有利于县级融媒体中心规范运行。

11月，国信办、文化和旅游部、国家广电总局联合下发《网络音视频信息服务管理规定》，对网络音视频信息服务的制作、发布等做出了明确规定。

12月15日，国信办为营造良好的网络生态，保障公民、法人和其他组织的合法权益，维护国家安全和公共利益，颁发第5号令《网络信息内容生态治理规定》，并于2020年3月起施行。

---

① 《总局科技司关于对〈网络音频应用的开放式控制架构第1部分：框架〉等三项广播电视行业标准进行公示的通知》，http://www.nrta.gov.cn/ant/2019/4/16/art _ 113 _ 42597. html。

过去，网络音视频管理规范的缺失和不到位，节目制作、传播暴露出诸多问题。音视频主播穿着暴露、言语粗俗、行为恶劣，通过"送福利"等方式吸引用户进行高额打赏的现象频频发生；县级融媒体中心建设也暴露出建设不规范等问题。有关部门通过政策引领、行为规范，促进音频行业安全有序发展，营造清朗的网络空间，音频领域生态治理进一步加强。除此之外，2019年，国家广电总局继续引导和鼓励优秀网络视听节目制作播出，根据《网络视听节目内容建设专项经费使用管理暂行办法》和《网络视听节目内容建设扶持项目评审章程》，通过自下而上推荐及专家评审委员会审议，确定了2019年度优秀网络音频节目，引导音频节目健康发展。

表1　2019年度优秀网络音频节目

序号	作品名称	推荐机构	出品机构	版权所属机构	作品时长(分钟)
1	文学40年,我们共同见证	中央广播电视总台央广	中央广播电视总台央广	中央广播电视总台央广	25
2	李爷爷的旅游纠纷	天津广播电视台经济广播	天津广播电视台经济广播	天津广播电视台经济广播	16
3	开国前夜	安徽广播电视台	安徽广播电视台"达耳闻"新媒体领导小组办公室	安徽广播电视台	6
4	听见新军营	军委政治工作部网络舆论局、上海证大喜马拉雅网络科技有限公司	军委政治工作部网络舆论局、上海证大喜马拉雅网络科技有限公司	军委政治工作部网络舆论局、上海证大喜马拉雅网络科技有限公司	13

资料来源：魏党军、祝燕南：《中国视听新媒体发展报告（2020）》，中国广播影视出版社，2020，第374页。

二　媒体融合向纵深发展，音频传媒相向而行

2014年，中共中央出台《关于推动传统媒体和新兴媒体融合发展的指导意见》，正式启动了我国媒体融合发展步伐，因而2014年也被称为媒体融

合元年。2016 年 2 月 19 日，习近平在党的新闻舆论工作座谈会上指出，媒体融合要从"你是你、我是我"变成"你中有我、我中有你"，进而变成"你就是我、我就是你"，着力打造一批新型主流媒体。2018 年 8 月 21 日，在全国宣传思想工作会议上，习近平提出要抓好县级融媒体中心建设，打通媒体融合"最后一公里"。2019 年 1 月 25 日，在中共中央政治局第十二次集体学习讲话中，习近平强调，推动媒体融合发展、建设全媒体成为我们面临的一项紧迫课题。要运用信息革命成果，推动媒体融合向纵深发展，做大做强主流舆论，巩固全党全国人民共同的思想基础。2019 年 10 月 31 日，党的十九届四中全会通过的《中共中央关于坚持和完善中国特色社会主义制度 推进国家治理体系和治理能力现代化若干重大问题的决定》指出，要激发全民族文化创造力，更好构筑中国精神、中国价值、中国力量……要构建网上网下一体、内宣外宣联动的主流舆论格局，建立以内容建设为根本、以先进技术为支撑、以创新管理为保障的全媒体传播体系。

2019 年，全国省级电台与电视台全部合并，其中，天津广播电视台、宁夏广播电视台与各自的报业集团已宣布整合在一起，构建融媒体中心。全国州、市级电台与电视台除个别特例，已全部合并，同时又有 20 余家州、市级广播电视台与报社合并，这从组织架构上助力了音频生产。全国 1887 家县级融媒体中心建设于 2018 年第四季度启动后，在 2019 年已有贵州、天津、江西、上海、新疆、黑龙江、青海等多个省份全部挂牌。

县级融媒体中心建设在音频建设方面有多项硬性指标，如应急广播的建设。虽然具体运行要看具体情况，但总体情况对音频发展有利。中央人民广播电台、中国国际广播电台、中央电视台合并后，2019 年致力于音视频平台的打造，其国家级 5G 声音新媒体平台正紧锣密鼓地构建，将于 2020 年第一季度推出。

2019 年，全国共有报纸 2700 余种，除 830 余种企业报、高校校报、同一报纸的不同地方版外，大多数报纸朝着全媒体方面发展，部分报社已成功转型，融合发展，组建了全媒体机构，如《人民日报》《光明日报》等报纸，不但推出视频，也推出音频产品，其中有的已成为爆款产品。

在媒体融合过程中，传统广播的新闻类广播节目涉入深水区。山东新闻广播在融合与创新中"走自己的路"，大胆创新新闻形态，在广播新闻界推出"手机节目"，以适应当代用户"移动阅听"的需求。到 2019 年年底，已成功举办了 50 多场手机直播，累计观看 3000 多万人次，留言 260 多万条。山东新闻广播注重内容的策划、筛选，其《双十一驾到》单场直播观众人数突破 400 万，留言 50 多万条。① 11 月 13 日，福建新闻广播全新融媒体直播间启用，新闻广播走向全媒体、全场景、全用户的生态环境。

同时，以 BAT 为代表的互联网"大鳄"发展成为新媒体行业的头部企业。这些头部企业创新发展打造的微信、今日头条、抖音、百度百家等，成为传统媒体青睐的平台型媒体，几乎所有的报纸、广播都选择性地进驻这些主要平台，其音频节目也有一定的发展。中科网联数据科技有限公司 2019年监测的全国省会城市级及以上 204 套新闻、交通与音乐类广播频率中，微博、微信、蜻蜓 FM 平台的入驻/覆盖率均超过 95%，喜马拉雅入驻/覆盖率达到 75%，今日头条、抖音平台的入驻/覆盖率均在 65% 左右，在各大平台总入驻账号数量达到 1037 个，平均每套频率在主要平台开通的账号数量达到 5.08 个，其中交通类频率在各大平台总入驻账号数量达到 348 个，占比为 33.5%，平均每套频率在主要平台开通的账号数量达到 5.7 个，② 占有领先优势。广播融合发展态势较好，但仍需继续努力。

2019 年，国家广电总局在全国开展了广播电视媒体融合先导单位、典型案例、成长项目征集评选工作，经过初评、复评、终评并公示，共评出湖北长江云新媒体集团有限公司、芒果超媒股份有限公司、上海广播电视台东方广播中心等 10 家先导单位；评选出浙江省安吉县广播电视台媒体智慧化融合案例、安徽广播电视台"海豚听听"App、陕西省渭南广播电视台媒体

① 肖家鑫：《手机节目，打造媒体融合"轻骑兵"》，人民网－传媒频道，http：//m2. people. cn/r/MV8xXzMxMjcyOTMzXzE0Njc3XzE1NjQ3MTMyNDI＝。

② 数据来源：中科网联数据科技有限公司全国 204 套广播频率融媒传播全网监测及效果评估。城市范围：全国 35 城市，包括所有直辖市、计划单列市和省会城市（除拉萨）；频率层级：国家级、省级、市级；频率类型：新闻类、交通类、音乐类；时间周期：2019 年度。

融合实践等 15 个典型案例；评选出山东广播电视台闪电新闻客户端、广东广播电视台粤听 App、西藏人民广播电台中国西藏之声 App 等 14 个融合成长项目。这些评选充分肯定了音频传媒的融合发展，并继续推动音频传媒融合向纵深发展。

三　全力做好统筹引导，重大活动精彩纷呈

2019 年，重大事件、重大活动较多。广播传媒按照中央要求，分别投入全国两会、省市两会、第二届"一带一路"国际合作高峰论坛、纪念五四运动 100 周年大会、亚洲文明对话大会、第七届世界军人运动会、庆祝澳门回归祖国 20 周年等重大宣传活动中，全力做好统筹引导，使重大活动高潮迭起，精彩纷呈，有力彰显了主流媒体主阵地、主力军的地位与作用。

2019 年初，央广组织 130 多名编辑和记者深入基层一线，展开庆祝中华人民共和国成立 70 周年系列报道之"新春走基层"，采写播发报道 600 多篇。3 月，国家广电总局和中央广播电视总台联合启动"歌唱祖国·一首歌一座城"活动，走进全国 62 座城市，唱响了 62 首爱国歌曲，并展播了一个月。3 月 29 日，全国百城百台交通广播记者走进武汉军运会主题采访活动在湖北武汉启动，全国 130 多家交通广播的 200 多名记者齐聚江城武汉，集中采访报道筹备中的武汉军运会，并充分展示大江大河大武汉的崭新形象。5 月 3 日，广东广播电视台 70 位广播主持人、记者、编辑为祖国准备了一份"声音礼物"，共同高唱《我和我的祖国》，用歌声表达了对新中国 70 华诞的祝福。5 月 29 日，中国广播电视社会组织联合会有声阅读委员会组织策划的"70 年、70 位老播音员、演播艺术家代表作品展播"活动在四川省成都市启动。9 月 2 日，由中国广播电视社会组织联合会文艺委员会、湖北广播电视台音乐广播事业部共同组织的"我的中国心——这首歌从这里唱响"大型展播活动开启，选取了 35 首反映中华人民共和国 70 年历程的经典歌曲及其背景故事在全国 32 家电台同时展播，反响热烈。同月，中国广播剧研究会启动"2019 全国优秀广播剧展播"活动，40 部作品均获过

"五个一"工程奖等大奖,带给用户强烈的震撼,深受好评。

在国家广电总局组织的"我们的70年"主题宣传活动中,喜马拉雅成为唯一音频传播平台。这家音频传媒开设70年节目专区,上线近200个相关专辑,超过13000集节目,其合作的有声书、纸质书同步上线,海量传播,影响空前,抖音音乐王菲版《我和我的祖国》多日保持"DOU听音乐榜"冠军。

10月1日,中国之声等多个频率对中华人民共和国成立70周年庆祝大会、阅兵式、群众游行和联欢活动的直播,被专家称为央广历史上同类直播中质量最高的直播,中科网联数据科技有限公司数据显示,当日直播节目累计触达21000万城市核心人群。[①] 国庆当天,全国各级广播传媒的主频率对两场重大活动进行了转播,网络视听新媒体对庆祝中华人民共和国成立70周年4场重大活动进行了网上传播,中华人民共和国70周年庆典的音频传播可谓浓墨重彩。

相比较而言,地方电台的节目受覆盖限制,很难产生全国性的影响。但电台加盟联播网,便可解决这一难题。早在1926年,美国广播从业人员似乎就看到了这个问题,美国全国广播公司成立新的广播网,节目由遍布全国的电台播出,大获成功。我国与美国体制不同、文化不同,广播电视开办主体不同,省级单位不会开办全国性的电台,但纵向合办节目是常有的事。湖南电台为庆祝中华人民共和国成立70周年,策划了《我家住在解放路》的联播节目,在2月通过微信公众号"电台工厂"向全国广播电台征集,有超过130家电台报名参与,湖南电台联络了天津、石家庄、唐山、张家口、太原、临汾、赤峰、巴彦淖尔、沈阳、大连、抚顺、锦州、长春、吉林等地70家电台参与报道。"从中国共产党诞生地上海,到改革开放前沿深圳;从解放的第一座大城市哈尔滨,到高原明珠拉萨;从英雄之城南昌到转折之城遵义;从初心之城瑞金到幸福之城长沙;从中国最南端城市三亚到北国春城长春;从历史名城武汉到塞上名城银川……70个城市的70家电台通过不同

---

① 孟伟、宋青:《守正·跨界和高质量——2019广播音频媒体发展概述》,《中国广播电视学刊》2020年第2期,第26页。

的'我家'、不同的'解放路'、不同的'70 年',以及衣食住行等诸元素的有机结合,娓娓道出了 70 年'解放路'上的不平凡故事。"① 2019 年 7 月 23 日,湖南台携手人民日报全国党媒信息公共平台、腾讯新闻、芒果动听 App 及全国 107 家电台,长达 70 天联播这一节目。该节目在题材的选择上,坚持以人民为中心的理念,重点展现在"解放路"上发生的感人事迹。如《唐山的"康复"之路》,讲述的是河北唐山地震前、地震后解放路上的故事,因在地震中受伤而高位截瘫的市民在 43 年后的耄耋之年还坐着电动轮椅到解放路上看重建的那些"老字号";也讲述了 70 年的唐山老街解放路的变迁:"从解放路向西北方向看,2700 米外,唐山百货大楼、万达广场替代了解放路、老小山成为新型商圈,大型购物中心、国际生活超市、高档影剧院、甲级写字楼彰显着都市生活的多姿多彩。放眼唐山的东南西北,类似的商圈星罗棋布。"② 笔者听了这段音频,脑海至今仍不断闪现出这样的画面。贵州省遵义市解放路位于红花岗区子尹路与洗马路交接处,紧邻遵义会议会址纪念馆,是遵义市老城最繁华的路段之一。在这条路上,市民申家信生活了 79 年。20 世纪 70 年代,申家信攒了 3 个月的工资,花 100 多元买了台海鸥牌相机,50 多年来,他用镜头记录了遵义包括遵义解放路上万幅珍贵的画面,遵义几十年翻天覆地的变化展现在人们眼前。这样的音频也给人留下生动的记忆。

《我家住在解放路》每期节目 8 分钟,2019 年 7 月 23 日在全国广播电台上线,湖南台还创作声音海报、专属节目推广曲等进行推广。根据中科网联数据科技有限公司调查数据,该节目全国累计触达 4142.05 万人,累计覆盖 6.04 亿用户,相关新闻阅读量 3.8 亿人次。③ 同名 37 万字的图书于 2019 年 9 月出版,书中每篇文章匹配二维码,扫码便可回听音频节目。该书已发行 5 万余册,在近几年广播节目图书中是少有的。

---

① 湖南广播电视台广播传媒中心:《我家住在解放路》,山西教育出版社,2019,第 328、13 页。
② 湖南广播电视台广播传媒中心:《我家住在解放路》,山西教育出版社,2019,第 328、13 页。
③ 钟启华:《融出广播传播新样态——大型广播融媒体产品〈我家住在解放路〉创作谈》,《中国广播》2020 年第 1 期。

四 走自己的路，开启广播频率全新之旅

2019 年上半年，全国传统广播广告市场出现同比下降的趋势，过了几十年"好日子"的广播人深感广播已失去了昔日风光，寒冬来临。于是，广播业务骨干跳槽，压缩节目栏目的事不绝于耳，高校有的专家在课堂上也谈道："广播将消亡。"在这样的形势下，从中央到地方的许多电台纷纷改版，以适应时代的需要。特别值得一提的是，中央广播电视总台央广逆势而行，开办了两套全新的节目：《粤港澳大湾区之声》与《阅读之声》。

中央广播电视总台组建后，在全国分片布局新的融合机构，总台在广州设立粤港澳大湾区总部、广东总站，在深圳设立大湾区新闻采编中心，设有节目制播、新媒体制作等平台。9 月 1 日，总台粤港澳大湾区之声（FM102.2/AM1215）开播。定位于"一流湾区、一流生活"的《粤港澳大湾区之声》，面向 5.6 万平方公里、拥有 7000 万人口的大湾区播出，及时传播中央权威声音，传播粤港澳大湾区国家战略实施的鲜活事例，传递"一国两制"事业发展新经验，开播后引起热烈反响，被《中国广播》编辑部与中国传媒大学新闻学院评为"70 年，70 个难忘的广播记忆"之一。

有声阅读是互联网广播的一大热门，一些商业头部平台如阿里、今日头条、腾讯、百度、喜马拉雅都有有声阅读内容，这些内容丰富多彩。中华人民共和国成立之初，中央人民广播电台于 1950 年 4 月创办了《故事讲述》节目，1954 年 8 月改为《讲故事》，长篇小说《铜墙铁壁》《铁道游击队》的播出，曾吸引了成千上万的听众。1958 年 5 月，中央人民广播电台又开办"长篇小说连播"，播出《青春之歌》《林海雪原》《红岩》《苦菜花》等新评书，同样受到听众喜爱。进入新时代，互联网时代的听众与传统广播不同。为了适应这一变化，中央广播电视总台央广改革创新，于 10 月 21 日将《娱乐广播》更名为《阅读之声》，开启全天 21 小时书香之旅。《阅读之声》打出的口号是"听书，听世界"，对开始曲、栏目进行了全新包装，著名作家梁晓声、徐则臣，人民文学出版社社长藏永清，演播艺术家李野墨、徐涛、艾宝良、王明军、雅坤等深情祝福。阅读之声适应互联网、移动互联网的需求，以 30 分钟、60 分钟为单元，开办了全新栏目《畅销书屋》《名篇经典》《纪实春秋》等，并在微信、微博、抖音播出，特别是每天鲜活的独家专访，热辣的文艺资讯，吸引了不少用户收听。传统广播与互联网音频融合，一次生成，多终端发布，这种模式值得大力探索。

在此之前的 7 月 10 日，北京人民广播电台发起成立"融媒体声音联盟"，这是融媒体声音的融合，开启了传统广播"走自己的路"的另一种模式。北京市的下属电台以及周边广播融媒体中心参加了声音联盟，走向了声音融合传播之旅，其影响力也将逐步辐射。这种区域式的声音联盟，可以为数字音频添砖加瓦，也值得一提。

五　拓展声景空间，在精准扶贫中精准传播

脱贫攻坚是中国进入新时代面临的三大战役之一，坚决打赢脱贫攻坚战，是实现共同富裕和全面建成小康社会的重要途径。2019 年 10 月 17 日，习近平总书记在第六个国家扶贫日到来之际强调：当前，脱贫攻坚已到了决战决胜、全面收官的关键阶段，各地区各部门务必咬定目标，一鼓作气，坚决攻克深度贫困堡垒，着力补齐贫困人口义务教育、基本医疗、住房和饮水安全短板，确保农村贫困人口全部脱贫，同全国人民一道迈入小康社会。[①] 从 2015 年 11 月中共中央、国务院发布《关于打赢脱贫攻坚战的决定》以来，全国从中央电台到地方电台，在早、中、晚新闻节目以及农村广播、民族语广播节目中加大了脱贫攻坚的宣传力度，在 2019 年更是形成了高潮。

云南广播电视台民族语广播就是精准传播、助力脱贫攻坚中的精准扶贫、

---

① 《习近平对脱贫攻坚工作作出重要指示强调　咬定目标一鼓作气　确保高质量打赢脱贫攻坚战　李克强作出批示》，人民网，http://henan.people.com.cn/nz/2019/1017/c351638-33445975.html。

推动频率创新发展的代表性频率之一，具有诸多特点。其一是该频率用5种民族语广播，声景丰富。2019年，云南广播电视台民族语广播开展"行进新时代，奋斗出幸福——云南'直过民族'与人口较少民族精准脱贫大型融媒体系列直播"，历时一年，行程上万公里，聚焦云南11个"直过民族"与人口较少民族的生活。① 在直播中，云南民族语广播把人声作为"声景"的首要声音建构，除了11种民族语言，还加入了未单独做节目的杂居的其他民族语言，其"圈子"逐步扩大。其二是传递标志性声音。就是传递那些民族共同体独有的声音、这些声音在精准扶贫奔小康中的变化，如景颇族的大型歌舞"目瑙纵歌"、傣族泼水节泼水的狂欢声，云南民族语广播把它们作为标志乐，通过社交媒体发布，使群众百听不厌。其三是采用自然的声音，如各种水声、火声等。11场直播均采取汉语普通话＋民族语言"双语"直播，既能通过传统省、市广播收听，也可以通过云南广播电视台七彩云、云视网、云南手机台、七彩云端App、云南台抖音号收听收看，更可以使用蜻蜓FM收听，或使用民族语广播微信公众号"云南民族语广播""拉祜雅""相丽勐傣""傈僳傈瓦""傣泐金湾""景颇微社区"和有关市县手机App等社交媒体收听收看。

内蒙古广播电视台与内蒙古43个贫困旗县签订了广告精准扶贫的合作协议，提供总计8000万元以上的广告资源助力内蒙古扶贫工作，扶贫广告在内蒙古广播电视台的8个频率和8个频道高频次播出。未来，内蒙古广播电视台广告精准扶贫项目将着力在扶贫对象、广告内容、传播受众"三精准"上下功夫，继续扩大扶贫广告宣传覆盖面。

为了帮助村民摆脱贫困，促进贫困地区农产品销售，打好精准扶贫攻坚战，践行国家乡村振兴战略，黑龙江广播电视台充分发挥平台功能及资源优势，借助互联网优势，一方面帮助贫困户拓宽销售渠道，激发他们生产劳作的积极性，通过劳动获得有尊严、可持续的收入；另一方面，让广大消费者

---

① 李建文、谭宇：《回应时代之问 唱响民族之声——云南广播电视台精准脱贫融媒体系列直播评析》，《中国广播》2020年第1期，第29页。

通过"以购代捐"的形式，优先购买贫困地区、贫困户的农产品，通过日常消费，达到奉献爱心的目的。

新疆广播电视台坚持"全台一盘棋"，采用新闻报道、公益广告、短视频、H5 等多种形式，打通大屏小屏、网上网下，以全媒体报道、互动式传播形成强大合力，为全区上下贯彻落实党中央关于脱贫攻坚的各项决策部署营造浓厚舆论氛围。在重点专题节目《新广行风热线》《金土地》《新疆企业之声》《新疆是个好地方》中开设了"坚决打赢脱贫攻坚战"专栏，及时播发全疆各地坚决打赢脱贫攻坚战的经验、做法，用好的脱贫故事鼓舞激励各族群众积极脱贫致富奔小康。同时，推出"广告精准扶贫项目"，免费在广播电视节目中推广宣传南北疆特色农林果业产品、地理标志性产品、脱贫攻坚项目产品，为更多优质的农产品销售打开渠道，取得了良好的社会反响与经济效益。

六　音频平台合伙车联网，车载音频市场日趋火热

"作为典型的场景媒体，广播具有鲜明的场景特征，即人们在特定的场合和情景下优先使用广播媒介以满足获取信息、获取娱乐等要求。随着互联网特别是移动互联网时代的到来，曾经属于广播的独特场景也在被分化和争夺，而在这场景终端的市场竞争中，也已经开始出现音频媒体活跃的身影，力求抓住物联网新技术先机，重新夺回场景属地。"[1] 2019 年，"汽车依然是极其重要的广播音频应用场景。智能汽车代表着不同以往的新型汽车创新之路，它将为汽车带来海量的网络效应（network effects），而汽车也将转变为新兴的物联网平台"[2]。随着互联网巨头阿里巴巴、腾讯、百度加入车联网领域，车载音频市场逐渐火热起来，呈爆发式增长。

车载音频起源于汽车时代，无论美国、英国抑或我国。通常讲，车载音

---

① 孟伟：《互联网＋时代音频媒体产业重构原理》，中国广播影视出版社，2015，第 258 页。
② 李建刚：《5G 时代的音频业：场景延展与融合创新》，《中国广播》2020 年第 2 期，第 35 页。

频是指车辆在街道、公路的行驶场景中，通过相关音频设备以满足车内用户获取信息、娱乐等需求的媒介。我国成为汽车大国后，交通台在所有广播媒介中一枝独秀，单频创收从过亿元到 6 亿多元，成为全球创收最高的广播媒体。许多省级电台，只需交通台的创收，就可维持正常运转。但是近几年，广播创收不断下滑，交通台也不例外，商业头部平台合作车联网，对打造声音互联网无疑是一件有意义的事。

主流车载音频主要有调频和网络两种，收听情景有所不同。调频广播收听设备是汽车内置的 FM 终端，全部实时播出。网络音频收听设备为智能手机、车机等车内设备，收听则有音频直播、在线流播和缓存数字文件离线播放三种形式，且部分内容需付费收听，这与调频广播的收听有所区别。根据中科网联数据科技有限公司数据，2018～2019 年全国性电台的竞争力较 2017 年大幅提升，省级电台竞争力降中企稳回升，而地市级电台的影响力持续收缩，形成了明显的听众资源迁移过程。随着地市级电台从业人员的流失和节目水平的不断下滑，以及广告经营压力的逐步增大，这一趋势还将持续下去。

从近年来车载音频用户——私家车主收听的车载音频类型看，伴随着网络音频自身的用户增长和车载场景收听体验的提升，其影响力逐步增大，已有超越调频广播的发展势头。网络音乐、综合性音频平台与网络听书在私家车主的车载空间场景均拥有各自的影响力，而传统广播的听众群体趋于固化，用户规模的增长未能跟上国内私家车主数量的增长，影响力呈回落趋势。

作为国内代表性的综合网络音频平台，喜马拉雅与蜻蜓 FM 均在布局车联网，与汽车厂家合力打造车载智能终端入口。目前，喜马拉雅已和超过 95% 的汽车企业包括宝马、奥迪、特斯拉、捷豹、路虎等进行深入合作；蜻蜓 FM 与福特、沃尔沃、宝马、奥迪等品牌在内的多家车厂和 TSP 厂商合作，支持蜻蜓 FM 音频内容收听的汽车已达 800 万辆。网络音频平台对于车载智能端入口的投入，将进一步加剧车载空间场景的竞争，对传统的调频车载广播构成巨大威胁。

七 重大活动提质升级，新型节庆迸发新活力

随着在线音频内容的不断丰富，用户场景需求的进一步挖掘，高频率互动是提升消费升级的有效方式。2019 年，中国在线音频市场用户规模达 4.89 亿人，① 这与音频媒体开展的重大活动以及新型节庆有很大关联。

2019 年，一些"人民广播"的省市电台成立 70 周年，电台组织了与广播爱好者以及老广播的互动活动。1 月 17 日，天津人民广播事业创立 70 周年晚会在梅地亚大剧院举行，全新的《融·筑辉煌》声景音效极具震撼，感动了线上、线下收听观看的用户。5 月 27 日，上海人民广播电台举行 70 周年纪念大会，把为期 10 天的纪念活动推向高潮，充分展现了上海电台 70 年的辉煌以及地方省市电台的排头兵作用，形成音频收听热潮。10 月 20 日，广东人民广播电台开播 70 周年，以"大爱有声、声音致敬 70 年"为主题，从上午 10 点到晚上 22 点共举行了 12 个小时的大型融媒体传播活动，规模宏大，声音动人。11 月 7 日，是湖南人民广播电台创建 70 周年纪念日，湖南省委书记杜家毫致祝贺信，并称赞湖南电台 70 年取得的辉煌业绩，使座谈会收获满满。

业界的 70 周年庆祝活动往往展示声音传播的精华，对用户影响深刻，使其记忆长久。而其他大型活动也不可忽略，不但影响业内人士，也会影响用户，使之关注音频，重视音频，从而使用音频。

5 月 16 日，国家广电总局主办的第三届世界智能大会"AI 赋能智慧广电"首届广播电视人工智能应用创新发展论坛在天津举行。会议从战略高度深入推进人工智能与广播电视的融合，对新型广电主流媒体建设至关重要，是新时代新的顶层设计。

5 月 21 日，"2019 中国声音大会"在上海举行。大会以"跨界融合，

---

① 艾媒咨询：《艾媒报告｜2019～2020 年中国在线音频专题研究报告》，https：//www.sohu.com/a/ 360751085_ 533924？scm = 1002.44003c.fe017c.PC_ ARTICLE_ REC。

声音'智变'"为主题,共筑广播人与用户的"声音梦",活动较为新颖。阿基米德新媒体高峰论坛,聚焦5G时代音频产业的发展,阿基米德、攀登读书会、蜻蜓FM、程一电台以及天猫精灵、小米小爱等智能音箱企业代表欢聚一堂,共话音频融合发展,实践的经验总结、现实的智慧之路让人感到音频插上了腾飞的翅膀,声音正在产生"智变"。

5月27日,"第七届中国网络视听大会"在成都召开,下午举行了网络音频论坛,阿基米德CEO王海滨等代表就音频生态、打造融媒转型平台等内容进行了探讨,探讨中处处闪烁着前沿理念的火花,传播较广。

业界举办的这些活动遍地开花,处处产生影响。而互联网音频传媒则在"造节"上下功夫,节庆不断,使音频传媒处在一种节日的喜庆之中,收获频频。

5月18日,荔枝在成功举办第一届"荔枝声音节"活动的基础上,精心策划,为声音互联网添辉加彩,举办了第二届"荔枝声音节",将声音互动从线上引入线下,从网络空间引入现实空间,让声音爱好者享受了一场声音盛宴。

6月6日,喜马拉雅第三届"66会员日"盛情举办,这是为付费用户量身定制的会员日,以为其提供更为精准的会员服务。据喜马拉雅官网介绍,喜马拉雅海量内容包括有声书、新闻、相声段子、音乐、综艺娱乐、儿童、情感生活、评书、外语、广播剧、历史人文、百家讲坛、电台、健康养生、商业财经、汽车、旅游、电影、游戏等类型音频,上千万条声音。"66会员日"延续前两届的做法,在精准优质服务方面下了很大功夫,可满足会员多样化需求。

8月17~19日,荔枝策划的第二场活动"声音画像馆"快闪店浪漫开馆,这是新时代的新玩法,酷炫的声音装置让参与者互动玩声音,新奇的构想与亲密的行为,让用户浸沉在幻想与现实之中,这也是新时代音频媒体的新行为。

9月1日,蜻蜓FM精心打造了第二届"9·1倾听日",让用户聆听声音,享受声音,记住声音,回味声音,首次开启全场免费"畅听"活动,吸引了成千上万用户，累计带来 1.9 亿次收听量，影响力空前。[①]

11 月 15 日，2019 荔枝年度声典举行，黄金 IP 活动开启，这是声音互联网富有特色的典礼，颁发了有关奖项。

12 月 1 日，2019 年喜马拉雅"123 狂欢节"举办，狂欢节让用户真正狂欢，既留下了记忆，拓展了音频用户范围，又提升了影响力。

BAT 等商业头部平台相较于传统音频媒体举办节庆而言，省去了许多审批环节以及形式主义、空对空的"致辞""讲话"之议程，贴近现实，对拓展音频用户群体很有作用，但相对于传统音频而言，其高端性、精细化似乎显弱。

八 开发全新产品，儿童音频赋能全场景生态

儿童音频行业是一个巨大的市场，也是音频传媒关注的行业。在 4G 时代，儿童音频有了一定发展，取得一定成效，但总体来看仍比较弱势。2019 年，音频头部媒体懒人听书、喜马拉雅、荔枝、蜻蜓 FM 致力于儿童新产品的开发，赋能全场景生态。

1 月，懒人听书在辞旧迎新之际，推出儿童专用有声绘本 App "芽芽故事"，专注儿童音频市场；11 月，芽芽故事 App 再度拓展，推出"芽芽公版计划"，并发布首部作品《芽芽睡前故事》。有专家认为，传统广播、音频传媒有其时间性，睡前时间是听音频的黄金时段，《芽芽睡前故事》的首发，为音频时间打开了一扇窗口。

荔枝则推出"亲子宝贝"模块，致力于培养优质亲子主播。3 月，50 集儿童故事《小人国总动员》发布，这为儿童提供了足够数量的音频作品。7 月，又开展古诗朗诵打卡比赛，吸引从爷爷、奶奶、父母到幼年儿童更多的用户。

---

① 《Z 世代拥抱音频，蜻蜓 FM "9·1 倾听日" 00 后用户占比达 12%》，创业邦搜狐号，https://www.sohu.com/a/338855016_403354。

喜马拉雅在智能音箱上发力，面向儿童推出智能音箱晓雅 mini，还同步推出儿童专用 App（喜猫儿故事）。8 月，在"91 开学季"首发上线儿童版 App 专属会员卡。这些活动吸引了更多的儿童和家长参与。

蜻蜓 FM 自然不甘落后，主打儿童内容生态战略 kid inside，强化内容服务，全面覆盖智能音箱、儿童智能手表、智能手机三大主流收听终端，并与多个头部 IP 签约、协作，启动"儿童声优计划"，拓展儿童音频内容生态圈。赋能全场景生态，是音频内容类型化的一个大胆尝试。在全时空传播、全链接传播和全媒体传播的环境之中，儿童音频精耕细作，像《凯叔讲故事》做品牌一样，从内容、机制、品牌等方面入手，从而走进用户心灵。

《凯叔讲故事》创始人王凯是央视主持人，《凯叔讲故事》自 2013 年上线后，在 6 年多的时间里，王凯已经将其打造为中国音频内容的教育品牌。《凯叔讲故事》是以儿童天真的视角去看待世界，以海量内容为目标，沉淀累计播出了 2 万多个故事，其叙事结构庞大、内容繁多，比较受儿童喜爱。从早期的微信公众号发布，到荔枝、喜马拉雅播出，再到优酷、爱奇艺、乐视等平台传播，基本上做到了全时空、全链接、全媒体传播，赢得了听众青睐。而其背后，关键还有一套创新的机制作保障、支撑，这就是工作室制度、品控制度等。

九 满足用户需求，"听书"成为新的增长点

2019 年，共有 5000 多家机构媒体入驻喜马拉雅与蜻蜓 FM 等音频平台，加之入驻其他音频平台，可以说，全国的传统广播基本已进入互联网。而在传统广播中，听书是一项少不了的内容，除前述中央广播电视总台央广专门开办了类型化电台阅读之声外，其余电台根据定位，有的开办了《小说连播》《小说时间》，有的开办了《朗读者》《故事会》等。小说连播、评书类的听书、阅听，历史悠久，制作精良，在当今仍有一定市场。但与自媒体、社交媒体上的"听书"相比，又显老气，缺乏新意，吸引力不足。

从音频平台"听书"传播热度来看，2019 年，喜马拉雅、荔枝、蜻蜓

FM、企鹅 FM、考拉 FM（听伴）和懒人听书等音频头部媒体都开办了有声阅读节目，除了前列儿童类内容，这些音频传媒主打听书内容的不少，如喜马拉雅的《灵魂美文》、蜻蜓 FM《十点读书》、企鹅 FM《耳朵睡前听》、荔枝《爱读童书妈妈小莉》、考拉 FM（听伴）《十点读书》《十点听书》、懒人听书的《为你读诗》等。这些听书也引发了内容载体的进一步丰富。"小孩来了"听书客户端是北京师范大学音像电子出版社以"分享故事，快乐成长"为理念策划研发的 App，教育性与趣味性融合，搜索分享、录音并用，能为用户源源不断提供中国传统文化故事、惊险传奇故事、外国经典童话故事，其产品形态、传播方式较之传统模式有了较大拓展，合作载体包括移动端、智能音箱以及智能机器人。由此，不受时间、空间限制，需要什么类型就收听什么类型的听书市场方兴未艾，已成为用户阅听的新增长点。10月 17 日，喜马拉雅对外宣布其用户数突破 6 亿，[①] 同天福布斯中国发布了2019 年 30 岁以下精英榜，喜马拉雅主播有声的紫襟和牛大宝同时上榜。由中国新闻出版研究院发布的第十七次全国国民阅读调查报告显示，2019 年有三成以上国民有听书习惯，这种良好习惯的养成以及听书用户的增多，有利于提高国民的文化素养。

十 智能音箱进入黄金期，音频市场进一步扩大

智能语音音箱的出现，带来用户收听的极大方便。2014 年，亚马逊率先推出"回声"音箱（Amazon Echo）占领市场。2016 年，谷歌推出"谷歌之家"音箱（Google Home）。苹果公司不甘落后，于 2017 年推出智能音箱 Home Pod。随着智能语音音箱款式的增多，相关销量也不断增加。截至2019 年年底，41% 的美国家庭拥有智能音箱，平均每个家庭拥有 2.6 个智能音箱，"智能音箱群"的家庭也逐步增多。智能语言指令的使用频率提

---

① Tech 星球：《喜马拉雅用户破 6 亿，活跃用户日均收听时间超 170 分钟》，https://www.360zimeiti.com/yidong/116200.html。

高，54%的用户使用过智能搜索、智能购物等语音指令，其中24%的用户每天都使用语音指令。[1]

智能语音音箱催生智能语音新闻的实践。《华盛顿邮报》《纽约时报》《卫报》《每日邮报》《赫芬顿邮报》等媒体不断尝试语音交互新闻的采访、制作与发布，且取得一定成果。智能语音音箱不断满足用户收听需求，因而引发音频市场的日趋活跃。

我国不少企业在智能语音音箱的研发上也加紧追赶：京东联合科大讯飞迅速推出"叮咚"智能音箱，2017年阿里公司发布智能音箱"天猫精灵X1"。到2019年，全国许多家庭已出现智能音箱群：阿里巴巴天猫精灵、小度在家X8、百度小度智能音箱、HUAWEI AI智能音箱、海尔AI音箱、小度在家IC、小米小爱音箱Pro、小米AI音箱等。而喜马拉雅小雅版本不断更新，形成旗舰版、MiNi、车载版、Nano等系列智能音箱，为"智能音箱群"爱好者收藏所喜爱。小雅版本的"订阅更新""断点续播""云历史"等是其核心功能，可为用户精准化推荐。

2019年12月，中科院物联网研究发展中心发布了《智能音箱的智能技术解析及其成熟度测评》，对国内流行的智能音箱的技术成熟度进行了综合性的对比测评，主要挑选8款国内互联网公司的领头羊，BAT（百度、阿里、腾讯）和以互联网模式进行硬件销售的小米所主推的智能音箱产品，以听清、听懂、满足进行对比测评，有屏音箱的用户满意度表现低于无屏音箱，仍有提升空间。但就是在这样的状况下，2019年智能音箱在我国出货量达到4589万台，同比增长109.7%。[2]随着网民和音频发烧友的增多，特别是智能音箱群爱好者的不断涌现，智能语音音箱的市场将进一步扩大。

智能语音音箱是传统收音机的迭代，对用户来讲，它有三大好处：一是强化了伴随性，用户不用换台、调台，只要发出指令，便可收听所需内容；

---

① 周箐：《国外视听新媒体发展两大特点四大趋势》，载《中国视听新媒体发展报告（2020）》，中国广播影视出版社，2020，第155页。

② 极客网：《IDC：2019年中国智能音箱市场出货量达到4589万台，同比增长109.7%》，http：//finance. ifeng. com/c/7v5sMqhssUH。

二是收听场景更加多元化，除了客厅，厨房、卧室、车内、洗手间、公共场所、办公室、学校均可使用；三是节目内容突破了短波、中波、调频的区域限制，可收听海量信息——既方便了受众，又解决了信息消费不平衡、不充分的问题。

2019年，中国音频传媒在融合与创新中"走自己的路"，有创新、有成果，也取得了一定经验。但细细回顾，总体来看，也还存在一些问题。

一是声音新闻未能在网络主阵地、主战场、主页站稳脚跟。现在9亿网民一部手机看（听）媒体，往往看（听）的是头部媒体如今日头条、百度、腾讯的主页，这是媒体的主阵地、主战场，但主页只有文字新闻、视频（图片）新闻，单独的声音新闻很少。传统广播虽然把节目迁到了网上，但网上的用户不会等待听新闻，这就使网上其他社交媒体的声音新闻吸引不了更多用户关注，导致声音新闻缺乏影响力。2019年，全国共有报纸2700余种，电台2825家，电视台3494家。这些传统媒体多数既开设微博机构账号、微信公众号，也开发有手机客户端，但总体在头部媒体如今日头条、腾讯、百度、阿里分发的音频新闻不多，要知道，这些头部媒体主页的用户不是人人都会听喜马拉雅等音频的。

二是数字音频类型化编排不足，音频文化影响力不够。表现在音频头部媒体，其节目编排杂乱无绪。

三是音频内容仍有散布谣言、淫秽、色情、赌博、暴力、凶杀、恐怖、侮辱或者诽谤他人、侵害他人名誉、隐私和其他合法权益的。

这些，都需要在未来改进、治理、创新，以适应时代和网民的需求，同时也使音频传媒有较快和较好的发展。

中国广播媒体融合
发展报告

Report on the Fusion Development of Chinese Broadcast Media

B.2

2019年中国广播融媒体建设的
基本状况与存在问题

卢文兴*

摘　要： 在融媒建设过程中，我国广播媒体通过在"两微一端一抖"
等平台入驻与搭建音视频平台，进行全形态生产与全平台分
发，从多元媒介的"相加"逐渐走向融合发展的"相融"。
通过建立融媒体中心与中央厨房，进行融媒机制体制改革，
全面发力线上与线下联动传播，加强图文视频内容的生产，
进行智慧化升级与服务下沉，引入 5G + 4K + AI 以及语音识

* 卢文兴，阳光学院现代管理学院副教授，华人头条总编辑，海峡之声广播电台原总编辑，高
级编辑，主要研究方向为对台传播、广播创新发展与融媒体实务等。

别等新技术，建立融媒工作室与 MCN 机构，加强应急广播系统建设，极大地提升了融媒传播力与影响力。未来仍需进一步加强多元化传播态势，破解可视化传播制约，加强规模化传播变现，坚持导向与守正创新，以持续推进媒体融合发展与转型升级，更好地发挥主力军作用。

关键词： 广播媒体　融媒体建设　融媒体中心　中央厨房

在国家广播电视总局评出的 2019 年度全国广播电视媒体 10 家融合先导单位、15 个典型案例和 14 个成长项目中，除"西藏人民广播电台——中国西藏之声 App"这一成长项目看名称是唯一的纯粹广播融媒体之外，其他皆为广播电视台共同的融合成果。① 然而，西藏人民广播电台与西藏电视台从 2018 年 11 月起就合并为西藏广播电视台，从这个意义上说，"西藏人民广播电台——中国西藏之声 App"项目，也应该是西藏广播电视人共有的殊荣。

实际上，在一波又一波的媒体整合潮中，我国广播与电视大多"合而为一"，一些省市甚至连广播、电视都和报业"同吃一锅饭"，独立法人的广播电台已经少之又少了。与此同时，移动互联网、大数据、云计算、人工智能、5G 等新技术接踵而来，推动各类媒体不断转型升级。广播在线下跨媒体物理性合并与线上多媒介化学性融合的双重变革中，形成了当下传统广播、车载广播和互联网广播"三足鼎立"态势。从"双线"视角回眸 2019 年我国广播从多元媒介"相加"走向"相融"的发展路径与态势，不难看出八个方面的突出亮点。

---

① 《广电总局评出媒体融合先导单位 10 家、典型案例 15 个、成长项目 14 个》，流媒体网，2020 年 3 月 19 日，https：//lmtw. com/mzw/content/detail/id/183858/keyword_ id/ −1。

一 广泛建设"融媒体中心"与"中央厨房"

在当前从中央到地方推动加快媒体融合发展、构建全媒体传播格局中，我国各级传媒集中化与融合规模化趋向十分明显。被称为中国广播电视最大的也是最后一个合并的中央广播电视总台，在 2018 年宣告挂牌后，至 2019 年 6 月内设 25 个中心全部成立和召集人相继到位后，进入了媒体融合发展的实质性阶段。17 套对内广播和 44 种语言对外广播，分别归属到相应的媒体中心，"中央台""国际台"两大国家级广播媒体从此全面融入总台大旗。①

作为省级第一家"互联网＋广电＋报业"融媒体的天津海河传媒中心，2018 年 11 月成立后，在 4 个月内完成了"一台两报"及其新媒体机构大整合，班子"合六为一"，内设机构减 60 个，局、处干部少 263 名。② 天津广播人与其他媒体人一样，对外统称"津云"记者，参与"津云""中央厨房"全媒体策划、协调、采编、制作、发布。重大主题报道和创新性特别节目，与"两报"、电视及新媒体全程联动，共享资源，拓展渠道，扩大传播力、影响力。

在市级传媒中，黑龙江省齐齐哈尔市，河北省张家口市，湖北省鄂州市，安徽省淮北市，浙江省绍兴市、湖州市和广东省珠海市、汕头市等 8 个设区市先后以融媒体中心或传媒集团架构整合并统管区域内广播、电视、报纸等主流媒体。目前，全国至少有 20 个设区市传媒形成了"互联网＋广电＋报业"的融合态势③。

全国县级主要媒体也从 2018 年开始逐步并到县级融媒体中心。有权威机构称，北京、福建、天津、甘肃等 10 个省区市所有县级融媒体中心目前

① 林沛：《2019 年中央广播电视总台发展报告》，《中国广播影视》2019 年第 23 期。

② 天津海河传媒中心：《媒体融合不保护落后，关闭 10 个子报刊 6 个频道》，《中国记者》2019 年第 4 期。

③ 《"广电＋报业"合并大势所趋！至少 20 家媒体掀起改革潮》，快资讯，2019 年 12 月 9 日，https：//www.360kuai.com/pc/91766a7e43b16e502？cota＝3&kuai＿so＝1&sign＝360＿57c3bbd1&refer＿scene＝so＿1。

都已挂牌运营。① 按中宣部制定的时间表，2020 年底基本实现县级融媒体中心在全国的全覆盖。②

"广电无台，报纸无社"，成为我国融媒变革的一个鲜明特点。而此前，广播大多在与电视的合并中，由"台"的规制向"频率负责制"转变，归属到当地广电影视集团或广播电视台管理。以融媒为导向的新一轮媒体合并潮，各级传媒普遍成立了融媒体中心，广播领导层进入融媒体核心机构"中央厨房"，成为统筹广播线上线下音视频和图文传播矩阵的"龙头"，在"全媒体联动，全流程协作"中，推进具有广播特色的融合式传播。

二 媒体资源盘整，融媒升级加减并用

在基于移动互联网技术的新兴媒体迅猛发展和 5G 商用步伐不断加快的态势下，国家广播电视高层主管部门及时提出精简精办广播频率和电视频道的发展战略。在我国广播电视学界和业界当中，曾经在较长时间内被作为传统广播电视创新成果的频道化/频率化改革不再被提及。相反，压减社会效益与经济效益不佳的广播频率和电视频道的呼声日益高涨。截至 2019 年底，市级以上电视从最高峰的 1300 个频道减至 1015 个频道，减少了 285 个频道，降幅约 22%。③

2019 年初以来，上海广播电视台（SMG）通过整合减少了 4 个电视频道，并将"东方新闻台·长三角之声"调整为"进博会"专属调频"进宝FM"。天津海河传媒中心推进媒体融合，坚决不保护落后，大刀阔斧地砍掉了 10 个子报子刊，关闭了 6 个电视频道，调整了 2 个广播频率的定位，停更合并了 5 个新闻网站和 3 个新闻客户端。安徽将电视国际频道、人物频道

---

① 莫桦：《广电媒体融合纵深发展五大新进展》，"国家广电智库"微信公众号，https：//www.sohu.com/a/394287679_738143。

② 《中宣部要求：2020 年底基本实现县级融媒体中心全国全覆盖》，搜狐网，2018 年 9 月 26日，https：//www.sohu.com/a/256292203_451230。

③ 《精简精办频道改革进行时！上海台将 4 个频道整合为 2 个》，"广电独家"微信公号，https：//www.sohu.com/a/363562410_613537。

分别并入卫视频道、公共频道，把旅游广播与戏曲广播分别并入经济广播和音乐广播。山东合并音乐广播和生活广播两个频率运营团队，组建广播音乐生活节目中心，以解决频率定位雷同化、节目内容同质化问题。①

与此同时，我国广电媒体普遍加大了线上多元媒介的发展力度。中央广播电视总台以"大象也要学会跳街舞"的决心，全面推进新兴传播力量的建设。机构设置上，成立了3个新媒体融媒体中心和1个融媒体公司，在全国各地设立了融媒体创新工作室。平台建设上，推出了以"融千套广播"为目标的"全国县级融媒体智慧平台"；历经5年打造的"中国广播"云平台，升级为高品质声音聚合分发平台"云听"，聚合了350家省市广播频率；新增的"大湾区之声"与其音视频融媒体平台"同频共振"；上线的"央视频"成为我国首个国家级5G视频聚合分发平台。技术研发上，承担了超高清视音频制播呈现国家重点实验室建设任务，在上海成立了"5G+4K+AI媒体应用实验室"。内容生产上，启动了广播电视及其新媒体高质量发展与改版工作。中国之声着力打造线上线下联动、音视频优势互补的新型广播，实现了家庭场景、工作场景、驾乘场景和智能网络应用场景等复合交叉传播全覆盖，在中科网联数据科技有限公司广电媒体EMC融播指数榜单中一直稳居广播融媒指数榜首。中国交通广播、央广经济之声频率与央视财经频道同日改版，推进视听互补、资源共享，打造专业化财经媒体。

经过多年的融合发展与转型升级，中央、省、市、县四级广播基本形成了"传统广播电台+移动网络电台+客户端+微博+微信+小程序+官网+视频+直播"的融媒传播矩阵。在传统终端收听群体略有转移、新兴终端收听群体稳步提升的态势下，稳固了广播融媒体的"基本盘"。根据中科网联数据科技有限公司提供的数据，2019年广播收听人数达4.73亿，比上年的4.65亿增长了1.72%，占整体音频用户的72.43%。特别是传统收听人群和车载收听人群人气三驾马车的新闻、交通和音乐三大类型广播频率，多

---

① 《精简精办频道改革进行时！上海台将4个频道整合为2个》，"广电独家"微信公号，https://www.sohu.com/a/363562410_613537。

年来经过加大投入、创新创优、多媒介传播等手段的加持，成为智能客户端吸粉引流的头部频率阵营。据中科网联数据科技有限公司2019年在全国35个城市所做的收听率调查表明，交通、新闻和音乐三大支柱广播频率的收听份额超过六成，在网络音频平台也有接近六成的收听份额，成为全国与各区域广播市场的头部类型频率，其中新闻类频率网络音频平台收听份额超过三成，成为智能客户端吸粉的主流类型频率。

三 发力音频平台，传统端与网端两线联动

发挥广播优势，上线广播网站，进行网络直播，建立网络互动社区与论坛，开通"两微一端一抖"账号，入驻网络电台，构建音频聚合分发平台，是我国广播拓展互联网传播阵地、向融媒体转型升级的基本路径。如今，在手机网民接近9亿的背景下，广播人更加努力地联通线上线下多元传播平台。

入驻多个移动音频聚合平台，是全国各地广播的普遍选择。中科网联数据科技有限公司2019年监测的全国省会城市级及以上204套新闻、交通与音乐类广播频率中，微博、微信、蜻蜓FM平台的入驻/覆盖率均超过95%，喜马拉雅入驻/覆盖率达到75%，在头条、抖音平台的入驻/覆盖率均在65%左右，平均每套频率在主要平台开通的账号数量达到5.08个。①

蜻蜓FM上线9年来，平均收录1500套广播，认证主播数超35万名，是我国互联网用户收听广播的第一应用。在其电台类别中，河北新闻广播的国际要闻评论节目《天天天下》播放8.7亿次，中国之声的《新闻纵横》与江苏新闻广播的全球军事评论节目《军情观察》皆有7.0亿次播放量，是目前广播节目线上收听的"三甲"。2019年底，总用户数突破4.5亿、全

---

① 数据来源：中科网联数据科技有限公司全国204套广播频率融媒传播全网监测及效果评估。城市范围：全国35个城市，包括所有直辖市、计划单列市和省会城市（除拉萨）；频率层级：国家级、省级、市级；频率类型：新闻类、交通类、音乐类；时间周期：2019年度。

场景生态月活跃用户数达 1.3 亿的蜻蜓 FM①、总激活用户数超过 5.3 亿的喜马拉雅②以及荔枝、企鹅 FM 等音频聚合分发平台是移动用户收听线上广播的主要窗口，也是全国各地广播线上传播的主要阵地。

为适应移动音频客户端的传播要求，全国各地的广播融媒体大多明确提出"台网一体、移动优先"的发展战略，并采取了许多积极措施，促进优势资源向移动互联网传播阵地倾斜。北京广播出台《媒体融合奖惩办法》，引导全员优先制作在"听听 FM"客户端播出的模块化节目，并要求所有节目 24 小时内完成"切、剪、增、修"改编和线上推送，此举使广播节目回放量环比提升 674%，节目"两线"同步直播量环比提升 93%③。上海广播设立专项创新基金——阿尔法基金，促进优质短音频内容产品生产。山东新闻广播推出"手机节目"，目前已举办 50 多场手机直播，观众累计达 3000 多万人次，留言 260 多万条。

将既"叫好"又"叫座"的广播频率、栏目或节目优先推送到线上平台，成为各地广播"吸粉引流"的"秘诀"。如北京交通广播、上海动感 101、江苏新闻广播、浙江交通之声、河北新闻广播、龙广都市女性台、广东珠江经济台是长期位居播放量榜单前列的头部频率。中科网联数据科技有限公司 2019 年监测的全国省会城市级及以上 204 套新闻、交通与音乐类广播频率中，在以喜马拉雅与蜻蜓 FM 为代表的网络音频平台上，中央中国之声月度平均播放量达到 7000 万 + 量级，55 套广播频率月度平均播放量达到 100 万 + 量级，87 套广播频率月度平均播放量达到 50 万 + 量级，④ 网络音频平台播放量成为各广播频率网络影响力重要的体现。

① 《三大收听指标登顶，蜻蜓 FM 发布 2019 音频全场景生态成绩单》，中国青年网，2019 年 11 月 26 日，https://baijiahao.baidu.com/s? id=1651259783745501652。
② 《产品分析：喜马拉雅 FM——来自世界之巅的声音》，搜狐网，2019 年 7 月 29 日，https://www.sohu.com/a/329984560_114819。
③ 《专访总编辑王秋：北京人民广播电台经营之道和最新改革动向》，《电视指南》，https://www.sohu.com/a/329376221_351788。
④ 数据来源：中科网联数据科技有限公司全国 204 套广播频率融媒传播全网监测及效果评估。城市范围：全国 35 个城市，包括所有直辖市、计划单列市和省会城市（除拉萨）；频率层级：国家级、省级、市级；频率类型：新闻类、交通类、音乐类；时间周期：2019 年度。

四 发力视频与直播样态，加强可视化

在传统媒体中，广播是"唯一解放眼睛的媒介"。进入融媒时代，广播的这一特性，仍是吸引传统收听群体的主要原因。但超过9亿的我国互联网用户需要广播改变单一单向的传统传播模式，拥抱融文字、图片、音频、视频、H5、VR、AR、直播等多元交互于一体的现代传播。在构筑多元媒介的传播矩阵中，2019年迅速升温的短视频产品与广播可视化直播，成了我国广播人眼里的"香饽饽"。

实际上，我国网络视频直播自2005年诞生以来，广播人便在可视化直播的道路上进行了不懈的探索。2007年在江西南昌广播电台诞生的"FM95.1·纽约透明直播室"，2012年在湖北楚天交通广播正式启用的透明直播室，2015年河南广播进行的"无人机视频直播"和珠江经济台"双十一广东广播电商狂欢节"利用微信视频直播与用户实时互动，以及许多广播主持人走出播音间开展户外直播和进入电视频道进行双主持人双直播模式的无缝链接等，是广播"好听"又"好看"的典型范例①。

我国现有网络视频（含短视频）用户8.50亿，使用率为94.1%。②2019年，全球移动数据流量的63%来自视频消费③。有权威机构预测，在互联网5G基础工程全部完成后，网络数据流量视频占比将达到90%。这一市场"大饼"，牵引着广播可视化的多元布局。

一是播音间开通视频直播。全国各地广播的视频直播开始时大多采用传统电视模式，后有一些广播引入设备与人员需求较少的轻量化视频直播体系。2019年，一个打通线上线下三大终端的广播融媒体视频平台"听见广

---

① 《融媒体背景下广播发展的"横"与"纵"》，《视听》，https://www.sohu.com/a/295163441_720993。

② 《第45次中国互联网络发展状况统计报告》，中国网信网，www.cac.gov.cn/2020-04/27/c_1589535470378587.htm。

③ 周菁：《观察 | 国外视听新媒体发展两大特点四大趋势》，"国家广电智库"微信公众号，http://info.broadcast.hc360.com/2020/05/071013831656.shtml。

播"先后助力郑州交通广播、昆明城市资讯广播、合肥徽商广播、佳木斯广播各频率等进行360度无死角视频直播和内容、互动、渠道、商业化等多维度创新，深受全国各地广播人的青睐。目前，"听见广播"正在和225家广播媒体携手合作，通过对传播方式和场景的赋能，推动广播"被看见"到"被关注"的价值提升。①

二是大举入驻头部视频平台。据人民网发布的数据，截至2019年底，全国300套省级以上广播在抖音注册117个账号，开通率为39%。② 广播频率、栏目、节目以及广播人入驻抖音后，传播力迅速得到提升。如吉林交通广播娱乐栏目《疯狂的匣子》2019年1月发布第一条抖音视频，迄今粉丝已超178万，共计1258万点赞量。合肥新闻广播FM91.5从2019年7月开始在抖音发布短视频，现有粉丝超430万，共计2亿点赞量，其中单条最高点赞量达1477.8万。③ 内蒙古音乐之声广播2018年6月开通抖音官方账号，现有粉丝6.6万，获赞35.2万，其中单条短视频阅读量达到1082万，获赞量达21.5万，留言评论6200多条，转发量5400多条。

三是向多个平台发布视频内容。门户网站和"两微一端"是广播人试水视频传播的早期平台，随着短视频的快速发展，许多省级广播以短视频和视频直播作为融媒标配项目。浙江之声以12个短视频账号为龙头。上海新

① 《分享 | 广电融媒新玩法，电台逆袭有绝招！（内附实战案例）》，"听见广播"公号，https：//www.sohu.com/a/399579533_738143；《分享 | 广播如何从"被看见"到"被关注"?》，"广电业内"微信公号，http：//science.china.com.cn/2020 – 06/09/content_41178081.htm。

② 《2019广播融合传播指数报告发布 交通广播保持优势》，人民网传媒频道，2020年4月30日，media.people.com.cn/n1/2020/0430/c120837 – 31693825.html。

③ 李珥：《观点 | 深度融合背景下广播媒体改革的两个关键词》，"V传媒"微信公号，https：//mp.weixin.qq.com/s?subscene＝19&__biz＝MzA4OTg3ODAwOA＝＝&mid＝2653329942&idx＝1&sn＝d68d9c3b5f740e14105c1d54c7d5e159&chksm＝8bc60681bcb18f97802f90efefd32dc801360c4cf76b34070b815af7c1a6b017569badf1aa79&scene＝7&ascene＝1&devicetype＝Windows＋7＋x64&version＝6209007b&nettype＝ctnet&abtest_cookie＝AAACAA%3D%3D&lang＝zh_CN&exportkey＝AW2wqPvaVtXFfYQ%2B8ppcrFE%3D&pass_ticket＝yMOZgSF5wMDsQexgPXi5ijRLZwWb5ikp3WndLVk%2BnWc%3D&wx_header＝1&key＝bfad4fd4b4f7a22fd0ecd9c721735cdf4e282280e716a850e6a2b4332fb943886b4753878575b7b0adb3972d3b6eff194e4ddef9cfa5fe4a5871e325b2e22cdb2c9df4b749f6a1040c82be800654c8d6&uin＝MjEwODUxNzEw。

闻广播、东广新闻台的民生节目,实现了广播线上与移动端音视频同步直播;广播音乐云中心 24 小时不间断地将可视化音频内容分发到"阿基米德"客户端、全球各大社交移动媒体、全球各大音视频网站与 OTT 终端等。全球最大的视频社交平台——抖音国际版 Tik Tok 经过 3 年的发展,目前在 150 个国家和地区的下载量超 20 亿,成为包含广播在内的我国各类传媒对外传播的重要窗口。①

四是重大主题传播中的音视频直播。2019 年全国"两会"、庆祝新中国成立 70 周年等一系列全国人民极其关注的重大活动期间,中国之声等广播媒体在可视化传播上进行了许多创新。据统计,新中国成立 70 周年庆典活动直播,总台自有新媒体平台和第三方合作平台总体阅读浏览量达 45.98 亿次,其中视频直播/点播收看次数超过 36.93 亿次。其中,对于国庆阅兵报道,多家媒体都在追求全平台发力、多矩阵同频、全息化传播。从形态上看,图文、视频直播、短视频、VR、AR、H5 等无所不用;从渠道上看,电视、电脑、手机、IPTV、OTT、微博、微信朋友圈等无所不及。省市级广播可视化直播也有许多新的突破。由湖南广播创意发起并与全国各地 107 家广播媒体共同创作播出的 70 期庆祝新中国成立 70 周年大型融媒体系列报道"我家住在解放路"联动了人民日报全国党媒平台、学习强国 App、腾讯 QQ、新浪微博、湖南卫视、芒果 TV 等传媒,以"图文 + 音频、视频 + 线上互动传播"的方式同步发布。根据中科网联数据科技有限公司全网监测数据,这一融媒体系列报道在全国累计触达 4228.25 万,覆盖粉丝用户 6.04 亿。②

五是大小屏联动的直播带货。广东广播电视台音乐之声频率资深主持人林琳是广东第一个抖音粉丝过百万的广电主持人,也是广东卫视 2019 年热播节目《商战大湾区》的个人最佳。在短短三四个月时间,她的抖音直播月均音浪 200 万(折合人民币 20 万元),直播带货 30 分钟破 500 万元销量。

---

① 周菁:《观察丨国外视听新媒体发展两大特点四大趋势》,"国家广电智库"微信公众号,http://info.broadcast.hc360.com/2020/05/071013831656.shtml。

② 《尼尔森网联:"我家住在解放路"融媒体传播报告》,中文互联网数据资讯网,2019 年 11 月 7 日,www.199it.com/archives/963020.html。

像林琳这样，具有靓丽外表、鲜明个性，加上传统媒体公信力、新兴媒体影响力，是广播主持人"直播带货"的基本样式。广播人直播带货，以助力扶贫攻坚、乡村振兴、灾区疫区经济复苏等公益活动为主体，也为全年700亿元直播带货经济规模贡献了力量。

五　上下并举，智能化升级，服务下沉

2019年6月6日，我国首批4张5G牌照花落中国广电与三大运营商，标志着全国广播电视传播进入5G元年。此前，国家广播电视总局在部署2019年工作时，把推动广播电视融入5G标准体系作为重点工程。中央广播电视总台在筹划2019年发展大计时，把"5G＋4K＋AI"作为重点战略布局，实现了2019年春晚"4K＋5G"的直播技术新突破，首次通过5G持续传输4K超高清信号直播2019年的全国"两会"，第一次将5G技术和超高清VR制作技术应用于"2019成都跑酷世界杯"体育赛事直播。①

在全国市级广播融媒体中，河南省郑州市广播首开5G先河。2019年4月起，郑州广播与郑州移动联手打造"5G＋广播新媒体"，在随后的己亥年黄帝故里拜祖大典中，首次进行全程音视频5G传输国际大联播，海内外50家广播媒体和蜻蜓FM、阿基米德FM、喜马拉雅等网络音频平台同步直播。郑州广播的"郑说广播"微信公号和新闻客户端"会面"做了6小时"5G视频直播"。②

---

① 林沛：《2019年中央广播电视总台发展报告》，《中国广播影视》2019年第23期。

② 《年终特稿｜十个关键字，回眸广播的2019》，"电台工厂"微信公号，2020年1月2日，https：//mp. weixin. qq. com/s？__ biz = MzA5MjM2OTYxMQ == &mid = 2652396558&idx = 1&sn = 27fd1bcb0796de9dc55ac9c41a96094d&chksm = 8b82dbaabcf552bce285fcf301bb2eb40c177 aa4da4378415f6f1ed2642ac31e614b37dee023&mpshare = 1&scene = 1&srcid = 07073HQ52mA2dD I9POXnhMcP&sharer_ sharetime = 1594103467070&sharer_ shareid = 48aa7e745d241234076213b 6c16aa0f8&key = b0fc3423c6081e5ddf33844b1e5f6a216265969723749295b8af61a19f714bc1cdb5b 28f428136fe7ca8fe9259e9ac93b3110b1cb8b8b914611e25169d5ce81abd6767c4a6abcc3b66179f0af 20fccf7&ascene = 1&uin = MjEwODUxNzEw&devicetype = Windows + 7 + x64&version = 6209007b&lang = zh_ CN&exportkey = AdH2BpJKiqExhGbfV8rnVR0% 3D&pass_ ticket = yMOZgSF5wMDsQexgPXi5ijRLZwWb5ikp3WndLVk%2BnWc%3D。

5G赋能下的广电技术平台呈现出智能化向上提升、服务功能不断"下沉"基层乡村的特征。2018年11月,我国首个智慧广电综合试验区落户贵州。经过一年多努力,形成了"智慧广电＋政务""智慧广电＋物联网""智慧广电＋大屏云游戏"业态,启动了"智慧广电＋5G业务示范"、云上贵州广电节点上线和国家文化大数据西南分中心建设项目。[①] "多彩贵州广电云""村村通户户用工程"连续三年被纳入"省政府为民办的十件实事",在全国率先实现广电光缆对全省行政村的全覆盖,具备集成宽带接入、远程教育、远程医疗、治安防控等功能,打通了农村地区文化、信息服务和社会治理的"最后一公里"。

与此同时,全国数十家自主研发的省级技术平台有效运用人工智能、虚拟现实(VR)、混合增强等新技术,为区域内县级融媒体中心构建集"策、采、编、审、发"五大功能、融"台、报、网、端、微、号"于一体的综合服务平台,向广大乡村群众提供党建、政务、教育、科技、健康、信息、娱乐、家居等全方位、精细化服务。[②]

六 技术升级与AI赋能,助力人机智动

目前,人工智能在广播融合中的应用已覆盖传播全链路、全环节。在人机协同升级内容生产制作方面,实现了从机器人写作向智能音视频编辑、审核的转变。2019年,中央广播电视总台的央视网、央广网、国际在线按照"5G＋4K/8K＋AI"战略布局,合力共建"人工智能编辑部",构筑大规模的视听内容AI处理加工平台。目前,已建成日均100亿次计算能力的大数据平台。针对5G时代高速交互、海量并发、快速传播服务需求的人工智能审核平台,审核效率提高了近80倍,准确率在98%以上。启动"亿万智慧

---

① 《范卫平出席中国(贵州)智慧广电综合试验区建设成果发布会并致辞》,"国家广电智库"微信公众号,https://xw.qq.com/cmsid/20191226A0O8DR00。

② 《最全! 全国县级融媒体省级技术平台一览》,模式科技网——中科院自动化研究所,2019年8月1日,http://www.pattek.com.cn/newsInfo－351.html。

屏"工程项目，统筹新闻网站、手机电视、互联网电视、IPTV、各类智慧屏等全终端业态，打通所有应用场景、所有屏幕的核心连接器和智慧引擎，为用户提供全场景、智能化的优质视听服务。

音频内容采集方面，原"央广"使用的全媒体采编系统可支持蒙古族、藏族、维吾尔族、哈萨克族、朝鲜族等 5 个少数民族语言和中、英、俄、法、日、韩等多国语言将采访录音实时翻译为汉语文字，达到即采即发标准。科大讯飞 2019 年推出的面向会议采访的语音转写移动工作站——讯飞转写机可远距离无损录音，也可无网络条件下转写和翻译，且能识别不同声源，并按人物进行文字分类排布。北京搜狗公司开发的智能录音笔 C1，具备了自动分段、语气词过滤、关键词优化、在线编辑、重点标记等功能。随着更多专业级智能语音采访设备的问世和普及，人工智能在广播内容采集中将发挥更大的作用。①

与此同时，拟人化的智能主播也开始加盟广播融媒体。2019 年 5 月，在深圳广播的全新改版中，971 音乐频率出现了机器"大 Q"，领衔主持"全国第一档加入人工智能 AI 主持元素的音乐交友类节目'多想认识你'"②。此前，由微软（亚洲）互联网工程院研发的人工智能主播"小冰"已风靡全国广电媒体。"小冰"或与真人主持人搭档，或自己全程主持，甚至是 24 小时高质量播出。"小冰"知识储备丰富，无口播差错，能了解用户喜好，会因人而变，还可兼做新闻评论员、歌手、诗人等，不时地在广播节目中唱上几句或评论一下时事，或为某个受众写首藏头诗。"小冰"目前正活跃在北京、河北、河南、湖南、上海、江苏、重庆、云南等地 30 多家广播电视直播间，担负了 63 档广播电视节目的主持重任。③

在内容分发层面塑造新型传播模式，实现从数据挖掘向用户画像、智能

---

① 朱飞虎、焦庆争：《智能语音技术在广播产业中的应用》，《中国广播》2020 年第 3 期。

② 《520丨深圳广播改版启动。老朋友，新融合》，搜狐网，2019 年 5 月 20 日，https：//www.sohu.com/a/315190373_207434。

③ 朱飞虎、焦庆争：《智能语音技术在广播产业中的应用》，《中国广播》2020 年第 3 期；《观点丨人工智能时代人类主播应该如何转变职业概念》，搜狐网，2019 年 1 月 8 日，https：//www.sohu.com/a/287353767_738143。

推荐到反馈调整的转变。湖南广播的芒果动听 App，致力于打造个性化 AI 语音伴侣，经多次迭代，目前已实现了全国广播电台集成、沉浸式体验、用户评论互动、内容付费、活动呈现等功能。北京广播"听听 FM"App 搭建了内地同行业首个大数据中心。安徽广播"海豚听听"App 实现了节目可视化、原创音频个性化、精品书籍有声化、互动体验场景化、定制服务特色化。江苏广播"大蓝鲸"App 视频互动直播受到百万粉丝热捧；浙江广播"喜欢听"App 提供"直播互动—精品内容—定制问答"三维立体式阶梯服务。福建交通广播推出"广电车盒子"。广东广播"粤听"App 做全球最大粤语原创音频内容聚合平台。上海东方广播的阿基米德 2019 年聚合了全国 200 家广播[1]，推出短音频"音像馆"和自动拆条工具"UPGC"，建立大数据 AI 搜索系统，为用户碎片化收听提供智能服务。[2]

收听终端的智能化，为广播融媒体开辟了新的收听场景。多个权威部门统计，我国使用智能音箱的用户总数已从 2018 年的 3420 万增至 2019 年的 8550 万，超过美国 7420 万的用户数量。[3] 智能音箱使广播重新进入千家万户，带给人们更便捷的语音交互功能和更多个性化、高品位的音频内容。同时，汽车收听终端的智能化，也在改变车载广播的收听模式。央广"中国广播"（云听）客户端与福特、丰田、长安、吉利等汽车品牌直接合作，适配车载系统；与百度、东软合作，加入 CarLife、"萌驾"车联平台，布局车载广播市场。深圳广播发力"互联网 + 广播融合智能车联网项目"，推进"人联 + 车联 + 物联"，用户可将实时路况照片、事故小视频传输到直播间，与主持人进行更紧密的互动。福建交通广播与车媒通合作，已推广 3 万台智能车载终端"广电车盒子"。广播主持人通过智能车载终端与用户进行语音交互，可第一时间收到车友视频爆料信息并及时曝光路面不文明行车行为，

① 《全国广播业综合实力大型调研成果发布会召开，阿基米德获奖》，阿基米德官网，2019 年 12 月 5 日，read：http：//www.ajmide.com/home/about-70.html。

② 《阿基米德王海滨：广播转型要跳出传统百分比》，《中国新闻出版广电报》，www.360doc.com/content/18/0608/09/27794381_760606479.shtml。

③ 《2020～2026 年中国智能音箱行业市场需求预测及投资前景报告》，中国产业信息网，www.chyxx.com/research/201911/800318.html。

对净化城市交通起到积极作用。

有研究认为，智能终端3年内将升至百亿级。届时，车载屏、柔性屏、智能音箱、智能机器人等新终端将为用户提供更多新的使用场景，也将推动广播融媒体进入更广阔的天地。

七 智慧联盟，打造融媒工作室与MCN

在"互联网＋"的多元媒体结构中，传统的以图文、音频、视频采制技术为界限而划分的媒体生产方式受到了挑战，而一种有想法、有办法、有专长、有活力的"智慧联盟"进行的多元化、多样化、多层次的内容生产与传播，形成跨媒体、跨行业运营的创意工作模式，被越来越多的广电媒体所采用。[①]

这种被媒体人称为工作室的新型机构，在我国发端于《人民日报》新媒体。在广播电视业界，20世纪80年代创立"珠江模式"的广东广播于2016年3月推出的第一个主持人工作室——"黎婉仪财富管理工作室"被时任广东省委常委、宣传部部长的慎海雄称为广东广电系统工作室改革的开局者。[②] 这种能充分发挥年轻人智慧与激情的人事制度改革，迅速在广东各地铺开。仅佛山广播就成立了8个IP工作室，由资深主持人、制作人牵头，创作网络视听精品，由"花生FM"首发后全网传播，内容涵盖心理、历史、汽车、广播剧、戏剧、粤语讲古、音乐以及视频等多个领域。

之后，湖南、安徽、上海、天津、河北、云南、陕西、江苏等地广播电视台也先后推出了融媒体工作室。安徽广播电视台从8个方面赋予60个融媒体工作室更灵活的运营管理和服务保障等激励政策。[③] 天津海河传媒中心

① 童云：《融媒体工作室管理模式创新研究》，《现代视听》2020年第3期。
② 陆敏华：《广东珠江经济台从融媒体到全媒体的探索与实践》，搜狐网，2017年10月23日，https：//www.sohu.com/a/199662395_786468。
③ 《安徽广播电视台为何大规模发展融媒体工作室》，流媒体网，2019年9月5日，https：//lmtw.com/mzw/content/detail/id/175200/keyword_id/-1。

的 61 个融媒体工作室采取"基础资助 + 爆款优酬 + 额外奖励"的措施,吸引了 571 名编辑、记者加入,推出优秀新媒体作品近 2000 件。[①]

广播融媒体工作室拓展了服务功能,增添了新的创收渠道。湖北广播的金融、教育、健康、体育等 4 个工作室全年创收突破 2200 万元。福建台 31 个工作室实际运行半年多即创收 3430 多万元。[②] 具有代表性的河北交通广播"郑毅汽车工作室"业务涉及开发汽车全产业链产品,利用频率和电子商务平台销售汽车后市场产品,开展新车、二手车、汽车零部件等信息综合服务。

在国家广播电视总局评出的 2019 年全国广播电视 15 个融合典型案例中,江苏省无锡广播电视台"百室千端、智慧联盟"融媒体项目以人气主持人领衔融媒体工作室,全年发起 188 场活动、593 场直播,总人气达 3225 万,实现经营收入 500 多万元。无锡广播电视台新媒体中心负责人邓雁京认为,"百室千端、智慧联盟"作为广电体制内的"MCN 生态正日渐丰满[③]。

在 MCN 机构中,"网红主播"具有天然优势。"无锡广播'主播网红'融媒体项目"获江苏省"媒体融合创新优秀单项案例奖"。"飞翔工作室"盟主飞翔主持的《我心飞翔》在蜻蜓 FM 的收听人数高居市级台全国第一名、生活类广播全国第二名。"评评理"融媒体维权工作室负责人刘虓和李明为广播、电视主持人组合,被评为"无锡市十佳青年志愿者"。

MCN 同样是集纳各方智慧与才干的内容营销机构。全国广电布局 MCN 的步伐较为稳健,常见的有两种:一是自主建立,二是与商业平台、民营 MCN 或广告公司共建。目前,湖南、黑龙江、山东、浙江等省级广电以及成都、长沙、济南等市级广电的 MCN 机构比较成熟。浙江广播主持人邓伟康"康康说房"MCN 工作室粉丝更是在百万量级之上。

---

① 黄田园:《工作室制:广播电视台人事制度的重大创新》,"国家广电智库"微信公众号,k. sina. com. cn/article_ 2832970743_ a8dbb3f701900o22f. html。
② 黄田园:《工作室制:广播电视台人事制度的重大创新》,"国家广电智库"微信公众号,k. sina. com. cn/article_ 2832970743_ a8dbb3f701900o22f. html。
③ 王涵:《专访无锡广电邓雁京:广电 MCN 要走自己的路》,《电视指南》,https://3g. 163. com/news/article_ cambrian/FBTPQAM605148MKI. html? from = history - back - list。

八 发挥媒体职能，打造应急广播

广播作为一种在复杂条件下反应灵敏、传播快速、覆盖范围广、便于用户接收的媒体，长期以来一直在各种自然灾害的预警及信息传播中发挥着不可替代的作用。在2008年突发的南方罕见雨雪冰冻灾害和汶川大地震中，广播全时制、全方位地发布预警与救援信息，成为抗震救灾中"永不消逝的电波"。

2019年6月17日22时55分，四川省宜宾市长宁县发生6.0级地震。在关系到无数百姓生命安危的关键时刻，接到地震部门发出的预警信息后，当地广电系统秒级响应，第一时间通过各类终端进行广播，为市民赢得了10~60秒的疏散避难时间。由此，我国也成为继墨西哥、日本之后，全球第三个具有较高地震预警服务能力的国家。

我国应急广播技术系统由国家、省、市、县4级组成。近年来，各地广电按照国家广播电视总局印发的11个应急广播技术标准，建设高质量的应急广播技术系统，打通预警信息传播的"最后一公里"。从2018年12月开始，国家应急管理部第一时间向中央广播电视总台提供可向社会公开的应急管理政策措施、工作部署、各类灾害应急处置、救援救灾等应急信息，通过广播、电视和新媒体平台及时传播。

海峡之声广播电台以强大功率和远距离传播效果，长期承担台湾海峡天气与海况预报职能，被两岸数百万渔民称为"福音"。福建、江苏的应急广播与全省应急部门建立联动平台，成立了"无人机战队"，在应急报道中发挥空中直播与航拍引导交通作用。河北、广东的应急广播每当出现冰雪、雾霾、台风、高温和强降雨时，均迅速启动应急机制。安徽、辽宁等地也在加紧建设覆盖全省的应急广播体系。①

---

① 《重磅！2019全国广播电台和频率调研报告》，"广电独家"微信公号，www.jiajiead.com/NewsDetail/1540590.html。

九 问题与思考

对于2019年广播融媒体建设，人民网舆情数据、中科网联数据科技有限公司等权威机构以大数据做了精确描述，展示了广播融媒体的庞大阵容。然而，广播人上云端、发视频、做直播、经营社群、拥抱多媒介，一时还难以成为人们的广泛共识。许多收听调查数据仍停留在对传统广播的认知，广告商们也不善于发挥融媒体传播优势——全年投给广播的广告刊例花费708亿元，比2018年还少了2%，中止了广播连续多年的增长势头。当然，广播融媒体转型升级还需要克服很多困难，广播人为此需要做出更多的努力。

一要继续加强多元化传播态势。中科网联数据科技有限公司对2019年全国204套省会城市级及以上交通、新闻、音乐广播的全网收听调查数据显示，广播频率在第三方音频平台的播放量已经超过了传统端收听人数，每套广播频率的全网、全平台与终端月度平均收听人数达到190万。[①] 而另据权威人士发布，到2019年底，全国已建成13万座5G基站。[②] 三大运营商计划到2020年底建成55万座以上的5G基站，实现覆盖全国所有地级市的目标。这两方面数据表明，广播融媒体线上线下收听终端群体流向与传播发展趋向基本一致，但还需要进一步筹划5G时代媒体全方位变革的应对之策，在淡化传统媒体色彩、塑造新型广播品牌形象中，聚力发展优质音频产品，全面接入智能音箱和汽车收听终端，向"万物互联、万物皆媒"的全媒体传播时代迈进。

二要破解可视化传播的制约问题。在当前全民沉浸在视频直播、短视频发布和直播带货的传播中，广播融媒体的可视化发展还面临不少障碍。如许

[①] 数据来源：中科网联数据科技有限公司全国204套广播频率融媒传播全网监测及效果评估。城市范围：全国35个城市，包括所有直辖市、计划单列市和省会城市（除拉萨）；频率层级：国家级、省级、市级；频率类型：新闻类、交通类、音乐类；时间周期：2019年度。

[②] 《工信部：截至2019年底全国已建成5G基站超13万个》，"站长之家"微信公号，2020年1月21日，https：//www.chinaz.com/2020/0121/1095537.shtml。

多播音间不具备长时间高清视频直播推流条件，没有拍摄设备，电源无法大时段续航。又如车联网使目标受众在车里点播音视频内容成为可能，这将对目前广播音视频节目制作播出方式提出新的挑战。此外，突发新闻的音视频连线，处在风头上的短视频，也需要传统广播招募视频编辑人才，配备专业视频编辑站，建立无人机直播系统，尝试向音视频工厂和音视频仓储华丽转身。

三要加大规模化传播的变现力度。多次获得全国融合创新十大品牌影响力广播频率以及传媒中国年度广播电视微信公众号 20 强的福建省"987 私家车广播"在"两微一端一抖"的粉丝超过 200 万，但因为分摊到多个平台，无法形成规模效应，只能收获微薄流量分成。这说明在"屏屏可传播、处处皆入口"的线上多元平台中，遍地开花的发展策略并不可取，一些可能很快被淘汰的平台应当及早"忍痛割爱"，从而集中力量打造具有发展潜力的规模化平台。同时，让传统广播的广告分包商介入新媒体平台运营，捆绑各平台粉丝承接政府公益传播项目，以拓展新媒体营销变现渠道。

四要坚持社会化传播的守正创新。在广播电视人事制度和经营管理机制改革中，全国各地的许多广播电视台吸引粉丝、用户加入融媒体工作室，与民间 MCN 等非专业传播机构开展多元化合作，增强了目标受众与终端用户的触媒黏性，大幅提升了线上各平台的粉丝量、点赞量。但也存在项目把关不严、产品质量不高甚至"三俗"等现象，需要广播人在推进融媒变革中坚持守正创新，自觉摒弃与法纪观念不强的传播机构合作，把握好社会效益与经济效益的关系，切实把广播融媒体建设成为壮大主流舆论的新型广播媒体。

B.3
2019年全国广播收听的受众结构、
终端构成与收听习惯

陈叶红 赵彦佩*

摘　要：　随着移动互联网与车联网的快速发展，广播媒体的收听终端、收听平台、收听场景、受众结构与收听行为习惯发生了巨大变化，收听终端呈现移动化、智能化、网络化发展趋势，听众年龄呈现年轻化发展趋势，听众品质呈现上行与中高端化发展趋势。移动互联网与车联网给广播带来的机遇大于挑战，未来广播媒体需要抓住这一发展机遇，理顺发展思路，充分利用媒体公信力与官媒优势，以及广播媒体的互联网基因，强化互联网思维，升级内容生产能力，优化直播流节目，加强垂直类精品节目，以及全形态内容生产与分发，做好移动转型与融合升级，提升新媒影响力与舆论引导力，继续巩固主流媒体的主力军地位。

关键词：　智能端　车载端　便携端　收听行为　直播流　融媒转型

伴随着社会发展与技术进步，我国广播行业先后经历了台式与便携收听时代、车载收听时代与移动智能收听时代，并形成了以便携收听终端、车载收听终端与智能收听终端为代表的三大主力收听终端交叉融合、重叠并进、

* 陈叶红，中科网联数据科技有限公司，研究总监，中级统计师；赵彦佩，中科网联数据科技有限公司，销售经理。

迭代升级的复合收听格局。

随着移动互联网的快速发展，网络音频与网络广播听众规模持续扩增，近五年以来，智能收听终端影响力持续快速提升，聚拢了大量青少年听众资源，同时也吸引了部分其他终端听众的收听，并在学习/工作间歇、午休与睡前等收听场景中占有优势地位；车载收听终端因私家车主数量与城市私家车保有量的稳步增长，影响力始终保持稳中略增的发展态势，继续巩固其广播第一收听终端的强势地位，但未来面临车联网与自动驾驶技术带来的车载场景变革的冲击；便携收听终端随着目标听众群的日渐老化与媒介选择的增加，影响力呈下行趋势，但仍然是中老年人群，特别是银发退休一族重要的收听终端与媒体选择对象。

一　全国广播听众轮廓结构

广播听众的轮廓结构与广播音频内容对不同受众群体的吸引力密不可分，与广播收听终端与收听平台的分布与演变紧密关联，与广播收听场景的特质与构成息息相关。便携收听终端为广播带来了大量中老年、高忠诚听众资源，车载收听终端给广播造就了大量高品质、中高端私家车主群体，智能收听终端为广播带来了大量新增的青少年听众资源，并为广播媒体的融合升级、移动转型发展奠定了听众基础。

（一）中青年、中高学历、中高收入者构成广播收听主体

1. 男性为主，六成听众为25～54岁中青年人群

中科网联数据科技有限公司调查数据显示①，2019年，全国广播听众以男性为主，占比达到52.9%，男女听众比例相对均衡，与全国人口统计数

---

① 文中调查数据均来自2019年中科网联数据科技有限公司全国音频用户专项调查，样本量6684个。

据比较①，广播听众中，男性占比高出 1.8 个百分点，主要是由车载收听终端与私家车主听众群体所带动。

听众年龄分布中，15～64 岁听众是收听主体，占比达到93.1%，各年龄段听众分布相对均匀，显示广播媒体对不同年龄段听众均有较强的吸引力，其中25～34 岁与35～44 岁听众是收听核心，占比均达到22%，他们是消费市场的主力军，同时也是广播收听的主要力量，凸显了广播听众的年轻化特点。广播听众中，16～59 岁人群占比达到89.1%，较全国人口统计数据高出25 个百分点，凸显广播听众年龄向中间年龄段汇聚的特点，锁定了社会核心骨干人群。与全国网民年龄结构比较②，广播听众中，10～19 岁人群占比较网民低13 个百分点，20～29 岁、30～39 岁、40～49 岁与50～59 岁人群占比分别比网民高出2 个、7 个、2 个与5 个百分点，广播听众相对更为成熟，中青年听众占比明显更高，他们大多已经走入社会，成为职场中坚力量，消费能力与消费潜力相对更强。

2. 广播听众以中高学历、中高收入为主

中科网联数据科技有限公司调查数据显示，2019 年，全国广播听众中，大部分听众均接受过良好的教育，其中大专及以上的高学历听众占比达到57.8%。而在全国网民中，大学专科及以上网民占比仅为19.5%，广播听众的学历背景与受教育程度远高于网民，受众品质相对较好。

收入方面，月收入3000 元以上的中高收入者是广播听众主体，占比达到82.2%，其中月收入8000 元以上的听众占比达到21.2%，听众收入水平相对较高。与全国网民个人月收入相比，月收入3000 元及以上听众占比较网民高出33 个百分点，月收入8000 元以上听众占比较网民高出8 个百分点，广播听众收入水平远高于网民。

在移动互联网时代，作为传统媒体的广播，不仅巩固了在车载场景中的

---

① 全国人口统计数据来自《中华人民共和国 2019 年国民经济和社会发展统计公报》，http：// www. stats. gov. cn/tjsj/zxfb/202002/t20200228_ 1728913. html。

② 全国网民结构数据来自2020 年4 月发布的第45 次《中国互联网络发展状况统计报告》，下同，http://cnnic. cn/hlwfzyj/hlwxzbg/hlwtjbg/202004/P020200428399188064169. pdf。

优势地位，又充分发挥了陪伴、定制、互动、入耳入心的特点，大力拓展了在智能网端的影响力，吸引了大量高学历、高收入听众的关注与收听，具有较高的含金量与品质，相对于互联网的规模与流量优势，广播媒体具有更强的品质优势与对高价值人群的渗透优势。

3. 广播听众以工薪白领为主，职业分布多元化

中科网联数据科技有限公司调查数据显示，2019 年，全国广播听众的工作层级/级别以基层与中层为主，覆盖了接近七成广播听众，显示广播听众以职场中的工薪/白领阶层为主，其中，中高层管理者占比达到 33.7%，进一步凸显了广播对于社会中高端人群的覆盖与渗透优势，与听众学历与收入分布特点相吻合。

听众职业分布方面，TOP5 职业分别是建筑/房产/物业、退休、餐饮娱乐、金融业与学生，占比合计达到 43.8%，具有一定的集中度，其中以服务业为主。听众在其他职业分布方面相对较为均匀，显示广播节目对于不同人群的覆盖面相对较为广泛，通过不同类型的频率与不同定位的节目在不同类型人群中进行渗透与传播，听众分布呈现多元化特点。

4. 广播听众家庭经济实力强，多有年幼小孩

中科网联数据科技有限公司调查数据显示，2019 年，全国广播听众中，已婚人士居多，其中大部分家庭均有年龄低于 18 岁的小孩，以年轻父母与未成年孩子为主，显示听众家庭结构较为年轻，但也趋于成熟，家庭活力相对较强。另外，单身及未婚听众占比共计 25% 左右，他们拥有较高的消费热情，同时也是移动互联网的主力用户。

听众家庭月收入以 8000 元以上为主，其中家庭月收入超过 10000 元者占比达到 50.7%，超过 20000 元者占比达到 18.2%，显示广播听众家庭经济实力较为雄厚，相对于听众个人月收入而言，听众家庭收入优势更为明显。衡量广播的媒体价值以及听众品质不应仅评估听众个人的经济实力，也需要结合听众家庭背景与家庭经济实力进行综合评估。

（二）三大主流收听终端听众轮廓差异明显

1. 各终端听众性别、年龄分布差异体现终端特性

中科网联数据科技有限公司调查数据显示，2019 年，不同收听终端中，车载端男性听众占比明显高于其他终端，达到 55.4%，这与私家车主的性别结构直接相关。公安部交管局 2016 年数据中，男司机占比 72.77%，女司机占比 27.23%——女司机占比较 2015 年提升了 1.53 个百分点。[①] 虽然近三年以来，女司机占比持续上升，但私家车主仍然以男性为主。私家车主性别结构决定了车载端听众呈现男性听众占优的局面。便携与智能收听终端也呈现男性听众居多的特点，但男女听众比例相对均衡，与全国人口结构性别占比较为接近。

2019 年，不同收听终端中：智能端听众相对最为年轻，平均年龄为 36 岁；便携端听众年龄相对最大，平均年龄为 51 岁；车载端听众年龄介于二者之间，为 37 岁。智能端听众中，15～24 岁听众占比达到 24%，远高于其他收听终端，听众年轻化特点十分明显。听众年龄以 15～54 岁为主，比网民更为成熟，其中 35～54 岁中青年听众占比达到 39.6%，55 岁以上中老年听众占比达到 11.3%——显示智能收听终端除了青少年听众外，也逐步向中青年与中老年听众渗透，对车载端与便携端收听形成一定的冲击。车载端听众年龄以 25～54 岁为主，占比达到 72.5%，与全国机动车驾驶人年龄分布（26～50 岁年龄段占驾驶人总量的 73%）相似[②]。车载场景的独占性优势使驾驶人员普遍具有广播收听行为，私家车保有量庞大的规模与持续提升趋势，使车载终端成为广播收听的核心终端。便携端听众年龄集中在 55 岁以上，占比达到 55.9%，其中 55～64 岁听众占比达到 39.9%，远高于其他终端听众占比。随着年龄增大与视力的逐步退化，便携端听众对以声音为载体形态的广播媒体具有较高的依赖度与收听忠诚度，成为广播媒体价值的核心人群之

---

① 快科技：《中国 2016 年机动车驾驶人数据：女司机数量约 9700 万！》，http：//www.
techweb.com.cn/it/2017－01－11/2471459.shtml。

② 界面：《公安部交管局公布上半年全国机动车和驾驶人最新数据》，http：//finance.sina.com.cn/
roll/2019－07－04/doc－ihytcitk9708144.shtml。

一。随着移动互联网的深入渗透，智能手机也成为他们重要的收听终端，与便携收听终端一起，对中老年人群形成了交叉覆盖的特点。

2. 车载听众品质最高，车载与智能端奠定广播媒体地位

中科网联数据科技有限公司调查数据显示，2019年，不同收听终端中，车载端与智能端听众学历与社会层次相对较高，大专及以上学历听众占比均超过60%，企业管理层听众占比均超过30%，其中车载端听众中，企业管理层占比达到38.2%，远高于其他终端；车载端听众收入优势较为明显，月收入6000元及以上听众中，车载端占比达到41.9%，智能端与便携端占比分别为30.4%与17.9%。

三大收听终端中，车载与智能端覆盖了社会大量中青年、中高端人群，构筑了广播媒体的价值主体，便携端覆盖了大量中老年、中低端与退休人群，三大终端构成了对社会不同类型与层次人群的全面覆盖。随着私家车保有量的持续增加，移动互联网渗透力的快速增强，社会老龄化程度的不断提升，以三大终端构成的广播收听与媒体整体影响力将会继续上升。

二 全国广播收听终端分布特点

2019年，全国广播收听继续呈现以车载端、便携端与智能端为主的三大终端并立的收听格局。其中，车载终端的影响力稳步提升，牢牢占据广播收听第一终端的地位，私家车主成为广播媒体价值营销的核心主力；随着移动互联网的快速发展与网络音频收听平台的持续培育，智能端收听影响力快速提升，不仅吸纳了原来不听广播的青少年人群加入广播收听行列，也受到了大量中老年听众的青睐，业已超过便携端，成为广播收听的第二大终端；便携端作为中老年听众收听的首选终端，聚集了大量中老年忠实听众资源，成为广播收听的第三大终端，但随着代际转换与时代变迁，影响力呈回落趋势。

（一）车载是第一终端，存在终端重叠收听现象

1. 车载与智能端成为主力收听终端，便携端影响力降后趋稳

中科网联数据科技有限公司调查数据显示，2016~2019年，全国广播

市场呈现车载端与智能端双雄并立的竞争局面，便携端影响力持续衰退，退居第二梯队，与其他终端差距明显；具体而言，车载收听终端始终是广播第一收听终端，使用占比逐年稳步提升，并于2019年达到59.5%的峰值，优势明显，地位稳固；智能收听终端影响力持续快速提升，从39.8%升至47.7%，成为广播第二收听终端，几乎形成了与车载端分庭抗礼的局面；便携端影响力在2016～2018年连续三年持续下滑，从38.5%降至15.6%，降幅明显，2019年趋于稳定，出现企稳趋势。

各收听终端中，听众使用存在一定的重叠现象，2016年听众终端使用重叠率相对最高，34.8%的听众使用了不止一个终端收听广播节目，在2017～2019年，这一数据稳定在22%左右，意味着超过两成听众在不同场景下使用不同的终端收听广播节目，对广播的收听忠诚度相对较高。但终端重叠率下降意味着听众交叉收听行为的减少，单一收听终端有可能成为大家未来收听的一个趋势。

2. 车载与手机/PAD端重叠率较高，与便携端也有一定重叠

中科网联数据科技有限公司调查数据显示，2019年，在全国广播市场，主要收听终端听众均存在一定的重叠使用情况，其中车载与手机/PAD端重叠率相对最高，17.7%的听众同时使用车载与手机/PAD收听广播，显示此两种收听设备的听众兼容度与转换度相对较高，是广播未来发展必须着力巩固的核心群体。

在智能端中，使用电脑/PC端与手机/PAD端收听广播的听众重叠率也相对较高，达到14.6%，他们主要是上班/学习期间使用电脑/PC端与手机/PAD端收听广播节目，下班/休闲期间使用手机/PAD端收听App广播节目，收听场景与收听时段存在一定的互补衔接现象。

在传统端中，使用车载端与便携端收听广播的重叠率相对较低，仅为4.6%，显示该两种终端聚拢的主要是两类不同特征的听众；手机/PAD端与便携端收听广播的重叠率为5.8%，反映部分使用便携端收听广播的中老年听众也形成了使用手机/PAD端收听广播的习惯。手机/PAD端在线广播具有无线广播无可比拟的传播优势，内容更为丰富，收听选择更为多样化，

随着移动互联网在中老年人群中普及率的逐步提升，便携端流失的中老年听众资源有望通过智能端收听的增加进行弥补。

（二）融合收听增加，单纯收听车载与便携广播者大幅减少

中科网联数据科技有限公司调查数据显示，2017～2019年，在全国广播市场，通过智能端收听的网络广播影响力快速增强，只听网络广播而不听传统广播的听众占比由8.9%增至16.6%，显示智能端收听给广播发展带来了巨大发展机遇；同时通过车载与便携端收听的传统广播影响力在持续回落，特别是由于便携端影响力下滑明显，只听传统广播的听众占比由62.1%降至30.8%，也预示着相当一部分听众兼听传统广播与网络广播，存在交互收听与融合收听行为。

对广播媒体而言，进行移动转型、融合升级，增强网络传播影响力，入驻社交平台与短视频平台，不仅仅是增强移动互联网竞争力的需要，同时也是听众收听行为变化带来的迫切的现实需要。以车载与便携端收听为代表的传统广播是广播媒体发展与媒体运营的基石，需要进一步巩固和加强，进行深耕细作与精细开发，而以智能端收听为代表的网络广播，以及面向移动互联网语境下进行的全平台分发、全形态生产的融合传播则是广播媒体发展的未来，只有两手抓、两手都要硬，才能更好地促进广播媒体的健康发展与可持续发展。

三 全国广播不同终端收听特点与用户收听习惯

2019年，在全国广播市场，不同终端听众的收听行为习惯与内容收听偏好仍然与终端特性，以及终端聚集的人群结构密切关联。各终端听众收听具有一定的共性特点，但也存在明显的个性差异，在收听时段、收听场景、内容消费等方面差异明显。广播电台针对不同的终端人群进行内容生产与节目编排时，需要与目标人群的收听时段、收听场景、内容偏好等相契合，从而提升直播流节目的收听吸引力，巩固听众收听忠诚度。

1. 便携端听众对频率与节目忠诚度更高，智能端听众高度依赖平台推荐

中科网联数据科技有限公司调查数据显示，2019 年，全国广播市场中，大家对广播频率与节目的收听忠诚度相对较高，但也有一部分听众随意搜索喜欢的内容收听。各终端中，智能端听众更多地收听精选内容、推荐内容与榜单内容，对 App 推荐功能的依赖度相对较高，同时对主持人/主播的忠诚度相对更高，体现了智能端音频平台的竞争特色与平台优势；便携端听众对频率与节目的收听忠诚度明显高于其他终端听众，高忠诚度有利于保障频率与节目的平稳运营，提升广告的品牌传播效果与转化率；车载端听众收听选择习惯处于智能端与便携端听众之间，他们对广播频率的收听忠诚度相对较高，同时具有明显的网络收听选择特点，除了收听特定的频率与节目外，也更喜欢在开车的时候随意搜索喜欢的内容收听。

因此，针对车载端与便携端听众需要加强专业化类型品牌频率的建设，以及重点节目的打造，通过提升品牌频率与打造重点节目巩固听众收听忠诚度，通过提升节目吸引力保持听众对频率的追随度与收听期待度，降低随意搜索选择与调台行为；而对于智能端听众而言，则需要进行内容的重新生产与制作，根据网络收听的特点与选择偏好，以及内容竞争特点，提供垂直类精选内容，做深做透，而不能仅依靠单一的线性直播流节目满足其收听需求。

2. 广播周活跃听众超过九成，收听集中在出行高峰与午休时间

中科网联数据科技有限公司调查数据显示，2019 年，全国广播市场中，听众收听行为习惯相对较为稳定，活跃度较高，超过九成广播听众每周至少会收听一次广播，而便携端重度听众比例相对最高，超过 60% 的便携端听众每天都会收听一次以上广播，车载端与智能端每天收听一次以上的重度听众比例也达到 47% ~ 48%，凸显广播媒体对听众的吸引力与收听黏性相对较强，成为陪伴听众生活作息，以及大家获取资讯进行娱乐不可或缺的重要媒体。在拉新成本快速提升，促活压力越来越大的现下，保持忠实听众较高的留存率与活跃度则显得尤为重要。

收听时段分布方面，广播收听呈现明显的生活作息与出行特点，大家平日与周末收听时段分布差异明显，尤以车载端最为突出，车载端收听需要在

开车情境下实现，而典型的开车情景就是上下班与出行途中，因此车载端收听在平日呈现明显的早晚出行高峰，而周末早间和傍晚收听比例大幅回落，便携端和智能端收听在早间和傍晚时段也呈现与车载端类似的趋势，但收听集中度明显低于车载端，时段收听相对更为均衡，而平日与周末早间与傍晚时段的收听差异也不像车载端那样变化明显；便携端以中老年听众为主，早间6：00时段收听比例明显高于其他终端，早晚高峰的收听宽度明显占优，具有一定的退休人员日常作息特点；智能端听众更多利用午休时间听广播，晚间居家与睡前陪伴收听比例明显高于其他收听终端，呈现高峰特点，显示睡前场景对于智能端收听的重要意义。

封面新闻联合蜻蜓FM、易观发布的《2020年中国夜听经济发展分析报告》显示①，每晚21：00后短视频、音乐等平台用户活跃度下降明显，但移动音频的用户活跃度居高不下，使用时长高于多数在线娱乐平台。中科网联数据科技有限公司调查数据也显示，夜间21：00前后也是车载端与智能端收听的重要时段，其中智能端周末晚间21：00为全天收听最高峰，成为当之无愧的黄金时段。作为国内领先的网络音频平台，蜻蜓FM在2020年4月23日世界读书日与小度联手推出"睡前1小时"夜听单，聚焦夜间场景，面向女性和儿童推出升级的定制化音频内容，同时还推出"熬夜1小时"夜听单，联合主打夜听经济②，也是看重了夜间至睡前时段对于音频收听的战略意义与核心价值。

3. 半小时分割与黄金1分钟成为广播巩固影响力的关键

随着用户生活节奏的加快，以及移动互联网带来的信息娱乐与媒体形态的极大丰富，媒体竞争愈加激烈，碎片化、快消费成为用户媒体接触与内容消费的显著特点。中科网联数据科技有限公司调查数据显示，2019年，全国广播市场中，便携端听众一次平均收听41.9分钟，收听时间最长，其中

---

① 封面新闻：《封面联合蜻蜓FM、易观发布〈夜听经济报告〉，2019年夜听总时长达到109亿小时》，https：//baijiahao.baidu.com/s？id=1664761114948504773&wfr=spider&for=pc。
② 谢安欣：《专注优质有声内容，小度联合蜻蜓FM推出"睡前一小时"夜听单》，http：//www.ittime.com.cn/news/news_35851.shtml。

31.8%的听众一次收听长达50分钟以上，明显领先于其他收听终端；车载端与智能端听众一次平均收听32～33分钟，收听20～30分钟的听众占比超过30%。综合来看，30～40分钟是广播单体节目的最佳播出时长，针对车载端与智能端听众的节目还应考虑进一步压缩节目时长，在半小时以内集中呈现节目精彩内容，减少口水化内容挤占节目时长。

目前，国内广播节目通常以1小时为单位进行分割，考虑到插播的宣传片花、路况信息、线性新闻资讯、天气预报、广告等内容，有效节目时长在30～40分钟，基本与听众收听习惯相契合，但插播的众多小单元节目在一定程度上影响了节目的完整性，干扰了听众收听，降低了节目可听性，因此需要高度重视小单元线性节目的内容编辑与编排策略，提升资讯信息的服务性与有用性，这样才能在激烈的媒体竞争中占据一席之地，巩固传播阵地。

在节目总时长之外，节目进点与开始时段的内容编排与预告信息对节目的收听影响作用更大。节目时长在一定程度上影响着听众的持续收听时长，而节目进点内容编排则直接决定着听众收听与否，决定了节目的生死，不可等闲视之。中科网联数据科技有限公司调查数据显示，便携端听众对节目内容的耐受度相对较高，伴随性特点更为明显，38.5%的听众会持续收听3分钟以上以决定是否继续收听；而超过一半的车载端与智能端听众会在1分钟之内决定是否继续收听节目，27%的车载端听众会在30秒以内决定是否收听节目。这意味着大部分广播节目需要在节目开始的第一分钟内通过精彩内容快速吸引听众，巩固其收听期待。对于以线性直播流为主的广播媒体而言，听众存在固定进入与随进随出的特点，因此，除了节目开始时段之外，在整期节目进行的过程中，也需要保持持续的节目质量与吸引力，以避免听众流失。

然而，广播媒体由于日播化、直播态、低成本、个人化的生产模式，节目素材相对有限，主持人精力跟不上节目节奏，出现"口水化"现象与前紧后松、虎头蛇尾的问题，这一问题也直接反映为收听数据中节目后半段的收听率表现明显回落的现象。因此，在移动互联网时代，广播媒体巩固传播阵地，保持听众吸引力与关注度，需要彻底改变传统的节目生产模式，集中精力突击主力时段与重点节目，依靠团队力量支撑节目的常态化、高质量与稳定运营。

4. 音乐、新闻、娱乐、服务是广播四大内容消费需求，终端差异明显

不同终端聚拢着各自的一批听众群体，听众轮廓结构的差异导致不同终端内容消费的差异。中科网联数据科技有限公司调查数据显示，2019 年，全国广播市场中，流行音乐、经典音乐与新闻资讯最受大家欢迎。其中，车载端与智能端听众对流行音乐与经典音乐的收听喜爱度明显高于便携端听众，便携端听众更偏爱新闻资讯。其他内容中，车载端听众更经常收听路况信息与交通类节目，其他内容与智能端听众存在一定的趋同性，对娱乐搞笑、生活服务类节目均较为偏爱；便携端听众更经常收听天气预报、文艺类与健康类节目，其中健康养生位列便携端听众收听 TOP5 节目，深受中老年听众喜爱。

移动互联网与音频平台的发展，为智能端听众带来了更多、更便捷的收听选择与使用体验，除了线性直播流节目外，还有海量的可随时选择收听的垂直类内容，如音乐、娱乐、脱口秀、有声书、历史、人文、汽车、财经、教育、情感等细分品类内容。这些垂直类精品留存内容基于互联网思维进行制作，追求精致化，契合了智能端听众基于学习、消遣与增长见闻等目的的定制化收听选择，给广播直播流节目造成了一定的冲击。在此种情况下，广播直播流节目也应进行迭代升级，挖掘自身优势与特色，在时效性、属地化、交互性、服务性等方面进行强化，以保持对目标人群的吸引力。同时，基于听众收听终端的转移与代际变化，也应该基于互联网思维，加强精品留存性垂直类节目的生产制作，两条腿走路。

5. 时段编排＋场景匹配是广播加强终端听众收听黏性的必要策略

不同收听终端的应用场景与终端特性和听众的生活作息习惯紧密关联，呈现出相对明显的差异。中科网联数据科技有限公司调查数据显示，2019年，全国广播市场中，车载端听众更多在上下班途中开车/坐车场景中收听广播，同时部分车载端听众还拥有智能端与便携端收听行为，因此也在睡前、午休等场景中收听广播；便携端与智能端听众由于终端的灵活性而在更多的场景中收听广播，居家休闲、做家务、睡前、早晨起床后、午休、小区/公园散步与运动/健身均是两个终端听众的重要收听场景，其中便携端听众更多在早起、居家休闲与散步等场景中听广播，智能端听众更多在睡前、学习/工作间歇、乘坐公共交通时听广播。

随着移动互联网与网络音频平台的快速发展，智能端成为广播重要的收听终端，向车载与便携端听众群体渗透，并改变着大家的媒体选择习惯与内容消费偏好，收听行为习惯由原来的基于时段序列的伴随性收听，转变为基于场景的目的性伴随收听，不同场景下大家的收听选择存在明显的差异，网络音频平台最先推出了基于不同场景的音频内容推荐功能。

广播媒体基于不同收听终端、不同类型听众，在进行节目细化编排时，也应该采用新的编排思路，不仅考虑到时段匹配编排，也应考虑到场景匹配编排，让不同的目标听众在不同场景中能方便地收听到想听的节目内容。中科网联数据科技有限公司调查数据显示，在三大收听终端的典型收听场景中：车载端听众在上下班开车/坐车场景中最喜欢收听音乐与新闻节目，其中音乐以流行音乐为主，新闻以资讯为主，经典音乐也是其重要的收听内容；便携端听众在居家休闲场景中对新闻资讯的收听比例明显高于其他内容，经典音乐、健康养生、相声小品与生活类节目也受到青睐；智能端听众在睡前场景中最喜欢收听流行音乐，对新闻资讯、经典音乐、脱口秀、吃喝玩乐等内容也有较大的收听需求。广播节目的精细化编排需要考虑不同类型听众在不同场景下的个性化收听需求，强化针对性与服务性。

6. 节目内宣传可有效提升 App 影响力，搜索、推荐、预装也至关重要

面向移动互联网时代的媒体转型与融合发展，全国众多广播电台研发了自有 App 终端，以此为台内新媒体传播的核心载体。但是移动互联网 App 应用数量多达数百万量级，数据显示，截至 2019 年 12 月末，我国国内市场上监测到的 App 数量为 367 万款。[①] 在如此众多的 App 应用中，如何脱颖而出，被用户关注并安装使用，成为拓展影响力的关键所在。

中科网联数据科技有限公司调查数据显示，广播听众获知 App 应用的主要渠道是应用商店推荐、朋友/熟人介绍与手机系统预装。其中，车载端

---

① 数据来自《2019 年我国移动应用程序（App）数量增长情况公布》，https：//www.sohu.com/a/376191636_99958797。

与智能端听众明显更依赖应用商店推荐，同时也更多通过社交平台，以及自己搜索来寻找 App 应用；便携端听众更多在听广播时了解，以及通过朋友/熟人推荐获知 App 应用。对于广播媒体而言，首先需要继续发挥、强化自身的媒体传播优势，加强在节目和地面活动中对自有 App 的应用，以及社交平台账号的宣传，尽可能提升对现有目标人群的转化率；其次需要加强与主要手机厂商和各社交平台的合作，加强平台宣传，以便快速提升 App 应用的曝光量，提高知名度。除此之外，作为官方媒体，广播电台还可以通过政府与官方渠道，以及其他官方媒体加强自有 App 应用的宣传，利用各种官方活动与重大事件宣传自身，快速提升知名度，扩大影响力。

四　车联网与自动驾驶对广播发展的影响

车载终端作为广播的核心收听终端，车载场景作为广播收听的重要场景，车载收听影响力对广播的发展至关重要。但是，随着移动互联网的快速发展，网络音频平台不断壮大，智能手机收听在车载场景中逐渐占据一席之地，智能手机下载的网络音乐 App 在一定程度上取代了音乐广播频率的功能，智能手机安装的车载导航软件也在一定程度上取代了私家车主对于广播路况信息的收听需求，车载收听终端的垄断地位受到了一定的挑战。

随着车联网技术的不断进步，在车载智能设备与软件系统逐步走向成熟后，海量网络音频内容将会直接接入车载场景，从内容与收听入口两方面对车载广播形成更大的冲击。在即将到来的自动驾驶时代，在车载场景中，人们的双手与眼睛逐步得以解放，除了收听以外，大家还可以观看、操控，视频、游戏也会进入车载场景，稀释音频节目的影响力，这些都将会对广播媒体的发展构成巨大的深远影响，直接影响着广播的生死存亡。

（一）车载端广播将受到较大的冲击，危机隐现

1. 收听入口受到挑战，车载收音机功能被边缘化

在移动智能与车联网时代，车载收音机将逐步被车载智能设备以及车载

收听软件取代，不再成为标配硬件，有可能会如同手机 FM 功能一样，逐步走向消亡。在车载智能设备与软件中，由于海量网络音频节目与地图导航，以及其他服务类等功能的引入，广播收听入口将会从车载收音机时代的第一入口下降至第 N 个入口，甚至需要通过屏幕翻页查找来进入。

在这个过程中，部分广播电台与车企、车主合作在前装、后装环节介入了车载场景。如中央广播电视总台央广与福特汽车达成战略合作，以"中国广播 Radio"云平台①的数万条版权音频搭载 AppLink 系统入驻福特全系车型；深圳广电集团联合深圳市赛格导航科技股份有限公司、杭州联汇数字科技有限公司、比亚迪汽车工业有限公司进行车联网领域的战略布局，致力于开发与实现人（听众）—机（车载设备、移动设备）—人（广播电台主持人）的三向互动；福建广播影视集团推出"广电车盒子"，搭载与传统电台交互系统的云后视镜。②

但是，单一广播电台由于内容制作能力与资源有限，同时也面临着思维惯性、体制与机制的制约，难以同商业化网络音频平台如喜马拉雅 FM、听伴 FM，以及百度、苹果、谷歌、微软、腾讯等互联网巨头竞争，在打造独立入口方面即使拥有先发优势，也难以在商业化激烈竞争中占据一席之地。

2. 车载场景被重新诠释，以听为主转向视听结合

无论何时，规模庞大的私家车主群体都是当之无愧的中高端价值群体，也是众多广告主争相追逐的核心目标消费者，以私家车主为目标人群建构的车载场景仍然是最重要的媒介消费场景之一。但是在车载收音机、移动互联网、车联网与自动驾驶时代，车载场景均具有完全不同的含义，车载场景的娱乐化特点会越来越强，同时内容消费形态与类别也会越来越立体化、丰富化，单一的音频触达将会逐步迭代为以音视频图文，以及直播、游戏、生活服务等为代表的复合触达，车载场景将会由驾驶场景演变为生活场景。

---

① 中国广播 Radio 已于 2020 年 3 月 5 日正式升级为云听 App。

② 根据左宁《基于车联网的广播变革新路径》，谢洁、腾藤《观点｜广播＋车联网：未来广播智能化发展了解一下！》进行整理。http：//media.people.com.cn/n1/2018/1204/c422574 -30441612.html；https：//www.sohu.com/a/237762580_738143。

在车载收音机时代，车载广播作为唯一能进驻车载空间的媒体，享有独占性地位；移动互联网时代，随着智能手机的介入，导航软件与网络音频平台借此进入了车载场景，极大地稀释了车载广播的影响力；车联网时代，除了智能手机之外，车载智能设备也在整合各种媒介资源与服务功能，加上语音识别技术的不断完善，在一定程度上部分取代了在网络平台通过手动切换与搜索寻找适合的内容的方式，增强了安全驾驶与娱乐需求的兼容性，会导致车载收音机功能进一步减弱，甚至面临被放弃的境遇，广播入口走向边缘化；而自动驾驶时代，车载场景走向复合化与多元化，音视频图文等内容形态均可在车载场景中自由生存，不仅是车载广播，音频节目也会受到非常大的影响。

3. 互联网定制化音频带来车载广播之外的新听感

收听内容方面，在现阶段，基于互联网思维生产制作的海量音频节目与内容，以及基于算法推荐产生的个性化内容推送，与自由搜索和定制收听等功能相结合，将基于各个网络音频平台，给私家车主带来不同于直播流广播节目的全新收听感受与使用体验。海量精准化推荐、可自由选择、垂直细分的精品留存性网络音频节目，通过智能手机进行选择与播放，通过蓝牙连接车载音响进行外放收听，将使其成为继车载直播流广播节目之外，私家车主在车载场景中可自由选择收听的音频节目之一，极大地丰富了私家车主的车载娱乐需求。同时，也对车载直播流广播节目构成巨大的冲击。

（二）广播 + 车联网的发展机遇与潜力

1. 利用私家车主收听惯性，通过升级占据一席之地

经过数十年的培育，车载广播在私家车主中拥有庞大的忠实受众规模，他们对车载广播的收听黏性较强，形成相对稳定的收听习惯与收听期待，开车听广播成为他们车载场景的重要娱乐方式，已经形成了明显的思维惯性与行为习惯。中科网联数据科技有限公司调查数据显示，2019 年，在全国广播市场，79.1% 的私家车主在开车时会选择收听车载广播，有 12.7% 的私家车主会在开车时通过智能手机上网听在线广播，二者去重后共计有

82.5%的私家车主会在开车时听广播，另有35.3%的私家车主会在开车时在线听或听下载下来的网络音乐，分别有超过6%的私家车主会在开车时使用抖音或微信，仅有9.9%的私家车主会专心开车，不做其他事情。

综合来看，绝大部分私家车主开车时有收听行为习惯与收听需求，以广播节目与音乐歌曲为主，对于车载广播而言，在加强面向私家车主听众的直播流节目，提升节目吸引力与收听黏性，保持私家车主收听依赖与收听惯性的同时，大力优化音乐类广播频率的音乐歌曲资源，更新歌曲曲目库，加强歌曲精细化编排，分占网络音乐影响力，通过优质内容的持续生产与输出，可以在目前的车载场景中仍然占据强势地位。

在车联网与自动驾驶时代，虽然媒介选择更多，内容形态更为丰富，内容信息量更为海量，但是车载广播仍然具有顽强的生命力。只不过需要与时俱进，针对新的车载场景与媒介竞争环境，对车载广播进行内容的改良升级，引入互联网思维与团队机制生产适合新的车载场景的直播流广播节目，同时，加强具有留存性精品垂直类音频内容的生产制作，在未来全新的车载场景中占据一席之地。

2. 积极参与平台建设，利用官媒资源优势接入车载平台

为了迎接即将到来的车联网与自动驾驶时代，大家纷纷通过车载智能设备的硬件研发与升级，以及软件系统的开发与迭代，希望将各种内容汇聚在车载娱乐平台中，以争夺私家车主这一高端价值人群。在这个过程中，无论是各广播电台、商业网络音频平台，还是互联网巨头，都在研发各种软硬件，或者与车企合作，布局车载服务入口。

在新的车载入口争夺过程中，相对于商业音频平台与互联网巨头而言，广播电台在打造独立入口方面并不具有优势，但是广播媒体作为官方主流媒体，拥有丰富的政府官方资源，在一些政策制定与牌照申请等方面拥有商业公司所不具有的独特优势，这被致力于车载智能网络布局与建设的车企与商业公司所看重。未来，除了中央级媒体外，地方性广播媒体可充分利用官媒优势与政策扶持优势，在媒体融合的车载场景建构中，将更多精力放在入驻与搭载现有车载智能系统平台中，争取获得更有利的位置，而不是独立研发

单独的入口。

3. 发挥内容生产专业优势，加强互联网 IP 音频节目研发

移动互联网与车联网时代，广播媒体在车载场景中的既有渠道优势不复存在。但是，广播媒体作为官方媒体，拥有商业互联网媒体无可比拟的权威性与公信力，同时拥有大量的专业音频内容生产与营销团队，具备强大的优质音频内容生产能力。未来，随着内容形态与资源越来越丰富，内容质量与权威性更受大家的关注，优质内容始终是媒体立足的根本，广播媒体需要充分认识到，并利用、夯实这一优势，布局车联网时代的车载场景竞争。

内容生产方面，在新的车载竞争场景下，应在以下的方面加以注意：一方面，广播直播流节目需要进行大力调整优化，提高节目质量，去"口水化"，针对车载收听场景，提高新闻资讯、流行音乐、经典音乐、娱乐脱口秀等节目水平，深入研究私家车主在车载场景中对于内容消费的诉求与偏好，研究广播直播流节目相对于网络音频节目的优势与核心竞争力所在，强化内容的独特性与不可替代性；另一方面，结合互联网收听特点，利用广播媒体庞大的优秀主持人资源，与本地行业资源，加强独立 IP 主持人的包装打造与垂直领域品牌音频节目的研发，注重节目质量与内部细节编排，强化节目进入点的内容吸引力，以及节目进程中的持续吸引力。

五　智能收听终端对广播影响力的重构

移动互联网对广播媒体的发展构成了双刃剑：一方面，基于移动互联网的网络音频平台快速发展，通过商业化资本运作、购买版权资源，与 PGC 机构合作、培育 UGC 主播等方式，迅速聚集了各种音频资源，利用海量内容、个性化推荐与定制功能俘获了大量以便携端与车载端收听为代表的传统端广播听众，导致传统广播听众资源的流失；另一方面，丰富的网络音频节目也使部分原来没有音频与广播收听行为的人群开始形成音频与广播收听习惯，助力广播听众规模的巩固与扩大。整体而言，移动互联网对广播媒体的发展利大于弊，推动了广播媒体听众结构的升级，收听终端的转换与市场影响力的重构。

在这个过程中，各级广播媒体也在主动适应形势，变革图存，进行融媒转型与移动升级，加强自身平台建设，积极入驻主要社交与短视频平台，向全内容形态生产，全渠道平台分发推进，充分利用自身的官媒资源与平台优势，塑造新形势下的内容生产核心竞争力，布局 MCN、直播带货与衍生经营，巩固、提升移动互联网时代的网络融合传播力与竞争力。

（一）智能收听终端对广播发展的影响

1. 智能收听终端助力移动智能时代广播影响力的提升

以智能手机为代表的智能收听终端自诞生以来，在分流传统广播听众资源的同时，也带来了众多网络收听新增听众资源，带动了广播媒体整体影响力的稳步提升。中科网联数据科技有限公司调查数据显示，近五年以来，随着智能收听终端的发展，以便携与车载收听为代表的传统广播触达率下降了9.2 个百分点，其中一部分听众转而收听在线广播；而在线广播触达率大幅提升了 12 个百分点，其中大多数是原来没有广播收听行为，但现在开始通过智能收听终端听广播的听众带来的——他们加入音频与广播收听行列极大地改变了广播收听颓势。综合来看，近五年以来，广播触达率上升了 2.8 个百分点，广播媒体的整体影响力不降反升。中科网联数据科技有限公司调查数据显示，2019 年，全国 204 套交通、音乐与新闻广播频率在蜻蜓与喜马拉雅平台上的用户规模分别达到 1.55 亿与 1.48 亿，线上网络音频平台为广播媒体贡献了大量青少年听众资源，使广播媒体价值进一步放大。

移动互联网的发展，智能收听终端影响力的扩大，除了带来广播听众规模增长外，还带来了大量优质的青少年音频听众资源，他们中的一部分人群虽然暂时没有广播节目收听行为，但是已经在网络音频平台的培育下养成了音频收听行为习惯，对音频内容产生了一定的收听习惯与依赖，他们将成为广播媒体的潜在听众资源，也将为广播的移动转型与融媒影响力的扩大奠定坚实的听众基础。

2. 智能收听终端推动了广播终端转换与代际升级

中科网联数据科技有限公司调查数据显示，智能端听众以青少年为主，车载端听众以中青年为主，便携端听众以中老年为主，同时智能端与车载端听众的受教育程度与收入水平均高于便携端听众。而近四年以来，便携端听众占比持续回落，从38.5%降至15.7%，随着移动互联网的快速发展，智能端听众占比大幅提升，从39.8%升至47.7%，成为广播第二收听终端。

在便携端听众规模与智能端听众规模此消彼长的情势下，广播听众的年龄结构逐渐呈下行趋势，而学历与收入呈上行趋势。2019年，全国广播听众中，15～34岁听众占比达到40%，15～44岁听众占比达到62%，广播听众的代际结构呈现较为明显的年轻化趋势；大专及以上高学历听众占比达到57.8%；月收入5000元以上听众占比达到47.9%，月收入8000元以上听众占比达到21.2%。听众活力越来越强，注重健康、奋斗、自由、平等与时尚，在休闲时间更多地尝试各种美食，进行追剧、社交聚会、逛街与运动/健身。

3. 智能收听终端奠定了广播移动转型与融合升级的基础

随着移动互联网的发展，传统媒体影响力日渐式微，媒体影响力被稀释，听众资源被分流，广告经营能力在衰减。党的十八大以来，党中央做出了加快传统媒体和新兴媒体融合发展的战略部署，推动媒体融合向纵深发展，做大做强主流舆论。各广播电台也持续尝试媒体融合发展的道路，在以"两微（微信、微博）、一端（客户端App）、一短（短视频）、一头（头条）"为代表的新媒体平台发力，加强新媒内容生产能力与网络影响力，业已取得较大进展，相当一部分广播电台的网络平台账号粉丝量超过百万量级，甚至达到千万量级。中科网联数据科技有限公司调查数据显示，2019年，全国197个广播频率微博账号粉丝数共计1.9亿，单个账号平均粉丝量达到97.2万；全国128个广播频率抖音账号粉丝数共计2490万，单个账号平均粉丝量达到19.4万，广播媒体在新媒平台已经具有一定的影响力。

智能收听终端影响力的提升，对青少年听众的吸引力日渐增强，为广播媒体的移动转型与融合升级带来了海量的现实听众资源与潜在听众资源，使广播媒体进行融媒转型具有先天的优势。同时，广播媒体拥有大量的优秀主播团队，深耕本地市场，在本地拥有强大的影响力、号召力与资源整合能力，在转战移动互联网、社交与短视频时，可以更快增加粉丝流量，并利用媒体公信力提升流量变现的效率，实现收益增长与可持续发展。

（二）智能收听时代广播媒体的应对

1. 通过全平台分发与全形态生产，进行全域信息传播

在智能收听时代，广播媒体进行移动优先的融媒转型与传播升级势在必行。一方面，听众的收听行为不仅仅体现在对广播直播流节目的收听，更体现为对网络音乐、有声书、网络音频节目的收听，在原来的直播流节目收听场景中也会面临网络音频节目与内容的竞争分流。广播媒体进行融媒转型既需要兼顾传统直播流节目的内容创新，在新的竞争环境下，围绕场景与终端打造新型直播流广播节目；同时也需要投入大量精力进行移动互联网媒介环境下碎片化内容、场景化收听与交互式体验的节目内容创新，与商业网络音频平台的音频内容进行竞争。另一方面，听众除了收听行为之外，还有大量的阅读、观看等行为与内容需求，既是听众，也是用户，具有多重性、复合化媒介接触行为。因此，广播媒体需要加强音频形态之外，其他形态与载体的内容生产，需要结合广播媒体音频内容生产的优势，以音频为侧重点，但同时在音视频图文方面全面发力，进行全景化、全域化信息生产与传播。

目前，各地广播媒体在内容生产方面仍是以直播流广播音频节目为主，对其他形态内容生产的重视程度相对不足，导致网络影响力难以提升。同时，在网络音频平台上，对于音频节目也是以直播流广播音频节目为主，辅以历史节目回听，或对直播流节目进行拆条、精编与标签化处理，并未从根本上脱离对于网络音频节目定位的惯性认知误区，错误地将音频节目等同于广播节目，对于音频节目的认知与定位亟待重新认识与纠正。

渠道与平台传播方面，面向移动互联网的融媒改革，除了官方网站之外，各地广播媒体纷纷入驻"两微（微信、微博）、一端（客户端 App）、一短（短视频）、一头（头条）"等平台，以入驻成熟商业网络平台，开设

官方账号为主，对生产的各类内容进行全平台与全渠道分发。在这个过程中，原先大家纠结的"自建传播平台，还是入驻商业网络平台"已经转变为优质内容生产与分发的竞争。自建传播平台固然重要，但是成本太高，运营难度较大，从各地广播媒体自建的传播平台来看，用户量与活跃度大多处于低位运行状态，内容量与吸引力明显不足，缺乏核心竞争优势与独特卖点，在大量各类商业 App 的丛林竞争中难有起色。

在入驻商业网络平台方面，目前各级广播媒体存在入驻率相对偏低、内容运营水平相对落后、内容质量稳定性相对不足的问题。中科网联数据科技有限公司调查数据显示，2019 年，在全国 206 套省会城市及以上级别广播媒体的交通、新闻、音乐类主频率中，仅有 44.6% 的频率开设了头条账号，52.4% 的频率开设了抖音账号；发文量方面，各频率头条账号与抖音账号的日均发文量分别仅有 7.4 条与 2.6 条，其中 29.3% 的头条账号与 66.6% 的抖音账号日均发文量不足 2 条，呈现平台入驻率与活跃度双双偏低的特点与问题。出现这些问题的根本原因还在于广播媒体人对于入驻新媒平台、打造网络影响力的重要性与迫切性认知不足，投入的精力相对有限。未来各广播媒体需要大力扶持在各新媒平台的入驻与运营，通过技术支持、资源扶持、考核侧重等手段加强对新媒平台运营的重视，有效提升新媒平台的内容生产与分发能力。

2. 强化优质权威内容生产，加强垂直行业内容布局

移动互联网时代，内容信息具有海量性与质量参差不齐这两个明显的特点。一方面，移动互联网的去中心化与平台补贴催生了大量自媒体机构与个人生产者，他们在兴趣爱好与利益的驱动下，生产了大量内容信息，信息量足够大，五花八门，同时针对不同行业、不同领域的信息也足够丰富与精深，通过检索，大家可以获得各自希望得到的信息；另一方面，信息质量参差不齐，真假难辨，"标题党""键盘侠"充斥着各个网络平台，广告与信息的界限越来越模糊，导致大家越来越难以获得真正有用的、可以信任的高质量信息。

在此种情形下，作为官方媒体，广播媒体在内容生产方面首先需要正视自身的优势，利用多年积淀的媒体权威性与公信力，加强优质权威内容

的生产。对于广播媒体而言，首先需要保证的是内容的权威性与真实性，利用丰富的政府资源与行业专家资源，站在第三方公正客观的角度，保证内容品质质量。其次才是内容信息量，而不可一味追求信息量与发布速度，舍本逐末。同时，在权威内容发布的基础上，从专业的角度加强内容解读。网络自媒体由于自身并不具有新闻采编权，其核心优势在于新闻信息的二次加工与解读分析。因此，广播媒体需要在内容发布与二次解读方面充分发力。在内容发布方面，针对不同平台对于信息内容与形态的传播要求，做好一次采访、多次发布，根据平台特性与用户偏好发布不同的内容，充分利用、盘活新闻信息资源；同时，在内容二次解读方面，充分利用台内外专家团队资源，对信息进行多角度、多维度、多视角的解读分析，将权威发布与权威解读有机结合在一起，以增强媒体新闻信息及其他相关信息的整体传播吸引力。

在生产优质内容过程中，广播媒体无须贪大求全，而应结合自身优势做好垂直行业的资源布局与内容生产。在网络传播时代，受到资源与平台制约，只有个别聚合性头部互联网巨头平台才能提供全面的内容。对于广播媒体而言，与其追求"大而全"，不如强化"小而美""少而精"，集中主要精力与优质资源，结合广播节目多年沉淀的行业资源与专家力量，在自己熟悉的领域与行业做好垂直化经营，成为垂直行业的专家，而不宜全面发力，多方出击。但是，目前全国各级广播媒体在打造移动互联网平台与终端时，仍然缺乏较为明晰的内容定位，多倾向于打造综合性平台，直接导致内容信息量不足、内容质量偏低、信息更新偏慢的问题，极大地影响了用户的使用体验，难以与商业网络平台抗衡。

3. 加强与本地政务和行业连接，做好服务资源整合

广播媒体进行融媒转型与移动升级，不应仅局限在内容生产与分发方面，也应尽可能整合各种资源，给用户提供优质服务。应"两条腿走路"，通过优质内容扩大影响力，积蓄流量，提升用户黏性；并通过优质服务将流量转化为价值，增强变现能力，形成消费闭环，同时也可以尝试将内容与服务有机结合在一起，整合在一个平台中，形成合力。各地广播媒体作为地方

性官方权威媒体，长期以来与政府各个部门、各行业领域进行了密切合作，形成了良好、顺畅的合作关系，基于媒体属性，将政务和行业资源与用户紧密联系在一起，为用户提供各种公共服务与商业服务。这样，围绕一个行业或领域打造一个平台或集群，针对一类人群，提供量身定制的服务，进行精准营销，做专做深，提升本地网络影响力。在这个过程中，需注意的是，虽然移动互联网使广播媒体可以同时面向全国甚至全世界所有用户提供内容与服务，但是各地广播媒体基于自身资源情况，仍应将重点着眼于本地用户，通过本地化优质内容与服务，深耕本地用户，提升在本地用户中的网络影响力，而不应贪大求全。

以交通频率为例，在车载收听时代，各地交通广播就与本地的交管局建立了良好的合作关系，共享交通路况信息，在交管局指挥中心搭建节目播出平台，邀请交警参与主持节目，进行联合宣传。同时也建立了各种类型的车友会，将私家车主听众聚集在一起，与汽车厂商和4S店合作开展车友自驾、买车、修车团购活动，在本地私家车主中拥有广泛的影响力。在移动互联网时代，各地交通广播就可以在此基础上将交管局资源、汽车厂商、4S店及保险公司资源与广大私家车主进行连接，为私家车主用户提供买卖车信息、车辆维修、车辆上牌、交通政策/服务、违章查询、停车/缴费服务、保险咨询、自驾活动、亲子活动等服务与咨询，同时可以加入网上商城、直播带货服务，打造针对私家车主的集服务、咨询、消费、购物于一体的垂直领域权威与贴心服务提供者，形成自身独特的核心竞争力与市场卖点。基于各广播频率的节目资源配置，广播媒体在餐饮、地产、家居、健康、母婴、教育、培训、音乐、演出等行业与领域均可进行相应的垂直内容与服务的打造与运营。

4. 以跨渠道和平台综合数据评估融媒传播效果与价值

智能收听时代，广播媒体的信息传播不再局限于直播流广播节目，也不局限于音频为载体形态的内容传播，他们在社交与短视频平台还发布了大量文章作品，以及短视频作品，并举办了各种类型的线下活动，将各种传播平台、内容载体有机结合在一起，进行复合式、立体化矩阵传播。同时，各地广播媒体积极打造 MCN 机构，在直播带货领域发力。融合发展的量化目标就是主流媒体的内容生产要适应传统传播与网络传播的多重需要，要实现固有渠道受众和网络渠道用户的多种交互覆盖，从而占领信息传播全域、全景的制高点。①

因此，在进行广播媒体融合传播的传播效果评估与媒体价值评估时，需要综合评估广播媒体在各个终端、渠道与平台上，各种不同内容形态与载体复合传播的融合传播效果，而不能以单一终端、渠道与平台，单一内容形态与载体的传播效果代替融合传播效果。同时，除了融合传播效果外，还应评估不同终端、渠道与平台，不同内容形态与载体单独传播的效果与价值，以及细分指标的传播表现，以便综合评判广播媒体融合传播效果的强弱，同时也了解广播媒体在各终端、渠道与平台上，以及各个不同维度指标的传播优势、传播短板，根据数据表现锁定广播媒体在融合传播方面的优势、弱势、机遇与挑战，并结合多期持续监测与评估的趋势性数据，了解广播媒体融合传播的效果改善情况与融合传播策略的实际效果，更好地推进广播媒体融媒转型与融合传播工作的顺利开展，增强网络新媒环境下的传播力、引导力、影响力与公信力，提升资源变现能力与广告经营业绩。

在广播媒体发展历程中，从便携收听时代到车载收听时代，再到智能收听时代，媒体竞争环境与听众收听终端在持续变化，听众收听场景与内容消费偏好发生了较大变化，听众身份定位与媒介接触形式也与以往大为不同，广播媒体的内容生产机制、终端打造与平台布局、广告经营策略与媒体产业布局也随之不断迭代升级，以适应市场、媒介与听众变化带来的变局。在这

---

① 牛存有：《广播媒体融合发展的几点思考》，"电台工厂"微信公众号，https：//mp. weixin. qq. com/s？ _ biz = MzA5MjM2OTYxMQ = = &mid = 2652392681&idx = 1&sn = 5dbfbd415ffeb71c a3968f0f1727feab&chksm = 8b82cb4dbcf5425b728d101cfb7c4688ca8ea6c3049ea7cc841a8800e5c8 77fa0c625ca6c907&mpshare = 1&scene = 1&srcid = &key = 649a6ef18169e1b43f14d901eafddf61cd b45f98f1b3219a0f2a7168a9c5a20d25e339e60af77be719fc69616aaa675ae1a979b0c05578b530e26d 2b507670084699f56ecc3cd38b1201a323e495f660&ascene = 1&uin = MjEwODUxNzEw&devicetype = Windows – QQBrowser&version = 6103000b&lang = zh_ CN&pass_ ticket = AYUjeexuyPafWghWN qqNh%2FOyDN%2BpsPZ7LFeGrftmZWY%3D。

个过程中，唯一不变的是受众对优质内容的强烈需求，对优质服务的深切期望，是广播媒体对于强化媒体传播力、引导力、影响力与公信力的不懈努力。只有与时俱进，开拓创新，研究市场，赢取民心，以优质的内容吸引人，以优质的服务留住人，才能在不断变化的内外部环境中站稳阵脚，壮大主阵地，担当主力军。

B.4

2019年全国音频听众的触媒行为习惯及其对广播融合发展的影响

牛存有　赵海静*

摘　要： 互联网在改变人们生活的同时也在改变人们对于媒体的消费行为和习惯，全国音频听众触媒行为的网络化特点，客观上揭示了音频听众在网络环境下媒体消费行为的演变、音频听众核心主力群体的网络聚集以及音频听众身份属性的互联网化。音频听众行为变化及身份演变从媒体传播的末端和终端成为广播媒体融合发展的指引，揭示了广播媒体融合发展的核心、本质和生命力。

关键词： 音频听众　音频市场　网络传播　媒体融合

在数字通信和智能移动等各项新兴技术的加持下，媒体形态、传播路径与受众关系都发生了一定程度的变化。伴随着互联网的广泛普及和移动互联网应用的深度渗透，以智能手机为代表的智能移动设备成为人们获取信息的主要路径，移动互联网终端已然成为信息集散地和舆论场。广播在媒体深度融合过程中得到数字技术和通信技术的赋能，使广播媒体的内容生产能力和创新能力在最活跃的互联网生产和传播线上得以释放。广播媒体生态圈正在形成"传统传播模式+移动互联网传播模式"的音频生态圈，"便携+车载"

---

* 牛存有，中科网联数据科技有限公司副总裁；赵海静，中科网联数据科技有限公司音频事业部总经理。

线性直播流"邂逅式收听"的广播听众也逐步迭代为"车载 + 平台"音频流媒体"订制式收听"的音频听众。音频听众的媒体接触习惯以及收听行为具有相对典型的互联网属性和特征，这不仅改变了广播媒体的内容传播路径，也丰富了广播作为音频媒体的内容生产模式和信息传播方式，同样也深刻地影响着广播媒体的融合发展策略，对广播媒体的融合发展产生着重要的影响。

一 音频听众的触媒行为及习惯

就音频的媒介属性而言，有其广义和狭义之分。基于频点资源通过无线电波或导线采用线性直播的方式，以音频传播为特征的广播媒体，也就是通常所言的"声音广播"，在音频传媒领域属于狭义的音频媒介属性；而随着互联网的广泛普及和移动互联网应用的深度渗透，在数字通信和智能移动等各项新兴技术的加持下，产生了利用智能移动设备等移动终端作为载体、采用在线或下载等方式、以音频传播为基本特征的移动音频媒体，其内容涵盖了传统广播媒体内容在网络上的直播、点播和回放，以及网络自媒体和各种客户端所集成的用户生产（UGC）、专业生产（PGC）和专业用户生产（PUGC）的音频内容，也就是通常所言的"移动音频"，在音频传媒领域属于广义的音频媒介。

经历了互联网洗礼和媒体融合助力的狭义广播媒体正在向广义的音频媒体进行迭代升级。随着技术的进步与媒体生态的变化，广播信息传播从居家转向户外移动，从单向传播转向交互双向传播，从单纯声音媒体转向具有互联网属性的融媒体，从多元化收听工具转向场景化终端平台，从泛听众群转向价值用户社群。这一系列的转变让传统狭义广播媒体的功能性传播模式，过渡到了移动互联网环境下广义音频媒体的智慧传播模式，广播也由时间概念上的狭义线性传播扩展到"时间 + 空间"概念上的广义矩阵传播。因此，研究广播听众的媒体接触习惯和收听行为变化需要置于整个音频产业乃至全媒体产业的链路中，才能客观、真实、科学、全景地呈现音频用户的触媒习惯及变化，从受众/用户的角度出发为广播媒体的融合发展提供支持。

（一）音频听众的规模与特征

任何一个媒体赖以生存的基础都是源于受众的关注。在移动互联网技术的赋能下，音频产品的内容生产和传播路径已经突破了传统媒体在前互联网时代的壁垒，音频媒体已不再是广播电台的专属，而是成为包括传统广播电台、移动音乐、移动电台、有声阅读和语音直播等声音类媒体的总称。内容上包括广播节目、音乐歌曲、有声书场、综艺娱乐、新闻资讯、人文历史、商业财经、教育培训、百科知识、影视原音、生活服务、情感交流等音频内容。

在移动互联网时代，音频媒体以其更为丰富的内容、更为强大的互动、更为便捷的收听和更为多元的场景契合了音频听众的主动选择诉求，满足了音频听众在不同音频细分市场的收听需要。同时，随着手机网民规模的扩大，音频听众的规模也呈现不断增长的趋势，用户结构也呈现年轻化、知识化、高薪化的特点。

1. 音频听众规模稳步提升，广播听众规模回升

在互联网技术的加持下，国内移动电台通过早期的分发渠道，逐步演变成内容生产的中坚力量，形成移动电台、有声阅读和语音直播的移动音频市场；传统广播电台在强化互动和线下活动的同时主动开发音频移动电台和入驻第三方移动电台，构建了广播电台＋移动电台的联动融合传播模式。"广播电台、移动音乐、移动电台、有声阅读和语音直播"共同构成了互联网环境下的音频市场，极大地改善了音频听众的收听体验，有效地驱动了音频听众及用户规模的迅速扩大。2019年全国音频听众规模达到6.53亿，较上年增加2300万，增幅为3.65%；音频接触率达到49.13%，较上年提升1.58个百分点，增幅为3.32%；全国有接近一半（46.6%）的民众在过去三个月内接触/收听过音频内容。[①]

移动音频凭借其内容的丰富性、使用的便捷性等特点，满足音频用户的碎片化、多场景收听的核心诉求，成为移动端音频用户青睐的内容消费方式，

---

① 文中调查数据均来自2019年中科网联数据科技有限公司全国音频用户专项调查，样本量6684个。

同时也在悄然推动传统广播的互联网化。传统广播在发挥主流媒体公信力优势的基础上，积极探索广播媒体的融合发展，强化媒体与受众的互动性、广播电台与移动电台的联动性、广播节目与社交媒体的融合性、内容生产与用户需求的契合性，以及线上内容与线下活动的连接性，成为音频市场的核心柱石。2019年全国广播听众规模达到4.73亿，较上年增加1.72%，是继2016年连续三年减少后的首次回升，听众规模趋近2016年的水平，占整体音频用户的72.43%。

中国互联网络信息中心（CNNIC）第45次《中国互联网络发展状况统计报告》显示，截至2020年3月，全国手机网民规模达8.97亿，占全国网民规模的99.23%。中国联通、中国移动、中国电信三大运营商的"提速降费"在推动移动互联网流量大幅增长的同时也有力支撑了广播媒体的数字化升级，催生了广播媒体的网络化、移动化新模式。主动开发广播移动电台、改善广播移动电台的用户体验和入驻第三方移动电台，共同助力了移动电台用户规模的增长。2019年移动电台的用户规模达到3.75亿，较上年增长14.77%，意味着每2~3个手机网民中至少会有2个是移动电台的用户，移动电台已经成为一种重要的媒介力量，也是移动互联网时代音频传播方式转型迭代、连接用户的重要抓手，其用户规模的持续增长展现了音频市场的未来发展潜力，也进一步展现了广播电台在移动互联网用户中的再传播价值。

2. 音频听众具有年轻、高学历和强消费的品质化特征

"广播电台、移动音乐、移动电台、有声阅读和语音直播"共同构成互联网环境下的音频市场，在改善音频听众收听体验的同时，也有效地驱动了音频听众及用户结构的互联网化，使音频听众呈现网络原住民与网络移民的特征，具有了年轻化、知识化、高薪化的特点。

（1）音频听众的年轻化

2019年，全国10~39岁音频听众占比达62.2%，呈现年轻化特征，年轻音频听众既构成了整个音频收听市场的中坚力量，也构成了整个消费市场的核心主力。40~49岁音频听众占比与网民占比极其相似，而50岁及以上音频听众占比明显高于网民占比，说明在互联网持续向中高龄人群渗透过程中，既涵盖了移动音频新增用户，也涵盖了广播电台的固有听众，共同推高

了 50 岁及以上音频听众的占比。

（2）音频听众的高学历化

接受过高等教育（大专及以上）的音频听众占比高达 57.0%，比网民群体的 20.2%①高出 36.8 个百分点。其中，接受过高等教育的 20 ~ 39 岁音频听众占 70.8%，意味着音频听众群体在年轻化的基础上更具有高学历的独特优势。随着知识积累程度的提高，他们具有更为开阔的视野，世界观、人生观和价值观也会不断升华，兴趣诉求和消费理念也会进一步升级。

（3）音频听众的强消费能力

中科网联数据科技有限公司数据显示，个人月收入在 2001 ~ 5000 元和 5000 元以上的音频听众占比分别达到 42.7% 和 44.1%，较网民群体的 33.4% 和 27.2%②分别高出 9.3 个和 16.9 个百分点；个人月收入在 5000 元以上的音频听众中，20 ~ 39 岁年龄段占比达到 60.62%，说明音频听众拥有年轻化、高学历的同时也具备较强的经济能力和消费能力。音频听众的人均月收入为 5561 元，是 2019 年全国居民人均月收入 2561 元③的 2.17 倍。

（4）音频听众的婚育特点

消费者的婚育状况在某种程度上影响着消费者的消费行为和消费决策，由此产生不同的消费行为模式。音频听众的婚育状况呈现"山"字形特征，单身、已婚且有 0 ~ 12 岁小孩和已婚且有 18 岁及以上小孩的听众占比分别为 25.1%、37.0% 和 22.7%，三者占比达到音频听众总体的 84.8%。音频听众的婚育状况从另一个侧面反映了音频听众年龄结构的特点，其中，单身音频听众中 29 岁以下占比高达 88.9%；已婚且有 0 ~ 12 岁小孩的音频听众中，30 ~ 39 岁的占比达 59.2%；已婚且有 18 岁及以上小孩的音频听众中，50 岁及以上的占比高达 71.6%。

---

① 数据来源：CNNIC 第 44 次《中国互联网络发展状况统计报告》，http：//www.cnnic.net.cn/hlwfzyj/hlwxzbg/hlwtjbg/201908/P020190830356787490958.pdf。

② 数据来源：CNNIC 第 44 次《中国互联网络发展状况统计报告》，http：//www.cnnic.net.cn/hlwfzyj/hlwxzbg/hlwtjbg/201908/P020190830356787490958.pdf。

③ 数据来源：《中华人民共和国 2019 年国民经济和社会发展统计公报》，http：//www.stats.gov.cn/tjsj/zxfb/202002/t20200228_1728913.html。

（二）音频听众媒体接触行为与习惯

音频传媒产业在数字技术和移动通信技术的加持下，迅速从电波传播发展至网络传播，其产品从广播节目和硬介质音频产品迅速扩展至广播直播流和网络流媒体的音频产品，其产业从广播电台迅速发展至包括广播电台、移动音乐、移动电台、有声阅读和语音直播等形态的大音频产业，其生产由专业生产发展至用户生产、专业生产和专业用户生产结合的复合模式，其市场从广播收听市场扩展至包括广播节目、音乐歌曲、有声书场、综艺娱乐、新闻资讯、人文历史、商业财经、教育培训、百科知识、影视原音、生活服务、情感交流等细分的大音频市场。音频市场的多元化发展为音频听众提供了更为丰富的音频消费选择。

1. 移动音频和广播音频收听场景及平台构成呈现多样化特点

在整个音频产业中，音频用户接触音频产品的途径从电波传播发展至网络传播，从广播节目和硬介质音频产品扩展至广播直播流和网络流媒体的音频产品。通过音频听众过往三个月通过传统端和网络平台接触音频的情况分析，移动音乐、广播电台和移动电台分别以 68.8%、60.1% 和 55.8% 的接触占比占据了音频产业的头部。

（1）以音乐、新闻和垂类服务为主要收听诉求

音频听众构成的多元化势必导致音频内容收听诉求的多元化。音频听众的年轻化和高学历化特征，在一定程度上说明了音频听众文化消费的强烈主动性；而音乐又是每个时代最先锋的艺术语言，作为一种具备最大公约数属性的艺术载体，音乐几乎嵌入所有潮流文化中，成为各种流行元素的连接器——这当然是因为音乐是任何时代年轻人的精神刚需。"音乐是潮流青年一定会去关注的事物，任何时代都是如此。"[①] 因此，音乐也成为音频听众的主要收听诉求，无论是流行音乐还是经典音乐都成为音频听众最主要的收

---

① 李北辰：《年轻人的态度，决定了音乐与消费未来的样子》，https：//news.qudong.com/article/494795.shtml。

听诉求，由此构成了音频产业中最重要的移动音乐市场。

移动音频和广播音频听众共同构成了音频听众整体，因此，音频听众对音频内容的收听诉求也带有强烈的广播音频以及音频细分市场垂类服务的收听特征。除音乐类型受到音频听众的广泛喜爱外，传统广播节目属性的新闻资讯、热点解读、生活服务、出行服务、脱口秀、相声小品、吃喝玩乐、健康养生等多元化的新闻资讯和生活服务内容，以及移动电台细分垂类的内容受到音频听众的广泛喜爱。

（2）驾乘私家车和睡前为主要收听场景，移动化特征显著

音频听众的收听场景具有典型的移动互联网伴随＋定制收听的场景化特点。移动互联网时代以智能手机为代表的小屏新传播具有全天候、全场景、即时性、参与性、高效率、精准性和一体化的特点。在信息过剩、视觉轰炸成为普遍现象的情况下，单纯声音介质的伴随性和交互性得到充分的发挥和释放，不仅满足了传统广播听众的伴随性收听诉求，也满足了年轻用户群体社交和分享的诉求。

从收听场景维度分析，音频听众的收听主要聚焦驾乘私家车的上下班路上、晚间睡觉前以及午休和居家休闲的场景；同时，做家务、早晨起床后、学习/工作间歇、乘坐公共交通工具出行、散步以及外出在路上也是音频听众重要的收听场景，且更具移动化场景特点。其中广播节目和移动音频在不同场景下存在较为明显的收听差异，主要体现在以下几方面。

第一，驾乘私家车上下班的路上收听广播音频是广播听众最主要的收听场景，其收听占比是广播听众第二收听场景的1.58倍，是收听移动音频的1.36倍，成为整个音频产业中最为重要的收听场景。

第二，晚间睡前收听场景是整个音频产业的第二收听场景，无论是广播音频还是移动音频都是如此。移动音频以其内容的丰富性、细分的垂直性、选择的自主性成为睡前场景的主要收听选择，而广播以晚间对象性节目常年累积下来的听众忠诚度及收听习惯，在晚间睡前场景中也占有相应的份额，但面临来自移动音频的竞争压力。

第三，午休和居家休闲场景是音频听众收听的第三场景，两者在整体音频市场听众的收听占比中差距不大，但移动音频与广播音频则呈现相对明显

的差异。受收听设备以及收听环境的影响，移动音频听众更多在午休场景收听移动音频，而广播听众更多在居家休闲场景中收听广播音频。

第四，在早晨起床后、做家务时、乘坐公共交通以及学习/工作间歇的场景构成音频听众收听的第二阵营，移动音频和广播音频的收听偏好差异不显著。受音频听众收听新闻资讯需求的影响，仅有早晨起床后收听广播音频的选择强于收听移动音频的选择。

在其他众多的移动与居家收听场景中，广播音频与移动音频的收听选择差异基本趋同，仅在赖床场景中收听移动音频的选择强于广播节目的选择。

（3）广播音频聚焦早晚出行高峰，移动音频占据睡前场景

音频听众由广播和移动音频两部分听众共同构成，其中广播听众是主体，因此音频听众收听时段分布呈现广播听众收听特点，整体呈现出行时段相对集中的早晚收听高峰，而晚间时段收听表现平稳而持续时间相对较长，午间小憩时段形成次高峰。不同时段听众聚集程度与音频听众的收听场景紧密相关，形成不同听众在不同场景的收听差异。

广播听众的收听时间特征更趋车载移动场景，集中在早间7：00～10：00和傍晚17：00～20：00乘驾私家车通勤的收听场景。早间时段广播听众的收听诉求趋向新闻、交通服务以及基本生活信息服务类节目。新闻资讯、交通服务和基本生活信息服务的需求较为集中且一致，而供给平台较为多元，因此早间时段广播音频虽有收听优势但面临移动音频的竞争压力。傍晚17：00～20：00收听高峰虽然略低于早间时段，但广播听众的收听诉求更趋多元，以生活服务类细分内容为主。广播音频通过频率矩阵实现内容的垂类矩阵服务契合了晚高峰广播听众收听内容的多元化诉求，因此晚高峰时段广播音频较移动音频更具竞争优势。

移动音频内容的丰富性和细分的垂直性满足了移动音频听众自主性选择的收听诉求，因此晚间20：00～0：00睡前场景移动音频的收听选择相对强于广播音频的收听选择，成为移动音频的主要收听场景。

（4）1～2分钟成为音频产品的生死黄金点

音频产品的伴随性传播特质契合了人的注意力不可能在长时间内保持高

度集中的心理学特征。美国一些调查结论显示：普通观众高度集中的注意力大约只能保持 12 分钟，超过这个限度，观众就会厌倦、疲惫、难以集中精神，进而会导致传播效果的减弱。因此，在视频行业存在"生死 7 分钟，黄金前 3 集"[1] 的平台观众追剧规律。而音频听众多数处于驾/乘车、散步、工作、学习、做家务、睡前、赖床等干扰因素较多的"半收听状态"，如何能够吸引音频听众的注意力，将成为音频节目存活的关键。

中科网联数据科技有限公司调查显示，音频听众对音频节目的内容会迅速做出判断并决定是否调整其收听行为。对于一档音频节目，有 25.5% 的听众会在 30 秒内决定是否继续听下去，52.3% 的听众会在 1 分钟之内做出上述选择，67.4% 的听众做出收听与否的选择在 2 分钟之内。从第 2 分钟开始，做出收听选择的听众占比呈现出递减的态势，这意味着一档音频节目吸引听众的黄金时间是节目播出内容的第 1 分钟。如果超过 2 分钟还无法让听众产生兴趣，将很难留住并获得听众的持久收听。

尽管移动音频和广播音频的收听状态与收听习惯存在明显差异，但音频听众对移动音频和广播音频的内容所做出是否继续收听的黄金时间点没有显著差异，仅仅是 1~2 分钟内决定继续收听还是调整收听行为的程度略有差异。移动音频听众对 1~2 分钟黄金时间点的敏感程度要相对高于广播音频，而广播音频基于听众多年的收听习惯，对于节目内容及版块设置具有较高的认知度，加上广播音频的伴随属性，对于 1~2 分钟黄金时间点的敏感度相对较弱，而对于广播音频的新办节目则会产生与移动音频较为一致的敏感性。

2. 移动音频和广播音频收听行为具有共生、交叉、移动性特点

在整个音频产业中，音频听众对不同传播方式、不同形态音频产品的收听选择具有明显的交互性和重叠性。在前互联网时代，广播媒体凭借其媒体本身的公信力、权威性以及传播的伴随性和内容的贴近性，积淀了大量广播

---

① 王涵:《"生死 7 分钟，黄金前 3 集"状态下，短剧已成新贵》，https://new.qq.com/omn/20181121/20181121A22ZO3.html? pc。

听众。特别是汽车进入百姓家庭，改变了人们的生活半径与生活方式，车载广播市场成为广播的主战场和主阵地。移动互联网时代，在大数据和人工智能技术的支持下，移动音频的悄然崛起在改变听众信息消费习惯的同时，也在改善听众的收听体验，推动着广播内容生产和传播的互联网化与广播的音频化发展，全方位地改变着广播乃至整个音频产业传播的生态格局。①

（1）音频听众收听方式的共生性

影响音频产业生态格局的核心在于音频听众注意力的分散和转移。广播听众从广播媒体的专属资源逐步演化为移动互联网时代音频产业的共有资源，广播听众的收听注意力也从广播媒体逐步向移动音频转移，移动音频新生听众的收听注意力也在向广播音频转移，由此形成了移动音频和广播音频听众注意力共生的局面。

在整个音频听众中，最近三个月内收听过移动音频的达 88.65%，其中只听移动音频的为 39.9%，收听过广播音频的达 60.09%，其中只听广播音频的为 11.35%，而既听广播音频也听移动音频的为 48.74%，充分说明整个音频市场收听行为的交叉重叠与共生性。而音频听众的交叉重叠与共生性具备相当程度的可逆性，也就是既有从广播音频固有听众转化为与移动音频共生听众，也有从移动音频新兴听众转化为与广播音频共生听众。

这种交叉重叠与共生性主要聚焦在 25~44 岁听众中，该群体既有互联网的原生性，又有车载广播音频的移动性，他们伴随着互联网在中国的发展而成长，又是目前市场消费的主力群体与私家车的主要拥有和使用者，因此他们在驾乘私家车的过程中会采用车载广播收音系统收听广播音频，在睡前场景又会使用智能移动设备收听自己喜爱的移动音频，成为音频市场重要的核心力量，也是广播音频的主力收听人群。

其他年龄听众中，45 岁以上听众主要收听广播音频，仅听广播音频而不听移动音频的占 67.55%，既听广播音频又听移动音频的占 27.09%，两者构成了广播音频基础听众。45 岁以上音频听众基本属于前互联网时代广

---

① 申启武：《移动音频的崛起与传统广播的选择》，《中国广播》2019 年第 9 期。

播的原住民，对于广播媒体及广播音频有着极深的情怀，即使在移动互联网时代，广播的陪伴性和服务性仍然深深赢得他们的坚守。而24岁以下听众基本属于互联网和移动互联网的原住民，他们完全是伴随着中国互联网以及移动互联网的发展而成长，互联网基因深深地植入在他们的成长经历中，因此24岁以下听众基本是以收听移动音频为主，这也是互联网时代音频媒体争夺的焦点人群。

（2）广播听众收听行为的交叉性

互联网技术不仅改变了媒体生态，也改变了媒体受众的触媒习惯。自互联网技术出现以来，广播媒体就在致力于媒体的融合发展和融合传播。广播媒体逐步实现了电波传播、网络传播和移动传播的转型和升级：通过网络传播弥补了广播音频难以留存的短板，实现了广播节目的点播和回听，尽管只是简单的广播音频由电波传播到网络传播的迁徙，但极大地方便了广播听众对广播音频的收听诉求；移动互联网的移动性、便捷性、交互性和智能性，实现了广播音频的矩阵化传播和智能化传播，突破了广播音频的传统线性传播方式，满足了广播听众的个性化收听诉求，极大地改善和提高了音频受众的收听体验。

由于音频听众的交叉重叠与共生性收听行为，广播听众的收听行为也存在传统收听和网络收听的共生特点。采用传统收听方式的占比达到71.78%，网络收听方式的占比达到88.14%，而既采用传统方式收听也采用网络方式收听的占比为59.92%。从收听方式维度既反映了广播听众收听的多元性，也反映了广播听众收听场景所决定的收听方式的固有性、交叉性和网络化的特点。

互联网和移动互联网技术的广泛应用和深度渗透，为广播媒体的融合发展提供了新的传播路径，突破了传统电波媒体的单一传播方式，实现了传统传播方式和网络传播方式的场景化传播特点。从广播听众收听广播音频的终端渠道分析，车载收听终端和智能移动终端是广播听众收听广播音频最为重要的两大收听终端。

2019年全国私人轿车保有量达到13701万辆，较上年增长8.83%，增

加1112万辆。① 私人轿车保有量的增长，在扩大私家车主生活半径的同时也提升了私家车主的生活品质，在加剧城市交通拥堵的同时也为广播媒体提供了规模庞大的听众基数。2019年，全国广播听众车载收听终端的使用率达到59.47%。全国各级广播媒体无一例外地全部开播了交通广播，面向车载听众群提供以车为载体的音频内容服务，车载广播成为全国交通媒体的支柱频率，车载广播听众也成为全国广播听众中最具市场营销和商业价值的听众群。

智能移动设备的用户海量性、内容丰富性、互动参与性以及诉求订制性，使其也成为广播听众的重要收听终端。在全国广播听众中，使用智能移动设备收听广播音频的占比达到41.67%，使广播音频的收听更具场景化特点，不同场景使用不同终端收听广播音频节目。

广播听众收听场景化以及收听终端的多元化，也使广播听众收听广播音频的行为具有交叉共生性特点。在传统车载端四类广播音频收听终端中，采用车载终端和智能终端收听广播音频的听众重叠度最高，重叠率超过1/3，达36.48%。

（3）广播听众收听行为的移动性

移动互联网技术应用于广播媒体诞生了移动电台。移动电台就其属性构成而言，既有广播媒体自办的移动电台，也有第三方机构（商业电台）创办的移动电台；就其内容属性而言，广播移动电台基本以广播媒体的自有内容为主，而商业移动电台则包含但不限于广播移动电台的内容，包含更为多元的音频内容。移动电台为听众提供了更为丰富和多元的音频内容，同时也实现了广播媒体内容的再传播价值。广播听众在车载移动化收听场景之外，也较为充分地使用移动电台，以满足其场景化特定收听的需要。2019年，全国广播听众对于移动电台的使用率占到58.82%，成为广播乃至音频市场重要的音频传播平台和路径。

---

① 数据来源：《中华人民共和国2019年国民经济和社会发展统计公报》，http：//www.stats.gov.cn/tjsj/zxfb/202002/t20200228_1728913.html。

移动电台既有包含广播节目形态的综合性音频电台，也有不包含广播节目形态的独立音频电台，还有将原广播节目形态的音乐、书场以及相关垂类细分市场的对象性节目独立成为细分音频垂类电台。但无论哪种移动电台基本是依托移动互联网应用而通过智能手机成为音频听众的收听路径。

全国使用手机收听的广播听众对于移动电台的使用率为70.85%，而使用手机收听移动电台广播节目的达到54.55%，充分说明广播节目的移动平台化契合移动互联网的发展，成为重要的转型和升级的迭代路径。通过自建移动电台或入驻商业移动电台都在不同程度上延伸了广播媒体的传播触角，扩大了听众的覆盖面和触达度，在实现广播媒体传播价值的同时，移动电台实现广播媒体的再传播价值。

广播媒体在面对移动互联网媒体冲击的情况下，依托自身的媒体公信力和权威性优势，借力移动互联网应用技术，通过车载移动传播和智能移动传播实现广播媒体传播价值的双轮驱动，而实现广播媒体在整个音频市场中的独特市场价值和媒体地位。

3. 音频媒体融合传播赋予音频听众新身份

数字通信技术和移动互联网技术的应用与发展，改变了媒体的生态环境，催生了多样态网络媒体的新生态。根植于互联网沃土的社交媒体的蓬勃发展，爆发出令人难以想象的能量，社交媒体传播的信息已成为广大民众获取资讯的重要渠道。以微博、微信为代表的社交媒体的社群营销，以抖音、快手为代表的具有社交属性的短视频平台的爆发式增长，都深深影响着普通民众的媒体接触和消费习惯。社交媒体不仅制造了人们社交生活中争相讨论的一个又一个热门话题，也进而吸引了传统媒体的争相跟进。

为了增强听众对音频节目的黏性，各级音频媒体和平台纷纷通过微博、微信构建舆论矩阵，增强广播电台的品牌黏性，强化与听众间的互动，增加听众的参与。定期向目标听众推送个性化、精致化内容，以拓展线下传播渠道，增强媒体的品牌黏性。同时网络直播平台每天都会有各式各样的讲座、

歌曲、技能才艺表演、游戏讲解等,极大地拓宽了受众的视野,更好地满足了受众的多样性需求。音频媒体也积极探索网络直播模式,进一步增强音频媒体的时效性和趣味性,推进音频媒体的融合发展。

(1)智能手机成为音频听众最主要的信息渠道

在前互联网时代,广播听众的媒体接触除广播媒体外,同时还接触电视媒体和报刊等纸媒;在移动互联网时代,音频听众所拥有的智能设备日益常规化,接触的媒体种类更为繁杂,注意力也会更为分散。从音频听众对不同设备的保有状况分析,智能手机、互联网电视及机顶盒、电脑及平板电脑和收听设备成为音频听众所保有的可能接入音视频的主要设备。而智能手机以85.84%的保有率高居榜首,充分表明在移动互联网高速发展的今天,智能手机成为音频用户接触媒体最主要的渠道。

(2)"用户+群众+屏民"成为音频听众新的身份标签

移动互联网时代,"用户"这一定义被赋予了更多内涵。就音频媒体而言,音频用户不仅仅是音频产品的使用者,更是音频内容生产的参与者。音频媒体视听众为用户,视节目为产品,从音频听众的收听诉求出发,重构音频产品的生产、分发和销售,提高音频用户的参与度,全方位提升音频用户的体验,以音频用户思维指导音频产品思维,进而形成音频产业的商业思维,是移动互联网环境下音频产品创新的重要特征。

全国音频听众使用的 App 类型反映出强烈的社交属性特点,以微信为代表的社交软件使用率最高:借助微信与朋友联系、在朋友圈分享生活、在微信群讨论问题、用公众号阅读、用微信支付买单等,微信越来越成为全国民众以及音频听众生活的一部分。2019 年,微信月活跃规模已经突破了 11亿,成为全国用户量最大的 App。[①] 用户日均使用时长为 64 分钟,日均启动次数达到 17 次,有超过五成的用户表示对微信比较依赖或非常依赖。[②] 充

---

① 数据来源:《2019 微信年度数据报告》,https://xw.qq.com/partner/vivoscreen/20190111
B1H4AK00?vivoRcdMark=1。
② 数据来源:《2019 年社交网络:微信稳居第一,微博用户更年轻》,https://www.sohu.com/
a/307422562_394375。

分说明人们通过微信建立了自己的微信群和朋友圈，微信群的信息量、影响力以及活跃程度远比微信朋友圈或是微信的其他功能更出色，微信群已经成为人们不可或缺的社交圈。事实上，很多人建立微信群就是为了打造自己的社交圈。微信用户生活在校友群、家庭群、家长群、同事群、闺蜜群、联谊群、业务群、公益群、户外运动群等各种五花八门的微信群中，因此音频听众除了拥有听众的身份之外，又附着了一个微信群"群众"的身份。

以抖音、快手为代表的短视频平台构成音频听众各种 App 应用的第二阵营。音频听众也像普通民众一样，生活在一个充满了"屏"的世界里。除了智能移动设备的掌上小屏外，还有户外、街边、机场、车站的大屏，客厅、卧室、餐馆、酒店的中屏，电梯、楼宇中的挂屏，以及公交、地铁、出租车中的车载屏。因此，音频听众除了拥有自身听众的身份和附着微信群"群众"的身份外，又拥有了一个"屏民"——屏幕之民的身份。

2019 年 12 月，短视频用户日均启动短视频 App 达 26.1 亿次，日均观看时长稳定在 3 亿小时左右，平均每分钟刷短视频 6.7 条。同时，短视频用户使用时长占总上网时长的 11.4%，超过综合视频（8.3%），成为仅次于即时通信的第二大应用类型。[1] 在碎片化内容消费时代，短视频成为互联网和新媒体的热门产品，成为信息传递的主要方式之一。休闲放松、搞笑幽默、生活技能以及新闻现场等多种多样的短视频不仅改变了人们的生活节奏，也改变了人们的生活方式和获取信息的方式，用户不受地域以及空间的限制，同时还拥有更大的自主选择观看权。短视频由此成为一种传播信息的介质，甚至成为商家及个人的有力传播工具。

（3）音频听众互联网属性的新身份指引广播媒体融合发展的新视角

在媒体融合发展、多元化传播的媒体生态环境下，音频听众获取信息的渠道和路径也发生了变化，移动通信设备的智能化和平台化使音频听众的身

---

[1] 数据来源：《2019 年中国短视频行业研究报告》，https：//www.sohu.com/a/339928307_204078。

份从前互联网时代的"听众＋观众＋读者"逐步演化为移动互联网时代的"用户＋群众＋屏民"。

音频听众最近一个月使用过的手机 App 应用分布情况充分体现了其在智能手机端"用户＋群众＋屏民"的复合身份。音频听众的社会交往、新闻获取、资讯获得、生活消费、休闲娱乐等行为高度依赖智能移动设备，看/听/读新闻、欣赏音乐和歌曲、观看视频、收听音频/电台 FM 等媒体接触行为也高度集中于智能移动设备。

在移动互联网环境下，音频听众的触媒行为、社交行为和消费行为已经突破了前互联网时代的路径和模式，音频听众的"用户＋群众＋屏民"的具有互联网属性的新身份为广播媒体的融合发展提供了新的视角和路径。只有从音频听众的融合身份出发，从音频听众的生活服务需求与内容消费需求出发，以用户思维指导广播节目的产品思维，最终实现广播媒体融合发展的商业思维，才能推进广播媒体的融媒转型向纵深发展。

二 音频听众触媒行为对广播媒体融合发展的影响

音频听众触媒行为的网络化、智能化和移动化特征以及音频听众的"用户＋群众＋屏民"的网络化身份属性，从音频媒体的传播末端——C端，对广播媒体的融合发展和转型产生了极为重要的影响。受众在哪里，媒体的未来就在哪里。音频听众的触媒行为和听众身份的网络化，充分表明音频听众向网络端口、智能移动端口转移的趋势，因此广播媒体的融合发展也需要在依托媒体公信力、权威性以及内容生产优势的基础上，紧紧围绕广播听众触媒行为网络化的趋势而向纵深推进。

2019 年是全国广播媒体融合发展进入台网一体、移动优先、融合传播转型与升级的重要年份。随着移动通信以及互联网传播技术的发展及应用，全国各级广播媒体逐步形成了"广播电台＋移动电台＋自营/入驻 App＋微信公众号＋小程序＋视频直播＋官网"的立体化传播矩阵。脱胎于"中央厨房"的融媒体中心模式得到普遍推广，"全程媒体、全息媒体、全员媒

体、全效媒体"的传播环境以及"终端随人走、信息围人转"的信息传播
态势已基本形成，整个广播的生态更加注重与听众/用户的连接、垂直细分、
可视化、场景传播，且不断整合资源、优势共享，从技术上解决了广播在空
间和时间上的限制，并拓展了广播生存空间，推动广播迈入移动互联网时代
发展的新阶段和新形态。

（一）科技赋能广播媒体融合发展

数字浪潮已经成为驱动整体经济及整个行业发展的关键动力，2019年
我国数字经济总量已达31.3万亿，占国内生产总值（GDP）的比重达到
34.8%，数字经济已成为中国经济增长的新引擎。数字经济的迅猛发展，推
动着传统产业的升级改造，成为经济发展的新动能，成为带动我国国民经济
发展的核心关键力量。数字化技术在驱动社会各行业网络智能化改造的同
时，也驱动着传媒行业的迭代升级，深刻地影响着传媒行业的生态。随着人
工智能、大数据、物联网等新技术、新应用、新业态的发展，以声音传播为
逻辑起点的广播媒体经历着从传统媒体的传播出口，网络媒体的流量入口，
平台媒体的移动传播，到数智媒体生态重构的升级和迭代。

1. 融媒体中心赋能广播内容传播的矩阵化

2019年媒体深度融合的重点是融媒体中心的建设。县级融媒体中心推
动了媒体融合转型升级的进程，纷纷以广电媒体为主导者探索融媒体中心的
建设模式。融媒体中心是移动通信和互联网技术对广播媒体内容生产与传播
的技术赋能，融合广播媒体传统传播与互联网传播介质，建立内容与传播对
象之间数据驱动的有效连接，从而实现广播媒体内容产品对传播对象的分众
化和差异化传播，进而形成传播效果有针对性和实效性的新型主流媒体平
台。

融媒体中心就是以人工智能（AI）为先进生产力、以区块链（Block
Chain）为先进生产关系、以云计算（Cloud Computing）为现代化生产能力、
以大数据（Big Data）为先进生产要素，对广播媒体进行流程优化和平台再
造，实现媒介资源和生产要素的有效整合，实现内容、技术、平台和管理的

共融互通，从而实现广播媒体内容生产与发布全过程，以及业务机制流程在技术赋能下的重构。

融媒体中心的突出优势就是"一次采集、多次生成、多元发布"的信息多元化传播的新运作模式，使广播媒体的核心生产力在最活跃的互联网生产线和传播线上得以释放，构建"报、网、端、微、屏、播"的传播矩阵。截至2020年4月，全国已有1800多个县级融媒体中心挂牌成立，北京、福建、天津、甘肃、贵州、江西、上海、安徽、黑龙江、辽宁等多个省份已实现县级融媒体中心建设全覆盖。

2. 社交媒体赋能广播实现媒体与听众的连接

广播媒体在前互联网时代，以其传播速度快、内容贴近性强与收听伴随性为最大优势，但在移动互联网时代，网络媒体具有发布速度快、信息传播广、内容形式多、双向强互动的显著优势，特别是媒体与受众间的双向互动实现了媒体与受众间的有效连接，成为网络媒体有别于传统媒体的独特优势。

社交媒体作为人与人之间用来分享意见、见解、经验和观点的工具和平台，将人的因素带入所有的数字化互动中。特别是以微博、微信为代表的社交媒体具有深厚的用户基础，广播媒体通过注册微博账号和微信公众号，建立了与听众线上互动的渠道和平台，形成广播听众粉丝的聚集，通过微博、微信相关数据的分析管理，帮助媒体及时获知听众的反馈，快速进行节目调改，增强用户黏性，实现预期的传播效果。特别是微信公众号已经成为电台、频率、节目和主持人的必备渠道，成为内容传播和媒体经营的重要手段——通过用户粉丝管理与运营，打造微信公众号矩阵，助力广播媒体的多样化整合营销。

3. 音频平台赋能广播实现听众向用户的转化

伴随着移动互联网的快速发展，基于移动音频平台App的智能收听正逐步成为听众一种新的信息消费习惯，"互联网+电台"的移动电台（FM类）实现了传统电台的网络化，突破了传统电台的在地限制和邂逅式收听的局限，移动电台作为一种移动互联网化的娱乐形式逐渐被听众所熟知和接受。无论是在居家环境还是在户外环境，无论是在运动场景还是睡前场景，移动电台为音频用户提供了丰富的收听应用场景。

基于移动客户端的移动音频平台，无论是广播媒体自建的移动电台还是市场化的第三方聚合式移动电台，均为广播媒体的融合发展提供了新的发展路径和业务样态，使传统广播电台具有了社交属性，赋能了广播听众向音频用户的转化，具象了听众画像与属性，延伸和丰富了传统广播的传播路径和方式，实现了广播媒体的传播与再传播价值。目前广播媒体纷纷通过自建音频平台App，探索和深化广播融合发展的有效方式。诸如中央广播电视总台自建的App平台"云听"（原中国广播）、北京广播电视台自建的App平台"听听FM"、上海广播电视台的"阿基米德FM"、江苏广播电视总台的"大蓝鲸"、山东广播电视台的"51听"、湖北广播电视台的"长江云"和南京广播电视台的"在南京"等。

4. 短视频平台赋能广播音频向全媒体运营升级

2019年随着短视频和直播带货的火爆，网红带货模式成为全民热点，电商入局加速了网红经济的变现，MCN受益上下游红利，迎来爆发增长期。各短视频平台纷纷加强与优质MCN机构达人的合作，打造优质PGC并带动UGC，共同生产并保障持续输出更优质的内容，扩大粉丝影响力和粉丝规模，将粉丝流量赚钱的能力最大化，从而最终实现商业的稳定变现。2019年我国短视频和在线直播的用户规模分别达到6.27亿和5.01亿，MCN市场规模达到168亿元。预计到2020年，中国MCN市场规模将进一步扩展到245亿元。[①]

在广电媒体广告经营性收入整体下滑，短视频以及直播电商市场火爆的环境下，广电媒体从2018年下半年至今，纷纷依托媒体自身强势的主播资源和内容资源，与具有流量优势及变现优势的短视频平台以及电商平台合作，纷纷试水广播媒体内容和主播的变现能力，创新传播与经营模式。广播

---

① 数据来源：《艾媒报告 | 2020～2021中国MCN产业运行大数据监测及趋势研究报告》，https://www.iimedia.cn/c400/68403.html。

媒体布局短视频领域既是广播媒体融合的探索求新，也是广播媒体经营重压之下的主动求变。

在2018年央视、湖南娱乐频道、浙江卫视、长沙广电等广电媒体布局短视频平台之后，2019年下半年，济南广电、黑龙江广电、山东广电、河北广电等多地广电媒体也开始进军短视频领域，广电媒体拥抱短视频和直播，进军MCN领域已经成为行业共识。广电MCN机构依赖母体强大的内容基因优势和广电媒体原本存量市场的资源重新整合及配置，将成为社会MCN机构所无法企及的主力军，为广电媒体的自救及融合发展带来新的市场机会。

（二）广播听众的新身份成为广播媒体融合的指针

广播听众的触媒行为、广播节目的音频化以及广播听众身份的多重性，从不同的维度揭示出：通信技术和移动网络技术高度渗透和普遍应用的移动互联网时代，媒体格局和生态已经发生了巨大的变化，广播听众不再是传统广播的专属听众，收听广播也只是普适大众在诸多媒体接触行为中的一个选择，听广播与刷微信和读屏相伴而生，听众的身份也由专属身份转化为伴生身份。那么广播媒体的内容生产和传播方式也需适应这种变化，针对广播听众的多重身份，针对同一节目素材，进行不同对象、不同传播路径的针对性策划，生产出适合"群众"和"屏民"消费诉求的不同展现方式和不同展现视角的多样态内容产品，采用对位的传播通路送达群众、屏民和听众，也就是采用融合的思维方式进行内容的融合生产和融合传播，最终送达已经完成身份及行为融合的音频听众。因此，在互联网应用技术驱动下的媒体融合，听众身份的演化和多重性为广播媒体的融合发展提供了方向和指针。

在媒体融合向纵深推进的大趋势下，广播媒体的融合发展从台网并存、台网联动、台网融合逐步深化为媒体和媒介的深度融合。各级广播媒体的"两微一端"普遍建成并发挥了传播功效，传播矩阵也已基本成型。以"广电＋报业"构建"中央厨房"的融媒体中心模式得到普遍推广，"报、网、端、微、屏、播"的融合传播及运营模式初步形成。实现传统广电媒体与移动网络媒体的优势互补、取长补短，发挥移动网络媒体长于解决短、平、快的民生问题优势，以及传统媒体关注和思考深层次、具有代表性社会问题的优势，重新进行资源配置，既保证了传统媒体的真实性和深入性，也保持了传播过程中与受众的互动性，通过融合发展形成合力，从而保证正能量传播方式的多样化和传播效果最大化的放大效应。

1. 主流媒体的价值重塑是广播媒体融合的核心

移动互联网催生了众多基于智能手机的新样态网络媒体，消费者通过智能手机等移动终端接收信息和传播信息。"终端随人走，信息围人转"，已经成为信息传播的新态势。移动网络媒体的广泛应用，使信息传播变得更加便利迅捷，也带来了史无前例的分享、转发热潮，各种各样的网络信息充斥着人们的生活并改变着人们的生活方式，在为人们生活带来便利的同时也产生了大量的垃圾信息，并使真正有价值或公众真正需要的信息被淹没。

移动互联网时代信息传播环境的复杂化，传播主体的多元化，媒体价值的流量化，信息送达的算法化，与事实的重要性被技术以及观点所替代，致使观点先行于事实，可能造成网络传播过程中的舆论失焦和真相模糊，进而导致社会信任危机的潜在风险。

广播媒体作为主流媒体之一，在内容的专业性、权威性，信息的真实性和内容深度方面有着天然优势，但在时效性、丰富性和便利性方面也存在相对的短板。广播媒体的融合发展依托人工智能（AI）、区块链（Block Chain）、云计算（Cloud Computing）、大数据（Big Data）重构媒体生态系统以及内容产业价值链，以融媒体中心建设为抓手，推动媒体融合向纵深发展，实现媒体融合、媒介融合、思维融合、技术融合、流程融合、人才融合、经营融合等，使广播媒体的主流媒体价值在互联网时代更具传播力、引导力、影响力、公信力。特别是通过移动媒体的优先建设，构建了形式多样、渠道多元、内容多样、覆盖多维的移动传播矩阵，在铺天盖地的网络混沌信息中，以思想深刻、权威准确、对用户具有"定心丸"价值的优质内容"一锤定音"，将主流媒体理应坚守的价值观，依托 ABCD 互联网新技术，尊重全新媒体传播格局下的用户诉求，契合主流媒体和网络新兴媒体的

传播规律和特点，兼容并蓄地实现互联网时代信息的有效传播，实现广播媒体融合发展的迭代升级，在网络传播主体多元化的环境下重塑广播作为主流媒体的价值。

2. 回归主流媒体的核心价值观是广播媒体融合的本质

前互联网时代，媒体通过信息成为连接万物的桥梁，是通道、纽带、平台，兼有生产、传播、连接等三重身份。互联网时代，网络通过数据成为连接万物的桥梁，而数据仅是事实或观察的结果，是用于表示客观事物的未经加工的原始素材，因此数据是原材料。信息则是经过加工以后对客观世界产生影响的数据，是泛指人类社会传播的一切内容，因此信息是产品，是内容。互联网拓展了媒体的内涵与外延，使媒体的种类与形式也更为多元，但没有改变媒体通过信息成为连接万物的桥梁作用，没有改变媒体是通道、纽带、平台的属性，更没有改变媒体兼有生产、传播、连接的三重身份。

互联网时代媒体的多元性丰富了用户的生活，并提供了用户所需的更多资讯，但也面临着海量信息环境下的信息过载问题，导致信息的混沌和高价值信息的稀缺。主流广播媒体的专业性、权威性、公信力、传播力、生产力和品牌价值性，以及新闻报道的深度、广度、高度有着不可比拟的优势，但同时也存在互动性、迅捷性、灵敏性、数据性和精准性不足的问题。而ABCD互联网新技术为主流媒体打造全新生态和价值链提供了助力，使主流广播媒体的生产、传播、连接更具互联网化的时代特征。

主流广播媒体秉持传统媒体的价值理念和职业操守，依托ABCD互联网新技术，强化主流媒体的本源优势，补强主流媒体互动、连接的短板，尊重互联网传播通路产生的数据流而不过度迷信数据算法，重视事实或观察的数据结果，以主流媒体的核心价值观驱动内容产品的生产和创造，重构主流媒体的内容生态和产业价值链，以媒体的职能（无论主流媒体还是网络媒体）回归主流媒体的核心价值观。

媒体的核心价值观代表着媒体的核心竞争力，是媒体发展的原始驱动力，肩负着引导公众树立正确的舆论观和价值观的社会责任，甚至左右着整个社会的价值取向。媒体的价值观既表现为媒体的价值取向、价值追求，凝结为一定的价值目标，也表现为媒体的价值尺度和准则，成为公众判断事件的标准和导向。因此媒体的核心价值观概括而言就是以媒体的社会责任感、以媒体人文关怀的情怀、全面客观真实地记录反思社会现实问题，使媒体特别是主流媒体成为联结社会的有效纽带和桥梁：一方面代表着国家政府向社会公众传达政务信息，另一方面也在为百姓了解社会提供平台和渠道。

3. 真正能够影响到消费者的内容是广播媒体融合的生命力

媒体融合以发展为前提，以扬优为手段，使主流媒体与网络媒体的优势得以极致性发挥，变单一媒体竞争力为多媒体乃至全媒体的合成竞争力，从而使主流媒体和网络媒体的优势互相融合、互相利用，并使其功能、手段、价值得以全面提升的一种运作模式。

媒体的生命力是内容，是能够真正影响消费者的内容，无论传播介质如何更新迭代、推陈出新，其根本的方法论却是始终不变的。媒体通过信息成为连接万物的桥梁，媒体的通道、纽带、平台属性，媒体生产、传播、连接的三重身份也是始终不变的，仅仅是生产的流程与工艺、传播的路径以及连接的方式随着技术革命而发生变化。

互联网改变了人与人、人与信息、人与物的连接方式，也改变了主流广播媒体内容产品的传播路径和内容与人的连接方式，反向推动了主流广播媒体内容生产方式的迭代升级。媒体融合是在互联网植根公众生活，改变公众生活方式，甚至改变公众媒体接触方式的情况下进行的主流媒体自我救赎的积极之举。

在媒体融合过程中，媒体一直是在"技术是保障性因素，节目内容服务的安全稳定始终处于首位"的前提之下得以开展和推进的。大部分广播媒体一直在网站、客户端、社交媒体等传播通路上进行试水，在广播、电视、报纸、网站等媒体整合上试水，试图通过"媒体整合＋互联网"的模式实现媒体融合。而在内容创新与传播通路创新的契合度方面，以及如何有效地把持续爆发的技术创新红利转变为自身传播力、影响力和运营服务能力，不断提升创新实效方面有所缺位。

媒体的生命力是内容，媒体融合的生命力是技术赋能的内容和内容加持

的技术。广告主为什么要在媒体上投放广告？最重要的原因就是要借助媒体的影响力去传播、去影响，甚至去改变消费者的消费行为模式。内容影响消费者，可以从两个维度来理解：一方面是通过技术赋能的主流媒体内容影响消费者，另一方面是通过主流媒体内容加持技术影响消费者。技术赋能内容和内容加持技术事实上包含了内容触动消费者和技术将内容送达消费者的两层含义。归根结底，主流媒体核心生命力是能够影响消费者的内容。

媒体融合的要义不在于是媒体整合还是媒介融合，而在于是否拥有可以真正能够影响到消费者的内容。秉持主流媒体的价值理念和职业操守，依托ABCD互联网新技术，强化主流媒体的本源优势，补强主流媒体互动、连接的短板，尊重互联网传播通路产生的数据流而不过度迷信数据算法，重视事实或观察的数据结果，以主流媒体的核心价值观驱动内容的生产和创造，使主流媒体的内容既可以影响传统端内容消费者也可以影响移动互联网内容消费者，才能真正实现主流媒体融合的价值再现。

B.5
2019年全国广播融媒体传播效果评估
与应用场景分析

孙琳琳*

摘　要： 2019年，全国各级广播媒体在融合传播方面加速转型升级，在自有客户端、社交媒体、短视频媒体端等信息传播核心平台不断发力，传播矩阵趋于完善，融合传播效果与网络影响力越来越强。各频率中，国家级频率融媒传播优势明显，省级频率是融媒体传播的骨干力量，交通类频率占据竞争优势地位，直播流节目是传播核心，社交与短视频平台影响力偏弱。未来各频率尚需继续加强平台布局与内容运营，提升活跃度与影响力。

关键词： 广播　融媒转型　类型频率　效果评测　场景应用

　　随着移动互联网与智能手机的普及，用户的触媒习惯更多集中在移动互联网端，世界新闻资讯、全球发展动态、日常娱乐休闲，庞大且开放的信息满足了用户各种信息消费需求，以微博、微信、头条为代表的社交平台与以抖音、快手为代表的短视频平台等App应用汇聚了庞大的用户流量，成为全国民众获取信息资讯、进行社交娱乐的首选。在此背景下，坚持移动优先，进行媒体融合发展，以融合手段壮大主流舆论阵地，成为广播媒体的共识。

* 孙琳琳，中科网联数据科技有限公司产品总监。

各媒体在推进融媒体建设过程中，面临了一系列效果评估问题，媒体融合发展语境下，产品单一的视收率等对于媒体传播效果的评估已不能满足融传播的效果评估要求。围绕广播媒体多渠道、多平台、多形态融合传播的效果评估，需要进行跨终端、跨平台、多量纲、多指标的综合评定和统一检验，全面评估广播媒体线下传播与线上传播，自有客户端、社交平台与短视频平台，以及全网舆情影响力与融合传播效果，方能为广播融媒体传播进行问诊把脉，为融合传播的商业运营起到指导作用。

一 广播融媒体传播效果评估现状

关于广播媒体融合传播效果的评估，目前主要集中在视听率调查公司和互联网数据公司。根据网络公开资料，中科网联数据科技有限公司的"EMC 融播指数"产品提出对广播媒体在线上与线下的多渠道传播进行数据打通，解决不同数据源"多源异构"问题，通过"EMC 融播指数""EMC 触达人数"两个指标对广播媒体的融媒传播影响力以及规模增长情况进行评估，并提供细分平台与指标的指数评估数据。相关的媒介研究公司有针对媒体机构在网络端如官微、官网等网络平台的传播效果进行评估而推出的"网络传播力指标体系"，也有主要对广播频率在商业音频平台（如蜻蜓FM、喜马拉雅）的收听人次/播放次数进行评估而推出的"融媒体云传播效果"。互联网数据公司推出的多为单一新媒体平台账号榜单产品，如微信榜单、微博榜单等。还有部分互联网公司专门针对媒体或政府机构定向传播的新媒体端影响力进行评估，并推出"全国两会指数""脱贫攻坚指数""综合卫视指数"等榜单。

广播媒体进行融合转型是一个巨大的系统化工程，面临组织机构资源整合，财力、物力、人力、技术供给，商业模式开发等多重因素的掣肘与影响，融媒效果评估作为媒体融合进程中的伴生产品，同样面临诸多问题和难点。

首先，融媒体传播效果评估面临的是数据的获取问题。传统的收听率与收视率监测需要建立样本组，通过日记卡或测量仪进行受众收听、收视行为的数据采集，或通过运营商的底层数据抽样进行测算，需要专业的视听率调查机构进行专门的调查方可获取相关数据，而网络平台的收听率与收视率数据则还需要平台方进行配合，以 API 或 SDK 的方式进行数据的采集处理。对于线上各平台的其他数据，虽然媒体可以通过自身账号界面及后台数据了解自身的部分表现，如阅读量、粉丝量、互动量等内容，但并不成体系，只是零散的个别指标数据，并且无法获取竞争媒体的数据。这类数据只有通过平台方公布相关数据或通过专业的数据抓取技术方可获取，需要进行专门的合作，并且配备一定的技术手段。

其次，融媒体传播效果评估还需要面临数据的融合问题，融媒体时代，数据评估与应用面临多源异构、数据融合与数据质量问题。在社交平台、短视频平台，以及舆情声量方面，平台传播多元化，评估样态多维化，平台数据孤岛性，平台指标杂乱性，用户数据多源异构化，导致其无法进行统一评估。数据融合问题包括了不同平台数据的融合问题，与不同指标数据的标化统一问题。网络大数据虽然是全量数据，但是受限于商业利益、市场竞争等诸多因素的影响，不同的平台却是如同孤岛般存在，彼此的数据完全割裂、条块分割、互不统属。同时，与传统的样本数据相比，网络数据是多源化数据，对于同一内容在不同平台的传播效果评估，在测算用户规模时存在数据重合与去重的问题。而传统的样本调查是同源数据的调查，可以有效去重，但是样本量相对较小，需要进行抽样与推及计算，以还原样本整体，同时还存在成本高、周期长的问题。

再次，广播媒体的融媒传播效果评估需要紧密关注广播媒体融合态势，评估方向既要贴合广播媒体融合特点，同时也要兼顾移动互联网环境中媒体形态、用户习惯的迁移。由此决定了广播媒体的融媒传播效果评估必须是动态的，能够面对多变的移动互联网媒体形态、突发传播事件而做出迅速响应，具备普适性和较快的更新迭代性；同时，各地广播媒体融合方向与战略布局同中存异，各有侧重，融媒体传播效果评估既要统一标准，又需兼顾特色。

二　广播融媒体传播效果评估方法

（一）广播频率融合传播效果评估方法

广播媒体的融合传播，除了传统端直播流节目外，还有网络平台的直播流节目，社交平台的文章与短视频平台的视频内容等，通过多种内容形态，在各个终端与平台进行矩阵式融合传播。因此，评估融媒体传播效果就需要包括以上各个终端与平台的传播表现。

目前，关于广播媒体融合传播效果的评估方法主要有以下几种。

1. 评估广播单一平台的线上传播效果

互联网数据公司多使用此种评估方法，通过单一平台指数对媒体账号进行排名，以榜单形式呈现，如"微信榜单""微博榜单"等。其评估主体为平台新媒体账号，对广播媒体而言，一是线下传统端直播流节目及网络音频平台的直播流传播效果未能被包括在其中，二是同一套广播频率在多个平台的多账号矩阵传播无法进行融合评估。

2. 统计广播在网络音频平台直播流节目的点击量

该评估方法只统计了广播媒体在网络音频平台的点击量数据，没有包括广播媒体在以车载和便携为代表的传统端传播效果，以及在社交、短视频平台的账号传播效果，覆盖平台、评估维度较少，且无法将不同音频平台数据进行拆分呈现。

3. 综合评估广播多个新媒平台的网络传播效果

该评估体系涵盖了广播媒体在网络新媒体端多个平台的综合传播效果，可以实现广播媒体在不同网络新媒体端的传播效果评估，但是未涵盖广播媒体在网络平台的直播流节目和线下传统端直播流节目传播效果评估，存在一定的局限性。

4. 综合评估广播线上与线下的融合传播效果

该评估体系对广播媒体在线下传统端传播表现、线上新媒体多平台传播、全网舆情声量和情绪引导进行综合评估，反映广播频率在线下传统端与线上新媒平台融合传播的综合影响力及受众规模。其评估对象包括音频平台、社交平台、短视频平台与舆情平台，提供传播指数数据，反映广播频率在不同平台的融合传播影响力与单一平台传播影响力，有利于对广播媒体融合传播效果进行整体评估与统一评估。

（二）中科网联数据科技有限公司 EMC 融播指数分析

中科网联数据科技有限公司 EMC 融播指数利用大数据媒体实时监测技术，结合全国网收听率与海量融源收视率调查数据，通过 EMC 融媒传播影响力评估模型，对广电媒体多终端、多平台、多样态内容传播效果的综合评估，跳出了业内其他公司局限于单一广播或电视媒体、单一平台或直播流节目的单一化评估的窠臼，实现了对广电媒体融媒传播效果的融合评估目标。

该融播指数以融合传播力评估为核心，以广播频率、电视频道、重点节目、主持人 IP 为评估对象，通过技术与大数据赋能，围绕社交平台传播力、短视频平台传播力和网络舆情引领力，基于传播声量、用户交互、主动搜索、情绪热度等评估维度，构建全域、全景、全效统一评估体系。综合评测广电主流媒体融合传播的裂变效果，用数据评估广电主流媒体的融合传播力与商业变现价值。

表 1　中科网联数据科技有限公司 EMC 融播指数指标体系：广播媒体

级别	指标名称	指标含义
一级指标	EMC 融播指数	结合各广播频率线下直播、平台直播、社交平台、短视频平台与全网舆情表现，通过模型进行综合评测得出指数结果，综合反映各广播频率的融媒传播影响力
	EMC 触达人数	综合评测各广播频率在线下直播与平台直播的收听人数，以及在社交平台与短视频平台的粉丝数量，形成集线下与线上、听众与粉丝为一体的全网综合触达受众规模

级别	指标名称	指标含义
二级指标	社交指数	反映广播频率在微博、微信、今日头条等社交平台的融媒传播影响力
	短视频指数	反映广播频率在抖音、快手等短视频平台的融媒传播影响力
	直播流指数	反映广播频率在线下传统端、线上音频平台直播流内容的传播影响力
	舆情指数	反映广播频率在全网端舆情声量和正向情绪引导力
三级指标	微博指数	反映广播频率在微博平台的传播影响力
	微信指数	反映广播频率在微信平台的传播影响力
	头条指数	反映广播频率在今日头条平台的传播影响力
	抖音指数	反映广播频率在抖音平台的传播影响力
	快手指数	反映广播频率在快手平台的传播影响力
	蜻蜓 FM 指数	反映广播频率在蜻蜓 FM 平台直播流内容的传播影响力
	喜马拉雅指数	反映广播频率在喜马拉雅平台直播流内容的传播影响力
	线下直播指数	反映广播频率在线下以居家和车载收听为主的传统端直播流节目的传播影响力

该融播指数产品主要的特色、优势集中在如下两个方面。

第一，全域、全景、全效，对接"四力"评估。广电主流媒体通过媒体融合发展战略的推进，持续打造与加强网络传播时代广电主流媒体的传播力、引导力、影响力与公信力。该融播产品以全域、全景、全效为基本原则，评估覆盖广电主流媒体在各个矩阵平台的传播阵地，测评对象包括音频、视频、图片与文字等多种传播形式，测评维度包括用户量、粉丝量、互动量、播放量、竞争力、信息量等多个维度，从而完整对接广电主流媒体对于量化评估传播力、引导力、影响力与公信力的需求。

第二，综合评估，统一标准，兼顾特色。该融播产品覆盖广电主流媒体的矩阵传播平台，将不同平台多源性、多样化、异构性的指标与数据纳入统一评价体系中，进行标化统一处理，在统一标准下实现了可量化、可比较的目标。同时评价体系以开放性为原则，以兼顾不同媒体的各异化特点，提供定制化评估体系与标准。

三 全国广播频率融合传播效果评估结果

（一）全国广播频率融合传播整体特点

2019 年，全国广播频率中，本次评估共涉及国家级、省级与市级①，新闻类、交通类与音乐类三大主力类型频率 204 套。其中国家级频率 7 套，省级频率 101 套，市级频率 96 套；新闻类频率 66 套，交通类频率 61 套，音乐类频率 77 套。

数据来源与采集平台方面，线下直播流数据来自中科网联数据科技有限公司全国 35 城市 RAM 测量仪/日记卡收听率数据，线上传播声量、用户交互等数据涵盖新媒体端主要传播平台，包括社交平台（微博、微信、今日头条）、短视频平台（抖音、快手）、音频平台（蜻蜓 FM、喜马拉雅），舆情数据涵盖线上全网舆情信息量。

中科网联数据科技有限公司数据显示，全国广播频率在融媒传播布局与方向上，具有以下特点。

1. 新媒布局更偏社交平台，短视频、音频平台抖音、蜻蜓 FM 覆盖更全

微博、微信作为成熟的社交媒体，已被用户深度使用及依赖。微博平台公域流量对热点事件极度敏感，微信平台打造私域社交，众多的优质内容经过圈层传播引发热度效应。公开数据显示，截至 2019 年底，微博月活跃用户达到 5.16 亿；《2019 年微信数据报告》显示②，微信 2019 年月活跃用户数超过 11.5 亿。庞大的流量黏性与平台优势使微博、微信成为广播频率融媒布局的必选。中科网联数据科技有限公司数据显示，广播频率在微博和微信平台上布局最为广泛，全国 204 套监测频率中，以频率为认证主体的官方账号分别达到 197 个和 196 个，覆盖率均超过 96%，且都保持着较高的活跃度，其中微

---

① 市级广播频率为省会城市级和计划单列市级广播频率，不含地级市及县级市广播频率。

② 《官方出品！2019 微信数据报告》，微信公众号，https://m.sohu.com/a/382315831_120474812。

信平台的账号最为活跃，活跃账号数量达到 190 个，活跃度达到 96.9%[①]；微博平台中活跃账号数量为 173 个，活跃度为 87.8%；在今日头条中，超过 65% 的广播频率开设了官方账号，其中 99 个保持活跃，活跃度为 74.4%。

抖音、快手两个短视频平台带热了短视频、直播的传播形态，娱乐、休闲、搞笑是两个平台内容的重要特征，容易引发流量聚集。《2019 年抖音数据报告》显示[②]，截至 2020 年 1 月 5 日，抖音日活跃用户数突破 4 亿；《2019 年快手内容报告》显示[③]，截至 2020 年 1 月初，快手日活超过 3 亿。中科网联数据科技有限公司数据显示，在抖音和快手平台，全国 204 套监测频率中，以广播频率为认证主体的官方账号数量分别为 132 个和 32 个，抖音覆盖率达到 64.7%，其中 115 个账号保持活跃，活跃度为 87.1%，抖音成为广播频率在短视频平台传播的首选平台。

入驻音频聚合平台是广播频率融媒进程迈出较早、发展较快的一步，随着蜻蜓 FM、喜马拉雅等商业音频平台的上线与发展，各级广播频率纷纷入驻其中，将传统线性节目进行线上直播流播出，用户还可选择回听、点播等多种方式，广播媒体线上影响力随之扩大。中科网联数据科技有限公司数据显示，2019 年，全国 204 套监测频率中，蜻蜓 FM 有 194 套频率入驻，喜马拉雅有 153 套，覆盖率分别为 95.1% 与 75%。随着各级广播电台融媒体建设的持续推进，部分广播电台自有音频平台搭建完成并开始运营，以天津台、大连台等为代表的部分广播媒体选择仅在自有音频平台上线直播流节目，以保持独立性。

2. "两微"平台是信息传播主力，短视频传播渗透尚未深入

相较于自媒体及其他机构，专业的内容生产与信息资源优势使广播频率在网络平台同样具有较强的内容创造力。中科网联数据科技有限公司数据显

① 活跃账号指 2019 年度有发布作品的账号，活跃度为活跃账号数量与所有统计账号的比值，下同。

② 《抖音发布〈2019 年抖音数据报告〉，日活跃用户已达 4 亿》，环球网，https：// baijiahao. baidu. com/s？id = 1655032472517950155&wfr = spider&for = pc。

③ 《2019 快手内容报告重磅发布：致敬日常与远方》，金融界百家号，https：//baijiahao. baidu. com/s？id = 1659148590395989241&wfr = spider&for = pc。

示，2019年，全国204套监测频率在微博、微信、今日头条、抖音、快手等平台共发布114万余篇/条作品，其中微博发布内容最多，超过71万篇，约占62.3%；微信共发文31万余篇，约占27.2%，共产出1879篇阅读量超过10万的热文。"两微"平台信息发布量占比达到90.4%，成为广播频率在网络平台信息传播的主要渠道，其中省级广播频率优势明显，微博发文量占比达到60.1%，成为传播主力。

相对而言，各广播频率在短视频领域的传播尚未深入，抖音、快手两平台共发布短视频14083条，其中抖音12505条，快手1578条，抖音发文量是快手的7.9倍，是各广播频率短视频传播首选；各级电台频率中，省级广播频率在抖音与快手的传播优势均较为明显，其中快手发文量占比达到77%，占有绝对优势。短视频传播形态目前已经进入火爆阶段，深入渗透短视频领域将是广播频率未来加强、提升融媒传播力的重要方向。

3. 交通类频率整体占优，新闻与音乐类频率在头条与微博各具优势

三大类型频率中，交通类频率发布数量占据优势，交通资讯、应急信息等与日常生活息息相关的内容吸附了大量用户。各网络平台中，交通类频率共发布573423篇/条信息，占比超过50%；其中微信总阅读量超过14.9亿，产出阅读量超过10万的爆款热文1829篇，占该类频率在微信发布信息总量的97.3%。

新闻类频率共发布396743篇/条信息，占34.7%，发布量介于交通类与音乐类频率之间。今日头条中，新闻类频率发布量位居第二，但引发的阅读量与互动量（评论/点赞）位居榜首，其对新闻资讯、民生热点、时政新闻的专业报道和解读吸附优势明显。音乐类频率发布量和内容热度均位居第三，但在微博平台，好歌热曲、流量歌手、实力唱将等内容备受用户关注，带动其微博传播热度高于交通类和新闻类频率。2019年，音乐类频率微博发博数为111229条，占15.4%，但粉丝互动量（转发/评论/点赞）超过1229万，占比达到57.5%。

（二）全国广播频率融合传播具体效果

中科网联数据科技有限公司EMC融播指数评估结果显示，2019年，全

国 204 套监测频率累计触达受众规模超过 5.8 亿，是线下传统端累计触达规模的 5.66 倍，融媒传播打破了广播媒体线下传统端物理空间的区域边界，同时也丰富了广播媒体的内容传播形态，突破了单一音频传播局限，使广播媒体的信息传播空间更广，传播形态更多样，触达受众群体更多。

1. 融媒传播取得成效，但发展不平衡，仍有较大上升空间

中科网联数据科技有限公司 EMC 融播指数显示，2019 年，全国 204 套监测频率 EMC 融播指数均值为 737.65，融媒传播取得一定的效果，但距离 1000 的参考值尚有一定差距，未来仍有较大的成长空间，需继续加强融媒建设的投入。各频率中，中央中国之声 EMC 融播指数最高，达到 1790.85，各频率 EMC 融播指数最低仅为 158.96，频率发展参差不齐，融媒步伐存在较大差距。

根据各频率 EMC 融播指数分布情况，大体可划分为三个阵营：第一阵营频率 EMC 融播指数超过 1000，位居头部，共有 39 套频率，占 19.1%。该阵营频率融媒传播矩阵布局较全，账号活跃，作品数量、内容热度、粉丝吸附力与舆情声量表现均较好，融媒传播效果相对突出。第二阵营频率 EMC 融播指数为 737.65～1000，位居腰部，共有 52 套频率，占 25.4%。该阵营频率大多拥有优势传播平台，但也存在平台布局缺漏或少量账号活跃度偏低的问题，未来有待进一步加强平台入驻与内容生产，强化平台运营。第三阵营频率 EMC 融播指数低于 737.65，共有 113 套频率，占 55.3%。该阵营频率多存在明显的传播短板，入驻平台较少，或账号运营较差，活跃度低，传播效果不理想，需要着力加强融媒布局。

2. 国家级广播频率整体表现优秀，中央中国之声领跑融媒传播

全国 204 套监测频率中，国家级广播频率共有 7 套，2019 年 EMC 融播指数均值达到 1093.20，融媒传播效果整体表现优秀。其中，中央中国之声 EMC 融播指数达到 1790.85，位居榜首，2019 年累计触达 9734 万余受众。作为中国广播界最具权威性和影响力的新闻频率，同时也是唯一覆盖全国的新闻频率，无论线下传统端，还是网络新媒体端，中央中国之声均占有明显的竞争优势，其社交指数、直播流指数、舆情指数均居首位，优势显著。

2019 年，中央中国之声直播流节目在线下传统端累计触达 1092 万受众，在音频平台蜻蜓 FM 与喜马拉雅触达规模均超过 3300 万；在微博平台，中央中国之声共发博 1.2 万余条，用户互动量接近 350 万；在微信端，共发文 4400 余篇，阅读量达到 6433 万；在今日头条发布的内容用户互动（评论/点赞）超过 28 万，优势明显。

相对于其他平台，中央中国之声和其他六套国家级广播频率在短视频平台的发力有所不足，传播效果相对不太理想，在短视频领域的涉足尚未深入。

3. 省级广播成为融媒传播主力军，经济实力影响融媒竞争力

2019 年，全国 204 套监测频率中，省级广播频率 EMC 融播指数均值为 834.57，是市场整体的 1.13 倍，在各类排行榜中均占据优势地位，是广播媒体融合传播的主力军。融媒传播 TOP10 频率中，7 套频率隶属省级电台，占 70%；TOP20 频率中，13 套频率隶属省级电台，占 65%；TOP50 频率中，33 套频率隶属省级电台，占 66%；TOP100 频率中，62 套频率隶属省级电台，占 62%，省级广播频率融媒传播整体竞争优势明显。

省级广播频率作为全省舆论传播高地，在省域传播中占据核心位置，拥有强大的平台优势、资源优势与人才优势，俨然成为全国广播媒体融合传播的骨干力量。2019 年，监测的省级广播频率在微博、微信、今日头条、抖音、快手平台共发布各类信息 64.1 万余篇/条，占总发布量的 56%，其中微博互动量（转发/评论/点赞）达到 1299.6 万，微信阅读量超过 13.34 亿，产出阅读量超过 10 万的爆款文章 1164 篇，占比达到 62%。

广播融合传播的第一阵营频率中，北京、上海、广东、江苏、山东、浙江等的广播频率共有 19 套频率入围，占比达到 48.7%。其中，北京与上海共入围 5 套（含中央台）；广东省入围 3 套，分别是广州交通电台、羊城交通电台与广东音乐之声；江苏省入围 3 套，分别是江苏新闻广播、江苏交通广播与南京交通广播；山东省入围 3 套，分别是济南交通广播、山东交通广播与青岛交通广播；浙江省入围 5 套，分别是浙江之声、浙江交通之声、杭州交通经济广播、杭州之声与浙江音乐广播。

4. 新闻类频率占据传播头部，交通类频率整体优势明显

三大类型频率中，国家级频率传播优势明显，省级频率与市级频率分列第二、三名。新闻类频率融媒传播表现整体上不及交通类频率，但占据了传播头部，前三名均为新闻类频率，分别是中央中国之声、江苏新闻广播与浙江之声，EMC 融播指数分别达到 1790.85、1600.20 与 1569.11。三套频率中，中央中国之声在短视频平台表现偏弱，但其他平台的强势表现拉升了整体效果；江苏新闻广播与浙江之声在社交平台、短视频平台、直播流节目及全网舆情等方面均有较好表现，成为新闻类频率融媒传播范例。

各类型频率中，交通类频率 EMC 融播指数均值达到 957.57，是市场整体的 1.3 倍，新闻类频率的 1.38 倍，音乐类频率的 1.6 倍，融媒传播优势明显。其中省级交通类频率 EMC 融播指数均值达到 1077.44，表现突出。融媒传播 TOP10 频率中，交通类频率入围 7 套，TOP20、TOP50 与 TOP100 频率中，交通类频率分别入围 14 套、34 套与 44 套；EMC 融播指数第一阵营中，交通类频率入围 28 席，占 71.7%，稳居头部类型频率。

新闻类频率除占据头部外，整体表现也优于音乐类频率。融媒传播 TOP10 频率中，新闻类频率入围 3 套，音乐类频率没有入围；TOP20 频率中，新闻类频率入围 5 套，音乐类频率入围 1 套；TOP50 频率中，新闻类频率入围 10 套，音乐类频率入围 6 套；TOP100 频率中，新闻类频率入围 31 套，音乐类频率入围 25 套，新闻类频率整体表现占据优势地位。

5. 直播流节目是融合传播核心力量，短视频是未来发力重点

广播媒体融合传播过程中，依托音频优势的直播流节目始终是广播媒体的核心传播阵地。长期以来，各级广播电台深耕本地广播市场，具有强大的地域影响力和公信力，拥有大量本地忠实用户资源，同时通过在线音频平台辐射全国及周边地区，进行溢散传播，收获了庞大的网络用户流量。

中科网联数据科技有限公司数据显示，2019 年，全国 204 套监测频率直播流指数均值达到 1470.90，是 EMC 融播指数均值的 1.99 倍，交通类、

音乐类与新闻类频率直播流指数均表现突出，有效拉升了频率整体融合传播效果。2019年，全国204套监测频率线下传播累计触达1.04亿听众，而通过在线音频平台的入驻与运营，将线下直播流节目平移至网络音频平台，进一步提升了广播媒体的影响力与竞争力。各频率在蜻蜓FM平台覆盖1.55亿用户，在喜马拉雅平台覆盖1.49亿用户，各广播频率在网络音频平台的直播流节目已形成较为稳定的传播基础。

移动互联网时代，真正的融媒传播并不是简单将线下直播流节目迁移至在线音频平台，或者将直播流节目的内容进行拆条与精编，而是需要跳出音频局限与直播流窠臼，结合用户内容消费场景，在内容、形式、平台等方方面面真正契合用户的内容消费升级需求，适应多渠道与平台传播的用户触媒需求。

2019年，全国204套监测频率的社交指数均值为552.65，短视频指数均值为230.48，远低于直播流指数，其中仅交通类频率表现略好。由此反映出各频率在社交平台与短视频领域发力不足、重视程度不够的问题，特别是相当一部分广播频率尚未入驻短视频平台。部分广播频率虽然有入驻，但账号运营水平相对较低，作品发布量与播放量等指标表现明显偏弱，未来需大力加强在社交与短视频平台的影响力建设，加强社交平台的发文量，提升对热门话题的关注度，并强化议题设置能力，引导舆论，重点加强短视频平台的建设，将内容运营与消费转化有机结合在一起，形成传播闭环。在倾注大量资源的同时，将社交平台与短视频平台的运营效果纳入考核体系，进行考核管理。

6. 微信传播裂变能量强，微博活跃度低，头条布局不足

移动互联网环境下，多数网络平台均具有一定的社交功能，用户对平台内容或浏览，或转发，或评论，用户的态度表达促成了传播的多次裂变，信息传播通过用户态度打破了单向传输的传播形态，赋予了信息传播更广泛和更深层的意义。中科网联数据科技有限公司数据显示，2019年，社交平台中，全国204套监测频率在微博、微信端布局最全，其中微信传播效果较好。

2019年，各广播频率社交指数均值为552.65，其中微博指数均值为

446.86，微信指数均值为 1047.55，头条指数均值为 336.04。微信端传播中，微信指数超过 1000 的频率共有 120 套，占比达到 58.8%，接近六成频率微信传播效果较强，其中浙江交通之声、杭州交通经济广播微信指数超过 2000，江苏交通广播、安徽交通广播、中央中国之声、新疆交通广播、河北交通广播与黑龙江交通广播的微信指数均超过 1900，位居全国各频率前列。

相比之下，各广播频率在微博、今日头条的传播效果相对偏弱。微博与头条指数超过 1000 的频率分别有 17 套与 22 套，各广播频率在微博端虽然布局较全，但微博账号的内容发布量少、热度弱，甚至很多账号长达半年或多年未进行内容更新，导致账号活跃度和影响力较弱；各广播频率在今日头条的布局明显偏少，账号覆盖率仅为 65.2%，比微信与微博落后 30 个百分点以上，运营重视程度也相对不足，导致传播效果在三个平台中位居末尾。

四 广播融合传播效果评估应用场景

移动传播时代，广播媒体的信息传播由单一的直播流音频传播升级为全形态生产与全平台分发的媒体融合传播，关于媒体传播效果与媒体价值的评估也相应地由收听率评估升级为融合传播效果评估。对广播频率融媒传播效果进行全面、科学、客观的评估，是对广播媒体融媒建设成果的全域、全景、全效检验。通过评估，为广播频率提供从评测到分析，再到方案优化的系统解决方案，助力广播媒体的融合发展和移动转型战略目标的有效实施与达成。

广播频率融媒体传播效果评估主要应用在以下五个方面。

1.融媒传播健康度诊断，传播效果考核依据

通过融媒体传播效果评估数据的应用，掌握台内各频率融媒体传播矩阵的布局情况，动态监测各频率、各平台的融媒体传播效果，发现传播优势，聚焦传播短板，优化传播矩阵架构，完善传播策略，进行战略升级，实时跟踪优化策略的实施效果，进行动态调整，并结合评估数据设计台内融媒体建设工作的考核办法，制定考核标准，推进融媒政策的落地实施。

2. 明晰台内广播频率在全国同类媒体的竞争位置

通过全国广播频率融媒体传播效果指数榜单，以及不同类型频率，各频率在不同平台、不同维度传播效果的指数榜单，以及各指标基础性数据，掌握全国广播频率的融媒体建设布局与融合发展动态，了解台内各广播频率在全国同行中所处的位置。通过各频率在不同维度的横向比较，全面了解自身在不同平台的传播实力，在不同指标的竞争位置，领先优势与竞争差距，洞察全局，知己知彼，鞭策前行。

3. 锁定行业传播标杆，借鉴融媒传播经验

通过融媒体传播效果指数榜单，快速锁定不同类型频率、不同传播领域、各个传播平台中的传播标杆，与标杆电台频率进行业务交流，借鉴其成功经验，反馈自身，结合自身资源，量身定制、优化自身的融媒体传播策略，加快融媒体传播建设的步伐。

4. 增强品牌曝光，打造行业知名度，提升行业话语权

通过第三方专业研究公司发布的全国广播频率中不同类型频率，各频率在不同平台、不同维度的传播榜单，增强台内广播频率在大众视野与行业内的曝光度与知名度，加强行业声量与话语权，提升行业影响力。

5. 全面认知媒体传播价值，助力宣传推广与营销招商

广播媒体通过融合传播，获得了远超线下直播流传播的受众规模与用户黏性，并且通过网络平台传播加强了与用户的关联度，这些极大地增强了广播的媒体传播价值与市场营销价值。合理运用、正确解读融媒体传播效果数据，有利于全面认知媒体价值，发掘媒体传播闪光点，加强对外宣传与推广，提升媒体形象，增强客户信赖，助力经营创收。

B.6
2019年全国广播广告投放及发展趋势分析

杨晓玲 *

摘　要： 2019年，受到内外部经济环境与整体品牌广告市场投放量下滑等因素的影响，全国广播媒体品牌广告投放首次出现了下滑势头。从广播广告整体刊例收入的规模，以及各级电台、不同类型频率广告经营收入的同比变化来看，全国广播广告市场在过去的一年中承受了较大的压力。在压力和挑战下，全国各级广播媒体转变经营思路和策略，积极探索活动营销、融媒传播、MCN领域与多元化产业延伸，形成了广播媒体未来发展的新方向与新动力。

关键词： 广播广告　广告投放　类型频率

随着传统媒体融合转型及媒体经营创新的不断推进，广播广告经营在压力之下不断进行创新尝试，进行了全新的领域拓展和空间延伸，呈现多元化与立体化的特点。在过去的2019年，整个传统媒体广告市场的发展承受了较大的压力，经营业绩未能尽如人意，同时，在传统媒体广告市场发展逆境中一直保持逆势增长坚挺态势的广播广告，也出现了近三年内首次刊例收入的负增长，未来经营不容乐观。但在经营压力不断增大的困境之下，不同层

---

* 杨晓玲，中科网联数据科技有限公司个案研究部总监。

级、不同区域的广播媒体更加注重经营创新，积极推进符合自身特色和资源结构的营销和经营实践活动，力求在融媒体发展新形态的环境下，深度挖掘自身潜力，开拓多元化产业经营与发展的新思路，为广播广告经营带来了新的发展动力和契机。

中科网联数据科技有限公司 AIS 全媒体广告监测数据显示，2019 年传统媒体广告市场刊例收入同比有较为明显的下降，宏观经济调整与移动互联网的发展带来的压力和挑战，将在未来一个较长周期内持续存在。对于广播媒体而言，宏观经济环境的压力直接导致了广告主的信心不足，以及广告预算和营销投入的收缩，如何更好地依托广播媒体自身优势和资源，因地制宜、深耕细作，创新营销手段，充分利用融媒体的多元化、全方位营销的特点，将成为未来决定各广播电台是否能够健康持续发展的长期而关键的议题。

一 品牌广告经营压力巨大，广播广告首现跌势

中科网联数据科技有限公司 AIS 全媒体广告监测数据显示，从 2019 年整体品牌广告市场的投放趋势来看，刊例广告投放的规模各月相对较为稳定，但是较 2018 年呈现较为明显的下降趋势，降幅达到 8.6%。从各季度投放趋势来看，第一季度受整体经济大环境发展趋缓与春节等因素的影响，同比跌幅相对较大，月度跌幅最高达到 19%；第二、三季度逐渐进入品牌广告的投放旺季，投放跌幅同比有所收窄；第四季度整体跌幅有进一步缩小的趋势，月度跌幅仅为 1%。结合 2017～2019 年三年的投放趋势来看，品牌广告市场从 2018 年 9 月开始进入一个同比增长长期呈现负值的下降周期，而基于内外部发展驱动条件来看，这一负增长周期还将在一定时期内予以延续，未来品牌广告市场整体面临着巨大的广告经营压力。

（一）广播广告投放整体出现下降趋势

与全国品牌广告投放趋势相比较，广播广告刊例投放的趋势在过去的几

年中一直处于逆势上涨的良好发展态势，随着私家车保有量和驾车人群规模的不断增长，广播持续成为广告投放市场中备受青睐和瞩目的传统媒体和重要的投放渠道。而进入 2019 年之后，受到媒体及广告市场竞争逐渐加剧，以及广告主广告投放预算规模逐步收紧甚至减少等因素的影响，广播广告市场投放也开始受到较大的冲击。从全年投放趋势来看，2019 年广播媒体整体刊例投放规模同比下降 6%，虽然远低于全国广告市场 8.6% 的降幅，但下滑趋势也需引起足够的重视。第二季度和第四季度作为广播广告投放的传统旺季，在 2019 年并没有呈现以往集中投放的增长势头，对全年的广告投放形势没有起到应有的提振作用。同时，相对于 2018 年刊例投放同比增长 10% 的增速，2019 年广播广告市场投放出现了近几年第一次年度投放同比负增长的发展苗头，这预示着广播广告市场与其他媒体一样，也进入了一个相对低潮的发展周期，广播广告经营需要采用全新的经营理念，开创全新的经营模式。

（二）地市级广播媒体广告经营承受更大压力

从不同层级的广播媒体 2019 年刊例广告投放趋势来看，中央级和省级广播媒体在整体广播广告刊例收入中占据主体，从 2018～2019 年两年的广告投放发展趋势来看，2018 年中央级和省级广播媒体广告投放同比增幅达到 14%，明显高于广播广告市场整体同比 10% 的增长率，中央级和省级广播媒体是广播广告增长的主要驱动力，他们依托国家级与省级媒体平台、权威性与公信力，媒体实力雄厚，经营形势较好；而在 2019 年中央级和省级广播媒体广告刊例呈现同比 5% 的降幅，略低于广播广告市场整体降幅，广播广告市场投放下滑同样在中央级和省级广播媒体广告市场呈现传导现象。

地市级广播媒体相较于中央级和省级广播媒体而言面临着更大的广告经营压力，从 2018～2019 年广播广告投放的趋势来看，2018 年地市级广播媒体广告投放刊例收入同比已经呈现了一定的下降趋势，同比下降 3%。进入 2019 年，地市级广播媒体在第二、三季度出现了较为明显的收入下滑趋势，尤其是6月、8月与9月三个月同比投放跌幅超过20%。从全年来看，地市级广播媒体广告投放同比下跌幅度达到10%，跌幅明显高于广播媒体整体广告投放表现，达到中央级和省级广播媒体跌幅的2倍。地市级广播媒体的广告经营面临明显的压力与困境，转型挑战更为严峻和迫切。

（三）"三驾马车"投放下滑，音乐类频率跌幅超过平均水平

各类型广播频率广告投放情况中，从2019年分月广告投放比例来看，交通类、音乐类和新闻类广播频率在广告投放占比中占据绝对领先的优势地位。其中交通类频率广告投放在整体广播广告投放中的比例超过50%，占据半壁江山，凸显了交通类频率在各台广告经营中的中流砥柱地位；音乐类频率广告投放在整体广播广告投放中的占比达到22%左右，排在第二位；新闻类频率广告投放在整体广播广告投放中的占比达到11%左右，排在第三位。

整体而言，交通类、音乐类和新闻类频率作为拉动广播收听与广告经营的三驾马车，对于广播媒体的社会影响力、市场地位与经营业绩发挥着举足轻重的核心作用。但是在一定程度上，整体广播广告投放过于依赖、集中于上述三大类型频率，尤其是交通类频率，也为广播媒体广告经营带来了一定的经营风险。

从2018～2019年排名前三位的类型广播频率广告投放趋势来看，2018年，交通类和音乐类频率广告投放保持了平稳增长的良好发展态势，同比增幅分别为9%和8%，与广播广告市场整体增幅基本持平；而新闻类频率在2018年同比呈现了较大幅度的增长，增幅达到27%，远高于广播广告市场整体10%的同比增幅。

进入2019年，交通类、音乐类与新闻类频率不约而同地出现同比负增长的情况，交通类与新闻类频率广告投放同比均下跌3%，其中交通类频率有4个月广告投放同比保持了一定的增幅，新闻类频率有6个月广告投放同比保持了一定的增幅，音乐类频率广告投放同比出现了13%的跌幅，仅有1

月同比保持增幅，其他月份广告投放同比均出现一定的下滑，音乐类频率广告经营出现明显的下行趋势，受整体环境影响更为明显。

二 行业投放集中度下降，主力行业有待巩固

2019 年，中科网联数据科技有限公司 AIS 全媒体广告监测数据显示，全国品牌广告市场整体投放量排在前列的重点行业中，药品及健康产品、饮料、食品、商业/工业/农业、化妆品/个人卫生用品是广告投放规模最大的五个行业，药品及健康产品、饮料在各类型媒体的广告投放受到政策及经济形势等因素的影响，均呈下降趋势，其中药品及健康产品在电视媒体的广告投放降幅同比达到 17%，在广播媒体的广告投放降幅超过 20%，影响显著。

2019 年，全国品牌广告市场整体投放 TOP10 行业中，仅食品行业和服装及饰品行业呈现逆势增长的投放趋势，其中食品行业在电视、广播媒体的广告投放增幅同比均超过 10%，服装及饰品行业在电视媒体的广告投放增幅同比达到 23%，表现突出。

（一）汽车与药品投放量下降明显，食品、电器等行业增幅突出

具体到广播广告市场，2019 年，汽车及有关产品、零售服务、金融业、房地产、药品及健康产品是广播广告市场整体投放量最大的五个行业。其中，汽车及有关产品行业广告投放量同比下滑了 18%。作为广播广告投放的龙头行业，2019 年，受到全国汽车消费市场低迷发展的影响，汽车及有关产品行业在广告投放的绝对量方面与排名其后的零售服务行业接近，刊例投放花费的领先优势由 23.7% 回落至 4.9%。数据显示，2019 年全国汽车市场连续 18 个月出现负增长，全年新车销售 2576.9 万辆，同比下降 8.2%，降幅比同期扩大 5.4 个百分点。[①] 汽车及有关产品消费市场低迷，广告投放

---

① 数据来源：《2019 年中国汽车市场运行分析》，https：//www.sohu.com/a/376305089_100084983。

大幅下滑，极大地影响了广播广告的经营创收，与其他因素的叠加影响，共同导致广播广告首次出现投放下行的趋势。

受到国家药品广告监管政策调整等一系列因素的影响，2018～2019年，药品及健康产品的广播广告整体投放规模也出现了较为明显的下降趋势，刊例投放花费在各行业中的排名由第三名降至第四名，广告投放跌幅达到22%。与此同时，食品、电器、政府/社会/政治组织等三个行业的广播广告投放呈现了较为明显的增长势头：其中食品行业广播广告投放的增长主要来自君乐宝乳业、飞鹤乳业等广告主广告投放的增加；电器行业广播广告投放的增长主要来自格力、美的等广告主广告投放的增加；政府/社会/政治组织行业广播广告投放的增长主要来自各类在线教育机构及政府组织广告投放的增加——这两类机构2019年全媒体整体广告投放同比增幅分别达到245%和93%。

从整体行业投放变化趋势来看，全国广播广告投放的行业集中度在2019年有所下降，广播广告吸引的行业投放相比以往更为丰富与多元化，但与此同时，传统强势行业广告投放的下降，对广播广告市场整体发展也带来了巨大压力，广播广告经营需要从自身的媒体属性与受众品质、频率与内容建设优势以及广告经营服务升级的角度思考如何巩固主力行业与优质广告客户的投放黏性，并在此基础上拓展更多的行业客户资源。

从2019年全国广播广告投放TOP30广告品牌的变化来看，除燕之屋和中国移动仍然保持投放排名第一名和第二名的位置外，其他行业和品牌整体广告投放排名变动情况相对较大。其中排名提升较为明显的款姐贷款和摩尔龙分别属于金融业及互联网金融行业，小勇电器和格力属于电器行业，此外中国工商银行、中国联通、恒大地产、中国银行的广告投放排名也有较大的提升。

（二）各级广播媒体行业广告投放分布差异明显

不同级别广播媒体广告投放方面，2019年，各级广播媒体广告投放的行业构成差异较为明显，中央级广播媒体广告投放行业分布相对更为

集中，TOP5 行业广告投放占比达到 69.98%，远高于省级广播媒体的 54.25%。广告投放行业主要集中在家居用品、药品及健康产品、食品、饮料和汽车及有关用品等五大类行业，其中食品及饮料行业在 2019 年分别呈现了 38% 和 2% 的同比投放增长，对中央级广播媒体的广告收入起到了较大的贡献作用；汽车及有关产品在中央级广播媒体广告投放占比为 10.41%，位居第五名，低于省级广播媒体（投放占比 13.39%，排第二名）与地市级广播媒体（投放占比 17.91%，排第一名）。中央级广播媒体对家居用品、药品及健康产品、食品与饮料等行业依赖度相对较高，广告投放占比合计达到 59.57%，上述四个行业的广告投放在省级广播媒体与地市级广播媒体中占比分别为 23.94% 与 14.19%，显示中央级广播媒体与其他级别广播媒体在行业广告客户的构成方面存在较为明显的差异。

省级广播媒体广告投放行业分布集中度相对最低，多元化特点明显，抗风险能力较强，广告投放排名前五位的行业分别是零售服务、汽车及有关产品、金融业、房地产和药品及健康产品等五大类行业。其中，前四个行业同时也是地市级广播媒体广告投放的核心行业；电器、食品、电脑和配件行业 2019 年在省级广播媒体的广告投放分别呈现了 38%、10%、8% 的同比增长，在一定程度上减缓了省级广播媒体整体广告投放下滑的幅度。

地市级广播媒体广告投放行业分布集中度也相对较高，达到 62.37%，广告投放排名前五位的行业分别是汽车及有关产品、零售服务、房地产、金融业和商业/工业/农业。地市级广播媒体对汽车及有关产品行业依赖度相对较高，广告投放占比达到 17.91%，排第一名，远高于中央级广播媒体的 10.41% 与省级广播媒体的 13.39%；房地产行业由于自身较强的地域属性，成为地市级广播媒体重要的广告收入来源行业，投放占比达到 12.27%，排名第三，与中央级广播媒体（投放占比 0.87%，排第十四名）和省级广播媒体（投放占比 8.66%，排第四名）形成明显的差异。与 2018 年比较，商业/工业/农业 2019 年对地市级广播媒体的广告投放实现了 21% 的增长，政府/社会/政治组织、旅行/运输等行业 2019 年对地市级广播媒体的广告投放也分别呈现了24%和13%的增长，对地市级广播媒体广告收入的贡献作用较大。

　　从投放品牌的贡献程度来看，2019年，中央级广播媒体广告投放TOP15品牌占据了总体品牌广告投放超过30%的比例，其中燕之屋在三级广播媒体广告投放品牌排名中均位居榜首，与其在省级和地市级广播媒体广告投放情况比较，该品牌广告投放呈现向中央级广播媒体集中的趋势。同时，中央级广播媒体广告投放TOP15品牌中，有超过半数的品牌2019年广告投放呈现了同比增长的趋势，其中王守义与君乐宝广告投放增幅均超过200%，简一建材和沃克家居广告投放同比增幅均达到50%，此种逆势大幅增长趋势显示核心品牌客户对于中央级广播媒体的媒体价值与广告传播效果的高度认可。

　　与中央级广播媒体相比，省级广播媒体品牌投放的集中度相对较低，广告投放TOP15品牌的投放额度占总体品牌广告投放额的17%左右，除排名第一的燕之屋外，三大电信运营商在省级广播媒体的广告投放表现较为突出。摩尔龙、快贷网两家互联网金融机构在省级和地市级广播媒体中均有较大的广告投放贡献量，其中摩尔龙在省级广播媒体的广告投放同比出现超过400%的迅猛增幅。省级广播媒体广告投放TOP15品牌中也有超过半数品牌广告投放呈现同比增长的趋势，除摩尔龙外，中国联通、一汽大众、一汽大众奥迪均有50%左右的同比增幅，饮料行业的风口浪尖上的鸿茅药酒与小罐茶广告投放出现一定程度的萎缩。

　　与中央级和省级广播媒体比较，地市级广播媒体广告投放的品牌构成总体来看呈现出相对明显的本地化特点。TOP15广告投放品牌中，汽车及有关产品、互联网金融及其他金融行业品牌的广告投放相对较为集中。其中，汽车及有关产品中，一汽大众奥迪、宝马、一汽大众在地市级广播媒体的广告投放同比分别增长19%、3%、1%；金融行业中，摩尔龙、多米金融、款姐贷款的广告投放分别有82%、30%、382%的同比增长；主攻省级和地市级广播媒体的恒大地产在两级广播媒体中广告投放均有超过40%的同比增长，在房地产行业中位居榜首。

（三）不同行业客户对类型频率投放偏好差异明显

不同类型广播频率的行业投放结构方面，广播频率定位的类型差异导致各自吸附人群的不同，从而带来了自身广告投放行业的明显差别。从总体广告投放量排名前三位的类型频率——交通类、音乐类和新闻类频率来看：交通类频率中，汽车及有关产品、零售服务、饮料是广告投放量最大的三个行业，总体投放占比为38%；音乐类频率中，汽车及有关产品也是广告投放量最大的行业，零售服务和房地产业分别是广告投放量排名第二位和第三位的行业，排名前三位的行业广告投放量占总体投放量的45%，行业投放集中度明显高于交通类频率；新闻类频率中，金融业、药品及健康产品、家居用品是广告投放的排名前三位的行业，与交通类和音乐类频率相比呈现出较为明显的差异，新闻类频率的目标听众通常以中老年人群为主，他们对药品及健康产品与家居用品关注度相对较高，同时有较多的积蓄，对理财与财富的保值增值有较强的需求，带动了相关行业的广告投放。

财经类频率由于自身的频率定位特征，其广告投放行业主要是药品及健康产品与金融类行业，家居用品也是这一类频率广告投放的主要行业；私家车类频率的广告投放行业主要是零售服务、电信和金融业；体育、文艺、综合、生活四类频率是行业广告投放集中度相对较高的类型频率，其中体育类频率行业广告投放主要集中在服装及饰品、商业/工业/农业、零售服务行业，文艺类频率行业广告投放集中在金融业、零售服务和电信行业，综合类频率广告投放集中在零售服务、房地产、汽车及有关产品行业，生活类频率行业广告投放主要集中在电信、零售服务和汽车及有关产品行业；娱乐类频率是类型广播频率中总体投放额度最小的一类频率，行业投放主要集中在汽车及有关产品、零售服务、金融业与电信行业。

广播广告投放TOP5行业中，汽车及有关产品行业在大部分类型频率中广告投放量同比均呈下滑趋势，其中在音乐类频率降幅达到30%，凸显了汽车消费市场整体低迷的局面；零售服务行业在六个类型频率中的广告投放同比呈上升趋势，但在交通类与音乐类主频率中广告投放呈下滑趋势，广告投放向中游频率转移；金融业、房地产与药品及健康产品行业在大部分类型频率，特别是交通类与音乐类主频率中的广告投放均呈下滑趋势，其中金融业与房地产行业在新闻类频率中广告投放量呈上升趋势。

各类型频率中，2019年，交通类与音乐类频率广告投放额度排名靠前的行业均减少了投放额度，导致频率品牌广告经营业绩的回落；生活类频率与私家车类频率中分别有10个和9个行业增加了相应的广告投放额度，表现相对较好；广告投放额度排名靠前的行业在各类型频率中的投放量同比大多呈下滑趋势，广告投放额度排名位居中游的行业在各类型频率中的投放量同比表现相对较好。

三 回归听众需求，活动营销与衍生经营驱动增长

（一）消费趋势及消费意愿保持稳定

2019年，我国整体国民经济运行保持了较为平稳的发展状态，国家统计局发布的数据显示，2019年全年国内生产总值为990865亿元，增长率为6.1%。尼尔森消费趋势指数显示，基于内外部经济环境及居民个人就业、收入预期等因素的影响，2019年国内居民的消费趋势指数总体高于全球平均水平，保持在较高的位置。从2018年和2019年的对比情况来看，2019年总体消费趋势指数高于2018年，在2019年第一、二季度，消费趋势指数一直保持在近两年的高位状态，在第四季度呈现一定的回落趋势。

就业预期、消费意愿和个人经济状况是消费趋势指数的三大构成要素。2019年第一、二季度，就业预期及个人经济状况的提升，带动了消费意愿在第二、三季度进入历史高位，第四季度个人经济状况的下行也导致消费意愿在一定程度上下滑。从近三年整体变化趋势来看，就业预期及消费意愿仍然保持了逐年递增的良好趋势，整体市场的消费意愿和对未来的预期保持在稳定发展趋势的路线上。

经济运行平稳、消费趋势指数上升，以及消费意愿的增强，在一定程度上反映了民众消费需求的旺盛与消费能力的增强。在此背景下，品牌广告主可继续稳定广告预算，加强广告投放，提升品牌曝光量与认知度，加强民众对企业品牌的感知与忠诚度，以此积淀企业的品牌资产，促进企业的经营业绩。而广播媒体作为聚集了大量社会中高端私家车主与白领上班族，高性价比、低竞争烈度的媒体，是品牌广告主媒体投放的重要选项。

（二）广播广告对听众的消费决策仍有较强影响

2019年，整体市场依然存在较高水平的消费意愿和消费需求，这对于广告市场尤其是广播广告市场仍然会起到较强的投放支持驱动作用。而从广播听众本身来看，广播广告对于听众的消费选择和消费促进也依旧扮演着非常重要的角色。中科网联数据科技有限公司2019年《全国音频内容用户触媒与收听行为专项调查》数据显示，超过80％的被访者表示自己在日常购买决策及选择中会受到广告的影响，或是会因为广告而留意相关的品牌和产品。广告对于广播听众的消费提示、消费促进以及相应的品牌选择均会起到较大的影响作用，同时也会提升对于品牌和产品的信心和好感，而未进行广告投放的品牌则会引起广播听众的担忧与不信任。

从广播听众对广播广告收听和接触行为的数据来看，中科网联数据科技有限公司调查数据显示，广播听众在收听过程中遇到广告后，接近七成的听众不会马上换台或离开，而是会选择继续收听，或是在广告时间过长的情况下选择换台，其中超过三成的听众一般不转台，会顺其自然播放，显示广播听众对于品牌广告的高耐受度与高有效触达率。同时，针对广播听众收听多长时间的广告会换台的情况，调研数据还显示，有超过半数的听众表示自己可以收听广告而不换台的时间在45秒以上，其中两成听众可以收听2分钟以上的广告而不换台，也进一步印证了广播听众对于在广播节目中插播品牌广告的高接受度。听众对广告的高接受度与高有效触达率对于提升广告传播效果作用明显。

从广播听众对广播广告内容的留意程度来看，广播广告听众留意度相对较高，60%左右的听众会留意广告，其中34.3的听众表示会在有需要的时候留意广告，18.9%的听众表示对有新意的广告会留意，广告品类与目标听众的契合度，以及广告创意均会在一定程度上影响听众对于广播广告的留意度，同时8.9%的听众表示对广告一般都会留意。

在广告的记忆方面，近半数的被调研广播听众表示，在广告被重复收听过2~4次就可以对这个广告产生记忆，另外27%的听众表示广告收听过5~7次后才会形成记忆，听过1次就可以记忆广告内容的听众比例为11.8%。调研显示，广播广告记忆度相对较高，较少的曝光频次即可形成一定的记忆，产生广告传播效果。不过，实际传播过程中，受到媒体投放环境，以及竞争品牌广告投放的影响，需要进行更多的曝光投放才能使听众形成更好、更深的记忆，并做好负面新闻舆情的引导与管理，避免负面舆情病毒式传播扩散对品牌美誉度造成的伤害。

由此可见，广播广告与听众需求的相关性，自身的创意度，以及播出的频次，均会在较大程度上影响听众对广告内容的关注和记忆，也是品牌和产品在广播广告投放、广告内容创意策划过程中需要关注的重要因素。

不同行业与类型品牌广告中，汽车/汽车用品、食品饮品/酒类、家用电器是广播听众在广播广告中会关注的广告行业类型，分别有39.4%、39.1%和38.8%的听众表示平时会留意这些行业的广播广告；同时大家对旅游/旅行、数码产品、家居/家具/家装/厨具、商场/超市/零售等行业也有较高的关注比例，这些行业同时也是广播广告中投放量较大，或在2019年度广播广告投放量有所增加的行业。

（三）活动营销与多元经营的积极探索提升广播媒体的经营活力

从总体市场需求角度来看，消费预期以及总体消费趋势仍然保持了平稳的发展态势，广播听众对电台广告也保持着较高的收听、关注和记忆比例，传统广播广告投放虽然在2019年出现了近几年首次同比下降，但是基于民众需求和消费市场的预期，广播广告市场的总体规模在短期内不会出现大规模缩减的情况。但是依然严峻的经济形势与复杂的国内外环境，以及压力明

显的品牌广告经营环境，也要求广播媒体继续强化自身多元经营、融媒体拓展与衍生经营的能力，在营销模式创新和媒体产业延伸方面付出更多的努力。

在活动营销方面，各级广播媒体一直在积极探索创新性的广播活动营销及传播新模式，而从广播听众角度来看，各类型活动在一定层面上对不同的听众也产生了吸引力和参与动力。中科网联数据科技有限公司调研数据显示，有超过1/3的广播听众曾经参与各种类型的电台媒体组织的活动，大家参与过的活动类型相对较为分散，其中户外现场直播、公益活动是参加比例最高的两种活动。其他活动中，户外休闲/健身活动、节目/主持人见面会、广场/公园主题活动均有相对较高的参与比例。

听众比较喜欢或期望参与的活动类型方面，中科网联数据科技有限公司调研数据显示，公益活动有超过20%的广播听众有参与的兴趣，晚会/音乐节活动也有11.4%的听众表示有参与兴趣，同时旅游/自驾游、节目主持人见面会、户外现场直播、户外休闲/健身活动也有一定比例的听众表示期望参加。

调研数据还显示，超过70%的广播听众对电台活动有参与的期望和兴趣，对比34%的广播听众曾经有活动参与的行为，广播媒体在活动营销方面也需要全面考虑和细致规划活动的主题设计、创意卖点、包装宣传与参与的便利性，如何更好地满足听众的需求，扩大听众参与的规模。作为官方权威媒体，广播电台在活动举办与营销方面具有先天的公信力优势，同时可以调动更多的官方与行业资源投入活动中，各级广播电台可结合自身优势与资源情况，量身打造适合自己的地面活动，在促进经营创收的同时，强化听众的连接、运营与线上线下的转换、转化，并提升频率知名度与听众忠诚度。目前主要的省市级广播电台每年均会举办上百场各种类型的地面活动，促进品牌影响力的提升与广告经营创收，并业已成为各广播电台的经营支柱之一。

除了地面活动之外，各级广播媒体也在产业延伸，场景化、垂直化发展的方向上进行了积极的探索和开发，不断拓展自身的经营创收和融媒体发展空间。例如，河北交通广播建立的"1+3"产业创收模式，以用户运维中心和旅游、汽车、电商三大业务板块逐步推动线上和线下业务的整合发展，频率建立的"992微商城"上线一年期间推出100多种产品，积累了8000多名会员，频率还以交管系统数据为依托，与河北省交管局、全国交广联盟策划实施"小安智镜"等具有专业交通特色的产业项目，继续将产业经营向纵深推进。湖南电台新闻综合频率《轻松活过100岁》栏目通过自身粉丝平台的建设，以"节目/主持人+社区/社群+融媒传播"的方式，形成了融媒新形态的差异化健康服务，实现了较高的经营创收。

随着移动互联网的发展与融媒体建设的推进，各地广播媒体纷纷依托媒体自身强势的主播和内容资源，与具有流量和变现优势的短视频和电商平台合作，构建广电系MCN机构，布局MCN领域。湖南广电在抖音平台上拥有母婴、美妆生活、剧情、泛娱乐等垂类领域的超过200个账号，粉丝量达到1.1亿，其Drama TV抖音粉丝超过7700万，"张丹丹的育儿经"账号抖音"带货"48小时成交55万元；长沙广电旗下的中广天择入局MCN，打造了美妆、特效、情感、潮鞋、影评、知识等多个垂直类短视频账号，全网粉丝数超过2300万，播放量超过40亿，与50多个品牌达成多次合作，实现了包括广告、直播、电商、知识付费、线下活动等多元化变现，旗下"晏大小姐Vivi"账号一年"涨粉"656.2万，商业广告包括纪梵希、兰蔻等40多个一、二线品牌，每个月广告收入突破100万元；此外，浙江广电推出布噜文化MCN、黑龙江广电推出龙视频MCN、济南广电推出鹊华MCN、河北广电推出河北广电MCN机构、山东广电推出闪电MCN机构①，纷纷通过MCN的打造入驻移动网端，布局直播"带货"，促进媒体融合发展，提升变现能力。

2019年全国广播广告市场虽然经历了品牌广告经营规模回落的困境，但是在困难与压力面前，全国各级广播媒体在创新与多元化经营和营销方面进行了更加积极和深入的探索。利用广播媒体的影响力和受众基础，构建融

---

① 根据牛存有《短视频浪潮下广电系MCN的发展方向》（《视听界》2020年第2期）汇总整理。

媒传播的场景和关系拓展，维护和培育不同领域的社区及社群化受众，在此基础上通过活动营销、MCN 布局和产业资源延伸，形成全新的传播和营销参与平台，甚至形成直接的消费转化，这一系列的运营模式和产业拓展的探索活动，将与品牌广告经营一起，形成广播媒体未来经营发展的新方向和新动力。

B.7
中国广播媒体融合传播的实践探索

——从外在形势到内在能力引发的策略反思

涂有权*

摘　要： 本文从广播融合传播的内外驱动力、对自身能力的反思、各方面的变革、运行策略规范、声音策略与实践探索等方面系统阐述了广播媒体融合传播的注意事项、融合要点、发展方向与方法策略。移动互联网语境下，广播媒体只有全面认清自身独特的声音媒体优势，提炼媒体核心竞争力，同时从人力、理念、流程、管理与价值评估方法等方面进行全新的变革，才能更好地推进媒体融合，增强网络影响力与舆论引导力。

关键词： 广播媒体　融合传播　运营策略

　　媒体融合传播是深入学习贯彻习近平总书记关于媒体融合发展的重要论述精神，提升新闻舆论传播力、引导力、影响力、公信力的政治自觉、思想自觉、行动自觉。广播在推进融合传播方面的成效有目共睹，逐步形成了"传统广播＋音频平台（含自有客户端）＋机构号（含微信、微博等）＋短视频"的立体化传播格局。"中国广播业的媒体融合发展并不逊色于世界发达国家，甚至超过部分西方国家。"①

＊　涂有权，江苏省广播电视总台办公室副主任，经济师，主要研究方向为广播电视融合发展策略。
①　董传亮：《新广播　新声音》，《中国广播》2018 年第 3 期。

一 广播融合传播的内外驱动力

传播的多元化，信息的分散化，终端的随机化，场景的多样化，以及受众的个性化，使不同的媒介在丰富呈现的同时，又有了基于自身优势的各自相对独立的存在方式，也在海量的信息空间中有了自身生存和发展的基础。同样的场景下，不同的人群也会有不同的信息检索与接收需求；同样的人群，在不同的语境中，也会产生新的多样化的需求，这就要求融合传播"大席"提供不同的"菜品"。中科网联数据科技有限公司副总裁牛存有提出，媒体融合的发展，在于重现主流媒体的核心价值。主流媒体将在这一创新迭代中完成质的飞跃——在社会舆论导向、受众触达及认同、媒体互动与转化等方面日臻完善。①

1. 新兴媒体融合传播的需求

新兴媒体与互联网一代有着天然的紧密关联。一方面，新兴媒体培育了互联网一代用户的信息传受方式，培养了他们的思维方式与沟通方式；另一方面，互联网一代本身就是新兴媒体的创造者、推动者以及下一代传播方式的发明者、发现者和颠覆者，他们是技术的最大贡献者，又是信息传播效果的检阅者和破坏者，从某种意义上说，他们的兴趣与取向代表着未来媒体发展的方向。

而受制于一定的政策环境与规范要求，新兴媒体必然与传统媒体形成新的合作关系。南京大学紫金传媒研究院（北京）与社会科学文献出版社联合发布的《网络评论蓝皮书：中国网络评论发展报告（2019）》指出，长期以来，主流媒体与商业平台的发展模式和逻辑迥异，传播内容、议程设置、话语体系也存在较大的差异，甚至在一定程度上处于互相隔离的状态。随着网络空间综合治理的推进，商业平台积极融入主旋律，主流

---

① 《尼尔森网联 2019 广播行业峰会：融合智变 数化恒效》，微信公众号"CCData 网联数科"，2019 年 7 月 25 日，https://mp.weixin.qq.com/s/CHvRn8lztMNbig1GzxMX6A。

媒体积极入驻商业平台开展深度合作，各类媒体平台逐渐进入协同发展的状态。[①] 从主动性上来讲，双方对对方的利益诉求都非常迫切，同时也非常功利。离开传统媒体平台，内容的严肃性和权威性大打折扣。单纯的自媒体或者说用户"生产"的内容不足以支撑起互联网的持久价值，尽管技术成本与进入门槛很低，但是庞杂的用户内容缺乏严肃的逻辑性，缺乏对社会大势的观照，缺乏对社会责任的感知与承担，因而很多内容只能是流于泛泛，漂浮在社会事件的表层，只能代表社会个体对社会事务的粗浅看法或意志的表达。

从产业发展的角度分析，新兴媒体在商业利益的推动下获得快速发展，必然对自身利益获得的可持续性保持着高度的警惕。2018 年国家广电总局责令"今日头条"永久关停"内涵段子"等低俗视听产品等诸多的事例已经不断地向业界发出提醒，导向不正、格调低俗、急功近利等突出问题如若得不到及时纠正，往往潜伏着极大甚至致命的风险。微博 CEO 王高飞在 2019 年微博红人节的开幕式上就表示，微博当前的发展重心是继续寻求稳定增长，但不会通过短期行为促增长，更不会通过放松内容管理来促活跃，希望能为媒体和自媒体打造一个可持续运营的平台。传播中华优秀传统文化、弘扬正能量、社会效益和经济效益相统一等一度是传统主流媒体的要求，现已被新兴媒体自发自觉地融入自己的发展策略中，因而在与传统媒体的合作方面表现出极大的热情。

内容上的合作是第一要义。技术平台与内容平台是相辅相成的，这就体现在新兴媒体与传统媒体的融合。在此过程中，传统媒体价值被重估与重视。无论是百度、腾讯、搜狐、凤凰、网易，还是今日头条、一点资讯、微博、微信、抖音、快手等，都将传统媒体紧密地捆绑在自身持续发展的战车上，争取传统媒体在自己的平台上开设机构账号——百家号、企鹅号、搜狐号、大风号、网易号、头条号等不一而足，从而获得权威内容资源；也通过其海量的用户及广泛的传播力，为传统媒体赋能，双方共赢共荣。

---

① 《网络评论蓝皮书：中国网络评论发展报告（2019）》，社会科学文献出版社，2019。

新兴媒体精耕内容，对优质的头部个人用户发出了邀请，使其成为重要内容供应方，新兴媒体也逐渐成了原创内容孵化平台。对于质量参差不齐的 UGC 而言，优质 PGC 内容无疑对新兴媒体的长足发展起着培土筑基的作用。而这些内容经历了互联网用户的考验——从阅读率、点击率上可以看到内容的价值，反过来也在从互联网迁移到传统平台，比如蜻蜓 FM 的内容就在传统广播中播出。2018 年起，蜻蜓 FM 专为广播电台输出打造泛知识节目《蜻蜓思享会》，节目邀请到高晓松、蒋勋、周国平、郎朗、梁文道、李开复等行业"大咖"，讲述"大咖"视角下的人间，该节目供给全国数百家广播电台。

同时，很多传统媒体行业的骨干人才也在向新兴媒体迁徙。传统媒体人自身业务能力过硬，有着丰富的实战经验和敏锐的观察力。新兴媒体崛起后，这些传统媒体人成为被竞相争取的对象。优秀的记者、编辑与管理人员转场到了新兴媒体，挑起了内容分拣、把控和审核的重担，这对规范互联网行业内容传播起着非常重要的作用。从这个角度讲，传统媒体人才的所谓"流失"，其实是在一个更大的平台和空间上实现了价值均衡，对于构建风清气朗的网络空间是一件非常有意义的事情。职场社交平台领英（Linked ln）发布的针对媒体行业从业人员跳槽指数的报告显示，2011～2015 年，媒体从业者年均跳槽率增到 4.5%。① 换个角度，新榜发布的"2019 新媒体人生存现状调查"显示，20.4% 的新媒体人来自传统媒体。②

2. 传统媒体融合传播的动力

传统媒体的融合传播是个持续探索的过程，这个过程受到主客观两方面的督促和刺激。从客观方面讲，融合是不由人意志转移的客观趋势，信息通道一旦打开，开口只会越来越大，同样的受众分散到广大的平台，注意力稀释；现有的受众也逐渐养成了新的消费信息与内容的习惯，不再拘泥于某一个或某一类传播渠道。传统媒体必须要延伸自己的触角，尽可能触达更广泛

① 《媒体人跳槽最爱"互联网"》，《新闻前哨》2016 年第 8 期。
② 《近半新媒体人存款不过万！最焦虑这三件事 ∣ 2019 新媒体人生存现状调查》，微信公众号"新榜"，2019 年 12 月 30 日，https：//mp. weixin. qq. com/s/Cv_ n85uZe8UXiRwVQ PXYbQ。

的受众群，培育自身持续发展的新力量，才有可能获得新的发展动能。而随着技术的演变，新兴的传播平台层出不穷且更加丰富，传统媒体转型升级持续加压，转型更加迫切。

从主观方面讲，内容的供给侧结构性改革迫在眉睫。传统传播环境下，社会分工是隔绝的，人们的知识背景较为单一，获取知识的途径也相对单一。而在以互联网为代表的知识分享模式下，人们的知识视野无限扩大，而且获取知识的通道多元，可以利用碎片化的时间去学习、去思考很多与工作关系不大但是与个人兴趣爱好有关联的内容。而这在以前是很难实现的，需要仰仗媒体工作者去解读——传统媒体很好地发挥了社会教育功能。但一旦知识传授扁平化，知识区隔被打破，人们对知识的了解和掌握趋同，大家站在了同样的视野与平台上，媒体不再是高高在上的知识传授者，媒体工作者更加难以完成"教育"的使命。换言之，以前笼罩在光环之下的媒体人走下了知识传授者的讲坛，或者说，受众凭借着自身的学习与追求，开始与媒体人平起平坐，有些时候，甚至比媒体人更加的受尊崇，因为他们往往是某些领域的专业"大咖"或者意见领袖。

在这种形势下，传统媒体人有了职业危机感。传统平台正在逐渐失去既有的光环，在与新兴媒体的竞争中日趋下风。改变很早就开始了，传统媒体随着技术的演变不断变换自身的姿势，适配性地融合，有技术性的渠道融入，有合作性的内容融合，有泛传播的形式叠加，传统舞台因为新兴媒体的结合变得丰富多彩，用户也在这轮融合中获得新的感知，成为新兴平台的拥趸，两个平台互相导流，这于传统媒体和新兴媒体都是一件两全其美的好事。

二　广播融合传播对自身能力的反思

1. 广播的创新性、低成本性促进融合传播积极推进并见效

创新是广播的生命。在广播发展历程中，创新就是其代名词，没有创新，就不会有今天广播的生命力和影响力。每一次创新，哪怕是某一个环节

上的变革，都有可能带来整个广播行业的一轮大发展。比如广东珠江经济台开播，以新闻、信息为骨干，以大时段（即大版块）节目为肌体，主持人直播，并用多种形式争取听众参与，进行双向交流，形成了对广播界影响极为深远的"珠江模式"，在社会和业界引起了轰动效应。在移动互联时代，智能手机成为信息接收的主要终端，广播又开始了一轮打造客户端的热潮，尽管与主要的音频聚合平台相比还有差距，但至少在一定的用户群体中产生了很大影响，持续黏住重度用户，为广播发展赋能。"广播面向新媒体创新的探索应该像蒲公英一样，不去人为限制发展方向，而是确保充分利用每一个繁衍的机会，让每颗种子都有可能找到最佳的生长环境，繁衍生息。"①广播创新紧随着技术变革，而技术往往代表着社会生产力的发展方向，故而广播整体向前发展的趋势是毋庸置疑的。而在一定的时间区间，广播的创新有着一定发散性，创新本身就带有很大的不确定性，其成功与否受制于受众对信息接受的水平等多种因素，侧面呼应着技术变革对传播的要求。

低成本性是广播的发展利器。广播融合在探索的过程中不能用人海战术，不能用高成本的制作替代传统方式，应该低成本运作，高效率使用，通过更广的传播平台达到最优的效果。②轻量化的广播内容采集、制作、传播以及反馈，为广播瞄准技术前沿，迅速采取措施，将自身内容和技术嫁接，催生化学反应提供了便利条件。创新本是一个大胆试错的过程，作为新生事物，没有人能预知结果，但几乎所有广播从业者都有这样的自觉，一定要做点什么，哪怕只是个形式。对受众而言，有了新鲜的刺激，在广播平台上遇上了新的玩法，增强了受众黏性。试错的过程又是一个不断同步新技术、修正融合路径的过程。从信件到电话，从手机短信到 BBS，从微博到微信，再到抖音、快手，低成本优势让广播在融合传播的道路上小步快跑，使广播持续走在融合发展的前列。

---

① 李玥：《广播内容产品化创新策略探析》，《中国广播》2017 年第 6 期。
② 《总编辑王秋诚恳回答听众提问热点话题，北京电台竟有这么多新气象！》，微信公众号"新广播报"，2018 年 6 月 25 日，https：//mp. weixin. qq. com/s/yzH3lPfcBWyL9s5K1HNIGQ。

2. 广播需要进一步提升自身传播能力

首先是广播资讯快速准确发布能力。广播作为信息发布渠道，一度是传播速度快的代名词，尤其是在直播成为常态的情况下，广播可以随时打破原有节目版面插播突发消息，或者直播突发事件。2008 年 5 月 12 日 14 时 28 分，四川汶川发生里氏八级特大地震，中国国际广播电台于 15 时 04 分编发第一条消息，并迅速调整日常节目，进入直播状态。中央人民广播电台以最快的速度组建前方指挥部并派记者赶赴重灾区，中国之声于当晚推出《汶川紧急救援》节目，24 小时不间断直播。这次报道规模空前，时效性强、导向性和公开性突出，创造了多项广播重大突发事件报道纪录。

然而在移动互联时代，每个社会个体都有可能成为新闻事件的见证者、亲历者和传播者，他们成为非专业的信息采集员，通过多种传播载体——微博、微信、抖音等实时传播现场信息，成为新闻事件的信源。基于人工智能技术的新兴媒体特别擅长抓取热点和爆点，这些非专业采集发布的新闻事件——无论真假，一旦受到大量关注就会很快被机器算法抓取，并以更高的推荐效率传播，从而成为热点事件。而传统媒体对新闻时效性的要求在移动互联时代也更高，有时难以第一时间抵达现场获得第一手素材，往往与受众一样使用非官方信源；这样一来，在弥补现场素材不足的同时，往往也带来一定的风险隐患：毕竟非专业信息采集员，没有受过专业训练，其所关注的往往只是新闻爆点，而难及其余。传播的信息是不对称的，往往出现"反转新闻"，多是信息采集不全、以偏概全，漏失关键细节导致的。

一旦媒体基于传闻刊播新闻，缺乏对新闻所涉事实的反复核实和多源求证，就有可能发布虚假或不实信息，对新闻媒体本身及政府机构部门和有关单位所造成的后果可能是灾难性的。所以，在资讯时效性方面，广播等传统媒体需要又快又好，"发挥媒体记者调查采访深入、报道事实及时、新闻生产专业、提供信息权威等强项，用在深入采访的基础上获得并经过精心选择的事实说话，用真实感人、具有新闻价值和富于启发性的事实说话"[1]。

---

① 丁柏铨：《论新闻舆论传播力、引导力、影响力、公信力》，《新闻爱好者》2018 年第 1 期。

2019 年，在报道第 9 号超强台风"利奇马"正面袭击浙江的新闻战中，浙江之声派出 30 路融媒体记者奔赴抗击台风一线，在广播节目中开启了 61 小时不间断直播《直击"利奇马"》，广播和新媒体同步直击新闻现场，持续互动与服务，发布及时，引导有力，抢占了舆论传播主阵地，较好地履行了主流媒体职责。①

其次是广播评论引导舆论能力。"评论是媒体的旗帜和灵魂，集中体现媒体的宗旨、立场、主张，是媒体引导舆论、影响社会最直接、最有力的方式。"② "广播评论是广播内容的重要版块，其短、快的评论优势为其他媒体所不及，主动设置评论话题还能很好地引导舆论走向……在信息多元而内容雷同度高的当下，有温度有角度有深度的新闻评论，在舆论场上的引导力更加凸显，通过小事件看到大趋势，在大背景下剖析小问题，既有局部也有整体，既有微观又有宏观，不拘泥于一时一事，廓清视野，引导舆论朝着有利于社会发展的方向前进。"③ 主流媒体要高举旗帜，引领导向，果断发声，鞭挞丑恶，弘扬正气，营造积极向上的舆论氛围，为经济社会发展助力。天津新闻广播《新闻二人转》是一档脱口秀新闻节目，立足于"有趣有用有态度"的节目定位，内容设置有轻松幽默的热点话题，也有详细实用的政策解读，还有态度鲜明的新闻评论，在天津地区市场影响力与收听竞争力表现较好。

再次是广播主动设置议题能力。议题设置是主流媒体尽职担当、引领舆论的重要手段，议题设置能力的高低也决定了媒体公信力的高低。在一些重要的舆论形势下，主流媒体需要主动担当作为，瞄准重要舆论风口，敢于设置议题，大张旗鼓地引领舆论，传播社会主义核心价值观，传播中华优秀传统文化，弘扬正能量，真正成为舆论压舱石。"提升主动设置议题的能力，意味着不能只是跟着新闻事件走，不能被动地等着上级派任务，而是要一方

① 张秀青：《试析重大公共性突发事件报道中的广播直播策略——以浙江之声〈直击"利奇马"〉61 小时直播节目为例》，《传媒评论》2019 年第 9 期。
② 蔡名照：《发挥评论旗帜作用　占领舆论引导高地》，《中国记者》2019 年第 11 期。
③ 涂有权：《刍议新时代广播主流舆论阵地建设的途径》，《中国广播》2019 年第 12 期。

面拓展选题领域，一方面提升传播能力。"① 2019 年，全国 70 家广播电视台联合制作献礼新中国成立 70 周年大型融媒体项目《我家住在解放路》，聚焦"解放路"这一历史性地标，"一条解放路，连接历史，通向未来"，小切口反映大主题，小人物折射大时代。通过 70 座城市台对各自城市解放路 70 年变迁的故事讲述，共同完成了国庆 70 周年这一宏大主题宣传。根据中科网联数据科技有限公司（EMC）融播指数全网监测数据，广播方面全国累计触达 4228.25 万人，全网（网络）触达用户规模达到 2175.08 万，结合明星代言打卡解放路等活动，累计覆盖 6.04 亿粉丝用户，形成了广覆盖、强渗透的卓越传播效果。②

3. 融合传播为广播发展赋能

融合传播拓展了传统媒体影响力，也促进了传统媒体对经营市场的吸引力。以融合传播为指向的全案营销正在引发经营市场的大变革，用户散落到各个终端，单一渠道的传播难以满足营销需求，必须在多个渠道露出才能尽可能多地争取到市场，这对客户而言是个挑战：如何整合渠道、整合资源最大化推广，而又不至于让预算打了水漂？在新技术与新型传播面前，广告客户更加无法适从。相对而言，媒体本身掌握或可协调的资源丰富，一方面在节目互动方面寻求新花样，结合新媒体工具，吸引更多听众关注参与，扩大传统听众规模；另一方面积极运用新媒体手段，拓展更多的传播渠道，触达更多的网络受众，拓展自身的营销能力，更好地满足广告客户需求。

江苏交通广播网自 2017 年起，在每年的"三八"国际妇女节都会举办"宠爱女司机"活动，目标群体极具吸引力：一则这一天是女性的节日，社会关注度高；二则女司机往往是司机中的弱势群体，但同时也是重点消费群体；三则交通广播定位开车人、服务开车人。在这样一个特殊的时间节点，以"宠爱女司机"为名，举办线上线下关爱行动，很快就赢得

---

① 杨骁：《广播创新 用声音直抵人心》，《中国新闻出版广电报》2017 年 6 月 7 日第 5 版。

② 《【报道】〈我家住在解放路〉，广播融媒体新行动》，微信公众号"国家广电智库"，2019 年 12 月 23 日，https://mp.weixin.qq.com/s/1u5p1klJY80CiLSjl5IS1w。

了广大女性受众的青睐，更受到广告客户的追捧。2019 年第三季"宠爱女司机"活动，由多家客户赞助，广播全天宣传，征集女司机在车上的自拍照，发送到微信公众号后台或"大蓝鲸"客户端互动专区，通过图秀集赞，获得网红奖品；同时，还派出幸运星小分队，到商家指定地点为幸运女司机送礼。当天的图秀活动吸引了 76 万人次参与，客户的曝光率高，并为其现场导入客流，推广效果显著。这种线上线下联动的融合传播推广日益成为营销的主要形式，在留住客户、拓展客户的同时，也为广播发展创造了新的机遇，反过来拓展了广播营销服务的外延。

广播融合传播的集约式呈现形式是融媒体直播节目，因为音、视、图、文的全方位曝光日益受到广告客户的青睐，产品品牌、产品特色、优惠措施、推广策略借此得到最大化传播，便捷的线上线下销售方式也给客户带来实际的收益。2019 年"五一"前夕，江苏交通广播网在全媒体演播室制作播出《有劳各位——致敬劳动者职业挑战赛》融媒体直播专题节目，以"新时代是奋斗者的时代"为主题，邀请特警、空乘、消防、交警等多个行业的劳动者代表走进演播室，通过人物访谈、技能竞赛、才艺展示、抢答猜题等多个环节，以综艺节目的轻松气氛，多角度地展现劳动者们的职业特色和工作内容，致敬劳动者，点赞奋斗者，受到多家客户的特约支持。服装类客户还在节目播出的同时，推出了节目直播主持人同款服装在线销售，获得积极的市场反馈。[①]

三 广播融合传播需要对自身进行全新变革

2019 年 6 月 20 日至 21 日，在国家广播电视总局举办的全国广播电视媒体融合发展培训班上，国家广播电视总局党组成员、副局长高建民指出，目前全国广电媒体融合顶层设计在逐步完善，广电媒体融合的品牌不

---

① 李晓丹、涂有权、龚毅：《广播广告营销策略创新简析——以江苏广播整合营销为例》，《中国广播》2019 年第 3 期。

断涌现，融合生产的能力在不断提高，融合传播技术在广泛应用。但是也要清醒地看到广电媒体融合发展，全力推动媒体融合向纵深迈进，还存在一些问题，主要是思维理念、素质能力、体制机制、人才队伍等方面存在不足。①

1. 人的变革

人的能动性决定了在广播融合传播过程中的随机性与多样性。随着传播环境的改变，传播场景的多元，传播手段的丰富，广播从业者出现几种代表性趋势。其一是奋勇而起、同步跟进的，这个群体以年轻人为代表，他们出生在互联网时代，对网络传播有着天然的亲和性，他们乐于尝试新事物，善于驾驭新技术，也许基础并不扎实，但是他们走得很坚决。换个角度看，与前辈们相比，他们是没有专业优势的，在阅历和传统技能方面皆如此，新技术的到来，无疑给他们提供了一个发挥所长、弯道超车的机会。其二是原地打转、犹豫彷徨的，这是典型的中生代，既没有老一辈广播人积淀的丰富经验、拥有的骄傲资历，也没有年轻人的技术技能，处于一种相对尴尬的处境，"前有狼后有虎"，进退维艰，传统通道上后劲乏力，新赛道上又不甘从头再来。其三是稳坐中军帐、守好"一亩三分地"，这算是功成名就的一群人，拥有显赫的职业经历和荣誉，为广播事业奋斗了自己的青春，在广播行业度过了最好的职业年华，他们是定型的一群人，既有的职业身份足以支撑其度过剩下的职业生命。当然，这群人中也有乐于尝新、试图挑战自我者，在互联网平台继续打拼，也有新兴媒体看好其私域流量，为其转型提供各种机遇，以图导流，实现各自的目标。

无可争辩的事实是，现在的广播人必须实现自身的进化，以求在新传播语境下的适应性转型，成为全新的媒体人。以广播记者为例，现在的广播记者，需要在进行音频报道的同时，还要录制短视频、拍摄照片用于"两微一端"，会问、会说、会写、会用设备，多工种一肩挑。很多广播机构也出

---

① 《【报道】全国广播电视媒体融合发展培训班在陕成功举办》，微信公众号"国家广电智库"，2019 年 6 月 25 日。

台了一些奖励政策，鼓励记者去主动拥抱新媒体，争取信息主动权、优先权，以适应新媒体时代受众对信息的需求。"融媒体转型对记者角色提出新要求，以受众为中心，吸引受众注意力；以内容与服务为切入点，实现自身角色的新定位。具体来讲，以用户为中心，利用数字电台打造服务型平台，不断提升融媒体传播的能力，提升专业技能、职业素养、技术应用能力等。"①

2. 理念的变革

人的变革，重要的是理念的变革。中央广播电视总台央视分党组成员、副台长孙玉胜在总结媒体融合发展遇到的最大困难时提出：不少同志媒体工作思维还习惯于传统媒体的理念、思路、做法；传统媒体对新媒体产品的规划和生产方式仍从自身既有的内容出发，缺乏用户思维、用户意识，对于用户痛点的准确把握还有很大差距，需要进一步适应分众化、差异化传播趋势，创新表达方式。江苏省广播电视总台（集团）党委书记、台长、董事长卜宇也认为最难的是理念问题：最怕的就是不按照新媒体的传播规律去谋划新媒体。传统媒体人的理念、经验，在新媒体领域可能会成为负担和阻碍，而要扭转原来的理念、思维，要有很大的力度。②

理念的变革，首先是廓清对当前传播形势的认识，无论是当前的传播现实，还是各方面的政策导向，都在宣告融合传播新时代的到来，必须自觉匹配方能适应并抢得先机。其次要更新对自身的认知。"温水煮青蛙"的故事揭示了一个普遍的道理：在任何一个环境中，不图变，就淘汰；变得慢，就落伍。即使是在转型的窗口期还维持了一定的地位和优势，从长远来看也会逐渐边缘化。在这种情况下，需要壮士断腕，哪怕自身当前并不具有相应的技能，也需要主动拥抱新趋势，在惊涛骇浪中学会游泳。

自媒体方兴未艾，众多达人涌现出来，他们正在改变着当前的传播生态，他们作为新型传播者，具备了很强的网络传播能力和传播技能，与传统

---

① 赵红：《新媒体背景下广播记者的角色转型》，《视听界》2019 年 3 月刊。

② 《特别策划：守正创新、持续发力 五年来八家媒体这样推进媒体融合》，人民网，2019 年 8 月 18 日，http://media.people.com.cn/n1/2019/0818/c120837 - 31301454.html，http://media.people.com.cn/n1/2019/0818/c120837 - 31301454 - 2.html。

媒体从业者相比，他们没有职业包袱，却拥有适应互联网传播的理念和本领，他们向"网"而生，与网络相得益彰，他们更适应网络的表达方式，所以迅速成为网络红人，收割网络流量，并很快实现经济收益。传统媒体人要淡化传统职业认知，抛弃固有的对媒体人的各种定义，彻底放开手脚。传统媒体与新兴媒体融合发展，需要全新的对职业人、职业身份的定义。要摒弃惯性思维，至少要与新兴媒体人保持在同一话语频道，及时了解业态和趋势、技术和干货、盈利模式和用户画像等，反向去变革自身的内容、形式、流程等环节，从而让融合由表及里、由浅入深。

3. 流程的变革

传统意义上的媒体运营流程需要做出改变。就广播而言，节目播出就意味着工作的结束，而在融合传播语境下，内容推送只是起点，后续大量的用户互动、反馈才是重点。以前的互动反馈体现在节目制播过程中，是对过去的总结与回望，时间是分割的，流程是区隔的；而现在融合传播的流程是纵贯过去、现在和将来的完整时间线，既有对前期的回应，也有当下的观照，更有对未来的分析与判断。从用户角度出发，未来意义更加重大，那是用户参与未来信息交互的权利体现。互联网让信息传受扁平化，让个体获得了自由发言的最大化权利，这种权利也体现在对主流媒体的期待上。传统主流媒体是党和政府的喉舌，代表着官方意志，是个体参与社会公共事务讨论的重要平台。在官方表达中贡献自身的意见，对每一个个体而言是最具权利诱惑力的。所以，融合传播的流程，需要关注用户的需求，观照用户的意见表达，从而画出最大的同心圆，更好地引导社会舆论。

从媒体融合发展的角度看，用户的价值日益凸显。在传播过程中实现受众向用户的转化成为媒体服务性功能转化的重要体现，是传统媒体转型的重要入口。在融合传播过程中，吸引初始用户、筛选精准用户、凝聚忠实用户、开发权益用户，为媒体拓展营销服务，打造社群经济，变现流量价值，为媒体赋能。

4. 管理的变革

媒体人白岩松认为，媒体不要带病融合，如果我们不解决好在传统媒体

领域的问题，在新媒体我们依旧办不好。① 媒体管理变得更加复杂，因为管理对象在发生变化，管理流程也在发生变化，作为主体的人更加复杂，这些都给管理带来了更大的不确定性和可变性。

管理的边界变得模糊，不再是纯粹的条块式管理、流程式管理。业务不再纯粹，还有更多的新兴业务在不断涌现，原有的管理框架难以适应不断变化的需求，给管理带来巨大挑战。"灰度管理"模式被引入媒体管理过程中，以此来应对新形势，并稳扎稳打，让不确定变为确定，不断修正各种参数，完善各种管理制度，既为新业务保驾护航，又防患于未然，确保新业务发展的正当性和合规性，不跑偏，守底线，讲导向，求"双效"。

管理的导向与目标日益明确。江苏广电总台将管理要求细化到融合传播内容、表达、呈现、包装，乃至主持人播报方式等方方面面，对每一个环节都进行大力度改变。要求广播电视记者不仅要带回广播电视稿件，还要带回新媒体产品，有的稿件是只发新媒体，不发传统媒体。为了鼓励记者主动向新媒体平台发稿、发好稿，加大新媒体发稿的考核力度，新媒体发稿权重不能低于绩效薪酬总额的30%，同时对谁发、谁没发，点击量情况，都及时公布。"要让不写、不会写新媒体稿件的人'边缘化'，不然平台就会被'边缘化'。"② 正是这种"边缘化"的危机感激发了融合传播的活力，促进了融合传播的效率，让融合有章可循、有路径可参照。

5. 价值评估的变革

融合传播的价值评估涉及方方面面，既有对传播主体、传播效果的评估，也有对传播周边各种自适性工作的评估，包括管理的评估。如前所述，人在变革，理念在变革，流程、管理都在发生变革，对应的各种反馈机制也在发生变革，需要全方位进行价值重新定位，哪些是适应趋势发展的，哪些是违背潮流的。在新传播语境下，要顺势而为，应势而动，乘势

① 《为什么大多数"腰部"传媒人转型出去不值钱？》，澎湃新闻，2020年5月5日，https：//www.thepaper.cn/newsDetail_ forward_ 7267336。

② 《特别策划：守正创新、持续发力 五年来八家媒体这样推进媒体融合》，人民网，2019年8月18日，http：//media.people.com.cn/n1/2019/0818/c120837－31301454－2.html。

而上。在一个相对稳定的时间段内对传播行为进行研判，校准目标，调整跑道，对融合传播过程中出现的问题及时进行处理，对初具成效的成果进行再检验，找出规律性的东西，发扬光大，让融合传播更加规范，让传播效率更加高效。

"新的信息传播模式冲击并重塑着大众接收信息的习惯和总体的语境，一定程度上也牵动着传统大众媒体的传播轨迹，甚至影响到传统大众媒体的内容生产和营销运行体系等。对于传播流程和传播模式的掌握，不仅直接有利于传统媒体内容生产的革新，更有利于传统媒体的运营改造和行业系统性融合和革新。"[1] 对融合传播价值的重新评估，既是融合传播的要求，也将为媒体的可持续发展拓展新的视野，赢得新的发展空间。

四　广播融合传播运行策略的规范

融合传播给传统媒体带来的挑战或提供的机遇，主要表现在单一媒体本身价值的多元化。就广播而言，传统广播只是通过无线电方式传播内容的一个渠道，以前是单一的渠道，而现在，互联网技术的快速迭代，带来了线性播出内容的去时间化呈现：既有互联网传播的实时性，也有服务器留存点播的反复性；还有些广播机构提出了"短音频化"策略，将广播内容"短音频化"，以求在互联网碎片化传播背景下进行二次推广；更有网生的互联网产品，带入声音元素，进行网络传播。广播只是传播的一种渠道，不再是唯一渠道。这就使广播在融合传播系统中重新定位，包括内容制作、形式规范、技术要求、过程呈现和效果反馈，都有了新的定义。

规范传播内容。技术的迭代会改变传播方式，但内容的创作能力才是最本质的，是技术做不到的。内容的获取日益便捷，对受众和媒体人都是挑战。媒体要主动设置议题，勇于引领舆论，善于引导价值，就需要在纷杂的信息中筛选出既能代表主流价值观又能很好地引发受众共鸣的内容，这就要

---

① 孟伟：《互联网＋时代音频媒体产业重构原理》，中国广播影视出版社，2015，第69页。

求广播人深入共情的场景中，践行"四力"，磨炼自身的本领。增强脚力，行万里路，感受、记录并呈现群众对美好生活的需求，在基层实践中增强广播传播的贴近性与针对性；增强眼力，廓清视野，澄清谬误、明辨是非、洞悉真情，提升广播的引导力与感染力；增强脑力，勤学多思，用习近平新时代中国特色社会主义思想武装头脑、指导广播实践、引领时代发展；增强笔力，精耕细作，用笔、话筒与镜头讲好新时代故事，传播中华优秀传统文化，弘扬社会主义核心价值观，提升广播的吸引力与影响力。①

规范传播形式。从单一渠道到复合渠道，融合传播改变了声音传播的唯一性，可以在声音的基础上加载更多元素，成为以声音为主、图文视频一体化的全要素传播新形态，发展为"可听、可看、可读、可感、可交互、可交易"的新广播。②

图文传播在 BBS 时代就已经被引入广播节目的制作环节中，从话题征集、讨论到节目播出过程中的互动、播出后的反馈，都能得到很好地反映。微博、微信的兴起，广播的互动更加多元化，形式也更丰富。

视频参与广播传播是有着开创性价值的探索。早期的广播视频化是在直播室里架设专业视频化摄录设备，通过广播网站进行视频呈现，这在一些广播机构还依然存在，比如重大题材制作，重要嘉宾访谈等，都会提供视频化传播端口，扩大传播影响力。2019 年 7 月 8 日起，河北广播电视台广播节目《有缘天空》在河北影视剧频道、河北广电新媒体"冀时"客户端同步直播，打造出了聚合"资源通融、内容兼容、宣传互融、利益共融"特质的融媒体日播直播节目样板。

更多的视频传播采用了轻量化摄像头形式，如安徽交通广播在直播室加装高清摄像头，通过"水滴直播"等视频直播平台实时展现主播直播全过程，增强了直播可视性，给广播听众提供了一个"偷窥"广播主持人的视角。现在的视频传播更多嫁接了第三方视频平台，个性化突出，如抖音、快

---

① 李声：《以增强"四力"为抓手开拓广播发展新局面》，《中国广播》2019 年第 6 期。

② 《新广播 心力量——黄信在 2018 江苏广播广告中心媒体资源推介会上的致辞》，微信公众号"荔枝音"，2017 年 11 月 21 日，https://mp.weixin.qq.com/s/AKI－EYTM0WhkD QgJ9MPsUg。

手等，一部手机就可以解决视频直播的问题，技术门槛低。"主持人不仅要兼顾视频和广播双平台，还要能够带动嘉宾、调节气氛，具备良好的镜头感和临场反应，随时抓住直播亮点，时刻与多个平台的受众互动。在广播的视频直播中，'场外'信息是节目的调味剂，适当地将主持人和嘉宾准备节目的真实过程展现出来，放大细节花絮，给观众展示在广播中听不到的那一面，将大大增加广播视频的趣味性。"[1] 粉丝的反映是积极的："通过影像，我发现，纤细的声音出自一位胖姑娘；有的 DJ 喜欢在黑暗中主持；广告时间，DJ 或闲聊，或翻看手机；还有口误时的搞怪鬼脸，兴奋时的'喜怒无常'，以及做完节目后难掩的倦容，给只有声音的广播增添不少色彩。"[2] 但是，"广播不是追求视频化，而是追求可视化，能看到即可，是低成本的、便捷的、灵活的，不用刻意强调机位、灯光，更强调它的便捷性、交流性、互动性"[3]。一些广播在这方面做了一点探索，但是成本过高，这与广播低成本运营优势相悖，需要再降成本，发挥广播"轻骑兵"特色，在广播可视化上再做探索和尝试。然而，这种复合型传播往往内容碎片化、角色区隔化，直播互动性有余而主题性不足、深度不够，看着热闹，但难以称其为作品，只是成为一种娱乐消遣或时间伴随。从单一渠道接收信息的受众往往难以跟上节奏，或不知所云。

H5、小程序等新的传播形式，为广播的融合传播提供了更好的通路。江苏交通广播网在 2019 年国际博物馆日推出"点赞国宝"小程序，全国百家交通广播和百家博物馆参与，广播主持人与博物馆馆长共同发声。小程序在国际博物馆日中国主会场活动开幕式上隆重上线，全国交通广播播出机构与全国文博行业共同推广，呈现出国家宝藏风采，展现主流媒体主播声音魅力。几百万用户打卡点赞，宣传了正确的文物观。

---

① 《广播+视频直播 我们究竟该怎么做？》，微信公众号"V 传媒"，2017 年 2 月 17 日，https：//mp. weixin. qq. com/s/cBXISTtdyuh09Fstfwmg_ Q。

② 《广播节目加入视频"直播"大军后》，http：//blog. sina. com. cn/s/blog_ 550fcb4a0102wpmp. html。

③ 《总编辑王秋诚恳回答听众提问热点话题，北京电台竟有这么多新气象!》，微信公众号"新广播报"，2018 年 6 月 25 日，https：//mp. weixin. qq. com/s/yzH3lPfcBWyL9s5K1HNIGQ。

规范传播流程。全要素融合传播带来的就是对传播过程的多元需求。相比传统的广播传播，广播主持人需要做的功课更多。

从传播对象方面看，不同接收终端的受众对内容的需求是不一样的，主持人不能不考虑到终端对面的受众的感受，特别是在面对镜头的时候，不能不对自己的视觉表现进行规范，需要有基本的镜头人设——积极向上的表现，否则会导致负面的传播效果。

从内容设置而言，要求更高，既要有统辖全篇的主旨话题，又要顾及不时涌现的突发话题，需要及时做出回应，还能适时返回，不至于被临时话题牵制，还不能转场过于生硬。

从传播效果评估来看，传统的收听率考核显然难以适应当前的传播生态，收听率只是衡量了传播的广播渠道，而其他平台上产生的流量和话题需要另外的参数衡量，比如互动量、参与量、点击量、点赞数等，加权计算，并通过加权指数来间接引导广播发展的下一个方向。

五　广播融合传播的声音策略

1. 回归传播起点，发掘声音魅力

声音是广播传播的起点，也是广播最突出的特点，具有独特的传播价值。无论是从业者还是研究者，在这一点上都表达了同样的观点。"在推进媒体深度融合过程中，传统广播深挖自身资源与优势，从声音入手，打造特色声音产品，创新形式、载体，融合传播，提升传播力、引导力、影响力和公信力，彰显主流媒体价值，为融合转型探索新的发展路径。"引领传统广播在移动互联时代持续发展的最大优势还是声音，传统广播回归并强化声音优势，以声音为触点，以融合传播为方向，打造创新声音产品，推进产品的服务性与产业化，传统广播将在移动互联环境下的媒体竞争中赢得一席之地。[1] 当广播的频率资源优势消退，与互联网音频或其他媒体开始拼内容的时候，广播声音

---

① 常珩：《刍议广播声音产品化的发展路径》，《中国广播》2017 年第 6 期。

传播的本体属性就会被强调，需要继续主打音频产品，做好、做实。

广播从业者是打磨音频产品的"艺术家"，通过自身的语言表达能力和情感渲染能力、技术加工能力，对声音、文字、图像、视频等所有可能放大传播效果的要素进行融合，打磨适合碎片化、多渠道传播特性的融媒体产品，将迎来一个重新发现声音、研究声音、创造声音的新时代，受众接收基于声音内核的融媒体产品将是一种享受。中央人民广播电台推出的广播纪录片《致我们正在消逝的文化印记》是具有"样本意义"的声音类"新型产品"，"符合国家战略发展趋势，代表主流价值观，体现广播未来竞争力，具有成长性，符合市场新需求，承载传播新价值"。《致我们正在消逝的文化印记》在央广网、微博、微信、"中国广播"客户端、音频电台等新媒体渠道同步播发，并被大量转发，创下了音频节目纪录片的最高点击纪录，收到良好传播效果，彰显了国家电台的传播力和影响力。其中一位创作者的感悟发人深省："广播生产趋向精致化，从采写到编辑，从制作到新媒体推送，每一个环节都按照精品的标准做，这已是久违了的事。这体现着创新，实际也是回归。"2019 年，江苏交通广播网上线"松鼠悦读"小程序，这是一个亲子用户垂类平台，集结流量型广播主持人，推出了《王丹的趣味世界地理课》《娜一堂课》《程鸣的趣味生物课》《奇妙的博物馆》《束立榜样》等精品付费音频产品，当年累计播放量 1398 万次，用户 214000 名，VIP 付费用户 56000 名。[①] 声音价值借此得到深度发掘，广播主持人影响力进一步拓展，成为广播声音产品向互联网付费音频转型的范本。"广播转型不是简单地追求花里胡哨的传播形态，声音内容的创新依然是发展核心，结合新的技术形态，提供更多个性化定制的音频服务才是根本。因此，广播转型的求同存异之路，就是在变化的格局中，顺应时代潮流但保留自身特色的融合之路。"[②]

---

① 《2019 松鼠悦读年度报告》，微信公众号"松鼠悦读"，2020 年 1 月 22 日，https：//mp. weixin. qq. com/s/dF2lVjMfj9OVFsobQatvqQ。

② 付莎莎：《广播服务更应专注对声音的传播》，《中国新闻出版广电报》2019 年 7 月 24 日第 7 版。

2. 广播融合传播需要扬长避短

不同的媒体具备不一样的核心技能,广播融合发展,要以我为主,扬我所长。推进媒体融合的同时,传统媒体不能丢失自己的灵魂和特色,要保持个性,放大音频内容的策采编审发能力。离开了自身长处去刻意求新求变,舍本逐末,会耗散自身精力,邯郸学步,往往会落得两头皆无进展。有业者直言:脱离了广播特色,抛弃了广播强项去融入,不叫融合,叫转行。"广播之长在于渗透,收听方便,无处不在。能够满足需要的媒体才能生存,这是媒体的工具性特点。广播的工具性尤其重要。工具的性能特点是实用,能够融入工作和生活……因此,广播应在自己所长之处争强,盲目争强只能白白消耗实力。"①

当然,融合传播也不是死守专业优势不放,而是在传播过程中,尽可能利用好自身优势,放大自身优势,围绕自身优势做文章,出精品,巩固、强化核心竞争力。"融合传播不是内容搬家,不是喜新厌旧,新媒体渠道跑马圈地,只是为了更加充分和高效地释放传统媒体的优势和长处,必须要承认,任何时候传统都是一种独特的存在,但这并不意味着传统面对自身的短板就有理由抱残守缺、裹足不前。"② 广播融合发展需要融入更多新鲜的元素,吸收创新的形式和内容,还要善借外部力量,借以巩固自身优势,补足自身短板,在融合传播的版图上书写自己的印记。

以短视频为例,其在传播过程中的作用不言而喻,但对广播而言,视频仍然是个软肋,这对广播的视频化传播提出了极大挑战。视频不可或缺,但不能因为视频而投入太多精力,与专业视频平台争高下。一个思路就是选择使用可靠的 UGC 视频内容。江苏交通广播网与江苏省公安厅交警总队合作,于 2019 年推出了《1011 鹰眼》融媒体栏目,会聚了江苏 5000 余名车友,号召其通过行车记录仪记录并举报不文明交通行为,江苏交通广播网将车友发送的视频交给当地交警部门进行核实,并及时进行处理、网络曝光,很好

① 徐洲赤:《广播发展年:广播强弱之变析》,《新闻实践》2004 年第 3 期。

② 《特别策划:守正创新、持续发力 五年来八家媒体这样推进媒体融合》,http://media.people.com.cn/n1/2019/0818/c120837 - 31301454 - 7. html。

地宣传了文明交通，营造了人人参与文明交通、人人监督文明交通的良好氛围，震慑了不文明交通参与者。大量用户视频的运用，提升了广播视频传播的能力，也黏住了忠实用户，成为源源不断的内容来源。"广播人一定要认清互联网，掌握大数据、云平台、智能设备、服务平台等的精髓内容，立足自身实际，发挥广播'本土化、服务性、陪伴性、有温度、互动性'的独特属性，融互联网之长，补己之短，以扎实的心态、接地气的手段，投入对新声音经济的实践。"[①]

六　广播融合传播的实践探索

广播的融合传播不是平行线的多渠道各自为战，而是交互叠加，既有基于不同技术平台的同向而行，又有相得益彰的互为补充，出现交错融通，"你中有我，我中有你"的局面，形成围绕内容/项目主线同步发展的趋势。从某种程度上说，传统广播已经进化为新广播，是融媒体传播矩阵。如河北交通广播已基本形成以频率官方微信公众号、微博账号为主打，同时联动"头条号""百家号""企鹅号""大鱼号""抖音号"等多平台的频率自有传播矩阵，搭建了当地媒体用户总量第一大集群。

人民网研究院发布的《2019 媒体融合传播指数总报告》显示，2019年，主流媒体传播矩阵继续扩大，影响力持续增强，媒体自有平台平均用户数超过第三方平台，传统媒体头条号粉丝数大幅增长，媒体在短视频平台的传播力凸显。

1. 微博机构账号开通率提升

人民网研究院发布的《2019 广播融合传播指数报告》显示，2019 年，广播频率微博账号开通率提升近 11 个百分点，交通广播微博传播力占优。监测的 300 个对象中，有 236 个广播频率共开通 236 个微博账号，开通率为78.7%，同比增长 10.9%。综合微博账号粉丝量、发文量、阅读量及互动

---

① 董传亮：《新广播 新声音》，《中国广播》2018 年第 3 期。

情况，广播频率微博账号传播力排名前 10 位中，交通广播微博账号有 5 个，传播力占优。① 更多的省级电台开始注重在微博发力，各大微博账号对于民众所挂念关心的热点话题都有着敏锐的嗅觉，积极及时地发布相关信息，充分利用微博平台的优势，适当地制造话题，做好与受众间的互动，还以多样化的形式，通过直观明了的方式为广大受众提供新闻资讯、政策解读、出行提示、旅游窍门、生活百科等服务，受到受众的关注。中科网联数据科技有限公司融媒全网监测数据显示，2019 年，全国 101 套省级交通、新闻与音乐主频率中，98 套频率开通了微博账号，开通率达到 98%，粉丝数总计达到 7613 万，全年发博数达到 377468 篇，已具有不俗的影响力。

2. 微信继续保持较好的传播态势

微信的出现对广播融合传播起着巨大的推动作用。微信公众号成为广播延伸拓展传播力影响力的重要平台。《2019 广播融合传播指数报告》数据显示，截至 2019 年底，人民网研究院抓取的 300 个广播频率中，有 247 个广播频率开通了微信公众号，开通率为 82.3%。每个广播微信公众号日均发文 2.61 条，单条平均阅读量为 2656 次。综合发文量、阅读量、在看量等各项指标，传播力排名前 10 位的广播频率微信公众号中，省级交通广播频率微信公众号有 7 个，表现突出。微信平台不断走高的影响力也为广播发展带来了新的空间，一些运营良好、市场意识强、营销策略好的微信公众号正在为广播机构带来显著的经济效益。

微信群成为广播发展私域流量的重要载体，它们是广播母体的延伸，但当运营对路、垂直化拓展后，又能脱离母体而自由存在，成为不附属于任何机构的独立存在。以节目或主持人为核心的微信群通过各种线上线下互动聚集了大量人气，为广播自身的融合发展提供了想象空间。从内容上来讲，微信群用户是忠实的内容供给方，他们是广播编外的"工作人员"，带有很强的归属意识和使命感；从广播宣传推广上来讲，微信群是天然的宣传"大

---

① 《〈2019 广播融合传播指数报告〉发布 交通广播保持优势》，http：//media. people. com. cn/n1/2020/0430/c120837 - 31693825. html。

喇叭"，更是基础用户群、种子用户群，具有积极的带动作用，为广播持续的业务拓展奠定了基础。微信群用户既是围观群众，又是群众演员，通过一定的授权，还能扮演很好的角色，这是广播融合发展的重要载体。江苏交通广播网 5000 余名"1011 鹰眼"车友志愿者，建立了 15 个区域社群，为广播视频传播提供了有价值的内容，更成为触达全省各地交通的有力抓手。微信群的持续化运营还能带来可观的经济收益，南京交通广播"欢乐点点工作室"利用"粉丝经济"手段，大胆尝试付费制，发展了 1 万多名收费会员，直接收益超过 100 万元。①

3. 广播客户端在探索中聚焦

早在 2016 年，业界就有专家大声疾呼："打造客户端是生死存亡的事情，要赶快去做。"② 当前，广播媒体融合进入新阶段。一方面，传统广播媒体主动开发自有移动客户端，发布自有版权内容，与广播进行互动，并尝试吸纳用户内容，积极促成各地广播播出机构之间的联动，试图打造基于台际合作的主流直播音频联盟；另一方面，音频聚合平台越来越受到用户关注，内容来源多元化，既有传统广播直播流，也有专业打造的内容，还有用户上传的内容，规模日渐扩大，还与传统广播之间保持着友好互动合作关系。传统广播基于声音传播特征的互联网融合传播影响更大，而头部平台对用户的吸引力更加显著。中科网联数据科技有限公司调查数据显示：2019年，全国网络广播听众中，喜马拉雅 FM 影响力位居榜首，44.6% 的听众使用喜马拉雅收听广播节目，另外分别有三成左右的听众使用微信公众号与蜻蜓 FM 收听广播节目；电台自有平台方面，中国广播 Radio③ 与阿基米德表现较好，使用比例分别达到 19.8% 与 6.5%。头部音频聚合平台效应逐渐显现，广播自建客户端也正在凸显各自的功能和特色，为广播融合传播与产业布局构建了很好的平台。

---

① 张勇、王邵丹：《广播节目在互联网时代的品牌打造之路——以南京交通广播〈欢乐点点〉节目为例》，《中国广播》2018 年第 10 期。

② 董传亮：《广播媒体融合的战略思考》，《中国广播》2016 年第 12 期。

③ 中国广播 Radio 已于 2020 年 3 月 5 日正式升级为云听 App。

全国广播媒体代表性客户端主要有：中央广播电视总台"云听"客户端、上海广播电视台"阿基米德"客户端、江苏省广播电视总台"大蓝鲸"客户端、北京广播电视台音频客户端"听听 FM"、河南广播电视台"交广领航"客户端等。

2019 年 10 月 24 日，中央广播电视总台音频客户端"云听"试运营，2020 年 3 月 5 日正式上线，是中央广播电视总台旗下综合性声音制作、集成分发平台，被誉为移动音频"国家队"，依托总台资源、技术和渠道优势，为全国电台、声音机构提供声音产品的内容制作、集成分发、运营与技术服务。

上海广播电视台"阿基米德"客户端从细分节目打造社群，为传统广播提供大数据下精准用户的思维模式，到手机直播、在线编辑工具重构广播内容的生产模式，再到 M 店的小试牛刀，探寻广播的互联网营销模式，形成具有互联网特征的商业变现模式，为全国广播打造一个和社会发展高度关联的媒体生态。

江苏省广播电视总台"大蓝鲸"客户端依托自有"微播云"系统，开发了直播互动、视频直播、音视频节目、社交及服务等多种功能，实现跨平台、跨地域、跨领域的多媒体融合，为用户提供与节目、活动以及产业项目进行互动的入口平台。目前，新版本中新增了付费音频、会员权益、商城等功能，用户服务更加完善。

北京广播电视台音频客户端"听听 FM"以"把美好送到你耳边"为愿景，联合近 200 位主持人共同打造"广播电台""精品听书""互动直播"等功能服务，提供北京电台各频率的节目直播与回听服务，还接入中央及省市电台直播节目，提供专业的、高水准的音频体验，包括小说、亲子、相声、评书、广播剧、戏曲、传记、纪实文学、文化、资讯、情感、健康、娱乐、教育、外语等丰富的有声信息。

河南广播电视台"交广领航"客户端的交广领航车生活平台能够做到一次采集、多元生成、多平台发布，实现了在线下单洗车、保养、审车、证牌补换、违章查询，在线实时互动，路况信息导航等服务。成为"资源通融、内容兼融、宣传互融、利益共融"的融媒体。同时充分发挥交广领航车生活平台作用，积极参与河南的智慧城市建设，在实现"信息多跑路，群众少跑腿"的同时，便利车友生活，服务区域发展，助力大数据建设。①

4. 短视频时代广播融合传播新布局

短视频的火爆，给移动互联网再燃一把烽火，短视频无疑已经成为融合传播新的主流形式，不擅长视频的广播毅然入局。短视频在垂直化内容运营方面的特点给专业广播频率带来了机遇。《2019广播融合传播指数报告》显示，300家广播频率中，39%入驻抖音平台，单条抖音平均播放量为37.8万。截至2019年底，广播频率共开通117个抖音账号，开通率为39%。每个账号平均粉丝数量为13.6万，日均发布视频0.4条，单条抖音平均播放量超过37万。

专业的广播主持人也在短视频的平台上寻找到了新的表现方式。广播主持人天生的网红气质，很自然地平移到了短视频平台，一方面通过广播给自己的短视频账号导流；另一方面更加强化在广播中的人设，吸引网络用户，从而在短视频的平台拓展了新的空间，积攒了私域流量。以杭州交通广播主持人于虎为例，其创办的"虎哥说车"在抖音平台有2536万粉丝，共1.9亿获赞（2020年5月14日数据），综合影响力在中科网联数据科技有限公司广电主播红人榜中位居广播主播榜首，该账号发布频次高、语言激情、风趣幽默，弘扬正能量，关注社会底层，传播力强、商业指数高，是主持人跨界的典范。

①《特别策划：守正创新、持续发力 五年来八家媒体这样推进媒体融合》，http://media.people.com.cn/n1/2019/0818/c120837 - 31301454 - 6. html。

网络音乐篇

Online Music

B.8

2019年中国网络音乐的竞争版图、发展环境与特点

童 云*

摘 要： 网络音乐是通过互联网、移动通信网等各种有线和无线方式传播的音乐作品，具有数字化、网络化、开放性、共享性、交互性等传播特征。媒体融合时代，中国网络音乐迎来前所未有的发展机遇，围绕终端用户、平台和产业等方面展开市场竞争。在国家政策扶持下，网络音乐产业走上制度化、法制化发展轨道，通过加大音乐版权保护等一系列措施的实施力度，市场环境更加健康有序。根据2019年统计数据分析，中国网络音乐发展的特点主要是：音乐生产聚焦原创性；网络音乐运营协同化；音乐传播凸显社交化；音乐产业规模全球化。

---

* 童云，安徽大学新闻传播学院讲师，研究方向为传媒管理与广播电视。

关键词： 网络音乐 原创音乐 音乐社交 媒体融合

网络音乐是通过互联网、移动通信网等各种有线和无线方式传播的音乐作品，具有数字化、网络化、开放性、共享性、交互性等传播特征。网络音乐形成数字化音乐产品制作、传播和消费模式，形态多样，既包括歌曲、乐曲的音频形态，也包括以歌曲、音乐为中心内容的 MV、Flash 等视频和新媒体形态。网络音乐平台是指以网络音乐为主要传播内容的互联网和移动互联网平台，有音乐网站、音乐移动客户端、音乐网络论坛和社区等，例如网易云音乐、酷我音乐、QQ 音乐、虾米音乐、酷狗音乐、咪咕音乐等。网络音乐平台拥有海量的用户和作品，创作主体既有专业音乐组织、影视机构、专业音乐人，也有普通草根网民和乐迷、其他社会组织等。进入 21 世纪，社会化媒体兴起，网络音乐迎来前所未有的发展机遇，中国网络音乐的竞争版图、发展环境和发展特点发生日新月异的变化。梳理 2019 年发展现状，网络音乐用户数量持续增长，网络音乐作品质量持续提升，音乐版权的市场运营更加规范，音乐产业展现蓬勃生机，激励创作人不断创新，网络音乐的创作、生产、分享、传播迈入融合创新时代。

一 中国网络音乐的竞争版图

1. 网络音乐终端用户竞争

中国互联网络信息中心（CNNIC）发布的第 45 次《中国互联网络发展状况统计报告》显示[1]：截至 2020 年 3 月，我国网络音乐用户规模达 6.35 亿，较 2018 年底增长 5954 万，占网民整体的 70.3%；手机网络音乐用户规模达 6.33 亿，较 2018 年底增长 7978 万，占手机网民的 70.5%，手机网络

---

[1] 中国互联网络信息中心（CNNIC）：第 45 次《中国互联网络发展状况统计报告》，http://www.cnnic.net.cn/hlwfzyj/hlwxzbg/hlwtjbg/202004/t20200428_70974.htm。

音乐用户使用率持续上升。2019年，网络音乐作品质量持续提升、商业模式日趋完善，成为人民群众网上精神文化生活的重要组成部分。

网络音乐在移动终端积累了庞大的用户资源。手机音乐用户以年轻群体为主。中科网联数据科技有限公司调查数据显示，网络音乐各年龄段用户中，15~44岁人群数量占比73.5%，其中25~34岁人数最多。"90后"依然是听新歌的主力军。年轻群体接触的音乐类型广泛，持有开放的心态，对新歌兴趣更浓厚，对音乐创新较感兴趣，音乐消费意愿较为强烈。在不同年代的音乐中，20世纪80年代、90年代，以及21世纪第一个十年的歌曲较受欢迎，分别占比39.7%、38.5%和22.1%。在音乐类型的选择中，由高到低排名依次是流行音乐、经典音乐、民歌和革命歌曲。

网络音乐在移动终端竞争激烈。网络音乐收听以手机为主，还包括平板电脑、笔记本电脑、车载移动终端、家用智能音箱、智能语音机器人终端、智能家居和穿戴设备的嵌入式音乐终端等。中科网联数据科技有限公司调查数据显示，46.7%的用户更喜欢在音乐App平台收听，10.0%的用户在广播电台收听，43.2%的用户则没有特别偏爱。数据表明，对于新歌，超过七成的用户喜欢用音乐App搜索和收听。

智能音箱市场规模实现井喷式增长。智能音箱的生产与销售以大企业为主，如阿里巴巴、百度、小米等智能音箱销售量持续增长。阿里巴巴的天猫精灵智能音箱以1561万台的出货量占据首位，出货量同比增长87.9%；排名第二的小度智能音箱也卖出1490万台，出货量同比增长278.5%；小米智能音箱排名第三，全年出货量为1130万台，同比增长89.7%。上述三家智能音箱的总销售额占据超过九成的市场份额。[①] 智能车载终端、智能家居终端、智能学习终端等，与手机等移动终端共同构成音乐传播网络。更多线下场景被激活，音乐的智能应用领域得到拓展。例如，腾讯音乐与智能音箱和儿童智能手表企业达成合作，为万物互联的智能生活增添音乐的魅力。

---

① 《驱动中国·2019中国智能音箱数据出炉：寡头垄断市场，阿里勇夺第一》，腾讯科技，2019年8月13日，https://new.qq.com/omn/20200320/20200320A0I98B00.html，2020-03-20。

2. 网络音乐的平台竞争

随着网络音乐平台的浏览量和用户数量持续增长，平台逐渐由"跑马圈地"的粗放型竞争转向"精准定位"的精细化战略布局。从最初的网络播放器，到搭建音乐社交平台，网络音乐平台走向融合发展，经历了由单打独斗到协同合作的融合创新阶段。

中国网络音乐的竞争版图，包括网络音乐联盟、网络音乐平台、音乐客户端和音乐社群等，规模大小不同，定位各异，如由 QQ 音乐、酷我音乐、酷狗音乐等组成的腾讯网络音乐联盟拥有较雄厚的版权优势；由网易云音乐、虾米音乐等组成的百度、阿里音乐联盟发挥音乐社区价值优势。调查数据表明，在移动客户端，用户喜欢的音乐 App 主要有酷狗音乐、QQ 音乐、酷我音乐、网易云音乐、百度音乐等。

中科网联数据科技有限公司调查表明，用户在选择使用音乐 App 时更看重以下因素：首先，歌曲资源是最重要的因素，一般而言，具有庞大的音乐数据库，音乐品类丰富，选择空间大，能满足各种收听兴趣和偏好；其次，音乐的音质好，网民对于听觉质量要求较高；再次，新歌更新快。

网络音乐平台的竞争趋势走向协同合作。例如，QQ 音乐与哔哩哔哩达成战略合作，双方在音乐人扶持、优质音乐推广，以及资源共享等方面为音乐人开启双平台直通车模式，共同扶持音乐人以及音乐作品。双平台进行音乐人认证与入驻，为优秀的创作者打造 MV，邀请著名音乐人为优质作品重新编曲、制作音乐专辑等。各个主流在线音乐平台积极寻求合作，强强联手，整合资源，发挥各方优势，以触达更广泛的年轻受众。

3. 网络音乐的产业竞争

根据《2019 中国音乐产业发展报告》[①]，2018 年中国音乐产业总规模达 3747.85 亿元，同比增长 7.98%，不仅连续三年高于同期 GDP 增速，也创造了近五年增速新高。2018 年数字音乐产业规模达到 612.42 亿元，同比增

---

① 《2019 中国音乐产业发展报告》是由原国家新闻出版广电总局指导、中国数字与音像出版协会音乐产业促进会支持、中国传媒大学赵志安教授团队音乐产业项目组撰写的年度产业报告。

长5.5%。网络音乐整体产业结构稳定：卡拉OK产业总规模达到1010.7亿元，同比增长12.3%，包括在线K歌、音乐社交、打榜娱乐以及线下K歌等；音乐教育市场表现活跃，艺术培训市场需求增长，瓶颈是师资力量参差不齐；音乐图书与音像出版产业总体规模达到13.38亿元，同比增长19.8%，企稳回升；原创音乐、数字唱片专辑发行快速增长，儿童音乐专辑的出版成为新的亮点；音乐版权经济与管理产业增长迅猛；演唱会、音乐节市场依旧火爆，总场次、票房收入均实现增长，演唱会消费人群持续年轻化，"95后"占比超过65%。受益于国家相关政策的扶持，动漫音乐产业实现快速增长。

音乐产业链进一步完善。从上游的原创音乐生产、版权运营，到下游音乐发行、广告创收、电信增值服务，以及泛娱乐数字音乐的跨界经营，网络音乐产业形态日趋丰富。2019年，网络音乐产业竞争集中在原创内容资源建设，以及泛娱乐化跨界融合方面。在泛娱乐数字音乐产业中，用户付费率由4%增至6%，同比增长25%，市场潜力巨大。数字专辑售卖、付费订阅、音乐节、演唱会等仍是主要消费模式，移动K歌、音乐社交、短视频、泛娱乐直播等成为音乐体验模式。

加强与社会不同产业之间的协同合作，成为网络音乐产业竞争的趋势。腾讯音乐已为汽车领域提供了全新的解决方案，为国内外整车厂商、车载服务商、汽车用户等提供一站式、高质量、标准化的内容方案。腾讯音乐与中国汽车前10大品牌中的8家达成合作，为美国新能源电动车特斯拉量身定制专属模式歌单，为驾乘者在旅途中带来潮酷的音乐体验。①

二 网络音乐的发展环境

1. 政策环境

自2005年以来，国家相关部门连续开展的"剑网行动"，针对网络文

---

① 腾讯科技：《腾讯音乐2019年二季度财报超预期，付费用户挺进"全球三甲"》，2019年8月13日，https://tech.qq.com/a/20190813/005591.htm。

学、音乐、视频、游戏、动漫、软件等重点领域，集中强化对网络侵权盗版行为的打击力度。2015年把音乐领域作为重点治理领域，加大对音乐网站的版权执法监管力度，严厉打击未经许可传播音乐作品的侵权盗版行为。音乐行业盗版问题得到有效整改，音乐正版化形成广泛的社会共识。从2013年6月5日起，虾米音乐、百度音乐、QQ音乐、酷狗音乐、多米音乐、酷我音乐等知名音乐网站试行全面收费。7月1日，网络音乐下载开始收费，网络音乐走向正版化。版权管理的加强，有利于打击市场盗版等侵权行为，有效保护音乐著作权人的合法权益，提高音乐创作人的创作热情，也提高了网民的知识产权保护意识。

2015年，为有效维护网络音乐版权秩序，建立良好的网络音乐版权生态，网络音乐服务组织、各大网络音乐服务商共同签署《网络音乐版权保护自律宣言》，承诺：自觉遵守著作权法律法规，抵制各类侵犯网络音乐著作权的行为；严格遵守"先授权、后使用"的基本原则，不传播未经权利人授权的网络音乐；切实建立并完善内部版权管理制度等。行业自律促进网络音乐领域的规范化管理，付费收听被越来越多的网民所认可。由于版权得到市场的尊重，由此各音乐平台之间展开版权竞争，开发独家版权，积累版权资源，成为平台的争夺焦点。

2017年《国家"十三五"时期文化发展改革规划纲要》首次将音乐产业发展列入重大文化产业工程。在政策扶持下，传统音乐产业与新兴音乐产业加快融合，重构产业价值链，创新商业模式，推动中国音乐产业迈入快速增长的新时期。

2019年，国家进一步加强网络音视频信息服务管理。1月10日，国家互联网信息办公室发布《区块链信息服务管理规定》，鼓励区块链行业组织建立健全行业自律制度、行业准则和服务规范，推动行业信用评价体系建设。未来区块链、大数据等新兴科技的应用，将在网络音乐的版权保护方面发挥重要作用。11月18日，国家互联网信息办公室、文化和旅游部、国家广播电视总局联合发布《网络音视频信息服务管理规定》，鼓励和指导互联网行业组织加强行业自律，提高网络音视频信息服务从业人员职业素养。

2019 年 12 月，国家互联网信息办公室发布《网络信息内容生态治理规定》，加强对网络信息内容生态的治理，营造清朗的网络空间，建设良好的网络生态，开展弘扬正能量、处置违法和不良信息等相关活动，培育积极健康、向上向善的网络文化。

一系列法律法规的建立和健全，为营造良好的网络音乐生态环境，提供了政策和法律保障。网络音乐和音视频行业的自律规范，有助于完善网络音乐的行业标准体系，规范网络音乐平台的商业行为，使网络音乐走上制度化、规范化发展轨道，引导网络音乐行业健康有序发展。

2. 媒体环境

2014 年《关于推动传统媒体和新兴媒体融合发展的指导意见》、《新闻出版广播影视"十三五"发展规划》、2018 年《关于促进智慧广电发展的指导意见》等，从宏观上部署媒体融合战略任务。2019 年 1 月中共中央政治局在人民日报社举行第十二次集体学习，习近平总书记指出全媒体不断发展，出现了全程媒体、全息媒体、全员媒体、全效媒体，推动媒体融合向纵深发展。

媒体深度融合成为网络音乐当下发展的基础环境。由于新兴媒介技术应用，网络音乐获得巨大的发展动能。2019 年 4 月 2 日，全球唱片业组织国际唱片业协会（IFPI）发布《全球音乐报告 2019》显示[1]，流媒体整体收入增长 34%，占全球收入的 47%。流媒体技术是全球音乐产业的主要增长动力。云计算、大数据、人工智能、虚拟现实等技术为网络音乐带来无限广阔的成长空间。

云端成为提供音乐资源的巨大网络，用户在任何地方、任何时间、任何平台，只要能接入网络，就能够轻松同步个人音乐资源，按需使用，无限扩展。在 5G 网络环境下，音乐的应用场景将更为丰富。平台针对用户的行为习惯、兴趣、爱好，通过算法进行分析，快速识别用户需求，提供个性化服

---

[1] 滕科：《〈全球音乐报告 2019〉发布——版权是实现音乐价值的关键》，国家版权局网站，http：//www.ncac.gov.cn/chinacopyright/contents/4509/396708.html。

务。虚拟、增强和混合现实技术给网络音乐用户提供沉浸式体验。网络音乐终端嵌入智慧城市、智慧家居、智慧交通等系统，不仅实现媒体终端融合，也在经营融合、产业融合、生产和组织融合等方面实现融合，在音乐版权互授，以及终端、技术、投资、业务等领域中带来广泛的媒体合作前景。智能终端将收听音乐、游戏娱乐、在线教育、网络直播等服务融为一体。此外，新兴媒体技术在演唱会、音乐节等大型音乐中的应用，给广大乐迷提供超时空、超感官的视听盛宴。咪咕音乐在2019年音乐盛典现场将科技元素融进舞台设计中，应用5G极速场景，融合多种最领先的科技手段，为乐迷提供更加细腻的享受。

跨媒体、跨平台的泛娱乐化经营成为网络音乐的媒体竞争策略，以直播为代表的音乐社交和娱乐服务，呈现出比核心业务更加强劲的增长能力。在市场日趋规范和成熟之下，如何求同存异，形成和完善新的产业链，构建可持续发展的商业模式，成为现阶段音乐媒体布局的重点。围绕C端用户，进行多方位的内容规划。腾讯音乐2019年财务报告数据显示：腾讯音乐娱乐集团第二季度在线音乐业务营收同比增长20.2%，付费用户数同比增长33.0%；社交娱乐与其他业务的营收同比增速达35.3%，远超在线音乐业务。腾讯音乐在社交娱乐业务方面的付费用户达到1110万，同比增长16.8%[①]。

3. 社会环境

从社会生活看，网络音乐融入更多社会生活场景。例如，智能音箱接入家庭应用场景，为用户提供居家音乐欣赏和休闲服务；车载智能音乐终端不仅可缓解驾乘者途中的疲劳，放松心情，还可通过地理信息技术，随时随地提供出行服务。人们习惯利用碎片化时间来听音乐，放松心情。夜晚休闲、跑步健身、上下班途中等不同的生活场景是收听网络音乐的黄金时间。除了现实社会生活，在虚拟空间，网络音乐的应用开发也具有广阔的前景。

---

① 腾讯科技：《腾讯音乐2019年二季度财报超预期，付费用户挺进"全球三甲"》，2019年8月13日，https://tech.qq.com/a/20190813/005591.htm。

从社会心理看，音乐是人们寻求情感寄托、放松娱乐和艺术审美的文化载体。对于音乐收听需求的细分，首先要了解人们为什么收听音乐、喜欢收听什么样的音乐。除了使用行为外，听音乐的心理值得研究。关于用户喜欢收听何种心情的音乐，中科网联数据科技有限公司调查数据显示，用户选择放松为首位，其次是快乐，再次是励志，最后是安静。可见，传递健康、积极、向上的正能量音乐受到人们的欢迎，而伤感、寂寞、疗伤、心痛的音乐排名靠后。

从社会文化看，流行、时尚元素是年轻网民的追求。据中科网联数据科技有限公司统计，经典音乐、流行音乐、影视剧歌曲、新歌收听较多，位居主题音乐排名的前四。此外，歌手成名曲、情歌、热歌、动漫、红歌等也受到网友喜爱。一些中小型音乐生产商和服务商通过产品迭代的方式，弥补自身在用户数量、歌曲版权资源等方面的不足。大型音乐组织推出"音乐＋社交"模式，提高年轻人群的参与积极性，增强用户对音乐平台的使用黏性。在音乐风格选择上，流行音乐毫无悬念地占据首位，超过七成用户愿意听流行音乐（占比73.8%），排名第二的是民谣（27.4%），第三是轻音乐（24.8%），第四是嘻哈（20.8%），第五是摇滚（19.8%）。

从社会消费看，虽然免费音乐依旧受到欢迎，但人们也愿意为正版优质的音乐买单，用户付费意识在提高。在线音乐平台付费类型有付费会员、付费音乐包和数字专辑等。iiMedia Research（艾媒咨询）统计数据显示，用户付费的主要内容是音乐，其中会员付费（33.3%）、付费音乐包（29.4%）、单曲购买（26.4%）、数字专辑（21.9%）等。[1] 会员付费由于权益丰富，性价比高，成为用户的主要选择。第四季度腾讯音乐的在线音乐服务付费率提高显著，为6.2%，超越2018年同期的4.2%[2]，证明在线音乐付费用户的高质量增长。腾讯音乐对粉丝经济的独特运营也表现出强劲势

① 《2019~2020年中国在线音乐付费市场发展概况与用户行为分析》，艾媒网，2020年1月29日，https://www.iimedia.cn/c1020/68437.html.

② 《腾讯音乐第四季度营收73亿元　同比扭亏为盈》，新浪科技，2020年3月17日，https://tech.sina.com.cn/i/2020 - 03 - 17/doc - iimxxstf9590826.shtml? cre = tianyi&mod = pcpager_ auto&loc = 27&r = 9&rfunc = 46&tj = none&tr = 9.

头，数字专辑付费用户数也实现了高增长。在 2019 年第二季度，腾讯音乐在线音乐付费用户数达到创纪录的 3100 万，同比增长 33%；目前，腾讯音乐总付费用户数已仅次于 Spotify、Apple Music，位列全球前三。[①]

三　2019年网络音乐发展特点

1. 音乐生产聚焦原创性

网络音频平台积极培养原创音乐人，推出原创音乐孵化计划。原创音乐成为 2019 年各大音乐平台竞争的焦点。在原创内容价值体系中，人才是重中之重。网络平台打通从上游到下游的产业链，注重对原创人才的培养，逐步实现战略转型。平台的人才战略是，实施原创人才激励计划，给音乐人以大力扶持，助力音乐人的才华能够变现，储备原创音乐人才资源，同时推动网络音乐的原创内容生态建设，构建从音乐创作到录制、传播的完整产业链。

网络音乐的新兴创作力量涌现，独立音乐人发行的音乐作品数量增多。2019 年，网易云音乐的原创作品年播放量达到 2730 亿次，已有超 10 万音乐人入驻该平台，上传作品超过 150 万首。酷我音乐发布"百亿声机"计划，宣布以"资源 + 资金"的方式来扶持创作者，深挖全媒体音频内容价值。创作者有机会签约酷我音乐，获得节目定制权，获得线下沙龙的邀约，免费享受创作者学院的培训等。从腾讯音乐人开放平台的成绩数据来看，2019 年平台总播放量超过 2000 亿，增长量是 2018 年的近 2 倍。12 月 12 日，QQ 音乐开放平台发布"亿元激励"计划：10 万元及以下的激励金都归入驻音乐人，实现分成比例大幅提升；总收入在 20 万元以下的，平台给予的分成比例最高可提升至 100%，对于超出部分，平台也将给予音乐人更多分成。QQ 音乐开放平台上线仅一个月，新入驻音乐人就达 1.2 万，作品总播放量近 6 亿，助力众多年轻音乐人成为新星，开发出一批优质音乐，展现

[①] 《腾讯音乐 2019 年二季度财报超预期，付费用户挺进"全球三甲"》，腾讯科技，2019 年 8 月 13 日，https://tech.qq.com/a/20190813/005591.htm。

了强大的造星能力，孵化出一些爆款内容，音乐风格愈加多样化。一些原创音乐人和音乐团队集作词、编曲、录制等环节于一身，展示了音乐的天赋和才能。5sing也开展扶持计划，为音乐人实现梦想提供空间。8月18日，原创音乐团队汐音社在5sing站内开设的众筹平台上发布古风专辑项目信息，上线仅1分钟，众筹超过50%，第8天就完成原定一个多月的众筹目标。除大型团队外，个人和小型组合也能得到扶助。5sing聚集一批音乐人和黏性很强的听众，打造一个音乐互动广场。音乐人为创作优质的作品而聚集在平台，认真做音乐，做优质音乐，已成为平台入驻者的共识。

针对很多音乐人生存较难的现实状况，网络音乐平台整合资源，打通创作与发行渠道，为入驻的音乐人提供包括作品管理、宣传推广、粉丝互动、数据追踪、创作变现等一站式服务，全方位扶持音乐人的成长。网络平台通过透明的数据管理和运营机制，帮助音乐人实现才华变现，获得音乐人和用户的认可。网络音乐平台完善内容生产布局，促进原创音乐可持续、稳步发展。随着流量增多，网络音乐的长尾价值显现，音乐人的创作变现能力增强，从而吸引更多的音乐新人加入，涌现更多的原创音乐作品。

总之，从购买版权，到原创音乐生产，再到音乐人培养，网络音乐平台打通版权音乐的创作与传播链条，汇集成原创音乐作品的孵化基地。由于大量草根的加入，原创音乐内容和形式渗透平民化、生活化、新时代元素，体现后现代音乐文化的特征，创作主体积极探索音频、视频、VR/AR、直播等全媒体视听艺术形态，网络音乐风格多样，形态多元。

2. 网络音乐运营协同化

网络音乐平台追求差异化定位，发挥平台自身资源优势，积极采取独特的经营策略，为用户提供个性化搜索和收听、音乐付费定制、音乐社交等服务。数字化技术不断进步，提高了网络音乐的音质、音效，保证歌词的可获得和曲库的完善。同时，平台增加视频数量，扩大业务范围，生产短视频、直播、H5等新媒体产品，提高用户黏性，走向跨界融合经营。

跨媒体的节目创新。一批网络原创音乐节目诞生，推介新人歌手和原创作品。腾讯音乐制作200多期音乐节目《见面吧！电台》，采用"直播＋点播"模式，将最新音乐作品及时放送给观众，成为众多歌手和音乐人宣传新作品的平台，为200余位音乐人发行和推广400多首新歌，收获多达6.6亿次观看①。腾讯视频播出电音竞技节目《即刻电音》，满足小众化群体对电音音乐的兴趣。《乐队的夏天》《这！就是原创》《我是唱作人》等节目，组织乐队、网红、歌手参加竞技和表演，对原创音乐的内涵展开探讨。虽然一些网络音乐节目存在选手水平参差不齐、制作剪辑水准较低、原创作品数量较少等局限，但节目中对原创音乐不懈追求的热情和精神获得网友点赞。酷我音乐与中央广播电视总台《百家讲坛》栏目战略合作，邀请专家学者，讲解历史知识，分享人文智慧，普及中华优秀传统文化，创作了《中华名楼》《中医话节气》《舌尖上的历史》《诗歌故人心》等作品。另外，中央广播电视总台将《百家讲坛》往期共计千余期节目内容版权授权酷我音乐，进行在线音频平台分发。

跨领域的协同创新。网络音乐拓展全媒体娱乐生态，创新商业模式，聚焦泛娱乐产品形态和服务的开发。音乐与娱乐产业的边界被打破，除音乐外，各平台纷纷布局短视频、音视频直播、在线课程等，内容范围不断扩大，娱乐形式更加多元，满足用户差异化的内容与服务需求。从单一音乐创作，到全媒体内容生态建设，网络音乐出现新业态、新模式，基于互联网构建规模庞大的融合型音乐产业集群。例如，腾讯音乐联合影视制作公司、音乐制作人等共同推出"影音＋"联盟，已为超20部影视剧发行近100首歌曲。腾讯音乐与腾讯游戏合作，为网游定制单曲。腾讯音乐的内容布局并非仅局限于音乐领域，而是向更广阔的跨媒体平台延伸，探索有声书、音频节目、网络直播等泛娱乐化产品内容和形态。腾讯音乐在线下组织500多场酷狗首唱会，线上同步直播，吸引数百名音乐人参与，累计视频观看次数在2019年底已超10亿。酷我音乐与《中国青年报》联合推出阅读分享活动《榜样阅读》，8月第三季播出后，4个月的总播放时长达564.8小时，在酷我音乐平台

---

① 《腾讯音乐娱乐集团发布2019年报：财报超预期，付费用户创纪录增长》，腾讯网，2020年3月17日，https://tech.qq.com/a/20200317/012324.htm。

总收听量达 5. 64 亿，总评论量为 17261。咪咕音乐坚持正版运营，以内容为根本，以技术为引擎，打造互联网与文化产业融合发展的数字娱乐平台。

开发线下音乐服务，实现线上线下跨界运营。例如，网易云音乐针对白领群体和学生，开展线上线下活动。8 月 5 日，网易云音乐与某咖啡企业在上海联合开办一家音乐主题咖啡店，正式对外营业。这是网易云音乐的一次线下授权合作，让音乐渗透到更多生活场景，拓展新的商业空间。

3. 音乐传播凸显社交化

音乐社交是网络空间的独特风景，音乐社区成为年轻人网络社交的虚拟空间。一方面，网络音乐平台鼓励年轻用户参与互动，将社交属性渗透到音乐分享过程，满足年轻用户社交需求，提高用户的黏性和活跃度。音乐社区模式则给听众提供了用音乐进行自我表达的机会，让他们能够通过音乐找到志趣相投的伙伴，达到情感共鸣。另一方面，平台通过利益激励，鼓舞众多音乐爱好者参与音乐创作，通过民歌、戏曲、同人歌曲等音乐形式，鼓励创作者搭建自己的音乐社群，维护粉丝群体，给小众化的音乐人和乐迷提供网络社交空间。

以音乐为桥梁，连接各类社交场景。平台重视用户体验，体现以人为本的服务理念。例如，腾讯音乐推出"MOO 音乐"，用户可以注册录制建立自己的音乐厅，超级乐迷们每周共同制作歌单，向有相同品位的人分享，开放粉丝贡献入口，分享创作故事、音乐影片等。再如，网易云音乐通过"云村"社区、Mlog、热评墙等，帮助用户搜索和分享音乐，围绕音乐展开交流讨论、创作分享、情感表达，网易云音乐以音乐社交为亮点，引导用户创建新的歌单，通过首页推荐，尊重用户需求，对音乐形式进行细分。同时，通过算法引导优质内容的生产和传播，注重评论区内容的管理优化。

针对不同用户需求开发主题音乐社交项目。9 月，酷我音乐联合河南高校，打造"时光列车主题食堂"，让音乐进入河南高校食堂，让学生在用餐时感受音乐情怀。酷我以不同时代的音乐为主题，对 20 世纪 80 年代、90 年代和 21 世纪音乐进行划分，结合火车元素将食堂打造成音乐时光列车，有写满了学生与音乐的故事墙壁、融合不同年代音乐元素的餐桌、设计成轨道模式的楼梯，加上背景音乐的烘托，置身其中，仿佛真的来到那个年代，给学生带来耳目一新的感受。酷我音乐在提高传播影响力的同时，还用音乐激发年轻群体对于校园生活的热爱和对未来美好生活的憧憬，学生通过歌曲，感受到不同年代的思想和文化，了解歌曲这种艺术形式的发展历程。对用户需求的洞察与贴心设计，是提升音乐体验的关键因素。

引导科技潮流和音乐时尚，尊重当代年轻人的心理诉求。例如，网易云音乐、风马牛传媒与中国航天系统科学与工程研究院共同发起"宇宙广播台"项目，邀请用户通过网易云音乐的 Mlog 功能上传语音，向宇宙说出自己的故事。无法开口的喜欢、听不见声音的家人、对宠物的喜爱……很多故事也许无法与人分享，但传入太空后，广袤宇宙中的璀璨星河，是这些欣喜、孤单、思念的忠实听众与记录者，就像打开一个"树洞"。"宇宙广播台"以充满科技感的时尚元素和天马行空的想象力，触动年轻网民心中最柔软的角落，显得温暖走心。

"95 后""00 后"年轻一代是互联网的"原住民"，有热情、有梦想，追求新颖、时尚。他们在经济趋于独立的过程中，消费能力不断释放，是未来网络音乐用户的主力军。网络音乐对年轻网民来说，不仅是视听的享受，也是网络生活的一种社交方式。

4. 音乐产业规模全球化

网络音乐平台布局全球音乐产业，已形成一定规模，中国网络音乐在全球市场排名提升。国际唱片业协会（IFPI）发布《全球音乐报告2019》数据显示，全球录制音乐市场在 2018 年增长了 9.7%，这是连续第四年实现增长，2018 年的总收入为 191 亿美元。中国音乐市场势头强劲，超越老牌音乐强国，位列全球第七。

网络音乐平台加大对外投资力度，积极参与国外音乐文化交流和市场竞争。中国互联网络信息中心（CNNIC）第 45 次《中国互联网络发展状况统计报告》调查结果显示，在欧洲和北美市场，腾讯投资了 Spotify、Smule 等海外网络音乐企业，其中 Spotify 是全球最大的网络音乐平台；在亚洲市场，字节跳动在印度和印度尼西亚上线音乐应用 Resso，试图与腾讯投资的印度

音乐平台 Gaana 展开竞争；在非洲市场，网易云音乐参与投资的非洲音乐平台 Boomplay 通过手机预装渠道在非洲用户中快速渗透，以此打开非洲网络音乐市场。2018 年底，腾讯音乐娱乐集团正式在美国纽交所挂牌交易。中国网络音乐在全球化发展进程中，逐步提升在世界的话语地位。

综上所述，通过对 2019 年网络音乐竞争版图、发展环境与发展特点的解析，可以透视中国网络音乐当下的发展现状和未来趋势。当然，网络音乐在如此快速的发展过程中，也遇到瓶颈，例如音乐版权保护有待更加完善，音乐播放系统的技术安全、用户隐私保护等尚留有问题需要解决等。从宏观来看，网络音乐正在以前所未有的速度和力度开疆拓土，业态不断丰富，市场持续扩大，产业体系愈加成熟，型构虚拟空间新的视听文化。作为人类思想深处的精灵，网络音乐正以开放的姿态，拥抱全世界每个角落的人们，成为网络时代的社会文化载体，为人们营建一个跨越时空、跨越国界的精神家园。

B.9
网络音乐与音乐广播的
内容协同与资源整合

孙式良　武晓毓*

摘　要： 2019 年，中国华语原创音乐产业正在资本和平台的双重扶持下，迎来新一波用户流量的爆发式增长。音乐产业被"互联网化"后，也为不同的音频收听场景带来行业出圈和资源再造的机遇。对于广播媒体而言，网络音乐不仅能够催生音乐类广播频率的内容升级，还能由内容反哺广电媒体的融媒发展、线上线下场景的整合营销、用户触媒到消费的推广转化等，重塑互联网生态中的广播媒体融媒矩阵与经营模式。

关键词： 网络音乐　流媒体　广播媒体　音乐广播　用户付费

中国互联网络信息中心数据显示[①]，截至 2020 年 3 月，我国网络音乐用户规模达到 6.35 亿，较上年底增长 5954 万，占网民整体的 70.3%；手机网络音乐用户规模达 6.33 亿，较上年底增长 7978 万，占手机网民的 70.5%。音乐用户规模的不断扩大是中国华语音乐市场飞速发展的最佳证明。得益于音乐产业发展的利好趋势，以音频内容和平台流量为优势的网络

---

* 孙式良，中科网联数据科技有限公司副总裁兼首席运营官；武晓毓，中科网联数据科技有限公司高级品牌经理。

① 数据来源：中国互联网络信息中心，http://www.cnnic.net.cn/。

音乐也为广播媒体带来新的发展机会。尽管广播媒体作为最典型的传统媒体，仍然保持着逆势增长的发展趋势，但对于存量资源和增量空间的重新分配，将使广播媒体，特别是音乐广播能够更好地维系基于自身特色的生态系统，并蓄力大音频场景的下半场竞争。

中科网联数据科技有限公司 MUSA 音乐大数据显示，2019 年中国华语音乐市场最受欢迎的歌曲在流媒体上的周均播放量均超过 1200 万，头部歌曲单周平均播放量甚至超过 1 亿量级。然而，对于广播媒体，尤其是作为广告营收支柱之一的音乐广播而言，仍然面临创新内容空洞、平台运营模式单一、互动机制匮乏等传统困境，不仅在听众留存率上举步维艰，也难以打动广告主注入更多广告投放和营销预算。对于音乐这类易于融合的主流内容题材，广播媒体如能善加利用和创新，将为频率乃至媒体本身的融媒转型引入更多互联网属性的用户流量池，打通线上线下、触媒消费等不同类型的大音频收听场景，大大提升媒体融媒传播力和消费转化力的边际效益，赋能广电媒体生态化、体系化的长足发展。

一 网络音乐用户超6亿，平台化发展切分市场

近年来，中国华语音乐市场呈现出持续繁荣的发展态势，形成以流媒体为代表的网络音乐和以平台为代表的商业运作模式。以腾讯系、阿里系为代表的互联网巨头入局音乐市场，用互联网思维重新部署在线音乐产业，既扶持了原创音乐人及作品，也为音乐引入了社交用户流量、付费用户资源、下沉城市渠道等难以复制的基础支撑。

（一）网络音乐是中国华语音乐市场的重要组成部分

中科网联数据科技有限公司 MUSA 音乐大数据显示，2019 年最受欢迎的前 100 首歌曲中，大部分歌曲选择在不同的流媒体音乐平台首发，更有部分歌曲爆红于短视频平台，如位居榜首的海伦《桥边姑娘》以及阿冗《你的答案》、阿悠悠《一生与你擦肩而过》等，远非此前主流认知中的华语音

乐发行及宣推方式。头部歌曲在流媒体平台的周均单曲播放量最高达到2.07亿，共8首歌曲周均单曲播放量过亿，上榜歌曲流媒体平台周均单曲播放量在1200万以上，同等量级歌曲播放量没有显著差距，流媒体平台用户流量相对充裕与活性，能够在收听、改编、社交、消费、宣发等多种诉求上为音乐歌曲提供丰富的拓展空间。

（二）原创音乐人拥有强用户黏性，多平台发力均衡

根据2019年最受欢迎的歌曲排行及周均细分维度表现，用户虽然对网络音乐的接受范围更广，对各种小众曲风均有一定的收听行为，但仍然有较高的歌手忠诚度。对比年度上榜歌曲较多的头部歌手，尽管网络流媒体与广播媒体的属性不同，单曲的在线播放量次数与电台听众规模人次在量级上存在差异，但媒体平台间的量级差异远低于单支热门歌曲表现差异。显然，网络音乐并未因为互联网属性而消解用户的选择偏好，互联网平台背后的音乐大数据能够重新识别并聚焦用户的收听行为，热门歌手的强用户黏性同样能够为广播媒体的节目编播和形式创新带来更多底层大数据的参照。

在流媒体平台中，年度最受欢迎的热门歌手带有强烈的互联网风格，如隔壁老樊、阿云嘎等拥有较高周均单曲播放量的歌手成名于不同的线上媒体平台，以中国风、民谣、翻唱、音乐剧等多类曲风获得关注。网络音乐歌手在流媒体维度上有较好的表现，但在广播媒体上却呈现较大的听众规模波动。流媒体平台与大众媒体属性的广播媒体在头部歌手和歌曲上可以相互借力，但仍需遵循平台特征做出适度调整和取舍。

（三）三足鼎立切分音乐市场，争夺优质内容与音乐人

国内在线音乐产业发展至今，由腾讯音乐娱乐、网易云音乐、阿里音乐三大巨头平台切分后的音乐市场逐渐走向资本和内容的双重角力。受限于音乐作品繁多、制作水平参差不齐、音乐人缺乏资金协助和流量支持等因素，腾讯和阿里在入局之初就利用其互联网生态中的专业从业者、用户流量、资

金、运营等资源，以互联网公司的商业思维重铸音乐产业竞争战略。

腾讯音乐娱乐官网①及腾讯音乐娱乐 2019 年第四季度财报显示，腾讯音乐中央曲库拥有超过 3000 万首歌曲。腾讯音乐娱乐在线音乐月活跃用户 MAU 达 6.44 亿，付费用户达到 3990 万，实现 6.2% 的付费率；咪咕音乐官网②显示，咪咕音乐曲库拥有超过 3500 万首歌曲，中文歌曲覆盖率超过 99%，拥有 1.2 亿音乐会员用户。易观千帆数据③显示，咪咕音乐 2020 年 3 月 MAU 超过 2700 万；网易官网④信息显示，网易云音乐曲库拥有超过 2000 万首歌曲，用户数超过 8 亿。易观千帆数据显示，网易云音乐 2020 年 3 月 MAU 超过 9700 万。

1. 平台布局：歌手和歌曲是核心竞争力

为了有效提升用户的留存率，在线音乐平台网罗了众多优质歌手。在此基础上，凭借高关注度歌曲不断扩大留存用户的付费空间。在"内容为王"背景下，不少音乐平台采取"独家发行"的运作模式，用优质歌手的影响力激发平台活跃度，以情感共鸣联结乐迷，抢占赛道先行优势。2019 年，主要网络音乐平台独家合作歌手数量同比大幅扩增，其中网易云音乐独家合作歌手在数量上首次超过 TME 三平台，平台实力不断增强。

在线音乐平台签约各类歌手，通过不同歌手的风格"抓住"听众的耳朵，在增强用户黏性的同时，形成鲜明的差异化定位和平台成长路径。平台为歌手提供了强有力的支撑，为艺人宣发带来更多想象，助力歌曲破圈，也加强了歌手与粉丝之间的直接互动；歌手驻扎平台，巩固平台形象，有助于平台在用户心中形成品牌化标签。

除了对于各类歌手的争夺，各大音乐平台还以不同形式的音乐人成长或激励计划争取更多的新生音乐内容，意图依靠内容充盈在线音乐生态。QQ 音乐、酷狗音乐、酷我音乐和 5sing 原创音乐基地联合打造"腾讯音乐人计

---

① 数据来源：腾讯音乐娱乐，https：//www. tencentmusic. com。
② 数据来源：咪咕音乐，http：//www. migu. cn/about. html。
③ 数据来源：易观千帆，https：//qianfan. analysys. cn/refine/view/rankApp/rankApp. html。
④ 数据来源：网易，http：//gb. corp. 163. com/gb/about/overview. html。

划"。2019 年，该计划总入驻音乐人数超过 8 万，原创歌曲数超过 50 万，全平台年播放量达到 2000 亿；咪咕音乐通过"咪咕音乐原创计划扶持"[1] 汇聚了 5 万首原创版权音乐；网易云音乐通过"网易云音乐原创扶持计划（石头计划/云梯计划）"，在 2019 年第三季石头计划结束后，入驻原创音乐人总数突破 10 万，上传至平台的原创音乐作品总数超过 150 万。

2. 独家合作歌手：TME 偶像与实力兼备，网易云类型多元化

早在 2014 年，韩国三大知名娱乐公司 SM、YG、JYP 就与腾讯音乐娱乐集团开启版权合作。因此，在与 TME 三平台独家合作的歌手中，韩国歌手数量众多，占比达到 29.3%，仅次于华语歌手，成为 TME 三平台特色。[2] 在华语歌手中，偶像歌手占大多数，如鹿晗、蔡徐坤、ONER、火箭少女 101 等；韩国歌手中绝大多数是在中韩两国都颇有热度的韩流偶像，如 Wanna One、Super Junior、泰妍等。通过平衡偶像与实力，囊括国内外歌手，TME 三平台独家合作歌手日益丰富，吸引了更多乐迷。

近年来，网易音乐人扶持计划持续火热，与网易云音乐独家合作的歌手类型不断丰富。在华语歌手中，有 27% 是二次元/网络歌手、说唱歌手和小众乐队；在 73% 的华语歌手中，偶像歌手占比依然最多，超过四成，大部分是与网易云音乐达成战略合作的经纪公司艺人，如多栖流量明星等;[3] 其他非华语歌手多数为在国内相对小众的艺人和乐队等。尽管主流歌手和音乐人的加入有限，但不同类型的音乐流派能够满足中国听众日益成长的多元化审美，有利于网罗更多相对小众偏好的用户群体。

（四）数字专辑付费意愿持续走高，商业模式多样化

根据国际唱片业协会（IFPI）发布的全球音乐报告，流媒体音乐在

---

① 数据来源：咪咕音乐，http://www.migu.cn/about.html；微信公众号，https://mp.weixin.qq.com/s/I8J6jnHXqX67lKMZDl73NA。

② 数据来源：据公开数据整理，中科网联数据科技有限公司 MUSA 音乐数据，数据统计截至 2020 年 3 月 31 日。

③ 数据来源：据公开数据整理，中科网联数据科技有限公司 MUSA 音乐数据，数据统计截至 2020 年 3 月 31 日。

2019 年首次占到全球唱片收入的一半以上，占总市场的 56.1%。其中付费音乐收入再次成为关键驱动因素，较 2018 年增长了 24.1%。从裂变到聚变，中国互联网用户对音乐的付费意愿也变得空前高涨。音乐市场充沛的活力背后，培养了用户为各类数字音乐作品付费的习惯，包括数字单曲、数字 EP、数字专辑等，粉丝为支持的歌手应援，积极购买数字专辑，直接带来音乐付费新增长，各大音乐平台也为数字专辑的售卖提供了足够的支撑力。

2015~2018 年，中国付费数字专辑发行量稳步增长，2018 年发行量为 65 张，销售额为 2.85 亿元。2019 年付费数字专辑市场迅猛发展，发行量达到 143 张，创造了近 6.6 亿元的销售额。在每年发行的付费数字专辑中，华语数字专辑占主要部分，发行量占比均在 65% 上下，贡献的销售额占比在 69% 左右。各大音乐平台在数字专辑的争夺上各有侧重，随着用户对于数字专辑付费意愿的持续释放，付费数字专辑成为平台常态化运营的重要收入来源。

在音乐付费市场，腾讯音乐娱乐集团 TME 和网易云音乐之间的竞争尤为激烈。双方不仅各自占据较大的市场比重，还将争夺音乐版权资源作为长期商业化经营模式，以期进一步推动品牌形成差异化战略定位。TME 三平台 QQ 音乐、酷我音乐、酷狗音乐拥有众多头部音乐、综艺、影视剧音乐版权，流量优势和产品矩阵吸引了大批当红歌手进行新歌首发和深度合作；网易集团旗下的网易云音乐营造独特的社区文化，用户黏性不断增强，吸引了众多具有个性特色的音乐人入驻。对于用户而言，购买数字专辑除了可以满足听歌需求外，还是与歌手形成间接互动的方式之一，成为二者之间的情感纽带。在音乐付费时代，歌手、平台、用户三者之间的关系变得更为紧密。

1. 独家发行：TME 圈层消费明显，网易云激发"全民"付费

目前，TME 三平台已经聚集了庞大的曲库资源，版权优势明显。平台虽然缩减了针对单张付费数字专辑的比重，但对于平台会员制的运营力度不断加大，以独家曲库增强用户黏性的布局特点鲜明。凭借早期社交类平台的用户沉淀优势，腾讯音乐平台的会员销售额占比呈现连年增长趋势。社交属性用户所保留的触媒优势，在新人、新歌的宣推上更易形成话题效应，在粉丝向用户身份转变方面也具有天然特长。

近几年，网易云音乐付费数字专辑在数量上呈现几何式增长。网易云音乐瞄准小众曲风歌手，另辟思路"自造版权"，积极打造"音乐人的土壤"，成为行业内最早扶持独立音乐人的平台。目前，平台内销售额占比稳步提升，合作艺人质量越来越高，激发用户依据个人偏好完成付费，辅以用户交流社区，深度拓展音乐使用场景。

2. 多平台发售："硬实力"歌手的玩法

付费数字专辑的非独家发行歌手超过一半是非华语歌手，且大部分是欧美极具影响力的歌手，如 Justin Bieber、Katy Perry、Lana Del Rey 等。华语歌手中多是听众基础深厚的老牌歌手，如陈奕迅、莫文蔚、孙燕姿等。艺人型歌手拥有相对稳定的粉丝群体，歌曲"未播先火"成为常态，售卖一般有所保障。

总体来看，网络音乐让优质音乐内容的价值得以延伸，以付费数字专辑为代表的形式有助于营造良好的创作环境，助力音乐商业化，推动用户音乐消费热情不断增长。平台和歌手为吸引用户，可以采用多种时下热门的宣发推广方式，如线上演唱会、直播等，通过不断丰富音乐内容消费的形式，有效地提升用户黏性和平台竞争力。另外，短视频、直播等平台的兴起，综艺、游戏、影视等娱乐产品的发展让宣发链条不断延伸，音乐平台的宣发潜能也正在被逐步释放。

二 广播媒体地域差异明显，音乐接受度趋于稳定

不同于流媒体平台上对于原创音乐人、小众多元曲风的开放度和尝试度，广播媒体（主要是音乐广播）对歌曲和音乐人的选择更加保守。流媒体平台的承载量远高于广播媒体，用户可通过多种方式引入、切换、点评甚至对歌曲进行二次创作，可以随时主动搜索歌曲、好友间分享或通过各类移动端 App 跳转歌曲，与音乐发生广泛而深入的沉浸行为。这些互联网独有的生态环境，都是广播媒体难以解决或提供替代方案的。面对依附于大众文化和用户流量的音乐内容，音乐广播需要尽快打开平台壁垒，融合网络音乐

的社交属性和商业模式，逐步释放以地市级音乐广播市场为首的各级下沉市场的听众空间。

（一）广播频率触达呈多级梯度，听众空间仍需拓展

2019 年，我国 120 套主流音乐广播频率全年累计播放超过 20 万首歌曲，其中包含 2019 年发行的华语新歌 1 万多首。根据 MUSA 音乐大数据，各地广播频率中，中央音乐之声触达人数最多，以平均每天不重复触达超过 47 万人高居榜首。全国各地的其他省市级音乐类、交通类广播频率紧随其后，TOP10 强音乐相关广播频率的日均触达人数均超过 6 万，以音乐为主的广播频率拥有大批稳定的听众群体。与头部音乐类、交通类广播频率形成显著差异的是榜单中腰尾部的类型频率，不同城市的不同频率以及各省市级的同类型频率差距逐渐拉大，广播频率的影响力与听众规模仍然有待加强。

（二）音乐接受度相对固化，媒体对实力歌手具有选择惯性

广播媒体（主要是音乐广播）在歌曲选择上一般带有鲜明而保守的大众风格，这些风格往往由节目 DJ 或栏目组人员依靠经验和主观感受输出，面临着无法即时调整、难以回收用户反馈、需借助其他平台强化用户互动等问题，使广播媒体既难以深化频率革新和进行内容升级，也需要面对更为严峻的平台挑战和用户流失问题。

1. 广播媒体更青睐实力型歌手

从 2019 年度最受广播听众喜爱的热播歌曲表现来看，中国华语乐坛的实力派歌手更受青睐。其中周杰伦演唱的歌曲《说好不哭》稳居榜首，这首歌曲正式上线之后，不仅在流媒体平台有较高的人气，在广播媒体中也收获了同样优秀的成绩。作为实力唱将的吴青峰也有 6 首歌进入广播媒体年度最受欢迎的 TOP100 金曲榜，成为进入年度榜单单曲数量最多的歌手，这 6 首歌曲分别为《起风了》《歌颂者》《作为怪物》《太空人》《蜂鸟》《太空》。除此之外，颇受广播媒体青睐的歌手还有李宇春、林俊杰、易烊千玺等人，以上音乐人均有不少于 3 首单曲进入 TOP100 榜单。

对比 2019 年华语音乐热门歌曲 TOP100 在广播媒体和在线流媒体上的表现，按演唱者进行分析发现，在广播媒体逐渐由传统大众媒体走向窄众化之后，媒体的规模萎缩对于偶像流量歌手没有造成太大的冲击，其中实力唱作人和歌手在广播媒体的相对活跃度反而超过了流媒体，影响较大的是网络音乐人，在广播媒体中占比远低于流媒体，影响力较为有限。目前网络音乐人很难跳脱出线上的单一环境，而大部分实力歌手具备系统的宣传机制与社会影响力，宣传覆盖的媒体范围相对较为主流和全面，也成为广播电台的主要选择。

2. 广播听众更喜欢"80 后"歌手，流媒体中"90 后"歌手更受欢迎

广播媒体的听众年龄段集中在"70 后~90 后"，对音乐人的接受程度相对较为固定。"80 后""90 后"音乐人作为目前活跃在华语乐坛的中流砥柱，在广播媒体播放歌曲的音乐人中占比最多，分别达到 45.6% 和 30.9%，具有明显的竞争优势。

对比两大平台的音乐人年龄层，"80 后""90 后"歌手是当下华语乐坛的中坚力量。从创作者和演唱者的音乐生命周期来看，在更新迭代较快的流媒体平台中，老牌歌手虽然仍有热度，但已经逐渐退出了线上主流市场，把更多的精力转为线下演唱会等形式，这也为"90 后"与"00 后"歌手留出了更大的发展空间。广播媒体的听众年龄层略大于流媒体平台，他们对于新兴音乐人的接受程度较低，但在广播媒体中较为活跃的歌手也会因流媒体大趋势的影响发生变化。

3. 流行曲风在各平台受到一致欢迎，细分曲风差异大

在流媒体和广播媒体平台最受欢迎的 100 首热门歌曲中，流行曲风分别以 72% 和 75% 的占比占据了绝对比重。主流流行曲风之外，两大平台呈现了鲜明的差异化特点：流媒体平台用户更喜爱中国风和民谣曲风，这与曲风本身的流行趋势、创作难度、用户偏好等因素有关；广播媒体听众则相对更喜欢摇滚与电子乐。

4. 打榜之王与单曲之王重叠率低，广播媒体不擅"蹭热度"

听众选择偏好方面，通过广播媒体所有发布歌曲的整体表现来看，上榜

歌曲数量最多的前十位歌手与单曲最受欢迎的歌手几乎没有太多重叠。一方面，实力歌手虽然广受欢迎，但制作周期较长，歌曲出品量有限，宣推渠道单一，听众易产生审美疲劳，在抗衡新生代原创音乐人的高频、量产、形式丰富的互动等方面捉襟见肘。另外，凭借热门歌曲数量上榜的歌手，其歌曲在广播媒体和在线流媒体的具体表现没有明显量级差异，甚至个别单曲的综合表现远低于该歌手的热门金曲水平，这说明节目 DJ 或栏目组人员在歌曲选择中缺乏与巨大的互联网流量衔接的考量，未能有效利用已经形成规模和话题效应的音乐资源。

三 重塑音乐生态，内容协同与资源整合加速商业化创新

（一）善用音乐流行周期，维系和承接用户流量与互动黏性

MUSA 音乐大数据显示，单支歌曲的流行周期最长可达到 34 周。但是受平台快速迭代的影响，2/3 的歌曲流行周期在 4 周以内，90% 的歌曲流行周期在 8 周以内。对比流媒体和广播媒体，歌曲流行周期自发布至达到顶峰期间，流媒体热度明显高于广播媒体，4 周左右开始进入热度回落期。广播媒体的流行周期略长于在线流媒体音乐平台，尤其在中后期回落阶段仍能维持平缓水准，没有出现流媒体平台几近贴底的极端表现。

对于"音乐快消化"的周期规律特点，音乐广播应当充分发挥长周期的阶段优势，放大歌曲在宣发前期的正向流行阶段，延续流媒体平台上的发酵热度和社交氛围，规避不能即时调整带来的内容僵化问题。通过音乐大数据的对比和筛选，节目 DJ 或栏目组人员可以有效弥补主观选择的片面性，更好地将互联网聚集的用户流量池延伸到广播媒体上，设置歌曲在传播链条中产生的互动议题，加强音乐广播听众的互动黏性和频率忠诚度。

同时，由于在线流媒体平台对于最新流行音乐的宣发推广具有明显的优势，在经过 4~6 周的集中爆发后，通过大浪淘沙，大量优秀的、受到用户青睐的流行音乐得以快速脱颖而出。音乐广播利用流媒体音乐大数据，就可

以精准地甄选出这些流行音乐，编入曲库，进行曲库的更新迭代，并进行后续音乐编排与传播，稳定听众对媒体的收听忠诚度与黏性。

（二）广播融媒矩阵催生内容分流与平台协同

在以音乐为主要内容的流媒体和广播媒体中，在线流媒体音乐平台用户普遍低龄，62.4%的用户群体为30岁以下的"90后"，以Z世代互联网"原住民"著称的"95后"比例高达29.7%，用户人群标签极度互联网化。反观广播媒体的听众人群，25～35岁黄金年龄层占比为25.6%，25岁以下年轻人群占比为20.2%，41岁及以上人群占比达到40.6%，听众年龄更趋成熟化，对青少年人群的覆盖与渗透情况远低于在线流媒体平台。

对于在线流媒体音乐平台，主要用户表现为轻龄化、重社交、低消费等特征，易于歌曲的宣传推广，但较难实现消费的转化，用户普遍处于品牌的潜在消费者培育阶段；广播媒体特别是车载广播听众是典型的"三高"（高学历、高收入、高消费）人群，对于歌曲的主动选取倾向和话题扩散影响力相对较低，但是在消费转化上有很高的回报率。

正是因为两类平台的主要人群处于触媒和消费的相对两极位置，音乐广播更应透过歌曲在流媒体平台上的前期表现，再度进行节目编播创作和音频内容分配。在广电媒体逐步建立自身融媒矩阵的同时，将广播化的音乐素材按照不同的用户属性进行分流，在不同平台进行分发，协同矩阵内各平台的联动发展。同时，在线流媒体平台的强项在于对青少年用户的渗透，广播媒体的优势在于对中青年听众的覆盖，广播融媒体建设，提升网络影响力，提升对青少年用户的渗透，势必要大力发展移动平台与矩阵账号，与在线流媒体平台合作，有利于快速弥补广播媒体的短板，提升新媒体传播影响力。

（三）触媒－消费大数据实现泛音乐场景的精准整合营销

随着有声书、广播剧、文艺诗歌、网络节目音频等越来越丰富的内容加入大音频平台，广播媒体的用户群体构成也在有条不紊地发散和重聚。在用户导向倒推平台转型和提升的互联网时代，泛音乐场景不仅仅是媒体类型的

简单转换和叠加，而且能打通媒体、用户、广告主三者之间的关联，将用户的触媒和消费行为群体化、标签化和定制化。

正如广播媒体和流媒体平台面临的共同问题——线上平台仍需结合线下落地活动，才能实际催化用户流量池的品牌进阶和消费转化。媒体平台通过线上常规化节目和互动积蓄影响力，在线下场景中深度触达用户，促使用户在不同活动中完成平台品牌的延伸融入，还可通过大数据的核心驱动，为音乐现场勾勒到场用户的人群触媒－消费画像，实现媒体价值的精准评估和现场货品的高效营销。另外，通过现场大数据的多维度还原，广播媒体和流媒体平台既可获知现场用户的地缘性特征，填补以二、三线城市为代表的新下沉市场的认知空白，更可以大数据和个案调研相结合的方式了解用户的消费意愿、购买偏好、触媒使用习惯，甚至是特定产品或品牌的定向反馈，为媒体和广告主带来直通消费市场的大数据解决方案。

以线下音乐现场最典型的活动类型——音乐节为例，广播媒体（主要是音乐广播）或流媒体平台通常根据主要用户群体的喜好设置主题音乐节，到场参与的用户不仅对平台有很强的使用黏性，对音乐也有较高的情感共鸣。结合 MUSA 音乐现场数据，掌握活动人流量数据，收集现场用户的人口属性、交通代步工具、手机型号等信息，全面还原用户画像，了解现场用户的性别、年龄、学历、收入、品牌偏好等情况，对用户群体进行标签化管理。依据人群标签和消费能力，有针对性地设定音乐节推广策略和营销对策，在现场分时段、分区域实时调整流量分布和场内动线，优化现场用户体验，提升消费意愿。

通过采集触媒行为大数据，还可以精细描摹用户使用的垂直 App 的具体情况，如社交类、视频类、电商类、游戏类、音乐类、支付类和新闻类 App 等，由此推及当地细分人群用户的标签触媒习惯，有针对性地制定卓有成效的营销策略。从目标消费人群角度出发，选择更具人群属性和地缘优势的 App 应用，高效甄别各类型及具体 App 与自身品牌消费人群的契合度，提升广告投放成效。基于人群画像与用户触媒习惯等大数据，还可实现更精准的用户对某一品类的消费意愿及行为分析，延伸数据价值，如了解他们关注的品牌及车型等，选择与既有线下活动相结合，能够强化用户体验的营销优惠政策，促进政策落地，适时获知潜在客群的促销敏感度和评论敏感度等信息。

移动互联网时代，流媒体音乐平台在互联网资本与互联网化商业思维的支撑下，通过对歌手与歌曲的签约与版权购买，获得了巨大的流量优势，并实现了音乐付费与产业链的延伸。以音乐广播为代表的广播媒体在内容丰富度、音乐人合作与用户规模等方面均存在明显的短板，但是各地的音乐广播在下沉的二、三四线市场仍然具有较强的影响力，聚拢了相当一部分本地听众资源，特别是在具有较强消费转化能力的中高端成熟人群中具有明显的竞争优势，在线下活动营销方面也独具特色。未来，流媒体音乐平台与以音乐广播为代表的广播媒体取长补短，进行内容协同与资源整合，将会更好地促进双方的持续发展，连接线上与线下的用户资源、泛音乐场景与消费大数据，进一步推动我国音乐消费市场的深化发展。

B.10
2019年网络音乐用户对音乐、歌曲的收听偏好与选择特点

张　铮*

摘　要： 随着互联网特别是移动互联网的快速发展，音乐用户的收听行为逐渐向移动化、智能化、定制化转变，网络音乐用户规模与市场规模迅速壮大，成为音乐消费的核心。本文从网络音乐用户的人群画像与消费价值观、对音乐歌曲的内容消费偏好与消费场景、歌手偏爱情况、歌曲关注渠道与互动分享行为、网络音乐App平台选择、对网络音乐App与音乐广播频率的选择偏好等方面进行了系统梳理，致力于全面了解音乐用户群体的音乐消费轨迹与偏好，为网络音乐平台与音乐广播频率的融合发展提供数据支持与策略建议。

关键词： 网络音乐　歌曲偏好　收听习惯

近几年来，随着移动互联网的快速发展，我国网络音乐用户规模也在逐年增长。根据CNNIC调查报告数据①，截至2020年3月，我国网络音乐用户规模达6.35亿，较2018年底增长5954万，占网民整体的70.3%；手机

---

* 张铮，中科网联数据科技有限公司研究经理。
① 网络音乐用户规模来自《CNNIC第45次调查报告：网络音乐》，https：//tech. sina. com. cn/ i/2020 – 04 – 28/doc – iircuyvi0052397. shtml。

网络音乐用户规模达6.33亿，较2018年底增长7978万，占手机网民的70.5%。《中国移动音乐行业市场前瞻与投资规划分析报告》数据显示[①]，2018年，我国网络音乐市场规模为76.3亿元，同比增长59.96%，初步估计2019年我国网络音乐市场规模近103.8亿元。网络音乐从用户规模到市场规模均相对较大，具有较强的市场影响力，成为音乐消费的核心。

一 全国网络音乐用户画像

网络音乐是以网络在线、数字形式存储或为介质，用户通过在线或下载的方式收听的音乐。在存储介质与收听方式方面，与传统的卡带、碟片、电台音乐等形成了鲜明的对比。而网络在线，特别是移动在线形式在很大程度上重塑了用户群体与收听行为习惯。网络音乐用户相对更为年轻化、高知化、高质化，更具消费活力，追求生活品质。他们通过在线音频平台进行收听，通过网络搜索，以网络/社群/朋友圈作为新歌与新专辑的第一获知渠道与了解途径，同时有更多的互动与分享行为，更容易接受付费模式。

（一）网络音乐收听主力是青年活力品质用户

1. 女性更倾向收听，15～34岁人群占比超过五成

中科网联数据科技有限公司调查数据显示，2019年，网络音乐用户女性占比更高，达到51.8%，较音频听众高出2.0个百分点，较广播听众高出4.7个百分点，显示女性用户对网络音乐的收听倾向性相对较为突出。

年龄分布方面，超过一半（53.0%）的网络音乐用户年龄集中在15～34岁，比广播听众高8个百分点，而没有网络音乐收听行为的音频用户中，15～34岁用户占比仅为26.9%，显示网络音乐用户群体明显偏向年轻化。

---

① 肖丽洒：《我国数字音乐付费仍处于起步阶段，2019年网络音乐市场规模近103.8亿元，未来前景可观》，前瞻产业研究院，https://www.qianzhan.com/analyst/detail/220/200312-07416508.html。

细分群体中，25～34岁的"80后"与"90后"年轻用户占比达到27.5%，在各年龄段中位居榜首，成为网络音乐收听的核心主力，15～24岁用户以25.5%的占比紧随其后，也是网络音乐收听的主要力量，充分展现了网络音乐用户的年轻化特点。

"80后""90后"与"00后"的青年与青少年用户基本上是互联网，特别是移动互联网的"原住民"，他们习惯通过移动互联网获取信息，进行娱乐休闲，对音乐歌曲有着特别高的热情与激情。在线音频平台界面时尚、内容丰富、分类细致，支持个性化推荐，可自由搜索、收听、下载，还可以进行社群互动，适合不同性别、中低年龄段用户的使用与收听，针对不同类别用户的收听行为习惯储备版权资源，进行个性推送，有利于提高用户黏性。

2. 中高学历、中高收入用户占比大，家庭经济实力较强

中科网联数据科技有限公司调查数据显示，2019年，全国网络音乐用户中，大部分用户均拥有良好的教育背景，高中及同等学力以上的中高学历者占比达到87.2%，大专/本科及以上用户占比达到64.4%，较音频听众高出7.42个百分点，较不听网络音乐的音频用户高出23.8个百分点，网络音乐用户受教育水平明显较高，并远高于全国网民整体水平，是网民群体中的高端价值人群。他们受过良好的学校教育，审美品位相对较高，对生活品位有着较高的要求，这使其对于网络音乐的质量要求与音乐品质要求相对较高，同时对于国外音乐歌曲，如欧美音乐、古典音乐等有着一定的收听需求。

2019年，全国网络音乐用户中，个人月收入超过4000元者占比超过六成，达到66.4%；个人月收入超过8000元者达到20.9%；而没有网络音乐收听行为的音频用户中，个人月收入超过4000元与8000元者分别为58.1%与13.0%，显示网络音乐用户群体具有较高的收入水平。网络音频平台的收听便利性与个性化定制功能，使其能够在更碎片化与多样化的用户生活与触媒场景中为目标用户提供音乐娱乐享受，更适合中高端人群的娱乐消遣需求。

家庭收入方面，网络音乐用户的家庭月收入超过6000元者占比接近九成，达到86.7%。其中家庭月收入超过10000元者占比达到52.6%，超过

20000 元者占比达到 17.7%，分别比没有网络音乐收听行为的音频用户高出 14.77 个与 4.22 个百分点。数据表明网络音乐用户的家庭经济实力相对较强。良好的家庭经济背景有利于为网络音乐用户提供更强有力的经济支持，为网络音乐用户的高消费与家庭大宗消费奠定经济基础。

（二）网络音乐收听主力是各行业年轻的中基层职员

1. 中基层用户占比接近七成，职业分布多元化

中科网联数据科技有限公司调查数据显示，2019 年，全国网络音乐用户的工作层级以基层与中层职员为主，二者合计占比达到 69.7%，其中基层员工是收听主力，占比达到 42.5%。网络音乐用户以"80 后"、"90 后"与"00后"的青少年人群为主，他们大多刚从学校毕业不久，初入职场，因此在所在单位处于中基层位置，但其学历与受教育程度相对较高，未来具有较为广阔的发展晋升前景。而中高层管理者占比也达到了 31.7%，显示了网络音乐对于社会中高端人群的覆盖与渗透优势，与听众学历和收入分布特点相吻合。

职业分布方面，网络音乐用户 TOP5 职业按占比从高到低分别是学生、建筑/房产/物业、金融业、餐饮娱乐与快消/消费品行业，占比合计达到 45.3%，呈现出一定的集中度，以服务业为主体，其中学生与金融业占比分别达到 12.2% 与 9%，分别比没有网络音乐收听行为的音频用户高出 5.29 个与 5.11 个百分点；而退休人群占比明显较低，为 3.4%，较没有网络音乐收听行为的音频用户低出 12.86 个百分点。网络音乐用户其他职业分布相对较为均匀，表明网络音乐在不同的年轻人人群中覆盖面相对较广，分布具有多样化特征。

（三）网络音乐用户追求个性与自我实现

1. 价值观积极向上，自由、奋斗、健康、时尚成为主流

中科网联数据科技有限公司调查数据显示，2019 年，全国网络音乐用户的价值观以积极的正能量为主，其中接近四成用户追求自由，注重个性化，同时 37.3% 的用户追求奋斗，显示年轻的网络音乐用户有理想、有梦想、有追求，同时也愿意通过自身的奋斗与拼搏实现梦想，得到尊重，获得

相应的社会经济地位，而不希望坐享其成或浑浑噩噩。在自由与奋斗之外，他们也追求时尚与平等，注重享受，在消费时较为理性，对性价比有较高的追求，乐于分享，追求刺激，积极向上，与当前社会主流价值观旋律相吻合。同时，他们的受教育程度相对较高，注重生活品质，虽然较为年轻，但是也十分关注自身的健康问题，健康安全意识较强。他们对于个性价值观的追求与价值认同也会影响其对于音乐歌曲的收听选择与偏好，影响着网络音乐平台对于歌手选择、歌曲的版权布局，社群/圈层的定位与打造策略，以及宣传和推广工作。

2. 休闲娱乐多种多样，短视频最受用户欢迎

中科网联数据科技有限公司调查数据显示，2019 年，全国网络音乐用户的娱乐休闲方式多种多样，既呈现一定的集中效应，也有相当程度的离散性。用户对于自己的休闲生活有着各种各样的选择与安排，其中美食脱颖而出，占比超过四成，深受网络音乐用户的喜爱，吃喝玩乐吃为先，年轻的网络音乐用户对"吃"的追求与热度明显较高，下馆子、叫外卖成为他们的美食选择；看电影、睡觉、社交聚会、追剧、阅读、宅家上网、逛街等也是他们重要的休闲生活方式，音乐广泛在以上生活休闲场景中进行渗透，伴随着他们的生活作息。随着物质生活的大幅改善与经济实力的增强，他们的休闲生活变得多姿多彩，娱乐方式也呈现多样化特点，同时随着生活节奏的加快，他们的睡眠时间明显缩短，熬夜追剧成为网络音乐用户重要的娱乐方式；健身、品茶、自驾游、打牌、打球、喝咖啡、看书、听演唱会等也是他们重要的娱乐休闲方式之一，凸显出他们年轻、有活力、有品位、有想法的特点。

近几年来，在以抖音与快手为代表的短视频平台的带领下，短视频热度迅速升高，根据 CNNIC 第 45 次《中国互联网络发展状况统计报告》数据，截至 2020 年 3 月，我国短视频用户规模达到 7.73 亿，较 2019 年 6 月扩大了 1.25 亿。根据《2019 中国网络视听发展研究报告》[①]，短视频用户年龄集

---

① 流沙：《PPT 全文｜〈2019 中国网络视听发展研究报告〉12 大现状及趋势》，流媒体网，https：//lmtw. com/mzw/content/detail/id/170827。

中在39岁以下，占比超过七成，其中20~29岁用户占比接近30%，30~39岁用户占比达到25%左右，与网络音乐用户年龄分布十分契合。中科网联数据科技有限公司调查数据显示，网络音乐用户中，20~29岁占比为31.8%，30~39岁占比29.6%，网络音乐用户与短视频用户高度重叠。在娱乐类App使用中，抖音使用率位居第三，仅次于QQ音乐与酷狗音乐，抖音成为最受网络音乐用户欢迎的App应用之一。短视频与音乐密不可分，大量音乐歌曲通过抖音成为网红音乐，抖音音乐排行榜业已成为衡量流行音乐影响力的重要标杆。短视频与音乐的密切关系、短视频用户与网络音乐用户的高重叠性预示着网络音乐与短视频平台的业务协同与资源整合具有广阔的发展空间，值得各方高度关注。

二 用户对音乐歌曲的收听偏好与特点①

2015年是中国音乐产业版权规范的分水岭。2015年以前，国内民众已经习惯了免费收听音乐歌曲，版权意识与付费意识相对较为薄弱。2015年为了规范音乐市场，国家版权局推出了一系列政策规范音乐行业的版权问题，要求网络服务商下线未经授权传播的音乐作品。我国音乐行业开始逐步走向正轨。

随着我国对音乐版权问题的重视，在音乐人、版权方、音乐平台、用户等音乐产业链的所有参与者的共同努力之下，消费者的音乐版权意识逐渐得到提升，以数字专辑为代表的在线音乐形式成功承接了实体唱片时代的升级和转型，中国音乐市场的数字化也由此形成了一个可以实现价值变现的健康生态，在线音乐付费逐渐被接受，由此用户成为内容付费的原动力。

我国的网络音乐在移动互联网、版权正规化的推动下，市场不断扩大、

---

① 本文中，关于用户对音乐歌曲的收听偏好与特点等数据均来自2019年度中科网联数据科技有限公司全国音频用户专项调查，样本量6684个。

升级。相比日韩、欧美等发展较为成熟的海外市场，中国音乐市场的数字化转型方兴未艾，例如音乐社交、音乐电商、O2O演出、粉丝经济等多种音乐生态发展模式均正值萌芽，未来市场机遇巨大。

网络音乐App平台的兴起，在一定程度上改变了用户免费收听习惯，提升了付费意识。但是对于听音乐而言，插播广告极大地影响了用户体验，打断了收听连贯性，只有通过提供更优质的音乐歌曲版权资源，提供更好的服务体验，扩大音乐消费场景，进行社群运营，才能留住用户，提升用户黏性，带来营收与变现效益。

虽然有音乐推荐系统帮助平台从繁芜的音乐资源中选择合适的音乐推荐给用户，帮助用户更便捷地找到自己感兴趣的音乐[1]，但是，仅依靠音乐推荐系统进行推荐存在算法智能化、推荐行为趋窄化、基础数据滞后性、用户背景资料缺失性等问题，需要通过其他渠道进行验证与完善。深入了解用户对音乐歌曲的收听需求与偏好，以及不同用户群体对音乐歌曲的收听差异，对于网络音乐平台来说极为重要。

中科网联数据科技有限公司调查数据显示，不同用户对于音乐类型、国别、年代、风格、歌手等偏好差异明显。在分众时代，人们的音乐口味愈发趋于分散与多元，但是传统意义上的小众音乐在特定条件下也会逐渐走向大众。民谣、电音、摇滚、说唱、国风等细分音乐不断壮大，世界各地的音乐都在各大音乐平台繁荣生长，体现了宽容与多元化的听歌氛围。

1. 华语歌曲最受欢迎，海外音乐受到青少年青睐

（1）最爱大陆华语歌曲，港台音乐有所衰落，海外音乐影响力强。

2019年，全国网络音乐用户中，收听音乐时仍以华语音乐为主，占比超过九成。在华语音乐用户中，97.4%的用户喜欢收听大陆音乐歌曲，港台音乐收听占比为39.8%，说明对于音乐市场而言，华语音乐作为我们最熟悉的歌曲语种，仍然占据着无可撼动的强势地位。大陆音乐歌曲已经成为大

---

[1] 李梦婳：《基于用户行为时间特征的音乐推荐算法设计与实现》，硕士学位论文，湖南大学，2017。

家收听的主流音乐，在男女用户中均拥有强大的影响力；港台音乐在经历了20世纪90年代的辉煌之后，在国内民众中的影响力已不复当初，其中男性用户相对更喜欢收听港台音乐，占比为41.6%，比女性用户高出3.5个百分点。

音乐国别偏好方面，随着对外交流与互联网带来的开放氛围，大家对海外音乐歌曲的认知与接受程度越来越高。数据显示，超过四成（40.5%）用户喜欢收听海外音乐，其中又以韩国与美国音乐为主，在海外音乐中占比分别达到45.7%与41.2%。韩国发达的文娱文化以及造星能力，培养出了众多明星歌手，韩风音乐持续在国内风靡，拥有众多的粉丝用户；其次是欧洲与日本音乐，占比依次为26.4%与23%。不同性别用户中，女性更喜爱收听海外音乐，占比为54%，比男性高出8个百分点，其中，对韩国音乐的收听喜爱度明显超过男性，收听占比达到51.2%，比男性高出12个百分点。随着韩剧在国内的广泛传播，韩剧、韩星与韩国文化深受国内青少年女性的欢迎，聚拢了大量女性粉丝用户，韩国音乐也顺理成章成为她们首选的海外音乐，而日本音乐影响力相对偏弱，仅与欧洲音乐并驾齐驱。相对而言，除韩国音乐外，男女喜好差异不明显，男性相对更喜欢欧美音乐，女性更喜欢日韩音乐。

（2）青年更喜欢港台音乐与海外音乐，中老年则倾向华语音乐特别是大陆音乐。

不同年龄用户对大陆音乐的收听喜爱度均较高，最高超过94%（35～64岁）；中青年用户对港台音乐的收听喜爱度相对更高，明显高于15岁以上的青少年与55岁以上的中老年人群，港台音乐对于青少年用户的吸引力相对偏弱，与韩国音乐和美国音乐基本齐平；以34岁年龄为分水岭，青年用户更喜欢收听海外音乐，特别是对韩国音乐和美国音乐的收听喜爱度明显高于中老年人群，海外流行娱乐文化对青少年人群的渗透力相对较强。

2. 流行经典为主体，80～90年代经典音乐用户基础最广泛

流行音乐与经典音乐作为与年代相关联的两大主要音乐类型，是大家收听的主力，同时也是各个网络音乐平台版权音乐的重要组成部分，其中尤以

最新流行音乐为主。流行音乐更受到青少年用户的青睐，以 15～24 岁用户最为喜欢，从 35 岁开始，用户对流行音乐的喜爱度呈现大幅阶梯式下降；经典音乐更受中青年用户青睐，45～54 岁用户最为喜欢，24 岁以下用户对经典音乐的喜爱度明显下降；革命歌曲与民歌具有鲜明的时代特征与印记，受到中老年用户的欢迎，成为独特的小众化门类。

每个年龄段用户都会对自己年轻时所处年代的歌曲更加热爱。对于"95后""00 后"年轻人来说，他们更喜欢最近几年不断涌现的热门、网红歌手与网络流行音乐；对于"90 后"来说，2000 年前后正是华语音乐达到鼎盛时期，以周杰伦为代表的歌手奉献出众多耐听的经典歌曲，成为正处于成长期的"90 后"用户的最爱；随着年龄的增长，大家对于歌曲年代的追求也越来越往前提，80～90 年代是国内流行音乐，特别是港台流行音乐的另一个黄金时期，这一时期的音乐歌曲听众基础相对较为宽泛，受到大部分年龄用户的喜爱；60～70 年代的经典老歌以革命歌曲为主，更受中老年用户的欢迎。

结合音乐主题，经典、网络流行、影视剧歌曲、新歌、成名曲受欢迎程度位居前列，其中经典主题喜爱比例达到 65.5%，优势明显，网络流行主题喜爱比例为 42.3%。在网络音乐平台中，经典音乐始终是用户偏爱收听的主流类型，网络热歌也受到青少年用户的关注，比其他渠道的新歌更受用户欢迎与青睐。影视剧歌曲、各歌手的成名曲、情歌、热歌、动漫等主题的音乐歌曲也拥有一定的人气，聚拢了相当一部分忠实粉丝用户，网络音乐平台在推荐、精选歌曲与版块设计时可加强对相关主题音乐的关注。

对于网络音乐平台而言，一方面大力对接流行时尚，保持对时下，特别是最近两年内热门音乐与歌手，以及年轻社群，特别是微博热搜的敏感度，用各种各样的流行音乐与流行时尚吸引青少年用户的关注；同时加大对 80 年代往后的经典音乐版权资源的积累。随着时代更替，部分曾经的流行音乐成为经典，跻身经典音乐行列。热衷流行音乐的用户随着年龄的增长也会逐渐降低对流行音乐的敏感与关注度，开始怀旧，喜欢收听经典音乐。网络音乐平台可结合后台大数据辅助甄别可能成为经典的流行音乐，进行版权积累与个性化推荐。

3. 音乐曲风多样化，动感与轻柔分获青少年与中老年用户青睐

随着音乐的不断发展，以及世界各国曲风互相包容学习，与国家、族群文化融合，衍生出来很多不同类型的歌曲风格。其中流行歌曲自然因为它的流行性与时尚性成为最受欢迎的风格，收听比例达到73.8%，一枝独秀，优势明显。其他主要风格类型中，民谣与轻音乐处于第二梯队；嘻哈、摇滚、民歌与中国风处于第三梯队；同时古典、电子、爵士、R&B、古风、乡村、草原风与蓝调等风格也拥有一定的忠实粉丝，成为具有一定影响力的小众化垂类音乐风格，对于吸引特定人群的关注十分重要。

民谣与轻音乐以其优美、轻柔的旋律，成为大家舒缓情绪、排解压力的好助手，这也使民谣与轻音乐越来越受欢迎，其中民谣在65岁以上用户中喜爱度最高，其次是45～54岁的中年用户，同时在15～44岁的中青年用户中也具有较大的影响力，平均收听比例达到26.6%；轻音乐更受25～54岁中青年用户的欢迎，在15～24岁与55～64岁用户中也拥有较高的收听比例。整体而言，这两大风格音乐收听基础相对较为广泛，成为主流风格。

嘻哈与摇滚主要受欧美音乐风格的影响，以其个性化的自由表达、动感的旋律与激情受到青少年，特别是15～24岁人群的青睐，收听比例超过30%，在中青年与中老年人群中影响力明显偏弱，平均收听比例不到10%，具有鲜明的年龄分群特点。

近些年，带有浓郁中国传统诗词与乐器文化特点的中国风歌曲蔚然兴起，逐渐形成气候，受到大家的关注与青睐，接近两成用户喜欢收听中国风音乐，其中45岁以上中老年人群收听比例接近三成，在15～44岁年轻用户中也拥有相对较强的影响力，平均收听比例达到17.7%，显示中国传统文化强大的生命力，其与流行音乐嫁接带来新奇的收听感受。中国风音乐，以及诸如《中国诗词大会》《国家宝藏》《中国成语大会》等传统文化节目的创新与推广，对提升中青年与青少年用户对于中国传统文化的兴趣与认同感作用巨大。

4. 通勤、睡前、开车、跑步/户外是主要收听场景

伴随着工作与生活作息方式的多样性，以及手机收听的便捷性，网络音

乐用户收听音乐的场景也呈现多元化的特点。其中，上下班路上收听比例达到43.2%，成为大家收听音乐的首要场景，男女比例均衡；睡觉前用音乐缓解情绪、伴随音乐入睡，开车过程中用音乐进行娱乐休闲、缓解枯燥感，跑步/户外运动时戴着耳机听着歌，逐渐成为大家主要的音乐收听场景。其中女性更多在睡前听音乐，男性更多在开车时听音乐，呈现一定的性别差异。

其他音乐收听场景中，学习、逛街、健身房、起床、工作、KTV等均是大家收听的重要场景，收听比例为12%～17%。其中女性更多在学习、逛街、起床时听音乐，男性更多在健身房、工作等场景中听音乐；结合年龄分析，15岁以下学生更多在学习、校园与起床场景中听音乐，15～24岁青少年更多在睡前、逛街时听音乐，25～44岁中青年更多在开车与上下班路上听音乐。音乐收听场景差异更多体现为不同年龄人群的职业背景与生活作息习惯差异，同时，不同场景收听重叠率达到153%，根据不同人群在不同时间、不同场景下的音乐收听偏好打造不同的音乐推荐单元，是网络音乐平台进一步完善个性化推荐的重要方法。

5. 歌手性别不是决定性因素，实力派更受欢迎

歌手作为音乐歌曲的重要组成元素，对音乐歌曲的影响力与人气起着重要作用。但是，数据调查发现，网络音乐用户对于歌手的性别相对来说不是特别敏感，63.9%的用户对歌手性别没有特别偏爱。女歌手的受欢迎程度为20.9%，略高于男歌手（15.2%），女性用户更喜欢女歌手，占比为23.6%，比男性高出5.5个百分点；男性用户更喜欢男歌手，占比为16.4%，比女性高出2.4个百分点。不同年龄用户中，15岁以下用户对歌手性别的敏感度相对最高，15岁以下与25～44岁的女性用户对女歌手的偏爱度明显更高，平均在30%左右，远高于整体水平；15岁以下男性用户对男歌手的偏爱度明显更高，达到26.8%，较整体水平高出10个百分点。网络音乐平台对于歌手性别侧重在整体均衡、略偏向女歌手的情况下，针对不同年龄段用户可进行差异化主打，但歌曲的品质仍然是首要条件，其次才是歌手性别。

歌手打造与选择方面，实力派与偶像派始终是两大阵营，数据显示，43.6%的网络音乐用户喜欢实力型歌手，偶像型歌手仅在15岁以下用户中占据一定的比例（25.5%）。偶像派歌手凭借靓丽或俊朗的外表吸引了很多青少年用户，特别是15岁以下的学生群体，但是随着年龄的增长，实力派歌手更受欢迎，49.3%的35~44岁网络音乐用户更喜欢实力型歌手。实力型歌手整体竞争优势明显，但偶像型歌手在特定年龄用户中也具有一定的市场。流量明星或偶像型歌手虽然可在短时间内形成较大的轰动效应，但是要想有更好、更持久的发展，还需要更多地提升自身的演唱基本功底，拿出更多优秀的音乐作品来迎合用户。

6. 音乐App与抖音为重要关注渠道，微信朋友圈是主要分享渠道

音乐App作为网络音乐的核心载体与平台，是当之无愧的新歌关注渠道，72.5%的网络音乐用户是通过音乐App寻找或收听新歌，对新歌的宣推发行意义重大。除新歌之外，35.6%的网络音乐用户还通过音乐App关注到某一首歌，凭借强大的网络音乐平台，大家可以方便地找到并且关注、收藏喜欢的歌曲，使其成为流行音乐与经典音乐的第一关注渠道。在关注的同时，也是大家分享互动的重要渠道。网易云App在站内进行歌单选项的设置，同时支持个人用户建立歌单，进行泛用户类型的曝光，共享音乐或分享音乐的新模式增强了音乐App的社交属性，这样更有利于用户养成使用习惯，同时增强用户黏性。

随着社交软件的大力发展，微信的普遍推广，以及抖音短视频的病毒式火爆，使抖音与微信也成为大家关注、收听新歌与老歌的重要渠道，分列第二、三名。其中，抖音让每个刷视频的人可以关注到好听的曲子，人们在翻阅视频过程中关注起那些喜欢的音乐。同时，其针对不同用户的个性化音乐推荐算法，带动全平台音乐热搜现象出现。此外，搜索引擎、音乐广播电台等也是用户找歌或听歌的重要渠道。

微信等社交软件的社交传播特性，使其成为大家分享音乐歌曲的首选渠道，占比超过40%，遥遥领先于其他渠道。微信主推私域流量，而通过微信朋友圈的强关系传播更容易使单一曲目在小范围内快速发酵，这与微博形

成鲜明对比。很多人愿意在微信朋友圈分享自己喜欢的歌曲，让别人听到自己的喜好。伴随着这种无形的推广，很多听众关注到适合自己风格的歌曲，微信朋友圈同时也成为大家收听新歌、寻找或听歌的重要渠道，形成"听歌—分享—听歌"螺旋上升的循环促进过程。

三 用户对网络音乐和音乐电台的选择偏好

网络音乐 App 和音乐广播频率作为用户收听音乐歌曲的重要渠道，隐约存在一定的竞争分流关系，而网络音乐 App 凭借其丰富的歌曲资源与便利的搜索、推荐与收听方式，日益获得大家的青睐，特别是受到青少年用户的欢迎。中科网联数据科技有限公司数据显示，46.8% 的网络音乐用户更喜欢在音乐 App 平台听音乐，音乐 App 对年轻人的吸引力更强，62.2% 的 15 岁以下用户更喜欢在音乐 App 平台收听。而随着用户年龄的增大，对音乐 App 的收听选择逐步回落，以 35 岁为分水岭，大家更多对音乐 App 与音乐广播频率没有明显的偏爱，45～54 岁中年用户更喜欢在广播电台中听音乐，占比为 19.1%。

1. 歌曲资源丰富与分类、推荐功能是网络音乐 App 核心竞争优势

网络音乐 App 中，2019 年 12 月，QQ 音乐、酷狗音乐、酷我音乐与网易云音乐用户活跃程度相对较高，活跃用户数分别为 31644.1 万、26799.1 万、11684.7 万和 8081.8 万[1]，吸纳了市场上绝大多数网络音乐用户资源。数据显示，用户选择网络音乐平台最看重歌曲库强大与歌曲数量多，选择占比达到 48.3%，远高于其他因素，歌曲版权资源是音乐平台立身的根本所在。酷狗音乐主打"就是歌多"口号，吸引了大量音乐用户，53.1% 的酷狗音乐用户是因为歌多而选择，远超其他音乐平台 41.2% 的平均水平。其他方面，音质质量好、免费、各种音乐榜单、新歌更新快、个性化推荐与没有广告等与歌曲以及收听体验相关的方面也是大家更青睐在音乐 App 平台

---

[1] 手机音乐客户端用户规模数据来自《艾媒报告 | 2019～2020 中国手机音乐客户端市场研究报告》，https：//www.iimedia.cn/c400/68645.html。

中听音乐/听歌的重要原因,是构成头部音乐 App 平台成功的重要原因。音乐 App 平台中的社交、互动(评论、分享、K 歌、上传等)、其他非音乐的音频内容、直播电台等并不是吸引用户收听与使用的主要原因。

不同音乐 App 因其平台背景、歌曲资源与风格定位等差异,吸引了不同类型的人群关注。中科网联数据科技有限公司数据显示,酷狗音乐与 QQ 音乐位居第一梯队,用户选择比例均超过三成,酷我音乐与网易云音乐位居第二梯队,用户选择比例均超过 12%。头部音乐 App 的用户性别构成相近,男女占比均衡,女性占比略多。用户平均年龄在 34 岁左右,其中 15 岁以下,特别是女性用户更倾向使用 QQ 音乐,这与 QQ 音乐拥有歌手推荐、可更换皮肤、加速 QQ 等级等功能,以及 QQ 在青少年团体中强大的社交影响力密不可分;15~24 岁,特别是女性用户更倾向使用网易云音乐,25~34 岁用户更倾向使用酷狗音乐。相对而言,低年龄段青少年用户更倾向使用 QQ 音乐与网易云音乐,中青年用户更倾向使用酷狗音乐,形成一定的竞争区隔。

2. 多元化音频内容运营存在一定风险

为了进一步扩大用户流量规模,提升用户收听黏性与活跃度,同时拓展业务范畴,进行衍生经营与多元化运营,增强创收能力,部分音乐 App 平台开始尝试除音乐类内容外,增加其他音频内容,如 QQ 音乐在音乐馆之外,还有听书版块,酷我音乐与酷狗音乐上均设置了听书与电台版块。中科网联数据科技有限公司数据显示,仅有 19.6% 的用户会在音乐类 App 平台收听非音乐类内容,并且听过,而超过五成用户表示不会在音乐类 App 平台收听,而会在其他音频平台收听非音乐类内容。以有声书为例,这是最容易带来付费收入的成熟音频门类,但是目前有声书市场在以懒人听书为代表的垂直有声书平台与以喜马拉雅为代表的综合性音频平台多年的布局与竞争下,已经趋于饱和,市场竞争激烈,涉足难度加大。音乐类 App 平台增加其他非音乐类内容的思路存在一定的风险,进行多元化运营尚需破除重重困难。如果处理不当,则非但无法带来用户规模的扩大,反而有可能稀释对音乐资源的投入与运营关注度,造成内容定位模糊,影响用户的认可与喜爱度。

3. 经典老歌与主持人是广播电台差异化竞争优势

中科网联数据科技有限公司数据显示，对于在广播电台中听音乐/听歌的用户而言，他们更加喜欢电台播放的经典老歌，可以让他们回忆那些过往岁月，占比接近四成，尤以35岁以上中年人群为主，分别有44.5%的35~44岁用户与55.5%的45~54岁用户是因为广播电台中经典老歌多而收听广播电台，与中青年人群对经典歌曲的喜爱互为印证。同时他们更多通过车载等收听设备收听广播节目，各地广播音乐频率中，相当一部分有专门定位于经典音乐的音乐广播，因此形成了他们在广播电台中收听经典音乐的习惯与偏好。此外，也有26.7%的用户因为广播电台中新歌多而听广播，这一部分人群以24岁以下的青少年为主，他们有收听流行音乐广播的习惯，在定位于流行音乐的音乐广播中，有大量类似"中国/华语/全球/欧美流行音乐排行榜"等不同种类的音乐打榜节目，专门介绍最新流行音乐歌曲，获得好评。

在网络音乐平台，个性化推荐由大数据算法主导，缺乏人的因素。而在广播电台中，主持人或DJ的参与起着举足轻重的作用，这也是其与网络音乐最大的不同之处。在广播电台（主要是音乐类频率）中，主持人基于自身的经验与喜好，以及对听众收听偏好的理解与认知情况，在电台歌曲曲目库中选择相应的歌曲形成歌单，进行编排播放，并在节目过程中，加入自身对歌曲的理解、对歌曲背景的介绍，以及与听众进行互动，受到了广大用户的青睐。数据显示，共计有65.9%的网络音乐用户因为主持人的参与而在广播电台中听音乐/听歌，分别是与选歌相关的因素，即不需要操心选歌与主持人会推荐好听的歌；以及与主持人讲解互动相关的因素，即喜欢节目中有主持人说话与主持人讲解点评。此外，对于广播线性直播流节目而言，被动收听与主持人的设计，使大家每天都有新鲜感，以及有对下首歌的期待与悬念也成为大家在广播电台中有不同于音乐App的收听体验。

移动互联网竞争时代，网络音乐用户既有在网络音乐平台收听音乐的需求，也有在广播电台中收听音乐的偏好，不同平台因其特性差异各有生存基础与成长之道。不同年龄段用户在其成长过程中，受时代背景、不同媒体发展过程，以及心理/心态/心境的影响，形成对不同类型媒体、不同类型歌曲的接触与收听偏好。这些收听习惯与接触偏好会进一步作用于网络音乐平台与广播电台，促进其在激烈的竞争过程中进一步改进自身，形成更强大的影响力，更大规模的用户流量，以及更高的用户活跃度，从而支持自身更健康地持续发展。

网络电台篇

Commercial Internet Radio

B.11
2019年中国网络电台发展概况

张 天　申启武*

摘　要： 中国网络电台是特指由商业资本在我国境内开办，以营利为目的，提供在线直播和点播、音频上传和下载、娱乐、社交等多样化矩阵式服务的"互联网＋广播"的传播新形态，是具有民企性质的网络电台，隶属于私企性质的网络公司。在媒介融合及5G技术发展的互联网快车道上，我国的网络电台主要呈现以喜马拉雅、蜻蜓FM和荔枝三足鼎立的发展局面，在音频社交、5G智能、知识付费、车载营销等方面具有明显的行业特点，并向全场景时代、泛娱乐时代和行业＋平台规范化时代方向稳步前行。

＊ 张天，河北传媒学院影视艺术学院教师，助教，主要研究方向为广播电视学；申启武，暨南大学新闻与传播学院广播电视系主任、教授、博士生导师，研究方向为广播理论与实务，新媒体、广播影视艺术和纪录片。

关键词： 网络电台 移动音频 音频社交 知识付费

中国互联网络信息中心（CNNIC）发布的第 45 次《中国互联网络发展状况统计报告》显示，截至 2020 年 3 月，我国网民规模为 9.04 亿，互联网普及率达 64.5%；我国手机网民规模达 8.47 亿，较 2018 年底增长 2984 万，网民使用手机上网的比例达 99.1%，较 2018 年底提升 0.5 个百分点，移动互联网使用持续深化。[①] 与此同时，人工智能、大数据、云计算和 5G 技术的发展，则进一步赋能移动互联网。因此，移动音频获得了新的发展空间。

在移动音频平台中，网络电台成为近年来不可忽视的一股巨大的发展力量。本报告关注的网络电台特指由商业资本在我国境内开办的、以营利为目的，提供在线直播和点播、音频上传和下载、娱乐、社交等多样化矩阵式服务的"互联网＋广播"传播新业态。网络电台的出现和不断壮大，不仅极大地丰富了广播内涵、扩展了深度、提升了影响力，而且为广播注入了新的生机和活力，培植了新的经济增长点和创新点，为传播业态研究提供了新对象和兴奋点。[②]

一 网络电台行业发展概况

（一）行业类型及市场表现

艾瑞咨询《2019 年音频平台营销价值研究案例报告》指出，网络音频内容由音频节目（播客）、有声书及广播剧、音频直播和网络电台四部分构成，这些内容构成了我国网络电台分类的基础，目前较为活跃的网络电台主要分为三类。

---

① 全国网民数据来自 2020 年 4 月发布的第 45 次《中国互联网络发展状况统计报告》，http://cnnic.cn/hlwfzyj/hlwxzbg/hlwtjbg/202004/P020200428399188064169.pdf。
② 刘金星、张桂萍：《依法治网视域下的商业网络电台》，《中国广播》2016 年第 8 期。

1. 综合型网络电台

综合性网络电台以喜马拉雅、蜻蜓 FM、企鹅 FM 等几家头部平台为代表，生产内容较为综合、广泛，其核心业务大多以专业生产内容（PGC）＋用户生成内容（UGC）＋有声书（版权书＋网络原创小说）＋广播电台＋新闻＋党政教育＋地方节目＋舒缓音频/助眠模式等构成，其中以喜马拉雅的内容最全，既包含了深度垂直的知识学习，又追求娱乐、休闲、情感等区域的丰富化，受众在同类网络音频平台中是最多的。蜻蜓 FM 虽然在一些功能上与喜马拉雅高度重合，但主要以 PGC 为主，以"更多的声音，用听的"为平台的宣传语，追求优质音频内容，蜻蜓 FM 没有像喜马拉雅那么多的社区功能互动，可以说是为了针对只追求更经典的优质音频、社交需求较少的人群而服务的。

从综合性网络电台的界面设置来看，大多版块化和场景化明确。以喜马拉雅为例，界面首页内容主要包括经典必听、每日必听、在家休息（场景）、精品、小雅新品五个主要推荐栏目。其中在经典必听栏目中，用户可以根据个人喜好选择收听内容，也可以参考该内容选择免费榜、付费榜、VIP 热听榜、订阅榜、主播榜进行收听。

2. 小众化商业网络电台

与综合性网络电台相比，第二类是更趋向小众化，更加聚焦某一受众人群的网络电台，例如专注有声书的懒人听书，瞄准二次元市场的猫耳 FM，聚焦高效知识服务的 CCtalk 等。这类电台"术业有专攻"，以更加专业化的姿态精准获取目标受众。

此类平台从一开始就选择了"窄播"，以分众化、专业化进行产品运营，如猫耳 FM。猫耳 FM 本身是以动画、游戏相关的弹幕音频和图片为主的网站 MissEvan 的移动版。由此可见猫耳 FM 的诞生和运营对准了喜爱动漫的二次元用户。它的界面主要功能由有声剧（有声漫画、广播剧、音乐、听书）组成，并配以直播间＋新闻站＋专题＋活动＋分类筛选等辅助功能。除此之外，平台还设置了类似闹钟、启动音、微信男友、弹幕等特色小功能，增强用户体验感。猫耳 FM 还在内容分类和直播版块中设置 PIA 戏①专栏，游客们可以在直播间优美舒适的背景音乐中，声情并茂地进行剧情对话和有声朗读，这种以兴趣爱好为场景聚焦的方式，拉近了用户们的心理距离。

该类电台中，在沪江旗下以做"互联网＋教育"网课资源的 CCtalk 表现同样抢眼，为时间碎片化但希望提升自己的青年白领、中小学生提供了良好的知识资源平台。此类 App 在某些领域已抢占先机，但由于竞品过多，知名产品较少，内容覆盖范围窄，目标用户覆盖率小，且付费意愿和能力低，未来需要在保有自身特色的基础上趋向更专业且全面发展。

3. 直播互动商业网络电台

直播互动网络电台是以直播互动为核心业务的语音直播平台，其主要依托手机、iPad 等移动终端平台进行内容更新和传播，并依附于网络公司进行营销和推广，例如荔枝、克拉克拉、听呗直播等。

2016 年 8 月上线的红豆 Live 可以说是这一领域的首创和引领者，随后该平台精确把握动漫二次元直播这片蓝海，于 2017 年 5 月正式更名为克拉克拉（KilaKila），于是围绕泛二次元用户人群，形成了一个直播＋短视频配音＋对话小说的二次元内容生态，并且引入了《凹凸世界》《血色苍穹》《恋与制作人》等热门 IP，在其构建的二次元内容生态和用户体系中，挖掘 IP 的衍生价值。这也让克拉克拉摆脱了原本直播模式固有的粉丝打赏商业模式，能够通过内容付费、游戏联运等多元的方式进行价值变现。

荔枝致力于打造全球化的网络语音平台，意在为具有一定声音潜质的人们提供展现自己的机会。荔枝集录制、编辑、存储、收听、分享于一体，用户可在手机内完成录音、剪辑、音频上传和语音直播。目前，荔枝已拥有 2 亿多用户，570 万月活跃主播以及超过 1.6 亿期音频节目，② 主播数量、内

---

① PIA 戏：PIA 戏原指导演对角色声音（CV）的戏感语调以及发声部位等进行指导和纠正，并在多玩 YY 频道上掀起的一种娱乐活动，具体做法是游客们上麦，伴随着优美适宜的背景音乐，富有感情地进行剧情对话或有声朗读。有时可由专业老师进行戏感指导。

② 艾媒咨询：《艾媒报告 | 2019～2020 年中国在线音频专题研究报告》，https://www.sohu.com/a/360751085_533924？scm=1002.44003c.fe01b4.PC_ARTICLE_REC。

容时长、内容数量均位居行业前列，形成良好的 UGC 音频社区。除首推语音直播功能，荔枝坚持以年轻用户群为核心，专注于聚合 UGC 内容、扶持优秀主播深耕音频内容。2019 年 10 月 28 日，荔枝向美国证券交易委员会（SEC）提交 IPO 申请，交易代码为"LIZI"，并成功登陆纳斯达克，成为中国音频行业第一股。

（二）用户画像

艾媒咨询数据显示，2019 年上半年，中国有超过 50% 的网民使用过网络音频平台，2019 年全年在线音频用户规模达 4.89 亿人，增速达 22.1%，相较于移动视频及移动阅读行业，呈现较快增速，预计 2020 年网络音频平台用户规模有望突破 5 亿。① 中科网联数据科技有限公司数据显示，2019 年中国在线音频平台用户男女比例较均衡，"80 后"与"90 后"用户占比合计接近六成，以上班族为主，本科以上学历人群超过六成，其中大部分听众的生活态度为"崇尚奋斗、向往自由、追求平等时尚"。他们是我国消费市场的主要力量，高学历、高收入的特点代表了其消费实力。

对于选择音频的目的，调研也给出了答案。中科网联数据科技有限公司调查数据显示，在线音频用户使用在线音频主要达到"放松身心"和"休闲娱乐"的目的，此外，"排解情绪""打发时间"等紧随其后。这在一定程度上反映出，在线音频用户的娱乐需求较大，随着未来在线音频泛娱乐化的发展，能满足更多用户在娱乐、休闲方面的需求。

在五花八门的音频电台种类当中，音乐电台、有声阅读和新闻资讯是当前最受听众喜欢的音频类型，其中收听音乐电台偏好的人数达 52.4%，并在收听上呈现出较高的用户黏性。

（三）营销模式

音频在 IP 营销、广告和品牌冠名等方面的营销有极大价值，针对过去

---

① 艾媒咨询：《艾媒报告｜2019～2020 年中国在线音频专题研究报告》，https：//www.sohu. com/a/360751085_ 533924？scm = 1002.44003c. fe01b4. PC_ ARTICLE_ REC。

营销存在受众有限、内容匮乏、"硬广"偏多等方面的局限，现在各大在线音频平台创新营销新玩法。艾媒咨询分析师认为，音频营销正凭借其使用场景多元、伴随性、碎片化等优点获得各大企业与品牌的欢迎，未来发展潜力无限。

艾瑞咨询《2019年音频平台营销价值研究案例报告》称，网络音频的产业链条输出了新型的广告营销模式，从产业链的构成看，广告主和媒介代理公司是音频产业链中的重要组成部分，在帮助主播和音频平台实现商业变现中扮演了极其关键的角色。而广告营销活动的开展，也是音频产业链中不可或缺的重要环节，帮助广告主和品牌方输出如品牌电台、场景化广告投放等新型的广告营销模式。

以UGC为主生产内容的荔枝为例，主要依靠语音直播中粉丝打赏、付费收听、粉丝会员、游戏联运分成，以及广告等方面进行盈利；以PGC和专业用户原创内容（PUGC）为主的在线音频平台，例如喜马拉雅和蜻蜓FM则采用广告（音频广告、位置广告、品牌电台）、粉丝经济（打赏、会员）、版权分销和出版（付费收听）、商城商品（音频节目周边、智能音箱、儿童画册等）等方式进行盈利。

二 网络电台行业发展特点

（一）网络音频直播——"声音社交"崛起

由国内移动互联网大数据公司QuestMobile在2019年底发布的《2019直播＋X洞察报告》来看，我国的网络用户直播规模突破4.33亿，内容形态渗透娱乐、购物、教育、出行以及社交旅游等方面，此外在各个平台内部形成了庞大的私域流量，截至2019年6月，已有4.3亿的网民观看直播。[1]随着音频技术的不断提升和用户生活、消费观念的不断变化，网络电台的直

---

[1] QuestMobile：《2019直播＋X洞察报告》，https：//www. useit. com. cn/thread－25678－1－1. html。

播平台应运而生，以喜马拉雅、蜻蜓FM为代表的网络音频平台也开辟了网络语音直播版块，从2016年直播元年开始，直播的边界悄然发生变化，直播不再仅仅是供人们娱乐的工具，而是采用直播＋电商、直播＋教育、直播＋旅游、直播＋社交、直播＋秀场等多样化的"直播＋"方式，展现其即时性和受众参与性特点，打破了传统直播单向传播的局面，实现了主播和受众双向共存的去中心化特点。

网络电台的直播平台大致分为两类。第一类是依托综合性音频平台的网络语音直播版块，像喜马拉雅、蜻蜓FM设置的网络语音直播只是作为大的综合性平台中的一个功能版块而存在，主要为了拓展平台形式，丰富平台内容。第二类则主打语音直播，包括荔枝、CCtalk、克拉克拉、Space FM等，此类平台功能相对单一，而且风格定位有所不同：CCtalk专注于学习交流，打造语音课堂；克拉克拉更注重以兴趣为基础语音社交功能；Space FM侧重于以分享音乐为主的音频交友；荔枝具有一定的综合性，用户最多，影响最大。

当下的网络电台中直播版块的主播更加专业化，不仅体现在个人业务能力，直播的内容细分化将成为维持行业生态体系蓬勃发展的重要发展方向，未来会向更丰富、更细化的领域进行扩展。受年代价值观、消费观的影响，当下的都市白领、小镇青年等年轻群体已经成为消费主力，他们在工作忙碌之余更加注重有效且多样化的社交活动，当传统的社群交友已经不能满足他们需求的时候，网络音频直播带动了社交领域的新场景。例如在2018年1月更名并完成去FM化的荔枝，打开荔枝App，可以看到直播拥有独立版块，其中音频直播主要包括音乐、交友、声音恋人、脱口秀、助眠等几个方面，在界面的左下角还有快捷"我要匹配"通道，可以一键随机匹配主播进行对话和交友。此外，荔枝为了拓展语音社交模式，还专门推出了直播平台"荔枝LIVE"App，采用直播连麦、语音交友、K歌派对和狼人杀桌游等多样化的手段。在主播培植、主播福利方面，荔枝推出了播客扶植季，设立高额奖金，为优质主播的创作提供保障。荔枝还在2019年推出来年的独家主播福利系统，不仅在App界面上能够得到更多流量关注，也为主播带来优质的广告资源，实现声音价值最大化。

相比荔枝而言，更偏向于综合的喜马拉雅和蜻蜓 FM 在直播社交互动方面也做了很多努力。它们设立独立版块进行直播及交友的音频展示，旗下门类分明，按个人喜好推送用户可能喜欢的主播内容或热点直播，而且在登录后可以在右下角实时更新已关注的主播直播动态。喜马拉雅还在 2018 年年末推出"万人十亿新声计划"，致力壮大主播团队，截止到 2019 年 9 月，平台主播通过该计划已获得收益 11.5 亿元[①]；喜马拉雅还在 2019 年 9 月发布"直播王牌主播计划"，致力于培养"一万名月入过万"的直播主播，此活动使该平台已有超过 50 万主播试水语音直播，语音直播日活跃用户增长 6 倍，商业化收入猛增 323%。[②] 蜻蜓 FM 紧随而上，推出了未来 3 年 10 亿元现金扶持的主播生态战略，及"两出一入"[③] 的国际化战略，从源头上扶植直播生态的发展。

当"能打字就别语音，能手机沟通就别见面"等戏谑言论成为年轻人的主流话题，网友口中的"社交恐惧症"在网络音频直播面前逐渐消弭。扩大互动空间，增强人与人之间的情感互动，网络语音直播打造了"内容＋主播＋互动＋情景"的社交模式，在这一模式中，进入直播间后不再有颜值、学历、职业之分，面对各类情境和不同受众的需求，主播会通过内容的更新、声音的变化以及背景音乐的渲染与听众积极进行交流互动，免去视觉的"干扰"，听众也能从中寻找感情或生活中的共鸣，在个人空间私密

---

① 《各平台内容"悬赏"计划》，《综艺报》2019 年第 23 期，http：//www.fx361.com/page/2019/1225/6228148.shtml。

② 《将培养一万名月入过万直播主播　喜马拉雅发布直播王牌主播计划》，中国生活消费搜狐号，https：//www.sohu.com/a/343594093_109373。

③ "两出一入"："两出"一指蜻蜓 FM 中文内容的文化输出将通过亚马逊 Audible、全球最大图书馆有声书供应商 OverDrive，以及第二大图书馆有声书 Hoopla 等合作伙伴"借船出海"；二指将上线蜻蜓国际 App（Dragonfly FM International），聚合和自制多语言外文有声内容服务全球用户。"一入"是指蜻蜓 FM 已在 2019 年上半年正式加入美国有声读物出版协会（Audio Publishers Association，简称 APA），并将引进有着音频奥斯卡之称的奥帝奖历年获奖作品等全球优质有声作品。这个理念是 2018 年 11 月 5 日在北京"声机？2018 秋季内容生态发布会"上提出的。

安全性的急剧膨胀中，真实情绪的表达欲便极易被激发，而这种听众内心得以展现的满足感便倾向于将主播及其节目转化为情感的寄居所。

有业内人士指出，声音社交也具有一定的缺点，能走多远尚需考验。腾讯公司副总裁、腾讯社交平台部总经理梁柱就曾表示，"今年声音社交会有起步，但缺点是还把握不了音频会有多大空间"。他认为，音频的问题是比较耗时，"我们看图片、视频、文字，马上可以看到，能够马上回应，但是语音比较麻烦，你要专门来听，是效率非常低的社交方式，这可能导致音频很难有大的发展"。但同时他也表示，在即将来临的 5G 时代，多人语音视频是一个看好的社交方向，"未来在 5G 时代，五六人在异地都能够看到视频，而且是零延迟的，这个对于通讯来说会有很大的提升"。①

（二）5G 时代——谋求智慧化转型的音频

在经济全球化浪潮的推动下，信息技术产业成为世界竞争的焦点，物联网、人工智能、大数据、云计算、智能通信被各个国家列入重点发展的行业。2019 年 6 月 6 日，工信部向中国电信、中国移动、中国联通、中国广电发放 5G 商用牌照，这意味着电信运营商可以正式开始提供 5G 商用服务，也意味着 5G 可以开始价值兑现，并成为我国产业发展的风口。

艾瑞咨询《2019 年音频平台营销价值研究案例报告》显示，听取网络音频的非手机智能设备分布在悄然增加，占比已达 40.3%，分布最高的是pad、PC 等其他终端平台，但车载收听、智能音箱以及智能手表的比重也在不断上涨。② 相比在 20 世纪 60 年代麦克卢汉在《理解媒介：论人的延伸》中提出的"媒介即人的延伸"这一理论，网络亦可以说是人的另一种感觉能力的延伸或扩展，是人基本的生活方式，负担起人类日常生活起居、沟通交流的重要工具。5G 作为第五代移动通信技术，它所体现的大带宽、高容量、超密站点、

---

① 舒虹：《抢滩"耳朵经济"，抓住"声音"的卖点！》，https：//www. sohu. com/a/324896052_738143。

② 艾媒咨询：《2019 年音频平台营销价值研究案例报告》，http：//report. iresearch. cn/wx/report. aspx？id＝3456。

超可靠性、随时随地可接入性等特点，在速度、时延和容量等方面满足用户更高要求的应用落地，必将激发传媒行业更高质量的产业和内容变革。在这一背景下，局限于声音、听觉应用的广播媒体必将面临技术与消费升级的双重压力。

5G 直接在网络音频音质提升、终端交互和智能场景方面将有重大应用，这在 2019 年的网络音频市场中已初见端倪。与当下流行的短视频、精良制作的影视剧不同的是，网络音频不需要在布景、拍摄技术以及人物形象上进行准备，在为商业网络电台降低内容生产成本的同时，内容及音质的优质化是打动受众的根本保证。5G 网络提高带宽、降低时延，基本指向网络能够支撑更好画质，于是无论音视频、游戏还是虚拟现实（VR）、增强现实（AR），5G 直接带来的改变，使高品质音乐和音频节目具有效果更好的形式，这不仅局限于音乐类网络电台，很多对于音质细节具有高要求的音频内容，例如环境音、催眠音效、利用声音触发大脑舒适感的 ASMR① 等也都需要强大的带宽网络辅助，需要 5G 的支持。

5G 网络的快速普及不仅能够提高音频质量，也能够为互动化场景提供技术保障。自 1986 年以"栏目播出直播化、开通热线鼓励听众参与"为主要特点的"珠江模式"诞生以来，改变传统广播的单向传播、促进听众双向交流沟通的步伐坚定不移地前行。同样，在网络音频平台中，听众的评论留言、弹幕互动、语音匹配功能进一步增强了受众互动性，既增强了信息的传播效力，也更好地提高了用户参与度和黏性，从而提升内容质量。

在传统的传播流程中，受众只能被动接受传播者经由媒介发出的信息。在这里，受众是被动的，媒介也难以发现消费者的喜好，实行精准化的传播。在人工智能、大数据等技术的支持下，媒介能够有效识别用户的消费行为与接受偏好，并通过人工智能、大数据技术对用户实现画像识别和精准传播。因此，5G 时代，智慧功能已经拓展到整个传播流程。而且，5G 技术的

---

① ASMR：Autonomous sensory meridian response 的缩写，即自发性知觉经络反应，意思是指人体通过视、听、触、嗅等感知上的刺激，在颅内、头皮、背部或身体其他部位产生的独特刺激感，又名耳音、颅内高潮等。

赋能，广播的直播流更加顺畅，音响效果也会进一步优化，加上可视化功能的点缀以及即时互动功能的强化，广播传播无疑被赋予一种崭新的形态格局。

随着人工智能技术的逐渐进步，网络音频与人工智能这两个领域的交流结合变得越来越密切，各个网络音频平台也加快了对智能硬件的布局，进而使音频平台完成对人们日常的各个生活工作场景的渗透，加速行业与平台之间的"跨界"联合，为行业带来新的增长点。

2019年2月20日，小米搭载喜马拉雅的小雅OS内容技能，发布"小爱"触屏音箱，2019年2月28日，百度的小度在家1S顺利接入喜马拉雅平台的内容资源，足不出户收听喜马拉雅平台的优质音源，扩大产品内容优势。除了提供内容资源之外，喜马拉雅也陆续推出小雅AI音箱、小雅Nano、小布儿童音箱等多款自有智能音箱产品，以发挥和扩大音频平台自身的内容优势。

中国互联网络信息中心发布的第45次《中国互联网络发展状况统计报告》显示，截至2019年12月，我国已建成5G基站超过13万个，5G产业链推动人工智能与物联网结合发展到智联网。2019年，我国人工智能企业数量超过4000家，位列全球第二，在智能制造和车联网等应用领域优势明显。[①] 当然，该报告同时指出，实现基于人工智能的智能制造将是个长期过程，我们需要将管理创新和技术创新并重，来应对发展中的挑战，推动数字经济发展。

（三）音频付费——亲子成为新特点

在越来越重视知识积累和版权意识的现代社会，知识付费成为互联网变现盈利的新形式。网络音频平台以其制作成本低、伴随性强、收听空间自由、消耗流量小等特点为这个学习型的社会贡献出一份力量，人们对于知识

---

① 数据来自中国互联网络信息中心2020年4月发布的第45次《中国互联网络发展状况统计报告》，http：//cnnic.cn/hlwfzyj/hlwxzbg/hlwtjbg/202004/P020200428399188064169.pdf。

付费的需求越来越大，网络音频平台要想摆脱单一的打广告、做电商等盈利模式，利用消费者碎片化听取音频的有限空间内，大力发展"耳朵经济"，在知识付费方向要做到持续的发展，依旧存在很大的发展空间。

中科网联数据科技有限公司调研数据显示，为得到更好的收听体验，有40.6%的网络音频用户明确表示有付费意愿，其中32.5%的网络音频用户曾经有内容付费消费行为。付费用户年平均花费在250元左右，其中13.8%的用户每月付费30元以上（即年平均付费360元以上），这说明相当一部分消费者有付费意识，并且能够理解知识付费这样的理念，愿意去做出这样的付费尝试。基于现实数据以及未来付费趋势，音频付费未来尚有较大的成长空间。

与此同时，中科网联数据科技有限公司调研数据显示，在音频付费项目上，音乐位居榜首，占比达到42.3%；其次是有声书。在知识类付费类型方面，少儿教育位居第一，技能培训、商业财经、人文类节目也是知识付费的主力对象。娱乐性与知识性构成了内容付费的主流类型，而少儿教育成为知识类付费最受欢迎的内容。

目前，国内的音频市场风头正劲，喜马拉雅平台从早期的付费节目《好好说话》开始便处于同类商业网络平台知识付费发展的领先地位，《好好说话》在喜马拉雅平台上共获得了超过8200万次播放。[1] 同时，这一节目的诞生也标志着喜马拉雅音频付费时代的开启，有效拓展了移动音频平台的营收面。截至2019年6月，《蒋勋细说〈红楼梦〉》在蜻蜓FM播放量已超过2.3亿，[2] 这也使蒋勋成为蜻蜓FM平台的"付费之王"。在《蒋勋细说〈红楼梦〉》系列作品大获成功之后，蜻蜓FM接连推出高晓松的《矮大紧指北》《局座讲风云人物》《老梁的四大名著情商课》《方文山的音乐诗词课》等独家付费音频内容，正式布局内容付费领域。其中，《矮大紧指

---

[1] 数娱梦工厂：《〈乐队的夏天〉能否实现米未想要的转型?》，https://user.guancha.cn/main/content? id=128556。

[2] 张晓鸣：《从美学、人文历史到亲子讲座，听众越来越愿意为优质内容付费》，http://k.sina.com.cn/article_1914880192_7222c0c002000asl3.html。

北》上线首月即突破 10 万付费订阅用户，① 刷新音频内容付费行业纪录，蜻蜓 FM 成为内容付费领域的头部玩家。

据悉，国内许多网络电台均已开通知识付费及会员模式，以国内最知名的喜马拉雅和蜻蜓 FM 为例，两个 App 在知识付费领域均已发展成熟，均设有 VIP 开通、定时折扣、优质音频资源推荐等版块。其中喜马拉雅在会员开通优惠及知识付费等方面花样繁多，不仅开通限时抢购超级会员，还跨界联合视频网站、外卖平台等进行联合营销，并深谙消费者心理，利用尊贵标识突出其身份不同。在付费层面，蜻蜓 FM 的价格虽相较于喜马拉雅优惠，但其营销和会员福利等方面并不突出。通过对二者共同分析可知，虽然消费者已经购买了超级会员的资格，但仍有一些优质音频资源需要额外付费，只不过比非会员更显优惠。

另外，随着 2016 年年初国家全面放开二孩政策，2019 年也迎来了亲子红利之年，儿童消费市场的潜力逐步显现。艾媒咨询《2019Q1 中国在线音频市场研究报告》数据显示，2020 年国内将迎来比原有预计基础多出的 300 万名新生儿，而 74.8% 的儿童在 2 岁之前开始阅读，其中 65.7% 的儿童喜欢数字阅读和有声读物。② 在当下的时代背景下，一方面是更多年轻人愿意通过付费来提升自己；另一方面，由于儿童有声书、动画音频等产品具有寓教于乐的属性，且用户使用周期长，因此在知识付费的浪潮下，对于儿童音频内容的市场也有极大的开拓空间。

2019 年，国内的儿童消费市场成为新风口，荔枝推出"亲子版块"，签约、培养一批优质亲子主播，月产数十万优质节目。2019 年 3 月，推出 50 集儿童故事《小儿国总动员》；2019 年 7 月，推出古诗朗诵打卡比赛，让父母与孩子共同提交朗诵作业。考虑到喜马拉雅手机 App 的界面偏成人化，喜马拉雅专门推出儿童专用的手机 App 喜猫儿故事和面向儿童的智能音箱

① 《〈矮大紧指北〉上线首月付费用户超 10 万 创新高》，商讯直通车搜狐号，https：//www.sohu.com/a/157142623_ 507229。

② 艾媒大文娱产业研究中心：《艾媒报告丨2019Q1 中国在线音频市场研究报告》，https：//www.iimedia.cn/c400/64278.html。

小雅 Mini，智能精准推送儿童内容，2019 年 8 月，在"91 开学季"首发上线儿童版 App 专属会员卡，提供儿童一站式学习服务。在喜马拉雅平台的"付费榜"上，占据儿童版块收听量第一的是喜马拉雅独家出品的广播剧《米小圈上学记·四年级》。此外，喜马拉雅还独辟"家长专区"，鼓励用户购买优质育儿音频课程。蜻蜓 FM 签约多个头部 IP，并启动"儿童"声优计划，扩大儿童音频内容生态规模，平台发布儿童内容生态战略 Kid Inside 并全面升级内容服务，覆盖智能音箱、儿童智能手表、智能手机三大主流收听场景。作为听书音频行业佼佼者的懒人听书也在 2019 年 1 月推出了儿童专用的有声绘本 App "芽芽故事"，并在 11 月发布首部作品《芽芽睡前故事》。

（四）车载媒介平台收听——营销新手段

中科网联数据科技有限公司调查数据显示，私家车主收听的媒介类型中，广播电台节目依然位居榜首，选择比例达到 76.2%，具有一定的竞争优势，但是随着移动互联网的快速发展，网络音乐、网络音频节目与网络听书等也是私家车主收听的主要内容，各种类型的网络音频性节目隐隐有超过广播节目，成为私家车主收听的首选内容趋势，极大地冲击着车载空间与场景的娱乐休闲方式。

在车载媒介平台的更新上，喜马拉雅在 2019 年脱颖而出，成为许多优质车主用户的第一选择。数据显示，喜马拉雅核心用户群体中有 39.8% 的车主用户。具体到汽车层面，喜马拉雅车主用户的汽车品牌分布中外资品牌（41.6%）和豪华品牌（32.7%）都要远高于一般用户品牌（23.3%），[①]从主流高端汽车品牌的占比分布来看，喜马拉雅汽车用户的占比也明显高于整体车载音频用户。而有着高价值的车主用户也成为音频平台喜马拉雅进行车载音频营销的用户基础和吸引广告主的重要优势。

---

① 《艾瑞发布车载音频营销价值报告：优质车主用户成喜马拉雅音频营销的基础》，https://mobile. adquan. com/detail/13 - 286085。

除此之外，基于自身的用户流量和技术优势，喜马拉雅在充分挖掘用户车载收听场景的基础上，通过个性化的音频内容与定向广告的有机结合，搭建用户广告围栏，从而实现精准、高效、智能的广告投放。

为了增加车载收听人群数量，2019 年，喜马拉雅还基于广告主品牌建设需求，运用音频节目的组织形式打造汽车品牌电台和汽车品牌相关的音频营销活动。自 2018 年 7 月起，喜马拉雅与吉利合作定制了车机品牌电台 FM1760，其品牌电台包括《吉食》《吉时行乐》等六个不同类型的节目。同时，还将电台输出到汽车端。垂直的渠道运营不仅有利于形成对车主高质量的陪伴与黏着，也可以拉近与消费者的关系，甚至还能成为汽车卖点。2019 年春节期间，结合中国拜年的年俗，喜马拉雅与东风本田合作了"声声祝福"声音互动项目。通过手绘 4 大角色场景，定制用户专属声音祝福，融合 8 大区趣味方言，吸引了众多用户关注，活动总曝光量超过 2.1 亿。该活动以"声"入人心的方式，提升东风本田 INSPIRE 车型名的认知度。在 2019 年 4 月的雪佛兰科鲁泽新车上市之际，喜马拉雅面向年轻用户群体，为雪佛兰定制的主题配音挑战赛取得良好效果。喜马拉雅号召全站中小主播及用户参与其中，携手雪佛兰搭载趣配音，开启夜跑、美食、购物、自拍等 17 个生活中的"痛快"场景，活动总曝光量达 2.3 亿。此外，喜马拉雅联合长安马自达定制"拾智移动书斋"品牌专属互动活动，以品牌请客的方式，让用户在喜马拉雅 App 上能够收听更多的文化类栏目。同时，结合 H5 互动抽奖，进一步提升用户参与度，H5 活动总互动量超过 10 万。[①]

三 未来发展趋势

（一）全场景时代：建立在"内容为王"基础上的高速发展

有别于视频和文字类内容获取渠道，在线音频产品通过声音传播内容，

① 张铭阳：《喜马拉雅获 TankingData "汽车人群最具投放价值奖"》，http：//science. china. com. cn/2020 – 01/09/content_ 41028503. htm。

能够很好地解决用户伴随性场景的使用痛点。此外，用户的多元化需求、特定群体的个性化需求也日益受到关注。分析认为，在线音频行业发展核心仍然是内容生态的建设，在政策、平台、资本三方协力推进内容建设，以及合适的商业模式赋能下，未来在线音频行业有望维持较高的热度发展，在用户端的普及、内容供给、内容服务创新上也将进一步完善。此外，在使用场景方面，智能化、沉浸式、互动式的体验场景也将有所拓展，车内场景已经成为音频营销经济发展的新场景，在未来逐渐会从单一的车内场景变为全时代场景。

当前中国在线音频行业进入蓬勃发展期，随着大众对音频基础需求的提升及平台端资源的投入，2020年"耳朵经济"有望得到进一步激发。此外，2019年10月，荔枝率先递交IPO，在业内引起不少关注，虽然在线音频市场经过多年的发展，已基本形成荔枝、喜马拉雅、蜻蜓FM三家巨头的稳定竞争格局，尽管荔枝率先开启赴美上市的步伐，但荔枝、喜马拉雅、蜻蜓FM三强格局一时间难以打破，在后续的一段时间里，行业头部竞争将进一步加剧。此外，对于小型平台而言，在母婴垂直、少儿垂直、教育垂直、文化垂直、财经垂直等细分内容领域的拓展下，未来也将有更多的发展空间。

随着5G技术的逐步推广和应用，网络音频行业在迎来新的发展机遇的同时，也会面临新的挑战。2020年5G技术发展的脚步将进一步加快，网络音频行业若能适应"5G+物联网"的时代变革，未来必将赢来新的收获。

（二）泛娱乐时代：音频直播催生下的娱乐付费

2019年，在关于中国在线音频用户泛娱乐类节目偏好的调查中，趣味段子、情感调频和"正能量鸡汤"处于受众偏好占比最多的前三位，有70.2%的用户希望能够扩增泛娱乐类内容。艾媒咨询数据进一步显示，近九成在线音频平台语音直播用户有付费意愿，但超四成用户表示偶尔打赏。①当前在线音频平台语音直播听众付费群体基数较大，用户付费频次有望进一

---

① 艾媒咨询：《艾媒报告 | 2019～2020年中国在线音频专题研究报告》，https://www.sohu.com/a/360751085_533924？scm=1002.44003c.fe017c.PC_ARTICLE_REC。

步激发，语音直播内容付费仍有较大的市场潜力。

现阶段，荔枝、喜马拉雅、蜻蜓 FM 等在线音频平台通过造节狂欢、品牌营销等方式积极拓展付费市场，促进音频行业内容消费升级。相关分析认为，随着用户对品质化、功能性内容的需求增强，在线音频用户的付费意愿逐渐提升。在付费内容方面，伴随用户年轻化、休闲方式碎片化的特点，在知识类付费市场之外，趣味段子、情感调频、脱口秀等泛娱乐节目类型需求日益增多，泛娱乐付费市场有望进一步扩大。

（三）行业＋平台规范时代：管理提效，打击痛点

随着我国近年来越来越重视版权的保护和人们版权意识的提升，作为内容生产的网络音频平台，与版权和内容审核始终存在"剪不断，理还乱"的关系。曾几何时，荔枝、蜻蜓 FM、喜马拉雅等网络音频平台因版权问题而相互挤对，被 App Store 下架。随着行业版权意识的提升和政策监管的加强，网络音频行业间的版权纠纷有所减少，但问题依然难以根除。因此，避免版权纠纷，建构自己的版权壁垒已成为网络音频平台提升内容竞争力的题中应有之义。

也正是基于这样的考虑，几家头部的网络音频平台以打造精品内容 IP 为举措，规范平台的内容生产。目前，喜马拉雅已和中国出版集团、阅文集团等多个国内出版机构结成深度战略合作伙伴，获得市场 70% 的畅销书的有声版权，85% 的网络文学的有声改编权，超过 6600 部英文原版畅销有声书，构筑了较强的版权壁垒。喜马拉雅组成 7×24 小时值班的审核队伍，采用"三审＋抽审"制度，严格审核平台内容，并与语音智能识别公司合作，以技术审核和人工审核相结合的方式保护内容版权。荔枝则成立内容安全中心，利用语音 AI 识别技术加强平台内容审核。[①]

蜻蜓 FM 坚持主打 PGC 模式，以质量上乘的内容取胜，避免内容参差不齐、侵权等问题。对于本身主打 UGC 模式的荔枝而言，内容的原创性是

---

① 陈昌凤：《"耳朵经济"：知识与资讯消费新形态》，《人民论坛》2020 年第 5 期。

版权侵犯的天然避风港，平台从专门的播客管理平台，从内容生产者层面严格把关，保证平台有源源不断的优质声音内容产出，依托深厚的声音底层技术，拥有领先水平的声音节目录制功能，媲美专业录音设备，给用户带来高品质声音内容，并积极研发利用语音 AI 识别技术应用于内容审核上。

除此之外，不少音频平台还存在内容同质化的倾向，严重依赖于头部大V资源，高晓松、"凯叔讲故事"等"名人 IP"成为平台的疯抢对象。这种经营模式在消耗了大量版权成本的同时，也使各个平台失去了特色。在日渐繁荣的网络音频行业中，只有专注于某一细分领域内容，打造独家和富有平台特色的产品，引进内容优质的、"不同"的声音，才能吸引黏性高的忠实用户，牢牢占据竞争日益激烈的市场。①

2019 年 7 月 15～17 日，国家新闻出版署约谈了咪咕阅读、天翼阅读、网易文学、红袖添香网、起点中文网、追书神器、爱奇艺文学等 12 家企业，对当时出现的网络文学低俗问题提出批评，要求相关单位立即下架存在问题的网络小说，停办征文活动，清理低俗宣传推介内容。2019 年 6 月，国家网信办会同有关部门针对网络音频乱象启动专项整治行动，多款网络音频平台被下架关停，相信在国家强大的监管模式下，整个网络音频行业将会实现规范化、良性化发展。

---

① 左雨晴：《"耳朵经济"：悄然兴起的网络音频行业》，https：//www.sohu.com/a/358583275_468110。

B.12
2019年中国网络语音直播发展概况

申启武　李颖彦*

摘　要： 近年来，音频技术水平的提升与用户消费观念的转变，为网络语音直播的快速发展营造了良好的环境。以荔枝、喜马拉雅、蜻蜓FM为代表的在线音频平台纷纷开辟了网络语音直播版块，在带来市场经济效应的同时，也创造了巨大的社会效应。由于在线语音直播市场起步较晚，目前，用户市场仍具有较大的发展潜力，随着各类直播、短视频等平台的深入布局，在线语音直播的用户规模将进一步扩大。2019年，网络语音直播的发展逐渐趋于成熟，音频直播平台在迅速拓展市场和寻找差异化的同时，浮现出内容同质化、变现率低等一系列问题。如今，随着网络语音直播体量的逐步增加，监管部门对语音直播的关注和管理力度也在逐步加大。据预测，未来在众多语音直播平台中，大型综合性平台将成为吸引资金和用户的主要阵地，语音直播的社交性将日趋突出，在"直播+"的发展理念中，语音直播的变现模式也会更加多元。

关键词： 网络语音直播　语音直播平台　用户行为　流量变现

* 申启武，暨南大学新闻与传播学院广播电视系主任、教授、博士生导师，研究方向为广播理论与实务，新媒体、广播影视艺术和纪录片；李颖彦，暨南大学新闻与传播学院研究生，研究方向为新媒体传播与受众研究。

随着信息更新速度越来越快，用户的信息需求日益增加。在传媒市场中，音频产品以高伴随性的优势使其在当今生活节奏较快的社会中有更广泛的应用场景。其中，以在线音频平台为代表的声音媒体发展日趋特色化、差异化、细分化，商业模式也更加成熟与多元。中科网联数据科技有限公司调查数据显示，2019年中国音频用户规模达到6.53亿，其中网络音频节目用户规模达到5.66亿，占音频用户规模的86.8%，拥有巨大的用户流量。

艾媒咨询报告显示，2019年上半年，中国有超过50%的网民使用过网络音频平台，其中较常使用语音直播功能的人比例达到46.2%。调查显示，超六成受访用户表示愿意付费成为在线音频平台会员，且近半成用户表示参与过直播打赏。① 在用户网络付费意识提高、直播打赏习惯逐渐养成等因素的共同作用下，网络语音直播行业也应运而生，并作为直播红利的长尾市场吸引到一大波倾向于以声会友的声控用户。易观发布的《2019年中国音频直播产业发展报告》显示，用户对直播内容的需求日趋多样化，视频直播的局限也随之体现，音频直播或将迎来新的发展机遇。报告中说，音频直播市场在经历探索期、早期阶段、高速发展期之后，已进入市场成熟期，这也意味着音频行业的基本格局已经形成。② 而在音频行业的大格局中，喜马拉雅是用户最倾向选择的音频平台，其语音直播版块虽不是最早设置音频直播功能的平台，却在语音直播行业内认知度最高。喜马拉雅作为国内领先的音频分享平台，产品使用率远超同业，头部主播资源处于行业领先地位。

一 中国网络语音直播行业发展概况

（一）行业类型及市场表现

网络语音直播平台从平台构成的形式上大致可以分为三大类。第一类

---

① 艾媒网：《2019在线音频报告："声音好听"对听众吸引力大，泛娱乐生态将成趋势》，https：//www.iimedia.cn/c460/65950.html。

② 21CN综合：《易观发布2019音频直播报告：音频直播或迎来新的发展机遇》，http：//news.21cn.com/industry/a/2019/1107/14/33723836.shtml。

是以荔枝、喜马拉雅等为代表的综合性音频平台，网络语音直播只是作为其平台的一个功能模块而存在，主要目的在于丰富和扩展平台的形式和内容；第二类平台则是完全独立的音频直播平台，包括CCtalk、克拉克拉等，此类App专门针对语音直播，功能较为单一，各自的风格定位、功能用途是它们主要的差异，比如CCtalk专注于学习交流，打造语音课堂，而克拉克拉则更注重以兴趣为基础的语音社交功能；第三类主要表现为在视频直播平台中嵌入音频直播的功能，如主打娱乐、社交的直播平台陌陌、YY等，其中的语音直播版块同样是作为辅助功能出现，以满足垂直细分用户的社交需求。①

三大类语音直播平台各具特色，同时又构成了一定的市场竞争。在第一类综合性音频平台中，荔枝于2016年最早开通语音直播功能。荔枝通过建立播客学院和举办各种大型声音竞赛等形式培养有潜力的主播，大力启动播客扶持计划，坚定UGC发展方向，与喜马拉雅和蜻蜓FM形成差异化竞争。荔枝还将语音直播版块调至平台首页进行大力扶植，尝试利用差异化竞争的形式切入音频市场，实现直播变现。在荔枝推出语音直播功能后，其综合数据一度超过业内龙头喜马拉雅，但在竞品相继跟随推出语音直播功能后，荔枝的相关数据则一度受到影响，出现大幅下跌。据《北京商报》报道，2019年，荔枝营收11.81亿元，净亏损1.33亿元，从荔枝营收结构上看仍然存在严重偏科，2019年第四季度，荔枝娱乐营收3.6亿元，占总营收的98.6%，播客、广告和其他营收仅490万元。② 多元化变现曾是荔枝一直强调的变现方式，但从首页版块的变化来看，近期，荔枝已经悄然调整了业务侧重，UGC内容代替语音直播占据了平台首页，在业务版块和发力点上与喜马拉雅和蜻蜓FM有所趋同。

第二类是独立纯粹型语音直播平台，即语音直播功能是平台中单一且主

---

① 艾媒咨询：《2017年中国在线语音直播市场专题研究报告》，https：//www.iimedia.cn/c400/58312.html。

② 《北京商报》：《荔枝2019年净亏损1.33亿元》，http：//finance.sina.com.cn/stock/relnews/us/2020-03-13/doc-iimxxstf8572558.shtml。

要的功能。作为最早的一批语音直播平台，红豆 Live（后改名为克拉克拉）和大部分视频直播以视觉为主不同，其主打纯粹的语音直播。其通过声音直播起家，初期便主打二次元声优直播，在通过早期积累迅速聚拢了一批业内顶尖的声优、唱将和 Coser 偶像作为主播之后，克拉克拉又开设了二次元短视频、对话小说等频道，形成知名 IP、二次元主播和同人文化等力量的联动。该平台聚集了 729 声工场、光合积木、音熊联萌、北斗企鹅等行业内顶级声优厂牌，以及 SCC7000、凌霄广播剧团等拥有大量粉丝拥簇的网配团体。与其他直播平台一样，克拉克拉也高度认可女性用户的价值，目前平台中女性用户的比例已高达 70% 以上。[①] 克拉克拉营造了独特的以女性用户为主导的二次元平台文化，这在以往以男用户为主导地位的直播市场中可谓另辟蹊径。除声优偶像之外，克拉克拉还引入了《恋与制作人》《魔道祖师》等女性用户喜闻乐见的热门二次元 IP，通过各类活动，增进二次元氛围，加强和女性用户的互动体验。声音直播成挖掘蓝海利器，一次直播被 1000 万人围观，女性用户能量惊人，但搞定女性用户从来不是一件容易的事。在各家语音直播平台的初步发展中，克拉克拉已迅速确立平台风格，并摸索出一条以声音征服女性用户的发展路线。

在第三类直播平台中，语音直播是作为视频直播的长尾市场而存在，与视频直播相互补充，以适应用户对直播形式的不同需求。作为目前直播行业的第一梯队，陌陌与 YY 的财报成绩都颇为亮眼。根据财报显示，陌陌 2019 年第一季度营收 37.23 亿元，同比增长 35%，高于市场预期的 35.76 亿元，当日股价盘前大涨 6%。虽然陌陌的财报营收数据向好，但风平浪静下的暗涌却更值得注意。刹椒娱投发现，陌陌虽然已经是 17 季度连续盈利，但 2019 年第一季度的营收增速却是 2017 年第一季度以来的最低值，净利润也仅比上年同期多赚了 650 万元。[②] 陌陌坚信能以多快的速度实现增长并渗透目标用户群体，取决于平台以多快的速度推进创新，帮助用户发现新朋友，

---

① 《直播平台的二次元攻坚战：KilaKila 另辟市场，女性用户占 70%》，http://www.3wyu.com/18021.html。

② 36 氪：《直播江湖：陌陌向左，YY 向右》，https://36kr.com/p/1723796226049。

并建立高质量的互动。在这一策略下，陌陌一直在拓展功能玩法以帮助用户进行社交和连接，而直播功能仅仅是其中之一。音视频互动方式在平台上的发展为陌陌提供了更广阔的商业化空间，并成为构建更丰富的增值服务产品和打造直播业务以外新的增长引擎。另据陌陌方面的数据显示，虽然直播业务营收占总营收比例近80%，[1] 但使用直播的用户数在整体平台上比例不到30%，因此，陌陌一直在探索直播业务以外的利润增长点。2018年，陌陌完成了对陌生人社交平台探探的收购，在陌陌看来，陌生人社交领域依旧蕴含巨大的潜力。

2020年，抖音短视频平台也将布局语音直播版块，并旨在将这一版块打造为"直播＋社交"的模式，该模式实质是抖音对社交用户的抢夺战。目前，抖音的应邀公会已经全面开始招募主播，抖音的语音直播入口在直播功能区，分别列有视频直播、游戏直播、语音直播三个入口，相比视频和游戏直播，语音直播的功能区更为简洁。在抖音的一则展示视频里显示，主播开通语音直播后，可以接听连麦，如果观众申请连麦过多，主播就可以点击创建聊天室。目前，抖音的语音聊天室共设有8个观众席位，即支持8位观众同时在线聊天，主播可以对在线观众进行连麦、闭麦等管理。在抖音语音直播公会招募的通知中，主播可以入驻选择类目以情感电台、语音交友、声播、音乐、脱口秀为主，以期通过情感共鸣来实现进一步的社交需求。[2]

荔枝的语音直播转型为其平台创新发展带来了巨大红利，荔枝的IPO也让整个音频市场被重新审视。与此同时，语音直播在网易云音乐、喜马拉雅、荔枝、蜻蜓FM等App中已实现全面布局，用户数量均趋于稳定，甚至成为重要的收入来源之一。[3]

---

① 东方财富网：《陌陌去年净赚超34亿：八成营收来自直播　未来增长押注探探》，http：//guba.eastmoney.com/news，cjpl，808724855.html。

② 东方财富网：《语音直播　抖音的下一个红利玩法?》，https：//guba.eastmoney.com/news，uslizi，910576782.html。

③ 东方财富网：《语音直播　抖音的下一个红利玩法?》，https：//guba.eastmoney.com/news，uslizi，910576782.html。

（二）行业发展特点及市场分析

语音直播发展的一路向好，吸引了众多平台纷纷入局，但随着同类产品渐多，流量抢夺也愈发激烈。相比视频形态的直播方式，语音直播平台开发因为不需要露脸、不需要颜值，在一定程度上为用户降低了直播的门槛，这一优势也将会吸引更多的用户成为语音主播。此外，声音的伴随性优势在直播间中体现明显，用户收听直播时可以不再需要只停留在直播间内，用户可以边听语音直播边做其他事，在操作体验上也更加方便。

2019 年，随着语音直播行业的日渐成熟，资本流向也更加明确。语音直播行业的融资情况明显开始向头部平台集中，资本催化行业新一轮"洗牌"，直播平台在体量和发展前景上的差距进一步拉大。其中，头部平台掀起上市热潮，寻求资本盈利机遇，加剧资源和流量的集中效应，二线平台通过合并或深入合作"抱团取暖"，实现资源整合、互利共赢。经历了"千播大战"抢占流量市场时期，行业的用户红利逐渐消退，行业风口过后，原有的流量短缺、运维弊端、资金难题对中小平台的反噬更加明显，加之官方监管高压，许多中小平台被淘汰出局。在此形势下，新玩家继续入场，利用平台流量和生态冲击行业壁垒，进一步考验直播市场。重新寻求市场定位，挖掘垂直领域潜力成为中小平台的求生策略。

此外，网络语音直播领域在与短视频、视频直播的联合中逐渐衍生出新的玩法，"直播＋"的发展模式，或将直播行业卷入新一轮"洗牌"。虽然与视频直播相比，语音获取信息的效率并不高，却在陪伴的功能上更有优势。游戏开黑、语音聊天等内容形式也是语音直播与传统音频行业内有声书等主流内容的最大区别，其中，语音直播的内容形态会更注重产品的社交属性。

现有的音频三巨头发展各有侧重，从营收上看，喜马拉雅和蜻蜓 FM 以内容付费和广告付费为主，荔枝则更加侧重于依靠用户打赏的社交付费。[①]

---

① 螳螂财经：《抖音＋语音直播，持续细分的"孤独经济"尽头在哪里》，https：//www.tmtpost.com/4268547.html。

在音频领域，UGC 的内容更接近情感陪伴，PGC 的内容类型则更接近知识付费和专业性产出。以荔枝语音直播为例，作为国内最大的 UGC 音频社区，荔枝以"人人都是主播"为宗旨，以"帮助人们展现自己的声音才华"为使命，重塑了传统音频行业中原本割裂的音频制作、存储、分发产业链，实现了每一个人都可以通过手机一站式进行创造、存储、分享和实时互动，让人们"用声音记录和分享生活"，由此积累了大量创造型用户。在商业模式上，荔枝利用语音直播为用户打造了便利的社交入口，通过陪聊、哄睡等丰富的内容主体为"孤独经济"的崛起提供了条件。"孤独经济"与 UGC 内容在本质上具有较强的联系，解决的都是个人情感的归属问题。以喜马拉雅为代表的 PUGC 综合类音频播客具有非常强的效用性，在行车、厨房、家务场景中有竞争优势，而 UGC 类音频产品则更多集中于睡眠场景。[①] 随着孤独经济的愈加繁盛，用户在内容需求上，也将越来越呈现出垂直化和多样化。

随着在线直播平台发展进入成熟期，直播生态的体系化建设也成为平台新的突破口。"直播 +"的发展模式推动直播平台由产业链向各端渗透，促进平台内容创新和产品迭代，有利于增强用户黏性，直播平台的传播能力和即时、透明、互动等特点为其他行业带来新的增长点，"直播 +"纵深发展为直播平台及合作行业带来了双赢机会。

二　中国网络语音平台用户行为分析

从 2016～2020 年中国在线语音直播用户的规模来看，语音直播的用户群体在数量和年龄范围上都呈现出逐年扩大的趋势。据艾媒数据显示，2017年中国在线语音直播用户突破 1 亿，达到 1.12 亿。预计 2019 年，中国在线语音直播用户规模达到 1.97 亿，2020 年将突破 2 亿，达 2.34 亿。[②] 作为蓝

① 螳螂财经：《抖音 + 语音直播，持续细分的"孤独经济"尽头在哪里》，https：//www.tmtpost.com/4268547.html。

② 艾媒网：《直播行业数据分析：预计 2019 年中国在线语音直播用户规模达 1.97 亿》，https：//www.iimedia.cn/c1061/67322.html。

海市场，语音直播行业吸引了大批开发者和用户的青睐。基于以上背景，中科网联数据科技有限公司对2019年度全国语音直播用户的结构画像与收听行为习惯展开了问卷调查。

（一）用户属性及使用习惯

中科网联数据科技有限公司调查数据显示，语音直播的用户类型根据使用方式和使用需求的差异，主要分为直播型用户和收听型用户两种。用户年龄分布上，主要呈现出年轻化和集中化的特点。其中，15~44岁的语音直播用户占比超过80%，并且语音直播的主力使用人群集中在15~34岁，这也表现出语音直播形式在年轻人中的接受度相对较高，而在平台的进一步市场拓展中还有相当大的潜在空间。

受教育程度方面，语音直播用户受教育程度集中于中高级学历水平。被调查用户中，初中及技校学历占24.5%，大专及本科用户占62%；收入水平方面，语音直播的主力用户大部分为在校大学生或初入职场人群，收入普遍不高。根据数据统计，语音直播的用户画像主要为单身大学生群体。在性别比例中，女性用户稍多于男性用户，占比51.8%。其次，已婚有小孩并且小孩处于0~12岁的人群也是语音直播的主要用户，占比达47.8%。

用户使用习惯方面，有20.4%的用户会保持一天一次的使用频率，29.6%的用户在一周中收听4~6次，使用语音直播每周低于一周一次的用户占8.7%；用户使用时段上，周一至周五的上午7：00~10：00，以及晚上8：00~11：00均是收听高峰期，这两个时间段分别对应着上午工作学习之前和晚上入睡前两个场景。而在周六日期间，用户的使用频率则相对分散，但睡前时段依旧是用户使用较为集中的时段。

用户收听时长方面，49.7%的用户一般会连续收听20~40分钟，有14.6%的用户会收听1个小时以上。一般情况下，用户会在1~5分钟判断自己是否会继续留在直播间，而判断自己是否会关注当前主播则需要10~30分钟的收听时间。语音直播的时长通常情况下都比较灵活，主播会依据个人情况来设置直播时间，直播时长普遍在1个小时以上。不过，初级主播

往往会增加直播时长，这种操作不仅有利于帮助主播适应并熟悉直播的氛围，掌握更多直播技巧，提升主播的自我表现力，主播也可以通过长时间的直播来吸引流量，提高被关注的概率。

（二）用户需求分析

语音直播是基于网络（UDP/语音通道）的双人、多人的语音聊天功能，支持通话中音视频设备的控制，并支持音视频切换。双人、多人音视频通话可以进行音频通话或视频通话，通话频道同时在线200人，音频发言同时进行建议是5人，视频画面同时显示建议是5人。① 语音社交直播通话有多种形式，它可以是纯语音通话系统，在一个语音房间，多人语音聊天；或是语音视频通话，在一对一的社交视频系统中，选择一对一视频或者一对一语音连麦；也可以是语音直播系统，在主播直播间与主播进行语音连麦等。相比视频直播社交平台，语音社交不需要露脸，在照顾了一些用户保护隐私的需求同时，也降低了用户使用的门槛。只要用户的声音条件优秀，掌握足够的沟通技巧，就可以尝试进入语音直播行业，发挥自身优势。此外，语音直播相对于视频直播，在技术层面具有更强的实时性，能够第一时间与听众互动，时效性强。在使用成本上，语音直播相对视频直播来说，带宽流量成本更加实惠。

聆听和陪伴是语音直播用户的主要使用目的，其中，用户对语音直播的使用方式主要表现为以社交为主要目的的做游戏、闲聊等活动。根据用户在语音直播中的主要使用差异，可以大致将用户需求分为收听的需求和直播的需求。

就用户和主播的共同需求而言，语音直播平台的基础直播功能、评论弹幕功能、点赞打赏功能和直播回看功能是语音主播顺利完成一场直播和听众得到良好收听体验的重要功能需求。但不同的是，二者对于不同功能

---

① 《音视频时代：一对一语音社交直播系统开疆辟土》，http：//bbs. fz. xmfish. com/thread - 2525600 - 1 - 1. html。

的需求侧重点存在一定的差异。为了保证直播内容的顺利传播并实现良好的传播效果，主播用户会对直播平台硬件方面的功能性、技术性要素提出更高的要求，例如声卡效果、延迟情况等。而听众方面则往往将注意力集中于直播内容或是主播本身，其主要目的是在语音直播中寻求陪伴，或是寻找志同道合的朋友，社交的目的在听众需求中表现得更为突出，而在平台的功能使用方面，例如关注、冲榜等操作方法大多时候会依赖于主播或直播间管理员的引导。

作为一个具有强互动性、及时性的行业，语音直播市场的进一步开拓不仅需要重点关注自身的功能硬件质量，更重要的是主动了解甚至激发用户的媒介需求。在语音直播尝试最大限度迎合听众，赢取市场的同时，也出现了一系列不利于平台健康长远发展的问题。

三　中国语音直播平台的问题

早期直播行业发展迅猛，部分热门主播受到大量粉丝追捧后，逐渐忽略人气主播需承担引导公众正确价值观导向的责任，致使大量低俗内容流入平台。针对这些问题，相关监管部门通过出台条例、约谈负责人、查封平台、封停主播账号等措施加大监管力度。行业高压监管一方面倒逼头部平台自清自查，促进直播平台建立正规化机制，形成行业内容规范；另一方面，部分中小违规平台退出市场，行业环境不断净化。政府监管有利于改善公众对直播平台印象，推动平台竞争向优质内容竞争发展，引导用户精神文化消费升级。目前，语音直播行业规模仍在稳定增长，行业发展在寻找差异化的同时已逐步回归理性，然而在对 2019 年度语音直播平台的考察中，仍存在以下问题。

（一）模式单一，内容缺乏核心竞争力

网络直播肇始自 2016 年，经过 4 年间的大浪淘沙，语音直播领域基本上沉淀出喜马拉雅、荔枝、蜻蜓 FM 等头部平台，但值得警惕的是，目前语

音直播依旧处于同质化竞争的状态，头部的平台目前并没有围绕语音直播构建出各自的核心竞争力。

1. 内容同质化

直播在本质上是一种内容传播形式，内容始终是语音直播的灵魂，所以尽管情感服务类节目占据语音直播的相当份额，但究其根本，用户对语音直播的收听行为仍是对内容的需求。因此，内容的差异化对于平台建设的成功与否无疑有着决定性的作用。

如今，同质化竞争激烈、缺少创新是直播行业内容生产方面所面临的共同难题。虽然我国目前直播平台数量超过 200 家，平台市场规模达 90 亿元，平台用户量高于 2 亿，但直播类型及内容——包括直播平台页面设置、礼物价格分类及首页大图推荐等均大同小异。平台的"吸粉"能力远低于主播个人的"吸粉"能力，对优秀主播的依赖性极强。语音直播也不例外，以喜马拉雅和荔枝为例，二者在内容分类上极度趋同：喜马拉雅的语音直播分为热门、音乐、语音房、情感聊天室、二次元等 11 个门类，荔枝分为热门、音乐、情感等 9 个门类；排除热门、新秀等平台推荐类品类，单纯以内容分类进行对比，二者都设置有音乐、情感、有声书、二次元内容，从内容分类与平台体验上，具有一定的相似性。

其次，语音直播目前所探索出的情感、音乐、助眠等方向，是一种服务内容或者市场领域，因此很容易出现一个模式成熟之后，其他平台蜂拥而上进行同质化竞争的情况，很难以内容为核心竞争力培养用户黏度，同时，直播的内容生产者依赖于主播，而主播是可以在一定条件下自由流动的，从这一角度上来讲，用户对平台的黏度更低，很多用户选择平台仅仅是因为主播的关系，当该主播投往别的平台时，其粉丝也会迅速切换直播平台。这就使小部分具有竞争力的主播掌握了绝大部分流量资源成为头部主播，并被各大平台争相抢夺，因此内容的同质化在语音直播领域有着天然的生成基因。另外，以语音为载体的语音直播短板也很明显，没有了视觉冲击的加持，纯粹的语音直播对内容创作质量的要求更高。但是对于同质化的内容供给现状，直播平台除了打造超级主播与超级 IP，似乎还没有其他手段应对竞争。

语音直播平台间的竞争，本质上是语音作为一种内容载体，直播作为一种播出方式，二者的结合如何满足听众的差异化需求。从当前语音直播平台所提供的内容与服务分析，各个平台尚未探索出适合本平台的差异化竞争策略，缺乏特色的语音直播尚未成为平台的核心竞争力。

2. 模式可复制性强

从媒介性质的角度看，语音直播具有一定的工具性，即通过语音直播的方式，提供一定的内容，这也就决定了，当语音直播成为一种互联网行业被竞争者一拥而上时，从语音直播这一模式本身来讲，语音直播平台没有较高的门槛可以抵挡后来者的竞争。从 2008 年 YY 直播作为游戏工具的使用，包括随后陌陌以语音直播打造社交，可以看出语音直播模式具有很强的工具性特征，并且可复制性较强。作为提供内容消费的平台，语音直播通过内容吸引流量涌入，并通过平台内的盈利模式进行盈利，从而完成整个商业模式的闭环建设。与视频网站类似的是，平台同样要通过资本完成优质内容的获得，并以此建构竞争优势。从商业模式与盈利模式上来讲，语音直播平台、视频网站与大多数内容平台一样，除了内容，在产品的模式、运营、定位等方面很难有差异化的发展，资本最后成为平台竞争的唯一推手。

模式的单一性使语音直播在面对竞争时，不易通过产品优化实现差异化竞争，经历了直播的野蛮生长与丛林厮杀，现有的语音直播平台之间，或者现有平台与已经消亡的平台之间，除了运营水平的差异之外，很难抽象出核心的竞争力来解释这种幸存者偏差。因此作为一种内容产品，语音直播在竞争中往往采用资本助力内容建设的方法进行竞争，这也是在中国互联网界被验证行之有效的途径，但这一现状的弊端是，当强大资本或者竞争者的涌入时，语音直播平台也只能以同样的方式防御。资本通过对工会以及主播的调动催化内容，使语音直播行业时刻处于被复制、被超越的风险之中。

（二）流量见顶，流量转化率有待提升

1. 流量运营

中国互联网络信息中心（CNNIC）发布的第 45 次《中国互联网络发展

状况统计报告》显示，截至2020年3月，我国网民规模为9.04亿，互联网普及率达64.5%，互联网的流量红利已被挖掘殆尽。[①] 对于头部的语音直播平台来讲，流量获取变得越来越困难。头部平台一般的流量逻辑是通过内容生态以及主播的培养，逐渐在内容生态、玩法等方面建立领先优势，并借此形成对于流量的虹吸效应，但是随着语音直播市场的瓜分殆尽，流量虹吸效应所带来的新增效果正逐渐减弱，而此时，效果广告投放的成本也随之上升，新增用户成本的上升势必会影响到语音直播的用户增长以及未来发展。

根据易观2019年中国音频直播市场专题分析的数据，搭载了语音直播功能的平台在用户规模以及用户活跃度方面基本保持稳定，但很难将平台的用户规模与语音直播本身的用户规模等而视之。语音直播往往作为互联网音频平台的某一功能而出现，在流量获取之外，还存在语音直播与音频平台目标用户不符的情况，因此音频平台流量经过再次分流之后，语音直播获取流量将更加困难。

在流量的运营上，语音直播从音频本体上所带来的问题是，语音直播的内容依托于声音这一媒介展开，在前后内容的衔接上很难顾及新进听众的需求，这一部分用户很难在短时间内代入直播间的语境之中。据笔者考察，在情感谈话类的直播中，新进听众由于对直播间内粉丝关系、直播氛围、直播内容、直播进度的不了解，很难突破开播之后形成的壁垒，因此直播间内的流量转化率也是语音直播将要面临的问题。

2. 流量变现

变现是所有互联网产品都要面临的问题，对于直播来说，流量变现更是一个古老的话题。从2016年的直播元年开始，直播业在资本的推动下一副繁花锦簇的蓬勃气象，但直播行业往往面临流量变现的压力，语音直播亦然。直播打赏作为直播间流量最直接的变现方法，现在已经是所有语音直

---

① 央视财经：《CNNIC 发布第 45 次〈中国互联网络发展状况统计报告〉》，https：//baijiahao. baidu. com/s？id = 1665196230603105117。

播的标配功能，但是除了直播打赏之外，语音直播在流量变现方面表现不佳。

语音直播平台在深化流量变现的道路上，遇到的最大问题是很难将流量链继续深化。目前，虽然头部平台对语音直播进行了分类，但直播间的内容形式一般还是以情感倾诉、音乐表演和交友为主要的直播形式，用户很难在直播间繁杂的环境中沉浸于直播内容，而且主播一方面进行直播，另一方面又要维护直播间生态，二者很难兼顾，听众一般是听完即走，因此当前直播间的功能规划很难支撑流量深化变现的终极难题。反观喜马拉雅的其他音频产品，通过造节的流量运营方式，完成了内容付费模式的打造。同样以喜马拉雅的直播间为例，虚拟礼物打赏之外，夺宝、抽奖、等级等玩法依旧围绕直播间内容生态展开，集中体现在听众身份建设以及主播荣誉两方面，同时直播间的内容本身也不具备付费潜力，在向其他领域变现的尝试中尚未有新的突破。

四 语音直播平台的发展趋势

（一）他维竞争：顶级平台的冲击

纵观 2019 年中国语音直播行业的发展，最大的趋势是新的竞争者开始下场，经历"千播大战"的幸存者如喜马拉雅、荔枝、蜻蜓 FM 等公司开始面对来自互联网顶级平台的竞争，这些来自其他维度的跨行业竞争将为中国语音直播行业带来新的变数。从中国互联网产业大势上看，中国互联网的人口红利已经见顶，未来的互联网行业竞争将由增量竞争转为存量转化竞争，争夺流量并将流量转化最大化，可能是野蛮增长后互联网行业在精耕细作时将主要考虑的问题。

1. 顶级内容平台的竞争

在 2019 年，抖音、快手、网易云音乐等平台先后官宣布局语音直播业务，这些互联网平台出于完善自身内容生态的目的，试图利用语音直播的

"陪伴性"作为新玩法，承载流量变现、社交功能、电商增长等不同业务规划。其中，网易云音乐以音乐为核心开展语音直播业务，虽然在对用户的吸引上不如传统音频平台所提供的语音直播服务，但是对于网易云音乐来说，语音直播更多承担的是补足内容生态的战略目的，以社群优势为基础，网易云音乐巧妙结合了语音直播的方式进行音频生态建设，在充分满足用户的多样化产品需求的同时，为用户流量的持续留存和运营创造产品支持。根据易观的数据，在2019年搭载语音直播功能的App中，网易云音乐的月活用户实现了持续增长，并且月活数据远超其他音频平台如蜻蜓FM、荔枝等平台，庞大的用户基数为语音直播业务的发展提供了良好的推广条件，也代表着来自音频平台的竞争。①

以抖音、快手为代表的短视频平台所上马的语音直播项目中，可以明显看出，抖音有意借鉴了直播间聊天室的功能，其目的是让用户与主播、用户与用户可以通过直播间发展社交关系。字节跳动一直在布局社交产品，但是，抖音社交的痛点在于视频发布者与浏览者除了评论与私聊之外缺乏沟通路径，很难建立起私密的社交关系，并且抖音作为一个内容平台，对内容建设的倾斜也会忽略两个群体之间社交关系的产生。从这次抖音上线语音直播功能开始，可以很明显地感觉到字节跳动在有意地拓展抖音中的社交链，以语音直播拓展抖音创作者与浏览者之间的社交关系，打造更具黏性与忠诚度的内容生态。②

2. 顶级流量平台的竞争

以微信为代表的流量平台相继增加语音直播业务，语音直播行业开始面临另外一种维度的竞争。这些顶级的互联网社交平台不缺乏流量与资本，完全可以依托平台本身的流量以及资本快速复制语音直播相对单一的业务模式，并通过与公众号接驳，完成内容建设与用户导流，从而对语音直播行业

① 36氪：《大V也有了，直播也有了，音频行业为什么还是这么难》，https://36kr.com/p/1724311388161。
② 36氪：《变现、社交、电商，抖音都想通过语音直播实现》，https://mp.weixin.qq.com/s/SXM9XMOkrLQMR55CnGJqAg。

造成巨大竞争。这套竞争规则在之前中国互联网行业中已经被屡屡验证，但是对于语音直播行业来说，利好的一面来自语音直播行业的本性，消解孤独感的耳朵经济与视频直播的娱乐性不同，语音直播以陪伴性打造的情感维系与心灵慰藉为核心竞争力，成为互联网喧嚣世界中的一股清流，反娱乐化情感陪伴的属性决定了语音直播的用户一般相对小众并且具有相对较高的忠诚度，可能成为语音直播平台的潜在护城河。

但在与顶级流量平台的竞争中，语音直播平台所产生的隐忧是，会面临竞争中的无力感，或者很难有反制的措施。以微信为例，2019年微信月活用户达到11.5亿，倚靠如此大的流量池，2019年微信语音直播的上线，无疑将给音频平台的语音直播带来巨大的冲击。截至成文前，微信的语音直播尚在内测中，以邀请为主要的灰度测试方式，在进行测试时需要微信公众号作为账户主体进行注册，并且随后的管理也会通过公众号进行。微信的这一举措无疑是围绕着公众号的生态，以语音直播为手段，完成商业利益的转化。毕竟原来公众号也会通过外部的直播平台进行直播，微信开展直播业务的根本目的还是为直播带货与公众号变现服务，因此，可以预测到在公众号中，知识付费类、直播电商、情感咨询等类别的账号将会通过语音直播以更加多元与交互的方式，撬动更大的需求市场，并对音频平台的语音直播版块产生巨大冲击。

（二）内容生态：语音直播的关键

语音直播本质上是一种内容消费，因此面对来势汹汹的竞争，语音直播平台纷纷加码自身内容建设，试图以内容生态的建设为用户留存与转化的终极武器，以应对2020年语音直播行业复杂的竞争形势。

1. 内容管理与主播扶植

语音直播平台在2019年的主播培养上以公会为基层组织，通过对于公会的评定与扶持，完成了对于旗下主播的治理与引导，公会为主播提供了不具有硬性约束的平台，通过内容管理、直播推荐位、分成等服务对主播进行管理。当然，对于主播吸引力最大的莫过于对分成的调整。喜马拉雅在

2019 年通过"万人十亿"计划，向主播累计发出 16.34 亿现金分成。① 通过对主播的培养与利益分成，主播与内容的专业程度也在飞速提升。2019 年，喜马拉雅还通过对主播的培训和引导，完成了在内容形式上的突破。与此同时，荔枝与蜻蜓 FM 也在 2019 年推行了主播的培养以及扶持计划，蜻蜓 FM 推出了 3 年 10 亿元现金扶持的主播生态战略，以及"两出一入"的国际化战略，从源头上扶持直播的生态。②

建设内容生态，首先要管理好公会与主播，这也是 2019 年语音直播行业所取得的共识。作为主要的内容生产者，主播的管理体系以及科学程度影响着平台战略的贯彻以及平台内生态的建设。预计未来在相当长的一段时间内，语音直播平台都会将流量与资本向内容生产者倾斜，因为头部的平台也认识到，只有保持内容生态的健全以及领先，才能在未来的竞争中完成对于流量的获取以及商业模式的延续。

2. 内容拓展与形式创新

2019 年，喜马拉雅不仅是有声书领域无可争议的行业领先者，还通过"直播"与"录播"双播模式的创新举措，完成了在内容和形式上的创新。有声书主播做直播是喜马拉雅在对两种播出性质进行深入研究之后的创新之举，录播有利于控制内容质量，而直播具有更强的交互性，二者同属于音频内容，因此喜马拉雅大胆尝试有声书主播直播，或者以书中内容为由头，同听众进行直播互动。双播的好处在于一次生产两种内容形式，对于直播的主播来说，平台中直播内容的录音版成为直播间 24 小时的引流入口，对于录播播主来讲，试水直播这一新形式，也拓宽了他们的听众群体，并获得不菲的收益。

当内容建设成为差异化竞争路径之时，率先进行内容建设就可以在竞争中获取远超竞争对手的差异化优势。根据易观的数据，在用户的认知中，喜

① 艾媒网：《喜马拉雅主播数破千万 2019 年全年 16.34 亿现金分成扶持主播》，https://www.iimedia.cn/c1040/68144.html。

② 东方财富：《蜻蜓 FM 发布九大内容矩阵 投入 10 亿培育主播生态 网络音频平台重金"跑马圈地"》，http://finance.eastmoney.com/a/20181107979604863.html。

马拉雅音频直播认知度最高，其依托 UGC 与 PGC 为双轮的内容生产驱动，大量引进知名 IP，以品牌化的内容建设形成了对用户独一无二的吸引力，并在用户规模以及头部资源方面成为语音直播平台的领跑者。在内容的建设上，喜马拉雅基本上形成了内容生态健全、内容培训体系健全、内容细分和多元化、版权优势以及成熟的资源与流量倾斜五大优势，未来在直播平台竞争缺乏抓手的形势下，喜马拉雅的内容建设将使其持续保持领先地位。

从常规中谋求突围，在突围中凸显差异。经过前一阶段的积累和发展，语音直播已逐渐成为以"孤独经济"为主要商业理念，以"直播＋"为发展理念的声音传播形式。尽管语音直播行业充满了复杂性和多变性，可能会面对各种新领域、新媒介对语音直播形式的借用或冲击，也可能会面对目标用户从垂直小众到多元常态的众口难调。

2019 年，语音直播行业的发展依然更加理性和稳健，并且正在不断摸索出适应语音直播媒介特点的融合模式和变现思路。尽管就 2019 年度语音直播的发展现状来看，依然还存在内容竞争力和流量转化率不足等问题，但在总体上用户对语音直播的认知和使用情况都表现出明显的提升。此外，随着各类应用平台中语音直播功能的迅速植入，以及众多网红纷纷入驻，语音直播的形式和内容更加多样，在国家相关部门的指导下，多数平台加强了自身的内部监管，为今后语音直播的良性发展创造了利好的环境。在未来，语音直播还需要在做好内容、增强用户黏性的同时，突出自身特点，防范来自其他平台的流量冲击，努力维系好语音直播生态的可持续、差异化发展。

B.13
2019年国内网络音频节目内容付费研究

北京广播电视台广播发展研究中心 *

摘　要： 本文通过对网络音频节目内容付费的产业链中生产、传播、
消费三个环节的分析，研究 2019 年国内网络音频节目内容付
费发展现状。2019 年国内网络音频节目内容付费领域规模不
断壮大，产业链与运营模式日益清晰，用户的内容付费习惯
初步建立，内容付费已成为各大平台的重要盈利模式。结合
国外音频内容付费产业发展经验，提出服务我国网络音频节
目内容付费产业发展的策略建议。

关键词： 音频付费　产业生态　内容运营　平台运营　用户画像

一　国内音频付费的整体现状

2019 年国内网络音频节目内容付费领域规模日益壮大，产业链与运营
模式较为清晰，用户的内容付费习惯初步建立，内容付费已成为各大网络音

---

* 北京广播电视台广播发展研究中心成立于 2002 年，是国内首家广播前瞻性研究机构，拥有一
支高学历、年轻化、视野开阔、视角多元的研究员队伍。中心深入开展课题研究、数据分析、
节目创新、受众实验、实地调研等工作，出版有《北京广播发展研究文集》《广播新视点》
《赢在创意——广播节目创新样态与研究》等多部著作，以丰硕的研究成果为北京广播发展
提供科学依据和决策参考，同时与国内外广电行业、咨询调查培训机构和国内高校等展开广
泛合作。中心运营有微信公众号"V 传媒"，定期发布研究员的独家原创内容，与广播业界
同人分享最新研究成果。

频平台重要的盈利模式。

1. 产业规模：产业初具规模，前景向好

艾瑞咨询发布的《2020 年中国网络音频行业研究报告》显示，2019 年中国网络音频行业用户规模达 4.9 亿，市场规模为 175.8 亿元。随着音频市场的日渐成熟、音频节目内容类型的多元化和优质化、用户场景需求的多样化，用户付费已成为网络音频行业的主要商业模式之一。2019 年 12 月，喜马拉雅举办第四届"123 知识狂欢节"，消费总额高达 8.28 亿元，再创历史新高，其中《三体》广播剧一经上线，就有接近 20 万人订阅，播放量超过百万，位居全站新品热播榜首。

庞大的市场规模背后是新消费力量的崛起，用户的付费收听习惯已悄然养成。面对庞杂的信息，用户更愿意通过付费对信息进行筛选，为"高级的精神消费品"买单。随着网络音频平台持续推进精品策略与优质内容的不断产出，平台可提供给用户的收听选择也越来越多样，用户在为优质内容进行买单的同时也持续培养了付费习惯。艾瑞咨询报告[①]显示：从对网络音频用户付费情况的调研结果来看，付费用户占比超过七成，76.0% 的用户在音频平台有过付费行为，网络音频用户平均花费为 202.3 元，整体付费情况相对较好。

2. 产业生态：产业链条清晰，分布稳定

网络音频节目内容付费的产业链主要有生产、传播、消费三个环节：生产环节由版权方、平台、各类型主播组成；传播平台主要分为三大类，第一类是以喜马拉雅、蜻蜓 FM、荔枝 FM 为代表的综合类聚合平台，第二类是以懒人听书、酷我听书为代表的有声阅读平台，第三类是以得到、樊登读书、凯叔讲故事为代表的知识与垂直领域平台；消费环节是用户通过付费，获取高品质的内容。各个环节分工明确，产业链条较为清晰，产业生态基本成型。

3. 内容付费：初期盈利模式基本建立

我国网络音频平台的用户付费模式主要有两种，即订阅制和会员制。订阅制模式指用户针对某档节目全额付清所有费用，制作者和平台方进行分

---

① 指艾瑞咨询发布的《2020 年中国网络音频行业研究报告》。

成，用户需要一定时间等待作者更新优质内容。此种模式可以迅速回笼资金用于优质内容的创作，对制作者和平台方较为有利。对于用户来说则只能通过试听内容决定是否购买，更多依托于对制作者的信任，因此名人效应被放大，"知识明星" + "课程化内容"成为各大平台最需要争抢的资源。会员制模式是用户通过会员付费，在一段时间内享有某平台海量节目资源的收听权益及会员特殊权益，以使用时间长短为定价因素，例如周卡、月卡、年卡等，此种模式下平台方利用丰富的内容与上乘的品质来吸引用户付费，有利于加强用户对各类内容的探索，扩大接触面。

二 付费音频的内容运营情况

我国的网络音频付费内容类型多样，内容与生产关系多元化，用户更倾向于为高品质的版权与知识类内容付费。下面具体从内容分类、生产关系与传播效果三方面分析网络音频内容付费产品。

1. 内容分类：付费内容类型多样

目前，我国网络音频主要有音频节目（播客）、有声书（广播剧）、音频直播以及网络电台等形式。内容则涵括二次元、教育培训、健康养生、历史、旅游等多个方面。网络音频付费内容大致可分为四类。以喜马拉雅为例，可将音频内容分成如下四个梯队。

第一梯队：有声书。作为头部音频栏目，平台通过将独家版权内容 VIP化，来提高用户的忠诚度。有声书作为音频平台中一个较为庞大的内容品类，是网络音频平台内容付费收入贡献的主力军。[1] 喜马拉雅头部音频栏目播放数排行榜中，有声书占比接近一半。

第二梯队：知识领域的教育培训等栏目，以及儿童、人文、外语、相声评书等细分领域。这些栏目以传递知识为主，有 IP 或头部节目支撑，是知识付费的重要领域，通过打造 IP 节目、推出专属 App、运营专属公众号等

---

① 艾瑞咨询：《2020 年中国网络音频行业研究报告》。

方式，来培养用户的付费习惯与使用黏性，未来该领域有较大的用户需求与市场发展空间。

第三梯队：娱乐领域的音乐、情感生活等内容。这类栏目娱乐性较强，收听门槛较低，用户基数庞大，主要是满足普适性的大众内容消费需求，扩大平台的用户规模与活跃度。这一类型的栏目以免费节目为主，其中的部分音乐、情感生活等内容采用了付费化模式。

第四梯队：细分领域，如 IT 科技、二次元、广播剧、时尚生活、商业财经、影视、电台、健康养生、汽车、历史旅游、戏曲等栏目。这些内容亦可认为是长尾需求梯队，目前尚未成为内容付费主流，但在各自领域中均有一定规模的忠实粉丝用户，值得精心打造。

2. 生产关系：内容生产关系多元化

网络音频付费内容的生产主体及合作模式主要有以下三类。

第一，版权方 + 平台。从内容类型来看，有声书在整个音频内容付费中占比庞大。有声书的版权主要由网络文学版权和出版物版权构成，版权方主要是通过与各大平台合作开发，所有的平台共享版权资源，后期进行收入分成。音频平台会根据作品的题材、人气及作家等因素来选择各自想要开发的有声书版权内容，而版权方会根据有声书开发内容的点击率、完播率、付费情况等评估作品开发效果，这样从生产到反馈形成一个完整的合作开发闭环。

第二，平台 + 各类型主播。网络音频内容的最大来源依托于平台的主播，借助 PGC、PUGC 和 UGC 的模式来让主播进行各种音频内容的生产及制作。网络音频主播因其涉及的音频内容类型不同而分成各种领域的主播，主要有娱乐类、生活类等类型的主播，有专门进行有声书内容生产的主播，有知识付费领域的主播，也有专门进行音频直播的直播类主播等。此外，随着 AI 虚拟技术的不断发展以及成功运用到音频领域，虚拟语音主播开始崭露头角，为用户提供全新的音频收听体验。在这种合作模式下，主播数量的不断壮大及其类型的丰富化、智能化是平台不断提升自身竞争力的重要保证，主播持续生产优质内容则是夯实及提升平台核心吸引力的重要途径。

第三，电台 App + 主播制作。在这种模式下，传统广播电台自建音频平台，整合优质内容资源，对优质内容生产者进行统一运营和管理，利用电台优质主播资源形成内容生产的闭环。

3. 效果传播：为版权和知识付费

面对互联网平台的海量音频节目，用户需要精准对应需求，锁定内容。付费内容产品应遵循简化的产品逻辑，摒弃大而全，讲究"纵深垂直，精耕细作"。参考消息新媒体中心主任童晔在《资讯类机构媒体付费阅读的七点观察》中指出，财经股评、政商内参、技能培训、测评导购、小说连载五类内容具有内容变现的能力。① 企鹅智酷的负责人龙华兵认为，目前用户在个人成长（素质提升、专业技能、时间管理、名人榜样）、财富增值（投资、理财、房产、商业机会）、教育求学（母婴育儿、海外留学、学习方法）、健康养生（减肥、养生、健康饮食、大病保养/自救）四个领域付费意愿最强烈。②

中科网联数据科技有限公司 2019 年度对全国音频内容用户触媒与收听行为专项调查的数据显示，有付费习惯的用户收听内容中，排名靠前的以音乐类、休闲类、信息类内容为主：音乐的集中度最高，流行音乐和经典音乐分别占比 67.9% 和 40.2%；其次是信息类内容，新闻资讯、路况信息占比分别为 33.2% 与 20.2%；再次是娱乐类内容，脱口秀、幽默笑话、相声小品、吃喝玩乐，占比分别是 20.6%、12.2%、11.9%、11.7%。

中科网联数据科技有限公司调查数据显示，用户付费购买的节目内容与经常收听的内容存在一定的差异，付费内容更倾向于版权类和知识类，目的性更强，同时对于内容的品质要求相对更高。其中电影、电视剧、音乐占比最高，分别是 42.5%、36.5% 和 30.2%。少儿教育是知识类占比最高的内容，达到 8.3%；其次是技能培训和资格考试，分别占比 7.7% 和 5.9%。

---

① 李玥：《广播电台是否应该发展内容付费?》，V 传媒微信号，https://wap.jzwcom.com/jzw/05/18199.html。

② 李玥：《广播电台是否应该发展内容付费?》，V 传媒微信号，https://wap.jzwcom.com/jzw/05/18199.html。

三 音频付费平台的运营情况

网络音频平台主要提供网络音频内容及相关服务。由于音频内容和形式的多种多样，在经过多年的发展后，音频平台及服务在激烈的市场竞争中需要明确自己的市场定位和发展方向，由此促进了音频平台由同质化向细分化发展。从音频内容和业务发展方向角度，可将国内的音频平台主要分为以下三种类型。

第一类是综合性聚合平台，以喜马拉雅、蜻蜓FM、荔枝FM为代表，丰富的内容矩阵是这类音频平台的主要特点。综合性音频平台提供包括音频播客节目、付费内容、音频直播、网络电台、有声书等全类型音频内容或服务，具备大而全的特征。

第二类是有声阅读平台，以懒人听书、酷我听书为代表，专注为用户提供所需的书籍收听、付费节目以及有声数字交流等服务，其中有声书是重要的业务构成。

第三类是知识与垂直领域平台，以得到、樊登读书、凯叔讲故事为代表。这类平台的盈利模式主要是通过用户付费获取高品质内容。

（一）运营模式

网络音频行业内容生态建设持续推进，平台间竞争向差异化发展。运营模式主要包括三种，即以荔枝为代表的UGC音频社区模式，以喜马拉雅为代表的PUGC模式，以蜻蜓FM、懒人听书、得到、攀登读书、凯叔讲故事等为代表的PGC模式。

1. UGC模式：降低创作门槛，提升创新空间

UGC即"用户生产内容"，是以用户为中心的内容生产方式，特点是内容制作成本低、进入门槛低。最初的UGC模式存在内容质量参差不齐的缺点，但是随着平台不断扶持内容生产者，优化音频产品与互动形态，UGC音频社区的优势不断显现。UGC模式的代表荔枝FM对内容创作者推出多种

扶持政策，以吸引更多人进行音频内容创作，激励主播产出高质量内容，从而快速提升并巩固音频内容社区的影响力。2020年初，荔枝成功上市，正式成为"在线音频行业第一股"，在一定程度上代表了UGC模式被市场认可。海量音频创作者群体、海量原创播客内容、语音直播及互动模式是荔枝的特色，也是打通UGC变现模式的关键所在。

2. PUGC模式：孵化潜力主播，培育优质内容

PUGC即"专业用户生产内容"，是一种PGC＋UGC的模式，优质的UGC经过专业化扶持，产出接近PGC的专业内容，兼具UGC的个性化特征与PGC的精良制作。在喜马拉雅的培养体系中，PGC主播很多是科班出身专业电台主播，但是他们的致命弱点在于说话不够接地气，所以要教会他们怎么适应新媒体；反过来也要教那些不懂发声技巧的网络主播怎么提高专业制作水平，即帮助专业主持人网络化、新媒体化，帮助"草根"网络主播们提升专业度。通过平台扶持进行融合互补，使其各展所长，成为平台的发展助力。

3. PGC模式：打造头部精品，深耕垂直领域

PGC即"专业生产内容"，是以专业机构或团体为核心的定制化内容生产方式。特点是经过专业机构的组织和策划，内容精美，编排有序，总体而言内容更具价值和欣赏性。蜻蜓FM采取PGC模式，保证内容质量，使用户能够高效获得高质量的内容。数据显示，蜻蜓FM目前已经签约名人大咖、广播电视主持人、素人主播等10万名专业主播。

以得到、樊登读书、凯叔讲故事等为代表的知识与垂直领域平台也是PGC的典型代表。得到App聚集值得付费的稀缺知识，从而吸引用户付费。凯叔讲故事专注于中国儿童内容及生活服务领域，为0岁至12岁的孩子讲故事。

总之，网络音频行业以规模庞大的UGC为基础，加上通过培养孵化的方式培育出的PUGC中间层，构成了网络音频内容的中坚力量。PGC类的专业机构则位于"金字塔尖"，数量相对较少，但影响力较大，属于各自领域的舆论领袖，他们与平台合作生产定制化内容，获得最大利益。在未来的发

展中，网络音频内容的精品化与细分化必将成为各音频平台的共同发展策略。无论是UGC、PUGC还是PGC，都将迎来内容优质化的转型调整。

（二）盈利模式

中国网络音频行业经过多年的发展，整个行业运作趋于成熟，多种商业模式正在逐步深化建构。从目前发展来看，网络音频行业形成了以用户付费、用户打赏、广告营销及硬件销售等为主的商业模式，成为行业不断创新发展的坚定基石。其中，内容付费依托内容类型多元化和优质化得到深入发展，用户打赏依托音频直播模式成为平台新的收入来源，既是粉丝经济也是变相的用户为内容付费。活动营销模式、用户激励模式与硬件销售模式对内容付费起到了促进用户转化、吸引用户参与、嵌入用户生活的重要作用。

1. 会员订阅模式：优质内容铺垫，形成二元格局

内容付费包含一次性买断和会员两种模式。一次性买断即用户为优质内容进行单独付费，包括知识付费、娱乐内容付费、音频节目、有声书等，所获权益基本只包含对购买内容的享有权；会员模式则为用户通过购买音频平台会员的模式来享受一系列会员特权，包括享受平台海量优质内容、会员折扣、免广告、会员活动等各种专享特权。

经过多年的发展，网络音频平台积累了庞大的优质内容和巨大的用户流量，同时知识付费概念的兴起和一些现象级付费音频节目的出现，带动了音频用户付费习惯的培养。2016年以来，以喜马拉雅、蜻蜓FM以及懒人听书为代表的平台加大了对付费音频内容的推广力度，目前大家大力推广会员订阅的付费模式。音频平台通过对一次性买断和会员订阅模式的同步深化发展，有效推动网络音频付费模式走向成熟。音频用户付费模式所承载的内容类型越发多样化，知识类、娱乐类、生活类内容都可以支持音频平台付费模式的打造。付费内容类型的多元和模式的优化将推动用户付费的深化发展。

2017年，蜻蜓FM完成10亿元融资后，其总裁曾表示知识付费打开了移动音频行业的天花板。同年，喜马拉雅也表示，平台内容付费收入超过流量广告、社群、硬件三部分总和。自2018年4月会员系统上线，截至2019

年5月，喜马拉雅付费会员数量突破400万，1年内会员数增长了11倍，付费率增长了近8倍，月ARPU值达到58元。[①]

2. 充值打赏模式：语音直播兴起，渐成新增长点

在秀场直播、游戏直播、体育直播、电商直播等各种直播模式日渐成熟的当下，语音直播业务也得以快速发展，日渐成为音频平台新的重要增长点。音频平台的语音直播能够支持主播与听众之间进行实时的交流互动，从而使用户打赏的商业模式应运而生。平台用户除通过积累用户使用时长、每日签到等模式来获得免费打赏的礼物（免费打赏模式）外，还可以通过充值的方式购买平台中各种类型的打赏礼物、会员服务和提升自身排行榜名次（充值打赏模式），从而获得更多的权益、更优质的服务与自我满足感。其中，充值打赏模式在语音直播业务中取得了长足发展，为整个平台和主播都带来了较高的收益。

音频直播模式的实质是以音频为主的直播内容呈现。直播内容类型以音乐、生活、脱口秀等为主，赋能用户之间的社交与互动，并开创音频直播打赏模式，丰富音频平台收入来源。荔枝以直播互动、声音社交为亮点，平台的主要收入来自直播打赏。依托于内容的用户打赏既是粉丝经济也是变相的内容付费。

3. 活动营销模式：打造品牌活动，助力内容消费

网络音频平台为满足忠实用户的全方位需求，提升品牌知名度与用户活跃度，纷纷开启了"声音节""会员日""听书节"等造节模式，刺激内容消费升级。2019年5月18日，荔枝举办第二届"荔枝声音节"，为声音爱好者打造专属的声音狂欢嘉年华，将声音互动从线上延伸到线下。2019年6月6日，喜马拉雅举办第三届"66会员日"，为付费用户提供更为优质、标准的服务。2019年9月1日，蜻蜓FM举办第二届"9·1倾听日"，首次开启全场免费倾听活动，吸引了4000万用户参与，带来了1.9亿次收听量。

---

① 《喜马拉雅的音频生意，成就野心的不只是付费会员》，36氪官方账号，2019年6月26日，https：//baijiahao. baidu. com/s？id=1637378078833785709&wfr=spider&for=pc。

4. 用户激励模式：建立奖励机制，密切用户联系

"得到"的核心商业模式是知识付费变现，而为了激励用户持续地学习知识，"得到"建立了完善的用户激励体系，比如老师资源（与老师线下见面会、老师直播、老师的签名周报等）、知识资源（音频、电子书、视频、实物图书等）、"罗辑思维"互联网知识社群、"罗辑思维"/"得到"周边产品、跨年演讲等线下活动、"得到"定制礼品等。其中最具特色的激励手段是"勋章"和"学分"。

从勋章类型来看，"升级勋章"结合用户价值成长路径设定，从学习时间、消费金额、学习计划、笔记、电子书、分享行为等方面激励尝试性及持续性学习行为；"特别成就勋章"是针对特定节点与特定时间一次性发放，具有稀缺性和节点性特点，提升特定场景下的用户参与度。"学分"体系由原"积分"体系发展而来，基于每位用户在"得到"的学习行为数据来评分，用来衡量学习热情和努力程度。"学分"体系和"勋章"体系的激励方式基本一致，不过后期"学分"会更加侧重体现专属权益，有明显的等级差异。

5. 硬件销售模式：布局智能硬件，发展生活场景

硬件生态由传统的移动收听设备和不断发展的场景化收听设备构成，硬件与平台的结合能让音频内容的场景化播放零障碍。各大音频平台不断推出了多款 AI 音响，并积极参与多个汽车品牌的车联网与车载智能设备的开发，向互联网电视、智能家居领域拓展。

喜马拉雅陆续推出小雅 AI 音箱、小雅 Nano、小布儿童音箱等多款自有智能音箱产品，以发挥和扩大音频平台自身的内容优势。2019 年 1 月，蜻蜓 FM 进行全场景生态 1.0 布局，以平台的音频内容为红线，串起华为、小米、OPPO、vivo、今日头条等移动互联网合作方，智能音箱、互联网电视及 OTT、智能家居、可穿戴设备等物联网及车联网终端，截止到 2019 年 7 月，已内置智能家居及可穿戴设备 3700 万台，汽车 800 万辆。[1]

---

[1] 四毛：《喜马拉雅音频内容分析》，"不二的运营笔记"微信公众号，2019 年 9 月 10 日，https://mp.weixin.qq.com/s/7A_skpwkDeJRvlNmIm0rLQ。

四 音频付费用户的基本特征

中科网联数据科技有限公司 2019 年度对全国音频内容用户触媒与收听行为专项调查的数据显示，内容付费用户定位于中青年、高学历、中高收入群体，具有较好的经济与文化基础，付费的目的是获得优质内容。

1. 人群：音频内容付费用户较优质

中青年、高学历、中高收入人群是音频内容付费的中坚力量。从用户年龄结构来看 15～44 岁的"80 后""90 后""00 后"用户占比之和超过八成，是付费用户的主要群体，其中 15～24 岁用户占比 29.1%，25～34 岁用户占比 30%，35～44 岁用户占比 21.9%。付费用户年龄结构明显低于未付费用户，呈现明显的年轻化特点，其中 15～34 岁的付费用户占比达到59.1%，远高于未付费用户的 38.2%；从用户受教育程度来看，大专、本科以上学历占比超过六成，较未付费用户高出近 11 个百分点；从用户收入水平来看，月收入 4000 元以上的中高收入用户中，付费用户占比达到69.8%，远高于未付费用户的 61%，凸显付费用户的高品质特点。

高学历、中高收入的"80 后""90 后"群体是典型的付费用户群体，他们拥有较为稳定的收入，良好的教育背景和职业发展前景，较强的消费欲望与较高的消费水平。从意愿层面来说，"80 后""90 后"群体习惯了用互联网去完成娱乐、社交、学习、消费等一系列事情，对内容消费的意愿更强，尊重并愿意为优质内容付费；从需求层面来说，"80 后""90 后"群体有自身发展诉求，追求更好的职业发展与更高的薪酬，需要不断吸取新知识，学习新技能，通过互联网知识产品进行快速充电是这一群体的重要诉求。

2. 目的：节约时间为优质内容付费

互联网的开放性让各类 UGC 内容充斥其中，鱼龙混杂，在内容海量化的同时，也出现优质的高价值内容稀缺的问题，进而催生了用户付费的意愿，并使其逐渐养成付费习惯，通过付费，快速、精准获取优质内容。受访用户中，超过四成的用户表示愿意付费，其中有三成用户有过付费经历；用户整体付费金额相对偏低，月付费金额集中在5~20元，其中5~10元/月占比9.5%，11~15元/月占比6.3%，16~20元/月占比5.8%，月付费超100元以上的用户仅占0.6%。音频付费市场已经积攒了大量的用户资源，但平均消费支出并不高，未来依然有广阔的市场空间，需要提升音频内容的品质，一方面进一步扩大用户群体，另一方面提升平均消费水平，以此扩大付费市场的整体规模。

付费原因方面，主要集中在获得独享内容和获得高品质内容，分别占比35.5%和32.0%，用金钱换时间是付费用户的主要动机，面对庞杂的信息，用户通过付费来进行优质内容的筛选。除此之外，获得愉悦享受也是用户付费的主要原因之一，占比24.7%，除了高品质的内容，不带实用意义的精神愉悦也是用户付费的主要动力。获得会员福利和权益占比20.7%，免广告、优惠折扣、免费资源等会员特权也是付费用户的刚性需求。

3. 时长：契合不同场景，40分钟是极限

根据对付费用户的数据分析，付费用户的收听场景集中在上下班路上、睡前和午休的碎片时间，其中上下班路上（开车/坐车、公共交通）占比高达55.2%，成为付费用户的主要收听场景；其次是睡前和午休，分别占比33.3%和27.4%；再次是居家休闲、学习工作间歇、早晨起床后和做家务时，音频收听已深度融入用户的生活，填补解放双眼的碎片化时间。

付费用户的收听时长集中在30分钟左右，20~30分钟的碎片时间是目前付费用户的主要收听时间，占比32.9%；30~40分钟占比19.8%；10~20分钟占比12.9%。整体而言，40分钟是音频节目的极限，这和上下班、睡前和午休的碎片时间长度基本吻合。因此，每期音频节目尽量保持在40分钟以内，是比较适合的节目时长。

4. 要点：黄金1分钟决定用户的去留

数据显示，超过五成用户表示能否在1分钟以内被吸引，决定了节目是否被听下去，甚至有23.1%的听众在30秒内就会决定是否继续听下去。音频节目开头的黄金1分钟很关键，决定着五成用户的去留，"开局"是否顺利，是优质内容吸引付费用户的关键。

五 国外网络音频产业的发展概况

（一）产业规模：稳步增长步入主流

以美国为例，根据 Edison Research 和 Triton Digital 每年定期举行的 The Infinite Dial 调查，随着移动互联网的快速发展，美国网络音频的触达率与影响力稳步提升，2019 年在 12 岁以上的美国人中，有 67% 的人（约 1.92 亿）每月收听网络音频（Online Audio），较五年前提升了 20 个百分点，增幅达到 42.5%。这既包括在网上收听传统 AM/FM 电台的节目，也包括收听只在网络播出的播客。网络音频市场知名度较高的平台包括：Pandora、iHeartRadio、Spotify、Apple music 和 Amazon Music。从 2019 年起，全美收听过播客的人数已经过半（达到 51%），这是国外学界认为播客将成为"未来的主流媒体"的标志性数据。2019 年，每月收听播客的人群占全美 12 岁以上人口的 37%（约 1.04 亿），比上一年增长了 16%，男女比例大致相当（分别为 51% 和 49%）。

若根据生产、传播、消费三个链条来分析国外网络音频行业，和国内差异较大的地方是：在内容生产环节的百花齐放中，并没有"有声书"这个强势品类；在内容生产者的构成中，PUGC 要比国内的更加专业和多元，除传统媒介品牌之外（不仅是广播，也包括平媒、图书、动漫、电影等），还出现了专门制作播客的商业公司，以及具备强大影响力的"明星制作者"。传播环节既有音频聚合平台，也有细分领域平台，但和国内不同的是涌现了众多市场份额极小的音频平台（总体占不到 1% 的份额），构成了长尾市场中的"尾巴"。

（二）产业生态：长尾市场百花齐放

国外播客市场的主体大致分为三方：生产者、平台方、消费者。生产者包括五类：媒体机构、播客公司、非媒体机构、非营利机构、独立制作者

（又分为具备强大影响力的名人制作者和任何个人制作者），其中前两类是所谓的"头部"。以美国地区2020年3~4月的播客下载排行为例，可以看到前30名的播客集中在7家生产商中，其中NPR占据了绝对优势（有14个播客上榜），除新闻类播客外，其余播客的更新期数并不多（最少的即为周更，每周1期），并且排名相对稳定。

另外，与国内对蜻蜓、喜马拉雅等音频平台的理解不同，国外播客的平台方又分承载（Host）和分发（Distribute）两个过程，为播客提供上传服务的有很多家网站（如Soundcloud、Podbean、Acast等），各家的使用体验和数据采集各不相同，甚至生产者也可以自建网站来上传播客，上传后产生RSS文件被渠道商抓取，从而分发到世界各地的受众耳中，如我们所熟知的Apple、Spotify、Pandora和Google Play等，这些做分发的平台方在播客市场拥有巨大的话语权。而这些平台正越来越多的通过注资、收购的方式来追逐优质内容，例如Spotify自2019年起，斥亿元巨资陆续收购了Gimlet Media、Anchor、Parcast、体育类播客网络The Ringer，以买断内容的方式来增强市场影响力。目前，Spotify在Apple之后，排名第二。但有分析指出，Apple和Spotify是像以往那样允许生产者自由制作内容，还是会收紧控制、由平台来充当内容的"把关人"（甚至实行牌照制），将会影响未来几年播客市场的整体发展。由于播客市场整体上是"制播分离"的状态，未来在整个播客市场中只占1%的众多小平台，以及可能携带巨量资金和IP入局的新平台（例如好莱坞的制作公司、索尼这样的顶级音乐厂牌等），未来都可能对目前已有的市场格局造成影响。

（三）内容模式：老咖新手各有高招

从生产者的属性区分，国外的网络音频可大体看作两类：品牌延伸类和新创品牌类，这种区分可以帮助我们去更好地理解音频内容。一些内容是前者擅长做、性价比高也易受到欢迎的类型，而后者不是不能做，只是制作这些内容的综合收益没有前者高；而新创品牌类的一些爆款产品，也并非刚入局的新手，也可能跟前者有千丝万缕的联系（比如很多叙事类播客的生产

者来自传统媒体）。品牌延伸类的生产者不仅仅包括音视频媒体，像报纸品牌、杂志/图书品牌甚至漫画品牌、电影品牌，都在利用播客来延伸它的影响力。

从内容区分，国外的网络音频可大体分为以下几类。

第一，新闻类。生产者大多为新闻媒体（包括电视和广播），内容多为综合新闻（也有科技、体育等垂直领域），更新频率高（日更或每日多更），节目时长短。这种类型的好处是延伸了媒体既有的生产力，劣势是不利于二次传播和数据积累（受众很少去听过期的新闻）。

第二，议题类。议题类和新闻类既有联系又有区别，能成为议题的一定是和当下生活紧密联系的内容（即"新"闻），但它又能容纳一些"旧"闻。议题类播客只聚焦特定的内容，并且"存活"的长短跟议题紧密相关。例如 BBC 出品的"Brexitcast"（跟英国脱欧相关的播客），根据舆情的"喧闹程度"不定期播出，等英国退欧完毕即停播。

第三，采访类。播客中的典型类型，既可以是独立节目和独立品牌，也可以是其他产品的边角料（例如文字记者的采访录音，截取与正文不太相关但足够有料的内容放进播客）。

第四，辅助类。这一类型多为"品牌延伸类"的生产者所用，并不仅指对原始品牌的重复使用（对比新闻类播客而言），而更像是对品牌媒资的综合利用。例如，辅助类播客可以是针对主持人的 Q&A 环节，可以是依托热播剧集《黑镜》的心理健康节目，也可以是利用 50 年前的报纸给家庭主妇传授生活知识的 Pass It On（由 the Sunday post 出品）。

第五，叙事类。作为国外播客中的"重型武器"，很多"爆款"和获得严肃大奖（如皮博迪）的播客都是这一类型，也是新创品牌类的生产者很喜欢的类型，因为优秀内容本身就具有旺盛的品牌生命力。甚至从发展历史来看，正是叙事类音频（"Serial"，2014）的横空出世把"播客"这个概念带回了国外市场。叙事类播客又分为"虚构"和"非虚构"，后者是新闻类生产者的看家领域。

第六，综合类。以上多种类型的混合型播客。

（四）盈利模式：内容付费方式多样

2019年，播客广告市场在全球范围内的价值可能只有6.5亿美元，但这个数字未来逐年递增，预计到2022年将达到16亿美元。在这一市场中，虽然目前广告是略占主导地位的盈利方式，但还有多种多样的用户付费型的盈利方式，并被评论界看好，认为是推动播客未来发展的重要因素之一。在这种情况下，包括制作者、新平台、数据公司都在探索更多元的盈利模式，而用户付费是目前最重要的模式之一。

1. 用户为优质内容付费

包括"打赏"和"捐赠"两种模式。一些播客的独立制作者常采取众筹订阅的盈利模式，操作方式是允许订阅者自定金额对播客进行"打赏"，而作为回报，制作者可以向订阅者发送独家内容，这又类似于国内视频网站的"会员专享"。而"捐赠"的行为虽然看上去和"打赏"类似，但在国外特定的文化和税收制度下又有不同的含义。例如，一些播客制作者是非营利机构，那对用户来说，"捐赠"自己喜爱的播客将带来个税的减免，而依附于音频平台的"打赏"则没有这种好处。根据Andreessen Horowitz的报告，NPR的公共广播（Public radio）收入的1/3都来自个人捐赠。

在这两种模式下，用户所看重的是内容本身，一旦内容质量下降，或者更新频率不稳定，音频制作者的收入也将相应减少。

2. 粉丝为情感需求付费

这其实就是"粉丝经济"的模式，目前主要包括"线下收费"和"贩卖周边"两种类型。"线下收费"的方式更适合已成名的播客，利用线下活动收取门票的方式来盈利。例如播客Recode Decode定期举办线下活动，主持人Kara Swisher的一次现场访谈能卖到40美元一张门票，而后者又能成为音频节目的一部分，从而做到"一鱼多吃"。"贩卖周边"的盈利方式其实适用于所有的文化产品，播客也不例外，从印有LOGO的马克杯、T恤到海报、徽章，也就是"一切皆可卖"。

这种模式与"为内容付费"的区别在于，用户付出真金白银的动力是

满足自身的情感需求，而和音频内容关联不大，类似于粉丝的"应援"行为。在国外的网络音频制作者中，具有强大影响力的"明星制作者"会被单独列为一类，就是因为他们的运作方式、盈利模式和其余类型不太一样。例如，即便音频内容不能稳定地产出，如果有优质的周边产品"投喂"粉丝，也能继续获得收入，这是依靠内容盈利的制作者望尘莫及的。

六　网络付费音频的发展策略

网络音频付费产业的核心竞争力体现在内容层面的竞争，音频平台只有充分挖掘自身优势，打造不同领域的多个类型优质节目内容，才能满足音频用户多元化的细分内容需求。在主播培育层面，通过各种主播扶持计划、播客学院、主播大赛等方式，为主播提供平台资源，更好地推动平台主播的成长和发展。此外，音频平台不断完善和丰富内容版权积累，在形成自身内容版权优势的同时也能有效规避版权侵权层面的风险。从技术层面来看，充分利用语音合成技术，不断优化语音合成的自然性与个性化，从而为整个音频内容的生产有效赋能。一个市场有诸多的参与者，只有每一个环节都为整体出一份力，网络音频市场才能步入良性循环，并实现迅速增长。

1. 内容：深挖细分领域，选择适合平台

国外以传统媒体为代表的内容生产者将网络音频内容付费作为延伸自我品牌的最佳媒介。正是优质生产者的参与让国外网络音频市场变得异彩纷呈，也奠定了整个市场发展的潜力。经过多年的发展，虽然内容领域已形成头部品牌，但是依然有源源不断的新鲜血液涌入。面对互联网平台的海量音频，用户需要精准对应需求锁定内容。付费内容产品应遵循简化的产品逻辑，摒弃大而全，讲究"纵深垂直，精耕细作"。

在垂直细分领域内容的开发上要用精益创业理念探索颠覆性创新。具体过程可简单概括为"开发""测量""认知"，具体来说就是开发最小化实验性产品（Minimum viable product，MVP），不断测试用户需求并迭代，在这个过程中建立可持续的商业模式。精益创业的精髓是"小步快跑"，力争将反馈的循环总时间减到最短。虽然精益创业起源于软件开发企业，但其背后的"用户验证"理念也适用于音频内容付费产业。最终经过市场检验存活的产品将吸引新用户付费订阅，发展出新的收益增长点。

在生产内容的过程中，要选择适宜的传播平台。网络音频包括承载（Host）和分发（Distribute）两个层面，对内容方来说，选择前者依据服务，选择后者依据流量，但对这个长尾市场来说，未必"流量为王""多即是好"，那些"小而美"的内容应探索新平台与新渠道，尽快摸清平台与渠道规则，找到最适合自己的受众、圈层、推荐算法、分成模式，让平台和内容相互成就。

2. 平台：培育优质内容，嵌入生活场景

我国音频内容付费平台下一步应加强内容精细化运营，多渠道拓展用户群体覆盖面，具体可做到以下四点：第一，精耕头部内容。持续打造头部优质内容，培育大咖主播，提升影响力的同时形成明显的市场竞争优势。第二，深挖垂直领域。挖掘垂直领域的特色音频主播，加强对音频市场垂直内容的投入，拓展内容细分品类，满足用户千人千面的收听需求。第三，精细化运营。运用大数据等技术挖掘音频价值链中的交互行为，在迭代产品的同时进行个性化精细运营。第四，多渠道推广。拓展多维度内容分发渠道，根据不同生态特性来匹配相应内容，提高内容触达效率，从而不断扩大用户覆盖面。

付费用户的收听场景集中在上下班路上、睡前和午休的碎片时间，其中上下班路上占比高达55.2%，成为付费用户的主要收听场景；其次是睡前和午休，二者分别占比33.3%和27.4%；再次是居家休闲、学习工作间歇、早晨起床后和做家务时，音频收听已深度融入用户的生活，填补解放双眼的碎片化时间。承载付费内容的平台应"嵌入"更多用户生活场景，充分与"车载"和"居家"两类硬件厂商合作，让优质的付费内容进入用户生活，将内容付费服务与智能硬件绑定。

3. 转化：建立付费计划，培育潜在用户

从本质上讲，在用户付费计划的整体框架下，媒体与用户之间建立的是一种有偿契约关系，双方都需要履行义务，并将获得相应的回报。付费计划

分三步引导用户付费：第一，研究和吸引用户；第二，深化受众参与；第三，转化潜在用户。引导用户付费的流程是用户付费战略的体现，本质是"研究用户—吸引用户—深化受众参与—转化用户—巩固用户"。我国的内容付费模式以会员制与订阅制为主，订阅的用户付费计划侧重于单个产品的运营，会员的付费计划是平台层面对整体产品的运营。

在研究和吸引用户上，平台或产品一方面需要对既有用户的需求、偏好和媒体消费习惯进行深入调研，了解用户真正希望从产品中获取怎样的信息和使用体验，并根据用户需求进行可行性验证。充分的前期用户调研有利于平台或产品在制订用户付费计划时真正做到"以人为本"，为后续吸引用户和深化受众参与奠定基础。另一方面，需要借助社交媒体和线下活动等方式向更多的人展示内容，发展潜在用户。平台或产品可以与社交媒体和搜索引擎等强流量平台建立合作伙伴关系，增加曝光，提高知名度。

在深化用户参与方面，平台可以采取内容互动、活动、优化产品设计等方式加深与用户之间的联系，有以下三种途径：第一，增强平台或产品与用户之间的交流，扩大交流的广度，提升交流的深度；第二，举办活动，向忠实用户提供定制化福利与暖心服务，增强用户黏性；第三，建立即时推送渠道，不仅为用户推送最新的内容，更要积极地向用户寻求反馈。加强平台数据分析能力，通过大数据深入研究用户在平台上的使用轨迹，研究其行为偏好与内容消费特点，优化内容与界面设计，完善推送功能。当匿名用户转化为注册用户，免费用户转化为付费用户时，就标志着其愿意向平台提供支持。对于平台来说，不要害怕向用户寻求反馈支持，但是要以有价值的方式来回馈用户支持并加强对用户的运营，为用户提供更好的、更个性化、更具价值的内容与服务，用心经营用户。

在转化潜在用户方面，要以用户为导向随时进行调整。当忠实用户累积到一定程度时，要以意愿咨询或优惠活动的方式对用户进行转化与区分，以"造节模式"转化用户或刺激内容消费升级。建立奖励机制，密切用户联系，定期向付费用户提供增值服务表达感谢和赞赏，征求他们对于平台或产品的意见和建议，吸纳其参与平台的建设与优化升级。

4. 提升：开发粉丝经济，提升社群价值

国外的用户付费体系里有会员、订阅、捐赠、打赏四种模式。而我国的内容付费模式以前两者为主。捐赠是指用户为了支持与媒体之间的共同事业或共同价值观而自愿对媒体进行物质赠予，打赏在某种程度上来说是捐赠的变体。目前，我国语音直播业务日渐成为音频平台新的重要增长点。音频平台的语音直播能够支持主播与听众之间进行实时的交流互动，从而自然产生用户打赏的商业模式。上述四种模式与粉丝经济联系紧密。

在付费用户运营过程中，通过对粉丝经济的升级，以内容付费产品为基础建立粉丝社群，通过内容输出与互动，增强用户之间的情感联系。亚当·斯密认为理性而开明的利己主义是人性中最强大的力量，运营者要引导用户为了获得关注与荣誉不断为社群创造价值，进而增强用户对品牌的认同感与归属感。高质量的活跃社群是网络音频内容付费升级的基础，社群与宗教有相似之处，"领袖"用价值观、信仰将用户聚合在一起，"信众"以付费供养，通过注意力与主动传播回报"领袖"。"领袖"可以随时将注意力变现，以直接交叉补贴与免费加收费的方式将社群进行变现。例如：2019年喜马拉雅内容付费会员策略向"年轻化和娱乐化"发展，选择易烊千玺成为首位代言人，推出了含2年VIP会员的独家纪念礼盒，借助偶像人气，实现了用户转化与会员增长，探索了音频内容付费的粉丝经济模式。

B.14
2019年网络音频节目的内容收听
偏好与用户收听习惯

沈蕙质*

摘　要：　目前，国内网络音频平台呈现以喜马拉雅、蜻蜓FM与荔枝
　　　　　等为代表的头部平台垄断竞争趋势，流量增长逐渐逼近天花
　　　　　板，用户深度运营与促活成为平台进一步发展的关键所在，
　　　　　用户的深度研究越来越重要。本文从网络音频节目用户画像、
　　　　　收听行为习惯与内容消费偏好入手，全面解析网络音频用户，
　　　　　并对三大音频平台的用户轮廓结构与内容消费特点进行了分
　　　　　析，为网络音频行业与平台的深入发展与深度运营提供关键
　　　　　性数据支持与观点参考。

关键词：　网络音频节目　网络音频平台　用户画像　收听习惯　内容
　　　　　偏好

网络音频节目①自2004~2005年播客进入中国之后，在十几年的发展过程中，从水土不服，到不温不火，再到逐渐占有一席之地，成为大家重要的休闲消费内容，中间起伏波动，发展较为艰辛。前期受到国内互联网用户

　＊　沈蕙质，中科网联数据科技有限公司研究经理。
　①　本节中的"网络音频节目"指通过互联网传播的、有一定的知识性或娱乐性内容的纯声音类节目，以喜马拉雅、蜻蜓FM、荔枝等综合性音频平台内容为主，不含数字音乐。

没有养成音频收听习惯，以及版权保护缺失等因素的影响，只能在小范围内传播，流量严重不足，发展相对缓慢，生存困难。

2010年以来，随着智能手机的逐渐普及、移动互联网的加速发展与全场景触媒时代的到来，网络音频市场不断扩大，以2011年蜻蜓FM创立、2012年喜马拉雅创立为代表，国内市场上涌现出众多网络音频平台，大量广播电台节目与自媒体音频节目上线播出，有声书市场成长壮大，付费音频节目与会员付费订阅模式出现，平台推出主播培养计划与巨额补贴政策，以智能音箱/手表/车载/家居等为代表的全场景智能硬件的推出与融合，使平台音频内容极为丰富，优质音频节目持续推出，收听体验感进一步增强，大家逐渐养成了使用智能手机与智能设备收听网络音频节目的习惯，促进音频传媒产业逐步走上快车道。

一　全国网络音频节目用户画像

艾媒咨询《艾媒报告 | 2019～2020年中国在线音频专题研究报告》显示，2019年在线音频行业用户规模为4.89亿，预计2020年用户规模将达到5.42亿。[1] 随着网络音频用户规模的不断扩大，增速持续下滑，网络音频行业逐步进入流量瓶颈期，大家越来越重视对现有用户的运营管理，重视对用户的研究分析，提升用户黏性与活跃度。

（一）年轻女性听众偏多，"80后""90后"是收听主力

1. 性别分布均衡，女性更喜欢收听网络音频节目

中科网联数据科技有限公司调查数据显示，[2] 2019年，网络音频节目男

---

① 全国在线音频行业用户规模数据来自《艾媒咨询：2019～2020年中国在线音频专题研究报》https：//www.sohu.com/a/360751085_533924？scm = 1002.44003c.fe01b4.PC_ ARTICLE_ REC。

② 本文中用户画像、收听习惯与内容偏好等数据，如无特别标注，均来自2019年度中科网联数据科技有限公司全国音频用户专项调查，样本量6684个。

性用户占比为48.1%，女性用户占比为51.9%，呈现女多男少的分布态势，与广播节目听众存在明显的性别结构差异。网络音频节目作为移动智能端伴随收听和碎片化收听的音频节目，在情绪上相对更为舒缓，内容的娱乐性相对较强，对女性用户的吸引力更为突出。

2. 以"80后""90后"青年为主，兼具年轻化与成熟化

网络音频节目用户以青年人群为主，用户年龄集中在15～44岁，其中15～24岁、25～34岁和35～44岁用户占比均超过20%，合计达到72%，比广播节目听众占比高出10.8个百分点，具有明显的年轻化特点；与网民年龄结构比较，网络音频节目用户年龄集中在20～39岁，占比达到59.1%，其中20～29岁与30～39岁用户占比分别为30.8%与28.3%，二者合计比网民高出16.8个百分点，10～19岁用户占比较网民低9.4个百分点[①]，网络音频节目用户比网民更为成熟。整体而言，网络音频节目用户年龄处于网民与广播节目听众之间，兼具网民的年轻化与广播听众的成熟化优势，具有独特的商业价值。

年轻的"80后"与"90后"是网络音频节目的忠实用户，他们大多是移动互联网的"原住民"，伴随着智能手机的普及，对于移动互联网与各种App应用有着相当程度的依赖。他们初进职场，面临较大的工作压力，生活节奏较快，对于碎片化的娱乐休闲与知识充电有着强烈的需求，促进了网络音频市场的发展；除此之外，还有17.2%的"70后"用户在收听网络音频节目，他们大多对于文化、商业类节目有着较高的兴趣度，促进了网络音频节目内容品类的多元化发展。听众的年轻化与成熟化给网络音频行业的发展带来了更为广阔的发展空间与成长潜力，使网络音频平台具有更高的商业价值与含金量。

（二）中高学历用户、中基层员工更青睐网络音频

网络音频节目用户教育程度以中高学历为主，大专/本科及以上学历听

---

① 全国网民结构数据来自中国互联网络信息中心2020年4月发布的第45次《中国互联网络发展状况统计报告》，下同，http://cnnic.cn/hlwfzyj/hlwxzbg/hlwtjbg/202004/P020200428399188064169.pdf。

众占比达到 63.1%，较音频市场整体高出 6.1 个百分点，是网民的 3.2 倍，网络音频节目用户教育背景优势较为明显。相对而言，音频节目由于单一的听觉享受，不如视频节目具有直观可见、表现形式丰富的特点，对用户提出了更高的要求。受过高等教育的用户更有可能不满足于视频的浅接触，而追求音频的深度感触、想象空间、心理抚慰与伴随消遣。

工作层级方面，网络音频节目用户以企业中基层员工为主，基层员工占比最高，达到 43.5%，其次是中级管理层，二者占比合计超过七成，是收听主力。与广播节目听众相比，网络音频节目用户基层员工更多，这与其年轻化直接相关。他们收听音频节目一方面是娱乐消遣、缓解压力的需要，另一方面是充实自我、提升知识技能的需要。特别是在付费音频时代，面向职场中基层员工的教育培训与知识性节目为大家提供了直接可以拿来用的实用操作技能，以及职业发展、文化快消费知识，通过"贩卖焦虑"激发了年轻的职场新兵与晋升困难的职场中层的核心诉求，使他们对网络音频节目情有独钟。

（三）中等收入居多，热衷网购，看重品牌与外观

1. 用户以中等收入为主，家境较为殷实

中科网联数据科技有限公司调查数据显示，网络音频节目用户个人月收入以中等收入为主，集中在 3000 ~ 6000 元，占比达到 51.2%，8000 元及以上的高收入用户占比为 18.1%，他们对网络音频节目也具有较强的收听兴趣。用户整体收入水平低于广播节目听众，但高于网民。

网络音频节目用户的家庭月收入相对较高，48.8% 的用户家庭月收入超过 10000 元，其中 16.6% 的用户家庭月收入超过 20000 元，略高于音频市场整体水平。良好的家庭收入背景将进一步拉升年轻的"80后"与"90后"用户的消费水平，提升其商业价值。

2. 网络购物成为主流，更看重品牌与外观设计

消费购物方面，网络购物是网络音频节目用户消费购物的首选方式，82.6% 的网络音频节目用户通过网络进行消费购物，远超去实体店/店铺里消

费购物（占比为71.8%）。其中，手机网上购物是用户网购的第一选择，占比达到81.3%，电脑网上购物也是重要的网购方式，占比为38.7%，占比均超过音频市场整体水平。为了打造生态闭环，提升经营业绩，延展生态产业链，各大网络音频平台纷纷打造网上商城，契合了网络音频节目用户的购物方式。

网购平台方面，淘宝、京东与天猫是网络音频节目用户网购的三大主力平台，其中淘宝优势明显，选择比例达到76%，京东与天猫选择比例均超过50%，网络音频节目用户较音频听众更多地使用淘宝与京东进行网购。其他平台方面，美团、拼多多、苏宁易购的使用比例也相对较高，位居前列。网络音频平台自建网上商城，虽然依托巨大的用户流量具有一定的发展机会，但是也面临改变用户消费购物习惯的困难与风险，需要通过创新凝聚用户。

对于网络音频节目用户而言，品牌是网购最关注的要点，44.9%的用户最看重产品品牌；其次才是品质、价格、外观和健康自然等方面。与音频市场整体水平相比，网络音频节目用户更为看重品牌和外观设计，分别高出5.47个与2.05个百分点。他们对品牌与外观设计的高关注度会在一定程度上影响网络音频平台对于IP内容打造与名人/大V的合作策略，也会影响网络音频平台的营销推广策略与广告主的招商策略。

（四）喜马拉雅、蜻蜓FM与荔枝用户画像对比

经过多年的竞争发展，国内综合性网络音频市场目前已基本形成喜马拉雅、蜻蜓FM与荔枝三强争霸的稳定竞争格局，三大平台均保持着千万级别以上的月活量。[①] 网络音频行业竞争集中度逐步增强，众多PGC、UGC与PUGC依附各平台生存与发展。

1. 女性更为偏爱，喜马拉雅听众更成熟，荔枝偏年轻

三大网络音频平台基本呈现女多男少的结构分布，女性占比达到53.2%。喜马拉雅女性占比略低，为52%，综合性网络音频平台更受女性

---

① 根据《艾媒咨询：在线音频行业三强争霸，2020年用户规模达5.4亿》整理，封面新闻，http：//finance. sina. com. cn/roll/2019 - 09 - 02/doc - iicezueu2886071. shtml。

用户的青睐。年龄方面，三大网络音频平台用户平均年龄在33岁左右，15～44岁人群是收听主力。喜马拉雅用户更为成熟，45～54岁用户占比达到14.1%，比蜻蜓FM与荔枝分别高6.5个与2个百分点；荔枝用户更年轻，24岁以下用户占比达到31.8%，比蜻蜓FM与喜马拉雅分别高7.2个与2.4个百分点；蜻蜓FM用户25～44岁占比达到57.9%，比喜马拉雅与荔枝分别高11.9个与9.3个百分点。

三大网络音频平台因其定位不同和风格差异，在整体用户轮廓结构趋近的情况下，形成了不同年龄段的用户分群。喜马拉雅以PUGC模式，平台内容资源兼有丰富性与品质保证，加上借着知识付费的东风，推出了"123知识狂欢节"，获得大量中青年用户的喜欢；荔枝以UGC模式，定位声音互动平台，增加直播与社群，吸引了大量年轻用户的关注；蜻蜓FM以PGC模式，在保有电台直播业务的同时，也在大力丰富音频种类，减少对电台直播节目的流量依赖，实行去电台化，打造名人IP，在青年用户中具有较强的影响力。

2. 荔枝用户学历最高，喜马拉雅用户职场级别最高

三大网络音频平台用户学历层次以中高学历为主，其中荔枝用户学历层次最高，大专/本科及以上用户占比达到72.2%，比蜻蜓FM与喜马拉雅分别高4个与10.8个百分点，结合用户工作层级来看，荔枝主要吸引的是年轻的、受过高等教育，且进入社会不久、尚在职场基层打拼的新生力量。此外，荔枝吸引了大量学生用户群体，学生占比达到13%，高于蜻蜓FM（9.3%）与喜马拉雅（10.9%），退休人群占比明显偏低，仅为0.9%，而其他两大平台退休用户占比均在6%左右。蜻蜓FM用户学历和工作层级与荔枝相近，大专/本科及以上用户占比达到68.2%，中高层管理人员占比为28.1%，略高于荔枝（26.2%）。喜马拉雅用户中，高中及中专职高占比更多，为25%；同时中高层管理人员最多，占比达到32.9%，其中高级管理层占比达到6%，用户职场级别相对最高。

3. 喜马拉雅用户平均月收入达到5615元，位居榜首

三大网络音频平台用户的个人月收入集中在3000～5999元，平均占比达到53.6%，具有一定的经济实力，其中蜻蜓FM与荔枝用户中，月收入

5000～5999 元占比均超过 20%，表现较好。在月收入 6000 元以上人群中，喜马拉雅用户占比达到 32.6%，比其他平台领先 8 个百分点左右；在月收入 10000 元以上的高收入人群中，喜马拉雅用户占比达到 7.3%，荔枝为 7.6%，蜻蜓 FM 为 3.6%。喜马拉雅用户的收入水平相对最高，平均月收入达到 5615 元，与其对中年、企业中高层管理人员具有更强的吸引力密切相关，荔枝用户月收入为 5332 元、蜻蜓 FM 用户月收入为 5151 元。

二 全国网络音频节目用户收听习惯

（一）睡前是第一收听场景，提升播放量与完播率需短平快

1. 一早一晚、出行与晚间是收听主力时段

网络音频节目用户的收听时段分布与广播节目听众存在明显的差异，呈现一早一晚、出行与晚间收听特点。周一至周五工作日中，网络音频节目用户收听集中在早间 7：00～9：00 与傍晚 17：00～19：00 的上下班出行高峰时段，与广播节目收听时段形成一定的重叠与竞争分流关系。在晚间 20：00～22：00 与午间 12：00～13：00 也形成收听次高峰，晚间时段也是收听的主力时段，仅次于早晚高峰，收听时段资源较广播节目更为丰富；周六日网络音频节目用户收听集中在晚间 20：00～22：00 时段，集中度与工作日早高峰相当，从傍晚延续至晚间，并于晚间 21：00～22：00 形成峰值，与广播节目收听时段截然不同，白天各时段收听分布相对均衡，但收听集中度明显偏低。网络音频平台可根据用户的 App 打开与收听时间适时推送契合不同时段收听需求的个性化内容，提升用户对平台的忠诚度与收听黏性。

2. 睡前是第一收听场景，青少年集中在睡前，中青年倾向出行场景

对于网络音频节目用户而言，由于使用手机收听，同时不用担心音频节目如直播流节目那样稍纵即逝，可以随时随地进行收听，睡前场景成为他们收听的第一场景，其中 15～24 岁的青少年用户更多在睡前听网络音频节目，占比达到 42.7%，远高于平均水平；其次是 15 岁以下和 25～34 岁用户。同

样，在流量追逐面临天花板，逐渐转为用户运营的当下，睡前场景也是各大网络音频平台着力打造与加强的核心场景。

其他场景中，上下班路上成为重要的收听场景，尤其是开车/坐车过程中，占比为32.1%，其中25~34岁的"80后"与"90后"用户更多在上下班路上开车听网络音频节目，占比达到41.6%，其次是35~44岁与45~54岁用户。在车载收听时代，广播几乎是唯一的开车娱乐方式，而在移动智能时代，智能手机与车载智能设备的入驻，极大地丰富了私家车主的车载娱乐场景，受到青睐；午休是第三收听场景，随着智能音箱与智能家居进入家庭，大家更多在做家务与居家休闲等场景中收听网络音频节目。相对于广播收听而言，网络音频节目收听场景更为多元化与丰富化，成为大家日常生活中重要的伴随性娱乐方式与收听内容。

3. 单次收听32分钟，24岁以下与45岁以上用户听了更长时间

网络音频节目用户单次平均收听时长为32.5分钟，其中步行/骑车上下班与早晨起床后收听时间相对更长，达到35~36分钟。虽然是碎片化收听，但是也具有一定的完整性，使音频节目得以深入讲述一个主题内容。单次收听20~40分钟的用户是主流，占比达到55.1%，其中25~44岁用户占比为58.6%，随着节目时长的延长，用户收听比例呈明显的下滑趋势；24岁以下与45岁以上用户更多收听50分钟以上，占比分别为16%与18.2%，25~44岁用户占比仅为11.8%。用户收听行为即为音频节目制作的风向标，节目时间如果过长，则会导致用户听不下去，从而影响节目的完播率，降低节目收听黏性。同时面向不同年龄段用户的节目，也应结合节目定位与内容选题设计节目的时长策略与版块衔接方式，提升完播率。

4. 七成用户会在2分钟内决定节目生死，中老年女性用户耐受度更高

网络音频节目用户中，接近七成（69.8%）用户会在2分钟以内决定是否继续将一档节目听下去。对于网络音频节目而言，音频属性使其质量与吸引力更难以被用户直接感知并听下去，用户"入戏"并沉浸其中相对视频节目或音乐而言更加困难。在网络音频平台海量节目的复杂竞争环境中，如果不具有IP或名人效应，就要求一档音频节目需要尽快吸引大家的注意力，制造引人关注的悬念，引起大家的好奇或兴趣。

不同类型用户中，女性用户比男性用户更能接受较长时间的尝试收听，49.3%的女性用户会收听1分钟以上以决定是否继续听下去，22.8%的女性用户会收听3分钟以上以决定是否继续听下去，分别比男性用户高7.1个与4.7个百分点；中老年用户比青年用户更能接受较长时间的尝试收听，随着年龄的增长，会收听1分钟以上的用户由41.5%增至51.3%，会收听3分钟以上的用户由17.4%增至22.2%。但是整体而言，网络音频节目需要让用户更快进入角色，产生收听兴趣，以提升节目播放量与影响力。

（二）海量精选垂类内容构筑核心优势，手机厂家是关键营销点

1. 听精选/榜单与垂类内容是主要的收听方式

网络音频节目用户的收听方式以听精选内容、特定类别、特定节目、搜索收听、听推荐内容与特定主播为主，收听行为特点相对较为分散，对各项内容的选择集中度均相对偏低。但整体而言分为三大类，即听平台推荐内容、听自己喜欢的特定内容、随意搜索收听。网络音频平台最大的特点是内容海量与分类细致，不同背景的用户基于自身的兴趣爱好与收听需求，均可以找到喜欢的内容进行收听。

调查发现，44岁以下的中青年用户会更多地收听App精选与榜单内容，较容易受到平台推荐种草的影响，尝试新鲜内容与节目；45岁以上中老年用户更多收听特定的节目，节目忠诚度相对较高，但大家对于主播的收听忠诚度明显低于内容忠诚度，内容仍然是首要因素。一方面是对于精品内容的收听需求，App平台会根据用户大数据与算法推出精选榜单内容，以及为不同用户推荐其关注/喜欢的内容，供大家浏览与选择，这些完全由平台方进行主导，是平台维系用户活跃度，提升用户忠诚度，提升用户对不同内容、不同节目关注度，提升内容运营效率，扩大内容整体流量最有效的手段。

另一方面，平台上的各个垂类内容与节目是平台吸引用户的关键性因素，不同用户进入不同垂类，寻找喜欢的内容收听，成为用户收听音频节目的基本模式。而优秀的垂类内容往往具有鲜明的个性特点，容易让用户对平台形成高忠诚度与喜爱度，形成圈层。在流量天花板时代，拉新的成本远高

于促活，高忠诚度用户的转化成功率也明显高于中低忠诚度用户，对于广告的耐受度也相对较高。据统计，喜马拉雅上的音频节目超过 25 个大类，蜻蜓 FM 上的音频节目细分为 38 个栏目，清晰细致的分门别类有利于用户快速在海量的音频节目中筛选、寻找自己感兴趣的类别、内容与节目，节约用户的时间，提升使用体验，初步建立用户与平台的联系。一旦用户找到自己喜欢的内容，就会持续关注并长期收听。

2. 内容品质与丰富性是核心要素，需差别对待广告对不同人群干扰度

对于网络音频平台而言，拥有海量的音频节目内容是首要因素，未来需继续加强内容的丰富性。广告、音质、留存性、方便听到喜欢的节目与搜索/收藏也是用户较为看重的因素。与广播节目相比，网络音频平台天然具有音质好（不受信号效果影响）、可留存（不是转瞬即逝）、可搜索（不是被动收听）、不受覆盖地域影响等优势，同时由于聚集了全网音频节目，其内容的丰富性也远非广播电台可比。

用户对网络音频平台最满意的方面主要有：可留存、音质更清晰稳定、内容海量、可搜索/收藏等方面，对 DJ 主持人、节目短小精干、录制节目上传分享、插播广告等方面的满意度评价相对偏低。DJ 主持人是广播电台的竞争优势，对网络音频平台而言，可以开发名人/大 V 以加强主播团队，提升影响力。同时，虽然网络音频平台以精品节目为主打，但是节目品质尚存在一定的短板，未来可继续加强节目时长的精练性，在缩短时长的同时，提升内容含金量，以加强节目整体品质。

不同年龄用户对网络音频平台重要性因素的评价存在一定的差异。"00后"用户认为打开就能听到喜欢的节目最为重要，但是对于自动推荐的重要性评价相对靠后，实际上对网络音频平台的记忆功能提出了要求，同时更受 DJ 主持人的影响；"90 后"用户认为录制节目上传分享最为重要，对评论、点赞与分享等功能也较为关注，荔枝主打的 UGC 与社群功能恰好迎合了他们的需求；"80 后"用户最看重内容的海量性，希望内容更短小精干，可保存、查看往期节目，同时对于插播广告的敏感度明显高于"90 后"与"00 后"，针对"80 后"用户的节目需要加强广告管理，尽量减少节目中插

播广告，以免影响节目的忠诚度与完播率。

3. 应用商店与手机预装对 App 推广与促活至关重要

数据显示，47.9%的网络音频节目用户是通过应用商店推荐知道某个音频 App 的，应用商店推荐、朋友/熟人推荐与手机系统预装位居前三，成为大家了解音频 App 的重要渠道。其中 44 岁以下的中青年用户更依赖应用商店推荐、微信朋友圈与自己淘应用，45 岁以上中老年用户更依赖广播节目、手机系统预装，以及传统媒体广告。

整体而言，手机厂家在音频 App 的营销推广方面至关重要，体现为应用商店与系统预装，成为重要的中间环节，加强与手机厂家的合作是网络音频平台不可忽视的核心营销手段；社交媒体是年轻用户获取信息、进行社交的重要方式，社交平台营销也是提升音频 App 知名度、扩大用户规模的重要手段；对于中老年用户而言，传统媒体的营销宣传，特别是在广播节目中进行广告投放也是提升平台知名度的有效方式。对于不同年龄用户需要使用不同的营销宣传方式与渠道，同时主打不同的诉求/卖点策略，以便提升宣传效果。

三　全国网络音频节目内容收听偏好

（一）头部与长尾并存，名人播讲、知识性垂类内容需求大

1. 音乐、资讯、娱乐为头部，知识性垂类内容成为长尾

网络音频节目用户最经常收听的是音乐类内容，流行音乐位居榜首，收听比例达到66.7%，经典音乐收听比例位居第三，民族音乐、最新音乐榜单收听比例也超过9%。数据显示，综合性音频平台与垂直性网络音乐平台的用户重叠率达到35%，其中68.6%的网络音频节目用户有在网络音乐平台收听音乐歌曲的习惯。对于综合性网络音频平台而言，虽然音乐不是主要内容，但是也需要有所涉足，以提升用户的黏性。

其他类型内容中，新闻资讯、脱口秀、相声小品、吃喝玩乐、有声书、

幽默笑话/娱乐、热点解读、情感/心理等内容位居前列，成为大家经常收听的主要内容，轻松休闲、娱乐性内容受到大家的青睐，满足了大家休闲放松的收听诉求。同时也需要给大家提供有价值的资讯信息，具有一定的实用性。在各类内容中，新闻/时事类内容收听需求较高，除了资讯外，热点解读、话题点评等均具有较大的收听需求。网络音频平台通常以打造非时效性的精品节目为主，对新闻资讯类节目的关注度相对不足，存在较大的发展空间。

在头部内容之外，具有一定知识性与实用性的音频内容虽然整体收听比例相对偏低，但是在巨大的网络流量下，成为大家关注的长尾内容，受到了不同类型人群的青睐，同时也成为音频付费的主要力量。旅游、健康养生、教育/培训、历史人文、汽车类、投资/理财、儿童/亲子、商业财经、军事、外语教学等小众化定位的垂类内容在互联网环境下均拥有各自的粉丝群体，用户忠诚度与付费意愿较高，它们也是各大网络音频平台着力打造的内容类别。

2. 有声书是收听主力，名人知识类节目需求旺盛，发展不均衡

综合性音频平台以喜马拉雅与蜻蜓 FM 为主，从音频播放类型来看，有声书/评书成为各大平台收听的主力内容，播放量位居前列的其他内容相对较为分散多元，呈现垂类特点。在喜马拉雅平台，有声书播放量达 533.67 亿次，高居榜首，儿童、相声评书、娱乐节目播放量也达到 100 亿次量级，但其他类型内容播放量明显偏低，发展并不均衡；音频订阅方面，有声书订阅量达到 55.35 万，高居榜首，情感生活、商业财经、头条等位居前列，但与有声书差距明显；在蜻蜓 FM 平台，评书、小说、脱口秀、头条等位居前列[①]。

中科网联数据科技有限公司与蜻蜓 FM 共同发布的《2019 年网络音频节目用户研究报告》显示，在各个垂类内容中，名人/大 V 的泛知识类音频节目成为大家收听的主要内容。在财经、教育、历史、评书等十个垂类的

---

① 根据《中国播客案例研究——喜马拉雅、蜻蜓 FM、荔枝》整理，https：//36kr.com/p/1724737339393。

TOP3 内容中，超过一半为名人/大 V 主持的栏目，或与名人/大 V、明星、名著有关的内容。音频节目离不开播讲人，播讲人的知名度、人气与个性特点，以及思想内涵均会在很大程度上影响用户的收听选择。

表1　蜻蜓 FM 平台免费内容排行榜（分类型 TOP3）

类型	节目名称	排名	类型	节目名称	排名
财经	老马日日评	1	头条	滚动头条	1
	财经好声音	2		每日最热资讯榜	2
	水皮杂谈	3		胡言不乱语	3
教育	观南说风水	1	脱口秀	晓说 2017	1
	中华上下五千年	2		老梁脱口秀大全	2
	听听别人怎么说	3		晓说 2018	3
历史	绝密档案	1	文化	三国演义	1
	野史秘闻	2		读者	2
	世界神秘奇案	3		解读《道德经》	3
评书	单田芳：乱世枭雄	1	相声小品	郭德纲经典超清相声合集	1
	袁阔成：三国演义	2		郭德纲精选相声	2
	单田芳：水浒传	3		郭德纲于谦相声全集	3
情感	蕊希电台	1	娱乐	蜻蜓明星直播间	1
	原来你也在这里	2		鬼故事大本营	2
	今夜不寂寞	3		小岳岳省亲专场	3

资料来源：《2019 年网络音频节目用户研究报告》。

在蜻蜓 FM 付费内容排行榜中，绝大部分是名人/大 V 主持的泛知识类、脱口秀类栏目，凸显了名人/大 V 对于音频用户强大的影响力与号召力，以及推动用户进行付费收听的变现能力；内容方面则涵盖了时政、文化、历史、军事、名著、财经、职场、音乐、生活等方方面面，凸显了网络音频节目用户对于不同垂类精品内容高昂的收听需求，以及收听喜好的多元化与个性化。在知识付费模式的推动下，网络音频平台将会得到更快的发展，推出更多的精品音频节目，从而促进整个网络音频市场的繁荣昌盛。

表2　蜻蜓FM平台付费内容排行榜（TOP20）

排名	专辑名	排名	专辑名
1	晓年鉴	11	老马饭局(第四季)
2	老梁的四大名著情商课	12	李小牧深喉日本
3	矮大紧指北	13	老马饭局(最新订阅版)
4	局座讲风云人物	14	李国平的金融思维课
5	蒋勋细说《红楼梦》	15	河森堡 历史的暗线
6	蒋勋人文经典合集(2018升级版)	16	33堂－金刚经修心课
7	许知远:艳遇图书馆	17	老路:用得上的商学课
8	张大春细说三国	18	重阳的世界观(第二季)
9	齐俊杰的财经读书圈	19	方文山的音乐诗词课
10	投资大师私房课	20	蒋勋:不焦虑的慢生活指南

资料来源:《2019年网络音频节目用户研究报告》。

（二）分类人群打造与场景化推荐需各有侧重

1. 男性偏"硬"资讯,女性偏"软"服务

网络音频节目用户中,男性用户更喜欢收听新闻资讯、体育、汽车、军事、热点解读、投资理财等偏男性化题材或行业门类的节目,获取各种资讯信息,对相声小品、评书等文艺类节目与经典音乐也更为偏爱;女性用户更喜欢收听情感/心理、生活资讯/服务、健康养生、儿童/亲子、吃喝玩乐等生活服务、亲子、情感类节目,体现对生活的投入与关注度。音乐类节目中,女性用户更喜欢收听流行音乐、民族音乐,与男性用户形成一定的差异。

2. 各年龄段用户内容喜好与人生阶段直接相关

网络音频节目用户以15～44岁人群为主,各年龄段用户中,15～24岁的青少年用户明显更喜欢流行音乐,对脱口秀、幽默笑话等娱乐类节目的收听比例明显高于整体水平。同时由于大多仍处于学生阶段,对校园类、游戏/电子竞技、情感/心理内容较为偏爱,对新闻资讯的收听比例大幅落后于整体水平。25～34岁用户对各类型内容的收听与整体水平较为接近,对流行音乐、最新音乐榜单更为偏爱,保持了一定的追新热情。35～44岁的中

青年用户明显更偏爱新闻节目与经典音乐，同时由于家中有小孩，对儿童/亲子类内容关注度较高。出于年龄与心态原因，更偏爱经典音乐，对流行音乐的关注度明显低于整体水平。

3. 随职场层级提升，大家更关注新闻、人文、深度性内容

随着年龄与职场工作层级的提升，大家心态日趋成熟，关注的内容也呈现出明显的差异。数据显示，基层员工更喜欢收听音乐、生活、娱乐类节目，呈现较为明显的年轻化特质；中级管理层更喜欢收听新闻资讯，在娱乐类节目中更喜欢相声小品，对幽默笑话娱乐内容的关注度下降。同时基于自身经济实力的提升，对汽车类节目较为关注，更喜欢历史人文类节目，从中吸收传统文化内容提升自我；高级管理层对新闻资讯的收听比例明显高于整体水平，同时对于深度性新闻，如话题点评、热点解读更为偏爱，关注国家大事。对情感类节目有较高的关注度，更喜欢收听经典音乐与民族音乐，对单纯的娱乐节目关注度下降。

4. 不同场景下的收听内容倾向差异明显

用户在不同场景下有不同的生活作息习惯与心理节奏，对网络音频内容的收听选择也会存在较大的差异。在第一大收听场景——睡前场景中，用户更多地收听相声小品、脱口秀等娱乐类节目，以及舒缓心理的情感/心理节目与有声书，用以放松身心，陪伴入睡；在开车/坐车上下班时，更多地收听新闻资讯与音乐类节目，对汽车类节目有更高的收听诉求；同样是上下班途中，乘坐公共交通的用户明显更青睐音乐类节目，与开车/坐车用户形成明显差异；午休时，大家更多地收听轻松娱乐类节目，以及生活、健康类节目，舒缓身心；做家务时大家更多以新闻资讯类、情感类、音乐类、戏曲类节目作为伴随性内容，一边做家务，一边收听；居家休闲时，大家对生活类内容的收听比例相对更高，关注生活与养生。

（三）不同内容收听习惯差异明显，需量身定制

1. 系列化、文艺性节目收听时长更长

不同类型节目聚拢了不同的目标人群，大家的收听时长也会根据节目内

容而呈现一定的差异。以收听时长40分钟以上为分析维度，广播剧、汽车买卖/介绍、评书、有声书与游戏/电子竞技等位居前列，其中45.7%的用户会收听广播剧超过40分钟，收听黏性较强。广播剧、评书与有声书同属文艺类节目，具有故事化、系列化、连续性与悬念性特点，吸引大家持续收听；游戏/电子竞技具有高度娱乐性与刺激感，对青少年用户具有较强的吸引力。

大家对外语教学、儿童/亲子、体育、校园与新闻资讯等内容的收听时长相对偏短，其中外语教学与儿童/亲子节目受大家精力与注意力集中时间所限，需要浓缩时长，以免产生疲劳；新闻资讯属于典型的浅接触、面接触类节目，大家也难以长时间锁定收听。

2. 快节奏、知识性节目需更快引发关注与兴趣

校园、IT科技、汽车类、儿童/亲子、广播剧与健康养生等节目容易在用户中形成内容忠诚度与主播忠诚度，在有较高收听忠诚度的情况下，大家通常会有较高的耐受度，收听更长时间以决定是否继续听下去；投资/理财、历史人文、商业财经等知识性节目大家的收听目的性较为明确，希望从中获取知识性或价值性内容，从而会更为挑剔。体育、游戏/电子竞技类节目的用户群体通常较为年轻，选择更新频率快，主播、选题/话题、精彩程度均会对节目吸引力产生实质性影响，大家会更快做出收听与否的选择。

在前期资本市场的加持下，综合性网络音频平台迅速跑马圈地，培育音频市场，扩展用户流量，形成了相对稳定的头部竞争格局。目前，网络音频平台的发展也已经进入了互联网的下半场，从流量竞逐走向用户深度运营与价值变现。在这个过程中，只有更深入地研究用户的需求与偏好，为用户提供更好的收听体验与场景服务，持续打造平台品牌与个性特色，才能更好地提升用户的活跃度与留存率，巩固平台的影响力，提升商业价值。

B.15
2019年喜马拉雅与蜻蜓FM的
内容策略与竞争态势

申启武　周晓杏*

摘　要： 与网络视频诞生起即引爆各大平台白热化竞争不同，网络音频早期经历了一场漫长平缓的摸索，无论是网络广播、微电台，还是播客，似乎都没能将网络音频推向"前台"；直到移动互联网和移动智能设备的技术赋能，催生了以喜马拉雅、蜻蜓FM为代表的移动音频平台，网络音频才真正迎来"爆发"的前夜。喜马拉雅与蜻蜓FM通过打造优质内容，加强版权资源与IP积累，培育专业主播，逐步发展成为国内音频行业头部玩家；并通过造节活动、广告营销与内容付费等模式成功开启了平台盈利模式；通过跨界联合打造智能终端入口，加强全场景内容生态建设，为未来智能时代的发展奠定了坚实的基础。但与此同时，相对于视频与短视频市场，国内音频市场仍显薄弱，尚需大力开发，继续创新，坚持不懈。

关键词： 喜马拉雅　蜻蜓FM　场景生态　智能入口　垂直领域

---

* 申启武，暨南大学新闻与传播学院广播电视系主任、教授、博士生导师，研究方向为广播理论与实务，新媒体、广播影视艺术和纪录片；周晓杏，暨南大学新闻与传播学院研究生，研究方向为新媒体传播、受众研究。

艾瑞咨询《2020 年中国网络音频行业研究报告》显示，2019 年，中国网络音频行业市场规模为 175.8 亿元，同比增长 55.1%。精品内容涌现，用户付费意愿提升，互动模式多样，营收渠道多元。此外，全场景生态的深化发展更是为整个网络音频行业带来更多想象空间，将推动网络音频行业市场规模进一步增长。作为其中表现亮眼的音频巨头，截至 2019 年 11 月 30 日，喜马拉雅、荔枝、蜻蜓 FM 的月活跃用户人数分别为 6860.36 万、4367.15 万、2308.63 万，位列行业前三，行业长期维持喜马拉雅、荔枝、蜻蜓 FM "三强争霸"的局面①。鉴于荔枝主打网络语音直播，市场定位与喜马拉雅和蜻蜓 FM 以打造综合性移动音频平台的经营理念不同，本文仅以喜马拉雅和蜻蜓 FM 为研究对象，探讨 2019 年两个移动网络音频平台的内容策略及竞争态势。

一 内容策略：用户至上，各显神通

媒体的有效传播和健康发展离不开精品内容的打造，"内容为王"是媒体生存发展永远不变的铁律。传统媒体如此，新媒体也不例外。不过，以网络为代表的新媒体的迅速崛起，在一定程度上动摇了人们对"内容为王"的信念。一度以来，"渠道为王"、"平台为王"、"关系为王"、"营销为王"、"数据为王"以及"智慧为王"等观点甚嚣尘上，频繁地出现在人们的视野中，似乎"内容为王"已经与媒体的发展格格不入了。当然，互联网的开放性、交互性、平等性特征决定新媒体的经营运作除注重内容生产以外还特别强调用户的感知体验，"内容为王"的生存逻辑在新媒体那里确实需要加以修正，但是应该看到，无论传统媒体还是新媒体，受众（用户）对媒体的认知与了解首先是通过内容实现的。其实，渠道、关系也好，数据、智慧也罢，从根本上说是为内容生产服务的。道理很简单，媒体内容的

---

① 《中国在线音频行业第一股荔枝上市 喜马拉雅 6860.36 万月活领跑》，中研网，2020 年 1 月 19 日，http：//m.chinairn.com：8080/it/news/20200119/090743134.html。

优劣直接影响受众（用户）对媒体的感受。也正是基于这样的认识，喜马拉雅和蜻蜓FM在具体运营过程中都根据自身的市场定位和理念追求在内容生产方面下功夫。

（一）喜马拉雅：打造优质内容，全方位满足用户需求

喜马拉雅结合PGC（Professional Generated Content）和UGC（User Generated Content），采用PUGC（Professional User Generated Content）的内容生产模式。PUGC模式依然将用户生产内容作为主导，但生产主体更偏向专业性，即他们对专业知识熟练运用，在某一领域有一定影响力的专业内容生产者。此种模式既能激发广大用户的创作热情，获取最广泛的内容资源，又有效过滤普通用户同质化、低俗化的原创内容。2019年，喜马拉雅本着树立行业标杆，以全方位满足用户需求为主旨，着力打造优质内容。

1. 强化优质资源版权建设，重点打造精品节目

喜马拉雅以用户生产为主导，重点加强版权建设，降低盗版给原创内容带来的经济、法律等方面的伤害。喜马拉雅从2015年着手布局版权地图，签约图书出版机构、与影视集团签订合作，同年与全球最大的中文数字阅读平台阅文集团就文学作品的有声改编、文学IP的衍生发展等内容达成了排他性合作，喜马拉雅迅速占据有声书版权70%的市场份额。

2019年，喜马拉雅在强化优质资源版权建设的基础上重点打造了多个精品节目。其中，由"三体宇宙"官方授权，基于著名作家刘慈欣科幻小说《三体》改编的同名广播剧于12月1日在喜马拉雅全球首发。《三体》广播剧不仅是喜马拉雅"123狂欢节"期间推出的最重磅产品，也是《三体》在小说以外首个真正落地的全本大剧。有人认为，《三体》广播剧的诞生标志着广播剧制作真正进入"大片时代"。《三体》广播剧由中国顶级配音团队"729声工场"演播录制，总投入达千万元。《三体》广播剧分6季，共80期，每期30分钟左右，在喜马拉雅启动时，编剧就根据广播剧特色与要求，几易其稿，对原著进行了相应创作改编，并经过《三体》核心内容开发团队的审定与认可；曾操刀《流浪地球》《猫妖传》《杀破狼》

《名侦探柯南》等的知名配音演员担纲主要角色。制作团队在尊重文学原著的基础上，借鉴了好莱坞剧本模式，在每集剧情中设置矛盾、冲突、悬念与高潮等，力求呈现出连载美剧般的效果。[①]《三体》广播剧的诞生不仅标志着网络音频进入"大制作时代"，而且显示出喜马拉雅成为中国优质有声 IP 策源地的雄心与抱负。与此同时，优质内容的持续供给直接促进了喜马拉雅内容消费总额的增长，2019 年 12 月 1 日，喜马拉雅"123 知识狂欢节"内容消费总额定格在 8.28 亿元，付费内容超过 200 万条，超 2018 年同期 45%，新增付费用户占比 25%。

2. 内容生产主体多元，深耕 PUGC 模式

喜马拉雅内容生产主体广泛多元，自身生产内容占比较少，其用户包括：一是专家学者、行业领袖、网红大 V、明星等自带影响力和流量的大咖人群。根据其特质进行个性化、定制化内容生产，打造平台内的热门版块，吸引受众注意力。其中，最为典型的就是明星，有易烊千玺、邓伦、郑爽、张艺兴等超过 200 多位明星在喜马拉雅开设原创音频节目。2019年，喜马拉雅中名师大家、行业翘楚荟萃，持续供给精品节目，以优质内容传递思想精神，嘉奖向学之心，更有历史人文、商业财经、亲子儿童、个人成长等九大品类的优质内容，全方位满足广大用户日益增长的文化消费需求。二是广泛的草根主播用户。喜马拉雅平台没有准入门槛，所有人均可随时随地在上面录音、剪辑、发布自己的音频内容，目前喜马拉雅已经拥有 700 万主播，他们曾经是播音主持、企业职员、产品经理、车床工人、退伍军人、家庭主妇……他们都在喜马拉雅中找到属于自己的方向。三是喜马拉雅从 700 万的主播用户中，筛选出超过 100 万加 V 认证优质主播，并开创"喜马拉雅大学"，对他们进行专业化训练，提高签约主播在内容选择、剪辑制作、播音技巧等方面的技能，助力这部分 UGC 逐步转化为 PUGC。

---

① 熊本熊：《号外！史诗科幻巨著〈三体〉广播剧将登陆喜马拉雅 123 狂欢节》，http://www.iheima.com/article-282142.html。

不仅如此，喜马拉雅还推出"万人十亿新声计划"，在资金、流量及创业孵化三个层面全面扶持草根主播。数据显示，仅2019年1~9月，参与该活动的主播们获得的收益就达11.5亿元。而且，2019年10月，福布斯中国发布2019年中国30位30岁以下精英榜，喜马拉雅的两位主播"有声的紫襟""牛大宝"同时上榜，这是音频行业主播首次上榜福布斯。① 11月12日，喜马拉雅全新推出代表音频内容价值与主播人气的"巅峰榜"。巅峰榜以"发现好内容、好主播"为宗旨，基于点播热度、互动分享、付费率等指标对主播和专辑进行月度排名。这一举措的实施让大量新锐主播、新品内容获得展示机会，帮助用户直观了解喜马拉雅最热的优质内容，也让内容生产者有了了解用户喜好和消费趋势的依据，帮助平台与用户、平台与主播以及主播与用户之间形成良性互动的合作机制。②

3. 以品牌促融合，以融合推动优质内容建设

与蜻蜓FM起初秉持的与广播电台互联互通、打造华语地区最爆款的网络收音机的理念追求不同的是，喜马拉雅注重通过PUGC的内容生产模式打造一款专业的音频分享平台。长期以来，喜马拉雅奉行持续给用户带来优质内容，为行业树立标杆，为社会创造价值的经营理念，其品牌知名度和社会影响力日益凸显，在网络音频领域一直雄踞榜首。随着媒体融合的加速，喜马拉雅的音频内容价值也逐步为传统媒体发现，吸引各级各类媒体纷纷入驻，为用户提供专业内容。截止到2019年底，喜马拉雅平台上已有人民网、央广网、半月谈、《南方都市报》、封面新闻等5000多家各类媒体机构入驻，《南方都市报》推出的《南都快讯》、封面新闻推出的《鲜快报》，都达到了过亿级的播放量，表现亮眼。在这里，喜马拉雅实现了以自身的品牌价值促进媒体融合，又以媒体融合推动优质内容建设的良性发展。

不仅如此，从马东的《好好说话》、蔡康永的《蔡康永的情商课》、《汪

---

① 顾立：《新时代说书人上榜福布斯 有声书行业发展迅猛》，https：//www. cqcb. com/vision/ai/2019 – 10 – 17/1919348_ pc. html。

② 顾立：《喜马拉雅发布"巅峰榜" 树音频行业价值风向标》，https：//new. qq. com/omn/20191113/20191113A0AR7V00. html。

京之围》等融媒体出版物的问世与热销来看，喜马拉雅凭借其品牌知名度和社会影响力以及优质的音频内容产品打破过去先有纸质出版物后有音视频介质的传统模式，与各家出版机构合作，将纸质内容与音频产品彻底打通，形成一个兼顾应用场景、满足用户需求的内容运营价值链，开创视听一体、相互赋能的融媒体出版新业态。①

（二）蜻蜓 FM：坚持高品质内容导向，致力于为用户提供卓越的听觉体验

1. 与广播电台互联互通，致力于融媒体平台的发展与建设

从创业之初，蜻蜓 FM 就致力于融媒体平台的发展与建设，主要采用 PGC 内容布局，以优质内容为核心竞争优势，紧握传统广播电台节目资源。2011 年平台成立时，蜻蜓 FM 就快速汇聚了几千家广播电台，目前除 3000 多家国内电台，还有 1000 家高校电台入驻其中，网络自动化存储使大量传统经典节目、高口碑的品牌栏目满足用户"随时随地，听我想听"的需求，优质资源得到最广泛传播。2014 年蜻蜓 FM 与央广合作，在获得央广众多资源的同时，其专业生产能力更是大幅度提升。这不仅给予广播行业全新能量，还汇聚了传统广播的音频资源，解决平台优质内容的来源问题。此外，蜻蜓 FM 通过引入传统广播的主播队伍，为平台带来了众多的原生粉丝群体。2019 年，蜻蜓 FM 这种与广播电台互联互通的做法仍在继续，在一定程度上有效地维护了平台的节目质量。

不仅如此，从 2018 年开始，蜻蜓 FM 与界面新闻独家合作，开设新闻评论节目《界面·洞见》，为用户提供时政、财经、科技等多个领域的热点评论内容；与 AI 财经社合作，开设节目《光华路号外》。2019 年，蜻蜓 FM 与《南方都市报》合作，上线《南都快讯》与《南都音频早餐》。此外，陆续上线的东方网《新闻早餐》、《南方法治报》的《侦案实录》、《环球时

---

① 梁长玉：《喜马拉雅的 2019："听"已经成为一种生活方式》，http：//business. china. com. cn/2020 – 01/07/content_ 41025203. html。

报》的《环球时报社评》和《环球军事》等节目，让传统媒体在网络音频领域焕发了新的生机，融媒体平台已形成规模化的建设与发展。

2. 完善音频主播生态，挖掘优质音频资源的 IP 价值

对于平台自制内容的生产，蜻蜓 FM 首席运营官肖轶称，蜻蜓 FM 将做好平台角色，以经营为价值导向，深耕渠道，把自己的事干好，不要轻易干别人干的事。① 2018 年 7 月，蜻蜓 FM 启动文学声优招募"天声计划"，挖掘新声主播并提供专业化、商业化培训以及资金、流量扶持。同时，蜻蜓 FM 也注重与拥有专业制作能力的 CP 方合作，与之合作的音频公司及工作室超过 100 家。

2018 年 7 月，蜻蜓 FM 推出文学 IP 声优招募"天声计划"，以百万"声"酬挖掘潜在声优，为素人群体专门打造新声挖掘、新主播培养计划。② 2018 年 11 月，蜻蜓 FM 发布三年 10 亿元现金扶持的主播生态战略，扶持主播力度进一步加大。

与此同时，蜻蜓 FM 还邀请了大量传统电台主持人、名人明星、专业声音玩家以及优秀自媒体人入驻。梁宏达是蜻蜓 FM 的头部主播代表之一，自 2017 年起与蜻蜓 FM 合作首档付费节目《老梁的四大名著情商课》，节目播放量在一年内就突破了 1.5 亿。2019 年，梁宏达新节目《老梁通史》接入蜻蜓 FM，数据显示，11 月底，梁宏达节目的销售总额已突破千万元。目前，高晓松的《晓年鉴》，蒋勋的《细说红楼梦》，梁宏达的《老梁的四大名著情商课》《老梁通史》等优质内容为蜻蜓 FM 聚集了大量用户，筑起了竞争壁垒，为蜻蜓 FM 的发展提供了坚实基础和重要保障。不仅如此，作为青年素人主播代表的刘媛媛，其代表性节目《30 天搞定当众说话》在上线 3 个月的时间里，销售总额突破百万元，在一定程度上显现其应有的商业价值和个性魅力。

伴随着网络文学的蓬勃发展，蜻蜓 FM 尝试通过多人广播剧的艺术形式

① 庄怡：《让有声书主播从幕后走向台前，蜻蜓 FM 推"天声计划"打造主播 IP》，观察者，2018 年 8 月 22 日，https://www. guancha. cn/TMT/2018_ 08_ 22_ 469079. shtml。

② 李奇：《蜻蜓 FM 入选"2018 中国华东新经济行业独角兽"榜单》，http://reader. gmw. cn/2018 –11/15/content_ 31976424. htm。

发掘优质 IP 资源的网络音频价值。2017 年底，蜻蜓 FM 上线多人广播剧《海上牧云记》，其巨大的播放量给平台以足够的信心。2019 年 4 月 16 日，蜻蜓 FM 首次以多人有声剧的形式上线了《斗罗大陆》。邀请著名配音演员季冠霖领衔监制，由冠声文化等顶级录音公司的专业配音演员进行潜心演绎，依托其在精品内容制作上的成功经验，组建专业化的改编团队，根据有声剧审美与创作原则和要求，对原作内容进行必要的删减改编，并力求忠实于原作，避免与原作脱节。在内容呈现方面，制作团队采用在充分考虑用户听觉需求的基础上，采用先进的录制设备与录制技术，结合成熟的音响效果，努力使每一部分的内容都能给听众极致的收听体验。事实证明，《斗罗大陆》获得了成功，上线半年时间，播放量已过 5000 万。

3. 抓住行业新风口，发力优质的儿童音频

2018 年的《睡前音频收听场景研究报告》报告显示，脱口秀是蜻蜓 FM 的睡前收听之王，其中，又以高晓松的《矮大紧指北》拔得头筹。而在 2019 年的蜻蜓 FM 睡眠日活动落地页中，儿童内容和有声书超越脱口秀成为平台力荐的内容。[①] 这类用户的崛起，让蜻蜓 FM 灵敏找到了内容深耕中的重点。蜻蜓 FM 儿童业务线总经理陈强表示，儿童频道一直是蜻蜓 FM 的流量担当之一，从 2017 年开始付费模式，国内外头部儿童 IP 内容的覆盖率已经超过 80%。目前儿童音频版块的收入占总体收入的 8%。为此，蜻蜓 FM 在 2018 年 12 月 5 日发布的儿童智能硬件生态内容服务方案"KID INSIDE"中称，2019 年平台预计投入 1.5 亿元在优质儿童音频内容生产上，在生态端继续投入 8000 万元补充儿童相关内容服务生态，领先接入服务的硬件厂商得以一键式建立起全面而优质的内容矩阵，意在在竞争中构建起软实力壁垒。比较而言，在内容运营上，喜马拉雅走的是知识付费路线吸引用户付费，而蜻蜓 FM 更侧重于陪伴和教育类的儿童内容，与英语、地理、国学、科学等启蒙类早教音频被重点推荐，其优质内容的打磨和培育受到专业认可。

---

① 魏彤：《第 19 个睡眠日 蜻蜓 FM 对助眠音频"量体裁衣"》，三秦网，2019 年 3 月 21 日，http://www.sanqin.com/2019/0321/412575.shtml。

二 竞争态势：建构繁荣健康的音频场景生态

喜马拉雅与蜻蜓 FM 作为国内移动电台行业的领军者，目前已基本建构起完整且成熟的价值链。在这里，建构繁荣健康的音频生态成为双方共同的目标。下文我们将从多元分发渠道、复合营收体系两方面介绍两者的竞争态势。

（一）线上线下渠道建设，打造音频产品多元分发体系

1. 线上实现内容分发的精准推送

喜马拉雅的音频内容努力做到手机端与网页端互通，只要用户登录了同一账号，收听行为可以在多端同时被记录，转换之间收听场景连接顺畅。喜马拉雅在 2014 年成立了大数据团队，致力于打造"千人千面"的个性化电台，新用户在进入主页面之前，需选择自己感兴趣的领域，后续数据抓取分发系统也会通过点击行为不断完善用户画像。这既是对用户兴趣的精准推送，也是适应媒体融合的新要求。

而作为国内首家网络音频平台，蜻蜓 FM 在 9 年的成长过程中，累积了大量的对音频内容技术处理经验。面向 AIoT 智联网时代，蜻蜓 FM 不只致力于内容的精准推送，而且致力于打造不同场景的自动化音频知识图谱，使平台通过识别用户所在的场景、个人喜好与收听习惯，对线上内容进行全自动场景化标签，以个人 ID 为中心，实现不同场景下的智能推荐，帮助蜻蜓FM 及生态伙伴更高效地进行内容运营。截至 2019 年 11 月，蜻蜓 FM 已完成全平台内容的标签化体系建设①。

2. 线下开发接入终端智能硬件

《2018 年中国网络音频全场景发展研究案例报告》将网络音频的全场景

---

① 《三大收听指标登顶，蜻蜓 FM 发布 2019 音频全场景生态成绩单》，中国青年网官方账号，2019 年 11 月 26 日，https：//baijiahao.baidu.com/s？id = 1651259783745501652&wfr = spider&for = pc。

时代定义为硬件制造商、系统研发商与内容服务商一起，通过构建音频场景生态，满足用户在特定场景特征下的音频收听需求。其中硬件端即指更多类型智能硬件普及，音频收听渠道进一步扩张。普通的硬件与云端连接，增加智能化功能，由此获得互联网服务等附加价值。

据喜马拉雅官方介绍，喜马拉雅的长期目标是致力于构建完整的音频生态圈，打造"新声活"，用户通过语音控制实现智能家居、智能穿戴、智能车载等硬件的音频播放，实现音频的时刻相伴。[①] 在智能家居硬件推广方面，喜马拉雅与阿里、百度、腾讯、华为等头部企业达成合作，2019 年已有 90% 以上的智能音箱接入了喜马拉雅的内容。喜马拉雅的智能设备已覆盖家电、手机、教育等多个行业的 10 余个消费品类，合作品牌近 50 家。[②] 在智能硬件穿戴上，典型案例是"喜马拉雅 3D 耳机"，3D 技术的融入有利于用户接听 3D 音频，其人性化的设计理念凸显该平台在声音体验方面的专业性，也提升了其在用户心中的品牌形象。此外，车载市场是广播行业共同关注的领域，喜马拉雅瞄准国内两亿多汽车保有量，建设分发渠道，已和超过 95% 的汽车企业进行深入合作，这些车企包括宝马、奥迪、特斯拉、捷豹、路虎等。

2019 年年初，蜻蜓 FM 全场景生态 1.0 已部署完成，其布局包含移动互联网生态和物联网生态两大部分。在移动互联网生态中，蜻蜓 FM 与华为、VIVO、小米、百度、今日头条等企业开展合作。在物联网方面，蜻蜓 FM 已内置智能家居及可穿戴设备 3700 万台，包括小米小爱音箱、天猫精灵、百度小度等品牌在内的智能音箱，海信、TCL、海尔、美的、飞利浦等品牌在内的智能家居产品，以及苹果、华为、三星、FILL 等品牌在内的可穿戴设备。另外，蜻蜓 FM 与福特、沃尔沃、宝马、奥迪等品牌在内的多家车厂和 TSP 厂商合作，支持蜻蜓 FM 音频内容收听的汽车已达 800 万辆。蜻蜓 FM 首席运营官肖轶称，未来每 10 部手机中就有 8 部内置有蜻蜓 FM 的内

---

① 张杰：《喜马拉雅究竟上不上市？投资人透露规划却遭官方否认》，https://3g.163.com/dy/article_cambrian/DIMHLNJ40512D03F.html。

② 黄永进：《音频价值凸显听成为生活方式 喜马拉雅交出 2019"成绩单"》，《楚天都市报》2020 年 1 月 7 日，http://www.bb179.com/2020/0107/54844.html。

容，在今日头条上可以同时听蜻蜓音频。① 凭借这一战略，蜻蜓 FM 成为国内首家生态流量 MAU（月活跃用户数）破亿的在线音频平台。"2019 全场景生态发布会"上，蜻蜓 FM 还对外宣布总用户数突破 4.5 亿——无疑是一个阶段性的胜利。

3. 与跨界品牌合作进行联合传播

喜马拉雅通过与跨界品牌合作而进行的品牌传播，建构品牌形象，实现品牌营销诉求，效果明显。其基本范式主要有三种：品牌冠名、线上与线下互动、栏目植入。喜马拉雅近期广受瞩目的品牌推广是冠名赞助了网络热度颇高的《声临其境》，由于目标用户定位精准，达到整体协调效应。线上线下互动主要是指与其他品牌合作时，利用明星主播的影响力，在线上或者线下设置、预热话题，实现多平台主播与粉丝互动，提升喜马拉雅的品牌传播效率。例如："杜杜电台"的开设不仅有利于杜蕾斯的品牌形象建构，而且符合用户睡前的聆听场景，无疑助益于喜马拉雅的品牌价值推广；栏目植入则是通过贴片、冠名、H5、线下主题活动等多种模式来为品牌提供最优质的营销服务，最大化实现品牌曝光，满足品牌建设需求。

2019 年年底引爆全网热点的跨界合作则由蜻蜓 FM 与凯迪仕智能锁打造，二者联合发布《听见家的声音》电台栏目，主要围绕热门家庭话题进行，包括"原生家庭的影响""与家人的相处方式""孩子的教育"等。该节目上线首日点播量就破万次，反映了观众对家庭问题的高度关注，对和谐亲情关系的渴望。凯迪仕智能锁作为智能锁领域的专业品牌，此番联手打破了大众对于智能锁的"钢铁直男"印象，成为家庭"暖男"，树立了一个温暖的家庭守护使者，有科技，更有温度的品牌形象。

（二）构建虚拟价值链，打造复合营收体系

1. 深耕内容付费，增强平台营收能力

根据艾媒咨询发布的《2020 年中国知识付费行业运行发展及用户行为

① 《蜻蜓 FM 月活跃用户数破 1 亿，提出 2019 年全场景生态战略》，科技 IT 频道搜狐号，2019 年 1 月 26 日，https：//www.sohu.com/a/291617979_ 255153。

调研分析报告》，2019 年，中国知识付费行业用户规模达 3.6 亿人，行业市场规模达 278.0 亿元。而《中国网络音频行业研究报告（2020）》则表明，2019 年有 76.0% 的用户都在音频平台产生付费行为，整体付费情况较好。从网络音频用户的付费金额分布来看，用户年平均花费为 202.3 元，付费金额较高。在 2020 年新冠肺炎疫情暴发期间，有 63.1% 的知识付费用户购买过知识付费产品，主要以职场技能类内容为主；超九成用户表示对其购买的知识付费产品比较满意或者非常满意。

2018 年，喜马拉雅去掉了"123 知识狂欢节"的"知识"二字，变成"123 狂欢节"，在这背后实则是喜马拉雅内容布局的改变。喜马拉雅首席执行官余建军曾说："知识付费已经很难概括喜马拉雅上的付费内容，更加准确的表示应该是内容付费。"[①] 早在 2018 年，喜马拉雅已开始尝试与明星合作，至今已有张国立、陈坤、易烊千玺等超过 200 位明星进驻喜马拉雅开设音频节目。2019 年喜马拉雅平台上，有声书、广播剧、新闻、音乐、段子、相声等多元化的内容得到急剧增长。知识加娱乐的双轨运作，一方面可以利用娱乐本身的吸引力开拓新用户；另一方面，明星也能借力挖掘自己的知识面和文化面。此外，在 2019 年第四届"123 狂欢节"上，喜马拉雅重磅推出了《三体》广播剧，总投入达千万，是喜马拉雅有史以来投入最高的产品，截至目前，《三体》广播剧已有超过 651 万人收听、27 万人订阅。说到底，广播剧与明星入驻类似，同样属于泛娱乐内容。

从用户群体来看，喜马拉雅用户年轻化势态明显，2019 年"90 后"用户在半年内增加了 36%，且"95 后"和"00 后"用户增幅明显。根据《2019 ~ 2020 中国在线音频专题研究报告》，有七成受访者乐意对泛娱乐化内容进行付费，对趣味段子、相声曲艺、情感调频和正能量内容等均有所期待。年轻用户对娱乐内容的需求将助推泛娱乐化内容成为各平台未来的重点发力项目。

就蜻蜓 FM 而言，平台全场景生态为蜻蜓 FM 带来了流量，但在内容留存

① 《知识付费 2019 年终盘点：得到向左　喜马拉雅向右》，新知榜内容变现商学院，2020 年 1 月 18 日，https：//baijiahao. baidu. com/s？id = 1656051614545895411&wfr = spider&for = pc。

上仍需寻求突破口。如何为内容寻求差异化？2019年蜻蜓FM为知识付费增加了新的方向：通识付费，主推"大师小课"系列，请来各个领域的大家，主打通识的科普内容，单期售价仅为1.99元。蜻蜓FM首席运营官肖轶表示，下一步的布局主要集中在绑定兼容性高的音频与视频，蜻蜓FM跟头条做边听边读的合作，就是用户可以一边听蜻蜓FM的节目，一边看头条新闻。①

2. 发力平台文化节，促进音频文化拓展

社会学家詹姆斯·哈金（James Harkin）将由小众文化构建起来的层级关系定义为圈层概念，并指出其具有很强的归属属性。② 基于这样的认识，喜马拉雅通过节日仪式将具有相似兴趣的社群快速集聚，通过线上线下宣传造势，为用户制造一种购买自己产品的理由。自2016年12月打造国内第一个内容消费节"123知识狂欢节"以来，喜马拉雅接二连三地举办类似的活动，而且在2019年"123狂欢节"上，该平台的内容消费总额达8.28亿元，创历史新高。打造平台节日是有益于自身健康发展的营销手段，在培养用户付费习惯和对平台选择忠诚度、增强平台的品牌影响力方面发挥巨大作用。

2019年9月，蜻蜓FM第二届"9·1倾听日"举行，首次开启全场免费畅听活动，在9月1日0点至24点，用户可免费收听蜻蜓FM所有付费内容，此次活动吸引到4000万用户参与，付费专辑产生1.9亿次收听量。而鼓励用户成为超级会员则是蜻蜓FM的主推产品，在超级会员日期间，蜻蜓FM将推出较大力度的优惠与折扣。会员的推出旨在降低收听门槛，让更多用户享受平台海量优质内容，也为音频内容付费行业带来新的售卖模式。

3. 激活粉丝经济，拓宽价值增值空间

粉丝经济主要是依托于粉丝的强互动性和忠诚度，以粉丝的情绪资本为

---

① 《蜻蜓FM肖轶：从知识付费到通识付费》，https：//www.sohu.com/a/291857296_100188883，2019-01-28.
② 〔美〕詹姆斯·哈金：《小众行为学：为什么主流的不再受市场喜爱》，张家卫译，北京时代华文书局，2015。

核心，通过提升用户黏性和口碑营销获取利益的一种形式。①喜马拉雅目前拥有超过 4 亿的庞大用户基数，其粉丝经济营销方式主要依托知名主播或明星的高人气以及热播节目的影响力来吸引粉丝，帮助平台进行互动和营销造势。为了实现粉丝变现，喜马拉雅首先通过线上"打赏"的方式，让粉丝给心仪的主播发红包、送礼物，对其进行经济方面的支持。其次是通过线下的平台营销活动，以主播的影响力让粉丝追随参与，从而拉动粉丝购买产品欲望。再次是通过打造周边产品和衍生性服务实现平台的多元化营销。例如：喜马拉雅通过商城会销售喜袋、喜猫、喜衫等产品；开通"听友圈"，用户分享付费链接后进行购买时会收到一定金额的佣金，鼓励分享产生价值，在稳定固有粉丝的同时收割潜在粉丝。

《中国网络音频行业研究报告（2020）》显示，语音直播业务日渐成为整个音频平台新的重要增长点。平台用户可以通过充值的方式购买平台各种类型的打赏礼物、会员服务和提升自身排行榜名次。用户打赏模式的不断发展丰富了平台及主播的收入来源，也提高了整体收入水平，用户打赏机制同时也带动了语音直播业务，促生新玩法，付费连麦、付费问答成为新的收入方式。通过将用户打赏机制与平台流量、海量优质内容、有声书版权等打通，积极创新音频平台业务模式，强化内容及流量对主播的作用力。

目前，荔枝占据了直播打赏的大部分市场份额，荔枝财报显示，2019年第四季度这一版块贡献了 3.604 亿元的营收，占到总营收的 98.66%。蜻蜓 FM 在 2019 年虽逐渐涉及，但市场份额较小，可以成为其未来发力的重点领域之一。

三 未来展望：打造智能入口，加强跨界联合，深耕垂直内容场景

经过前期的资本运作与跑马圈地，目前喜马拉雅与蜻蜓 FM 均凝聚了各

---

① 孙尚青：《情感和观念式消费：网红效应在粉丝经济中的反映》，《新闻研究导刊》2018 年第 9 期。

自的目标用户群体，用户流量均超过亿级，月活跃量超过千万量级，锁定了音频市场竞争优势。未来，对于两大平台而言，在营收压力与互联网巨头深化音频场景应用的压力下，一方面在流量见顶的天花板下，将需要通过跨界合作与打造智能端入口，继续寻找新的流量池；另一方面，通过优质内容与主播 IP 的持续投入与开发，提升用户深度运营能力，促进用户活跃度与付费消费。

（一）加强跨界合作，共享用户流量，打造智能收听入口

目前，喜马拉雅与蜻蜓 FM 已经与国内其他互联网平台展开了业务合作，加强音频内容与其他应用场景和内容消费场景的整合，共享用户流量池；通过研发自身的智能音箱、智能可穿戴设备，以及儿童智能应用等，打造新的独立入口平台；并与国内智能家居厂家与汽车厂家合作，开展智能家居与车载智能端的硬件研发与软件合作，搭载平台音频内容，利用智能家居与汽车厂家的消费群体，进一步拓展自身的用户流量池。在流量逐步见顶的当下与可预见的未来，这些不失为一个加强自身影响力的重要战略举措。

无论时代如何变迁，媒介生态场景如何升级，音频内容消费的需求始终存在。对于以喜马拉雅与蜻蜓 FM 为代表的网络音频平台而言，在依靠自身力量与资本市场开拓用户流量的时代正在逐步结束，未来需要继续联合一切可以联合的资源与外部力量，进行资源置换与平台研发，方能进一步拓展用户流量，扩大市场影响力。一方面，以 BATTJ 为代表的互联网巨头，以及美团等垂直性互联网应用均有延展互联网生态、接入音频场景应用的需求，通过资源置换、平台互通，进行用户流量池共享，而不是另起炉灶，可以各取所需，资源共享，加强业务生态的快速拓展；另一方面，通过合作打造智能端口平台，嵌入各种生活出行场景，将以家居、汽车等传统产业大量目标消费群体由线下弱关联用户转化为线上强关联用户，快速扩大用户流量池，是网络音频平台与传统行业巨头的共同需求，在物联网、车联网、智联网时代，此类合作与端口打造蕴含着无穷的潜力与市场空间。

（二）由个性走向融合，围绕场景打造内容

在平台创立初期，喜马拉雅立足综合性音频平台，蜻蜓 FM 以广播电台的线上直播流节目为主。随着音频市场的不断拓展，二者不断走上融合发展的道路，喜马拉雅加强与广播电台合作，蜻蜓 FM 发力综合音频与付费市场，弱化广播电台节目的烙印，将广播版块从首页拿下，二者逐渐从个性化定位走向融合发展，成为国内代表性的综合性音频收听平台。未来，两大平台也会大力加强综合性精品节目的开发，以及主播培育、名人 IP 资源的吸纳，加强内容付费与衍生经营，发展模式趋向一致，不同点在于各自聚集的资源厚度差异，以及具体资源的拥有方面。喜马拉雅仍然会占据领先优势，而蜻蜓 FM 也会奋起直追。

在这个过程中，为了更好地与用户的内容消费需求，以及生活场景对接，加强用户活跃度与收听黏性，进行精细化运营，两大平台也会更多地围绕场景打造节目，在个性化推荐的基础上，增加场景化推荐，并与其他平台方和资源方合作，加强场景的落地，在每一个生活场景中嵌入收听场景，提供合适的音频内容。2020 年，蜻蜓 FM 全面升级夜间场景内容服务，并与小度合作推出"睡前 1 小时"，与首汽约车合作推出"路上 1 小时"，与咕咚合作推出"运动 1 小时"，与 COSTA 合作推出"熬夜 1 小时"，为场景化服务开辟了新的道路。

（三）利用平台资源优势，加强垂类内容开发

虽然占据了市场领先优势，成为竞争头部，但是喜马拉雅与蜻蜓 FM 也面临了各方面的竞争压力。一方面，以 BATTJ 为代表的互联网巨头大力加强音频内容布局，完善生态场景，他们拥有巨大的用户流量，以及雄厚的资本实力，喜马拉雅与蜻蜓 FM 虽然是音频生态领域的霸者，但是综合实力与其相比仍然存在明显的差距，成为未来音频市场竞争的巨大变数；另一方面，在种类繁多的垂直内容领域面临众多的竞争对手，市场份额有被分化蚕食的风险。喜马拉雅与蜻蜓 FM 作为综合性音频平台，优势是资源丰富，种

类齐全，成为"大型商超"，满足了用户的各种收听需求，但是个性化，以及对细分垂直领域的深耕有所不足，而各种垂直性音频平台则如同各个"精品超市"，具有小而美的个性特点，以及对于用户某个领域收听需求的深度掌握与资源优势。以有声书为例，有声书是喜马拉雅与蜻蜓FM的头部门类，贡献了大部分平台流量，但是以懒人听书为代表的垂直性听书平台吸纳了大量有声书用户，以酷我音乐等为代表的网络音乐平台也大力加强对有声书资源的投入，在首页开设有声书收听版块，以云听、听听FM等为代表的广播电台应用也将有声书列入重要门类，极大地加剧了有声书市场竞争的烈度，竞争成本、获客难度与促活成本将大幅提升。

因此，在完成平台资源布局之后，喜马拉雅与蜻蜓FM将需要大力加强对核心垂直内容领域的投入，利用平台资源优势与资本的力量，与各个垂直领域的资源方，主播和名人IP，以及平台方合作，做专做深，形成自身特色，加强用户识别，成为垂类内容的领先者。

（四）加强跨界营销，继续造节活动，推进品牌落地

首先，喜马拉雅与蜻蜓FM均拥有各自的"双11"节日，取得了巨大成效。喜马拉雅的"123狂欢节"内容消费总额由5088万元增至4.35亿元，已经具有较大的社会影响力；蜻蜓FM的"9·1倾听日"活动6天取得了1.2亿人次参与用户与5.8亿次付费专辑播放量的业绩。未来，为了进一步提升社会知名度与市场影响力，提升用户活跃度，扩大付费销售额与订阅会员规模，两大平台仍然会，也需要进一步升级、完善各自的造节活动，扩大活动影响力，为用户提供更多的福利，更优质的内容与更完美的服务体验。

其次，我们将可能会看到更多的跨界营销合作，如捆绑式会员服务与产品搭售，通过跨界营销，在拓展用户流量的同时，提升销售业绩。此种跨界营销，既有场景化合作，也有终端与系统合作；既有资本合作，也有内容合作。通过跨界营销，进行跨界联合，为音频市场开拓新的竞争蓝海。

再次，加强落地宣传活动，通过线下活动与媒体宣传，提升平台知名度与市场影响力。喜马拉雅连续两年在上海书展进行线下场景营销，分别打造

"大脑加油站"与"星空听书馆",在现场设有可以选择作品朗读录音的朗读舱、小雅AI音箱互动体验专区等,喜马拉雅定制周边产品也亮相其中;2019年,喜马拉雅与京港地铁、国家图书馆合作,启动"家庭朗读大赛",在活动现场设立了集配乐、朗读、录音、传播等功能为一体的"智能朗读亭",通过大型活动极大地提升了平台知名度,促进用户活跃度。未来两大平台在流量瓶颈以及业绩增收的压力下,也需要进一步增加线下活动,扩大流量,提升活跃度与转化率。

喜马拉雅与蜻蜓FM作为国内综合性网络音频平台的闪耀双星,通过种类丰富的海量音频精品节目,极大地提升了民众对音频内容的关注度与收听度,形成了稳定的收听习惯,开启了付费模式。目前,虽然两大平台的用户规模均达到数亿量级,但是国内音频收听市场仍然相对薄弱,受到音频载体与传播形式限制,与视频节目、短视频节目市场规模存在明显的量级差异。未来,如何进一步扩大音频市场规模,与社交功能打通,加强跨界联合与衍生经营,丰富盈利模式,仍需各大网络音频平台继续努力,坚持不懈。

网络听书篇

Commercial Online Audio Books

B.16
2019年中国有声书市场的全线升级

于 丹[*]

摘　要： 近5年来，中国有声书市场年均保持30%以上的增长速度，2019年中国有声书市场规模已达到63.6亿元，年平均增长36.4%，声音平台的运营在平台资本投入、平台技术创新、有声书产品、市场营销等方面均呈现升级化特点，用户音频消费在数量与收听时间、内容诉求与付费意愿等方面也呈现升级化趋势，未来有声市场将继续保持稳定增长的态势。

关键词： 有声书　平台运营升级　用户消费升级

---

* 于丹，中央广播电视总台文艺节目中心阅读之声有声书制作人。

1988 年，由李野墨演播的小说《平凡的世界》在中央人民广播电台《长篇连播》节目播出，电波的强大影响力让这部作品迅速传遍千家万户，形成人人争着听收音机的盛况。凭借广播的传播，《平凡的世界》的命运被彻底改变，有声读物雏形在此时成型。此后多年，有声书主要以广播为媒介平台进行传播。但是随着电台直播互动性节目，特别是以交通广播为代表的车载收听的迅猛发展，有声书的发展经历了短暂辉煌后又逐渐暗淡下来，失去原有的位置与影响力。然而，自 2012 年至今，伴随着移动互联网音频平台的崛起与知识付费浪潮的兴起，有声书逐渐从已经零散、暗淡无光的小浪花，慢慢壮大成了产业巨浪。

从有声书成为音频平台头部内容资源，到实现用户付费收听；从有声书在数量上海量但品质上鱼龙混杂，到逐渐追求精品高质，国内有声书市场最近八年的发展历程也是一个大浪淘沙的过程。反观 2019 年的中国有声书市场，更是呈现新的变化与发展，从平台发展，到用户消费习惯，实现了全线升级，可以说 2019 年是中国有声书市场的升级之年。

一 声音平台运营升级

有声书市场的发展首先离不开行业大环境的利好发展。在政策层面，《中华人民共和国著作权法》明确了音频制品的版权保护法则，相关部门加大对网络盗版侵权的打击力度，行业规范逐步落实，版权环境向好；国家大力推进文创服务产业，包括音频、出版的融合。同时，社会整体环境也给予行业发展大的利好，文化产业的极大地丰富聚集了相同兴趣爱好的人群，形成网络社群，更多用户愿意为优质内容付费。

中国音像与数字出版协会发布的数据显示，近五年来，中国有声书市场均保持30%以上的增长速度。[①] 艾瑞报告指出，2018 年中国有声书市场规

---

① 《新风口？有声读物市场连续 5 年保持30%以上增长》，《西安晚报》2019 年 11 月 12 日，http：//www. ce. cn/culture/gd/201911/12/t20191112_ 33587724. shtml。

模达 46.3 亿元，年均复合增长率为 36.4%，2019 年有望增至 63.6 亿元。①
未来，有声书市场将继续保持稳定增长的态势。

在此背景之下，以喜马拉雅、蜻蜓 FM、荔枝等为代表的综合在线音频
平台和以懒人听书等为代表的垂直听书类平台构成了有声书收听的头部平
台。而酷我听书、企鹅 FM、咪咕阅读、掌阅听书、云听、听听 FM、阿基
米德、氧气听书、酷听听书、快听小说等则成为头部平台的追随者，在市场
上也具有一定的影响力。

如何在市场角逐中扩大资金链供给，充分发挥新兴技术优势，推进内容
精细化，突出自身亮点，完善用户体验？这是各个有声书平台在 2019 年比
拼的焦点，而在这种比拼中，平台也实现了自身的优化和升级。

（一）平台资本投入升级

2019 年，各个音频平台继续谋求资本的持续注入。在有声市场持续扩
大，但平台盈利状况仍不明朗的当下，只有持续不断的资本注入才能促成音
频平台的继续生存与进一步发展壮大。荔枝在 2019 年迈出了一大步，成为
中国声音平台第一股。2019 年 10 月底，成立六年的荔枝正式向美国证券交
易委员会（SEC）提交了 IPO 申请。2020 年 1 月 17 日，荔枝正式在纳斯达
克挂牌上市，开盘涨超 10%，报 12.17 美元，其首次公开募股发行价为 11
美元。其融资资金将主要用于 AI 技术研发、国内外社区拓展和 IoT 生态布
局等。懒人听书在 2019 年 8 月也迎来了 D 轮亿元级融资，由基石资本领投、
三千资本跟投，投后估值 20 亿元。本轮融资主要用于内容及版权的引进，
尤其是独家版权资源以及头部 IP；同时强化平台生产能力，并结合 3D 音频
技术等科技手段，升级用户体验；喜马拉雅 2019 年底已启动 Pre-IPO 融资，
融资额预计约为 3.5 亿美元，或将谋求 2020 年赴美上市；而蜻蜓 FM 在
2020 年 3 月获得了小米的战略投资，双方将建立更加紧密的战略协同关系，

---

① 杜蔚：《世界读书日，近三成中国人已习惯"听书"》，《每日经济新闻》搜狐号，2019 年 4
月 23 日，https://www.sohu.com/a/309846212_115362。

共同探索打造 AIoT（人工智能＋物联网）时代的智能音频生态。

随着资本的持续注入，各音频平台继续加强市场布局、资源抢占、技术研发与新业态运营，加强自身的影响力与面向未来市场的升级。未来，国内有声书市场将会更趋成熟，竞争也会更为激烈，随着各种优质资源的持续推出，技术的迭代升级与 IoT 生态布局，用户将获得更好的收听体验与全场景服务，市场规模与价值空间也会进一步拓展。

（二）平台技术创新升级

2019 年，技术创新不断催生出新内容与新表达形态，以人工智能、大数据为代表的技术力量在有声书内容创作、用户运营等方面发挥着重要作用。更为重要的是，基于移动互联网与物联网的发展，不同智能终端在不同场景下被激活，有效拓宽了有声书的内容消费场景，"随时随地、随走随听"的智能化听阅方式逐渐成为现实。

主要音频平台中，喜马拉雅持续加大车载场景和智能硬件的布局，TOP 30 的汽车品牌、90% 以上的智能音箱均已接入了喜马拉雅的内容，同时喜马拉雅陆续推出小雅 AI 音箱、小雅 Nano、小布儿童音响等多款自有智能音箱产品，展示其发力智能化市场的决心。蜻蜓 FM 与华为、小米、VIVO、今日头条等移动互联网终端，及智能音箱、智能手表等物联网、车联网终端达成合作，打通音频全场景生态，让用户无论是在户外、家庭、工作时都可以通过蜻蜓 FM 平台收听有声书等音频节目。荔枝与百度旗下人工智能硬件品牌小度达成战略合作，双方嫁接人工智能与内容生态的桥梁，小度上线荔枝的音频内容，拓宽荔枝用户的使用场景，还将首次尝试在播放的某个音频内容里加入互动的功能——未来打开音箱的荔枝应用就能进行实时互动的沉浸式体验。小度还将为荔枝提供广大的场景覆盖，并提供在收听的某个音频内容里的语音交互服务支持，通过对话来做人与人、人与音频内容的连接。

技术的迭代与升级也就意味着，过去单向的音频内容播放被拉到了一个更为广阔的"硬件、内容、实时互动"的音频全终端与全场景时代。这也有助于各个音频内容平台提升用户活跃度和留存量，优质内容的加入为其创

造出了更多增量的广告投放时间资源与付费内容收入，先进技术与智能终端的支持为优质内容的落地提供了基础保障。在全终端与全场景生态中，内容上游的生产者、中游的平台方与下游的终端厂商都能分享到增值收益。

（三）有声产品升级

有声书行业的早期内容以网络文学为主，原著品质参差不齐。随着近几年行业市场升级，一方面，用户规模扩大，市场空间拓展，入局者越来越多，竞争日趋激烈，平台方如何让用户在产品体验上与其他竞争对手有所区别，强化竞争优势，提升用户黏性，优质内容竞争成为关键；另一方面，随着各类内容资源越来越丰富，用户的内容消费层次与"口味/品位"不断提升，对内容品质的需求呈几何倍数增加。因此，平台通过资本运作和产品收费，逐步将内容精品化放在整个平台发展战略中。音频平台在与相关组织机构的联姻、版权合作、资源垄断以及创新播出形式等各个层面都进行了改革升级。

1. 版权合作升级

与视频网站发展历程相似，内容的核心竞争力在很大程度上取决于版权资源。在过去几年，有声版权资源的争夺战一直极为激烈。因此，能否获得出版机构的深度支持，并建立良好合作关系，成为音频平台工作的重中之重。

根据艾媒咨询《2018～2019中国有声书市场专题研究报告》，喜马拉雅拥有市场上70%的畅销书的有声版权，85%的网络文学的有声改编权，超过6600本英文原版畅销有声书版权，领先优势明显。① 目前，喜马拉雅已经与26家出版机构达成战略合作，协同开发音频产品。合作机构包括中信出版社、广西师范大学出版社、磨铁图书、果麦文化等。喜马拉雅将为出版社提供百亿流量支持和百万优质主播共享，并将与出版社一同开发有声出版物，帮助出版社多形态、多渠道增收；对出版类的顶级IP多元开发，如打造知识付费课程、明星有声书、专家解读版等内容形式；推动精品有声内容

---

① 艾媒咨询：《艾媒报告 | 2018～2019中国有声书市场专题研究报告》，https：// www.iimedia.cn/c400/63471.html。

的纸质书和电子书出版；定期举办线上线下互动；共同发掘和扶持潜力作家；举办音频出版培训，分享在制作、宣发、商业模式等方面的成功经验和最新趋势等。[①]

懒人听书除了有阅文集团、时代出版集团两家版权资源巨头加持外，还与掌阅文学、纵横中文网等网络阅读平台以及全国超500家出版社建立了长期合作关系。尤其背靠大股东阅文集团，懒人听书能获得85%以上的原创文学资源，及所有IP内容的优先使用权。

而出版集团在此阶段也已经发生了变化，出版机构成立有声书事业部成为出版行业中新的发展动向。出版社向作者获取有声授权形式，以及有声产品开发过程的前置，都显示出版行业对有声版权的重视程度在市场助推下有了明显提升。不仅如此，出版社中也有深度介入者已经不甘心只做提供授权的"中间商"，开始进军产业链上游。目前，出版机构涉足有声市场的情况，总体上可以总结为以下三种模式。[②]

第一种模式，提供授权，只做"中间商"。出版机构将有声版权售卖给平台方，由平台方进行有声书制作运营。在此种模式下，出版机构能获得一些版权费用和相关的后续销售分账，而平台方则会控制有声书的产品打造，无论是主播的选取，还是整个产品的运营都由平台方来操控。目前，热门IP作品独家授权某一音频平台的费用在7万~50万元不等，这使版权费用成为平台方资金的主要流向。

第二种模式，扩大资源网，深度合作。现在越来越多的出版机构已经不再满足于简单的版权售卖模式，逐渐摸清自己想要在有声书方面探索的方向，并尝试和平台方进行新探索，它们纷纷成立有声书部门，将自己制作好的有声书产品投放到音频平台，与平台方进行分销合作。而平台方苦于版权费用的居高不下，也愿意与出版机构采用新的版权合作方式合作。

① 《喜马拉雅与26家出版社达成合作，发布有声图书馆计划》，沙漠佩琪搜狐号，https：//www.sohu.com/a/390833086_447949。

② 马雪芬、张聪聪、渠竞帆：《有声版权水涨船高，出版机构应如何"掘金"？》，https：//www.sohu.com/a/326163704_99928127。

扩大优质内容版权资源和主播、平台资源等是出版商进行有声版权业务拓展的方向之一。根据内容形式，大家对虚构类产品通常进行有声书、广播剧的转化，对非虚构类产品则进行付费课程的开发。在有声书成品输出的合作模式方面，出版机构与平台方的分成比例大概在5∶5，在演播者也介入分成的情况下，出版机构、演播者与平台方的分成比例大概在4∶2∶4。目前，喜马拉雅平台上的出版机构自主运营案例相对较多，中信出版集团、磨铁公司、博集、华章公司、新经典、果麦文化等知名出版和策划机构都拥有专门的有声产品版块。

2019年，中信出版集团借《熊向晖：我的情报与外交生涯》实体书再版刊印，与蜻蜓FM达成"音书同步"的合作模式：线上改编《熊向晖：我的情报与外交生涯》自传回忆录①，并与蜻蜓FM独家推出同名多人有声剧节目，对所有音频用户免费播出；线下在新版《熊向晖：我的情报与外交生涯》实体书书封上印刷音频节目二维码，购书者在阅读纸质书的同时，还可以通过收听在线音频节目补充背景知识、增值阅读体验。

第三种模式，自建平台，"勇闯"有声书市场。单纯与平台方合作如果无法满足出版机构关于新形态产品探索的需求，自建平台自然成为新的"出口"。中信出版集团旗下的"中信书院"、华章图书打造的"华章书院"、山东教育出版社推出的"小荷听书"都是此类中的典型，但此种模式需要出版机构花费更多力气打造，投入更多资源运营，因此数量较少。

音频平台与出版行业的联动升级，显示出出版行业非常看好有声书行业的发展潜力与前景，并且充满信心。这种联动之势必会给有声书内容的精细化发展形成良好的促进作用。

2. 内容精品化升级

玄幻、仙侠等网络小说一直是音频平台上最受欢迎的有声书题材，而面对日渐庞大、多元的听书群体，以及与出版机构的深度合作，音频平台的文

---

① 《〈熊向晖：我的情报与外交生涯〉独家上线蜻蜓FM，揭秘情报英雄十三载的"潜伏"人生》，中国资讯网，http：//news.163.com/19/0515/14/EF7NIQVV000189DG.html。

化属性也进一步强化，出版界知名 IP、经典出版物得以布局。"经典"成为有声书 2019 年的年度关键词。

2019 年 6 月，新经典出版社与喜马拉雅合作，上线马尔克斯名著《百年孤独》，该书播出当日收听量即突破 10 万。而他们 2018 年推出的路遥的《平凡的世界》新版有声书收听量超过 5000 万。此外，《活着》《万历十五年》《围城》等名著如今都能在喜马拉雅听到。懒人听书则能听到《康熙大帝》《白鹿原》等经典著作。

另外，长期以来，传统电台在有声书的选材与制作方面更为考究，它们生产的有声书更有品质上的保证。中央广播电视总台旗下的音频平台——云听 App 在 2019 年进行了平台的优化升级，它拥有央广过往的优势声音资源，同时将国内广播界最重要的有声书生产基地和播出平台——央广阅读之声多年创作的精品有声书悉数囊括。北京人民广播电台打造了音频平台听听 FM，上海文广集团推出了音频平台阿基米德，全国其他主要省市广播电台也推出了众多自有音频平台。这些基于传统媒体打造的音频平台虽然目前在影响力与体量上暂时无法与市场头部音频平台相较量，但是它们以传统广播为内容根基和质量要素，内容品质有较高的保障，这些新兴的媒体音频平台与商业音频平台一同为有声书市场贡献了精品内容。

此外，有声书的制作也在全面升级。在单播、双播之外，平台及制作机构也在深入探索多人有声剧、超级广播剧等高阶的有声书产品形态，"从书到剧"的形式升级，极大地提升了用户的收听体验。在某种程度上，这一差异化精品战略大大提高了 IP 音频化的竞争门槛。蜻蜓 FM 与多家业内顶尖配音公司达成合作，推出了包括《斗罗大陆》在内的数十部多人有声剧，取得了良好的市场反响和用户口碑。

3. 儿童音频内容成为行业新风口

中国统计局数据显示，截至 2018 年，我国 0～14 岁人口数量达到 24680 万人。随着"二孩"政策效应的逐渐凸显，2020 年中国将迎来比原有预计基础多出的 300 万新生儿，中国儿童消费市场的潜力进一步显现。根据中国童书博览会的数据，74.8% 的儿童在 2 岁之前开始阅读，其中 65.7% 的儿

童喜欢数字阅读和有声读物，儿童有声读物市场空间巨大。①

相较于文学和视频，音频内容有着天然优势。首先，0~7岁的儿童大部分不具备真正的文字解码能力，文学阅读对于他们来说过于晦涩难懂；其次，聆听给儿童的想象空间更大，大脑更能处于一个活跃的状态，而且伴随场景更多元，有利于提升儿童想象力；再次，出于保护孩子视力的考虑，很多家长不愿意孩子过早接触电子产品，所以音频成了更好的选择。

基于此种原因，各个音频平台早已开始了儿童音频赛道的竞速，各头部平台下足本钱，纷纷打造儿童音频内容，开拓儿童音频垂直领域市场，而在2019年，各大平台更是开足马力，深耕儿童音频市场。

2019年1月，懒人听书推出儿童专用有声绘本App"芽芽故事"。喜马拉雅也推出了儿童专用App"喜猫儿故事"和面向儿童的智能音箱，可以更为智能化、精准化地推荐儿童内容。荔枝构建了"亲子宝贝"频道模块，构建儿童音频内容矩阵，同时在挖掘内容交互性和趣味性上荔枝也在不断进行创新尝试。2019年3月，荔枝推出50集儿童故事《小人国总动员》，因首倡大PK式的故事比较解读模式，引发儿童家长的关注。蜻蜓FM签约多个头部IP，扩大儿童音频生态规模，建立了强大的儿童IP矩阵，拥有覆盖全年龄段的"全内容链"儿童成长音频产品，以及精细化的场景和内容类别划分，并发布"Kid-inside"一站式生态内容解决方案，为内容版权方和智能硬件终端搭建起了合作的桥梁。

各个音频平台加紧儿童音频市场布局，打造儿童有声内容全场景生态，实现5G时代儿童音频全场景收听体验，但只有不断创新迭代，打造出"对孩子有帮助"和"孩子乐于接受"的内容，帮助孩子更好地吸收内容带来的增益，并驱动孩子养成良好的阅读习惯，才是赢取家长认可、攫取儿童音频市场份额的王道。

---

① 柯素芳：《2018年中国儿童数字阅读市场现状与发展前景分析：儿童阅读比例不断攀升，市场潜力巨大》，前瞻产业研究院，https://www.qianzhan.com/analyst/detail/220/190603-16d06957.html。

（四）市场营销升级

在有声书市场"跑马圈地"的上半场面临结束的节点，各音频平台之间的竞争更加激烈，在做好市场推广，加大营销力度，吸引用户方面，各音频平台使出了浑身解数。

喜马拉雅继续打造节日推广活动，通过"听书节""会员日""狂欢节"等标杆式线上活动进一步扩大用户覆盖人群。2019年喜马拉雅"123狂欢节"内容消费总额增长迅猛，总额超过5088万元。其间，喜马拉雅"123狂欢节"还登陆湖南卫视综艺栏目《快乐大本营》，助攻宣传。蜻蜓FM在2019年9月1日继续推出"9·1倾听日"，活动期间，用户可免费收听蜻蜓FM平台上的所有付费内容，吸引到了4000万用户参与，这为所有付费专辑带来了1.9亿次收听量。懒人听书在2019年9月4日推出第二届"99有声图书馆开放日"活动，连续7天为平台用户推出有声书优惠听活动，用户参与活动即有机会赢取终身免费听"锦鲤大奖"。吴晓波、周国平、周建龙等知名作者、主播、知识大咖同步献声荐书，为"99有声图书馆开放日"造势。"荔枝声音节"2019年5月18日在广州上演，该活动分为日场和夜场，现场参与总人数达到15208人。日场中，声控游园会的十大声音互动馆带来声音互动体验和声音互动玩法，夜场的晚会是声音idol盛宴，虚拟歌手洛天依登陆"荔枝声音节"。

营销活动期间，各音频平台投入了大量资源，凭借线上线下活动，迅速聚集人气，扩大用户规模，提升用户黏性与活跃度，同时通过优质精品内容与优惠活动的推出，迅速获得巨大的付费收益。此类活动兼有提升知名度、扩大用户规模与增加经营收益的多重效果，已经获得了平台方、资本市场与用户群体的广泛认可，其中部分活动已经连续多年举办，有可能成为音频领域的"双11"案例，持续成为音频市场发展壮大的助推器。

二 用户音频消费升级

在硬件设施（智能移动终端）和软件应用的高速发展与交互升级下，加上大数据与算法推荐的介入，让音频平台可以更便捷地根据用户喜好，将用户的媒体内容消费从传统媒体转移移动媒体上。如果说高年龄音频用户是直接从传统广播平移到移动音频平台，那么低年龄用户更多是被移动音频平台内容引导教育并培养出来的。这个升级过程，是广播音频升级到移动音频，再升级到全场景音频的重叠并进过程。

全场景概念是车娱生活、通勤时间、亲子娱乐、健身运动、家居时刻、睡前场景……一个普通人，刨除睡眠和工作学习的时间外，一切闲暇和碎片时间均可被音频全场景概念所覆盖。音频全场景概念将从所有层面和角度修正和更新用户针对音频产品的获取及消费习惯，声音的陪伴/伴随与定制化推荐/收听将无时无刻不在耳边。这一过程同时也伴随着用户使用时间、消费意愿的升级，以及对于内容品质的更高诉求，即内容消费的升级。

1. 用户数量与收听时间双向增长

2018 年，中国有声书用户规模达到 3.85 亿人，而 2019 年中国有声书用户规模达到了 4.78 亿人，同比增加 0.93 亿人。其中 0～17 岁用户群体增长较为明显，有声阅读成为新一代互联网"原住民"数字化生存的模式之一。[1] 喜马拉雅平台数据显示，在其有声书用户中，Z 世代占比位列第一，同比去年增长 15%。

艾媒咨询 2019 年调研数据表明，近六成受访网民有使用在线音频的习惯，在线音频的渗透率相对较高，具有较强的影响力；他们每日使用时长大多在 2 小时以内，其中超过四成用户日均使用时长达到 1～2 小时，收听黏性较为突出[2]。

① 艾媒咨询：《艾媒报告 | 2018～2019 中国有声书市场专题研究报告》，https：//www. iimedia. cn/c400/63471. html。

② 艾媒咨询：《艾媒报告 | 2018～2019 中国有声书市场专题研究报告》，https：//www. iimedia. cn/c400/63471. html。

在易观发布的《2020 中国夜听经济发展分析报告》中，夜听用户规模在 2019 年达到 2.17 亿，2019 年夜听总时长达到 109 亿小时，同比增长 95%，每晚 21：00 后移动音频的用户活跃度居高不下，并且音频用户夜间使用时长水平高于多数在线娱乐平台，短视频、音乐等平台用户活跃度下降较为明显。[1] 因此，音频用户在夜晚时间的需求更大，音频平台发展夜听经济更有潜力。

懒人听书发布的 2019 年收听报告显示，懒人听书的用户月平均收听总时长达 4 亿多小时，月度最长收听时长达到 4.6 亿小时；蜻蜓 FM 发布的 2019 年收听报告显示，蜻蜓 FM 月活跃用户数达到 1.3 亿，全年增长近 30%，智能设备单日收听总时长达 2500 万小时；喜马拉雅公布数据中，2020 年第一季度，喜马拉雅平台上有声书在播放量和收听人数方面均有显著增长，两者环比分别增长 80.32% 和 39.82%，显示有声书内容巨大的市场空间与迅猛的发展速度。

2. 用户内容诉求升级

艾媒咨询公布的数据显示，2019 年，用户对在线音频平台内容及趣味性少、功能/产品同质化、内容质量参差不齐、广告影响用户体验与用户交流渠道不畅等方面评价不太满意，同时希望在线音频平台加速内容服务升级，在内容品类、内容质量、服务功能与使用体验等方面进行改进升级。

这意味着在音频内容海量的同时，也存在内容类别单一化、内容趣味性偏低、优质内容稀缺的问题，内容品质整体有待提升，垂直化内容领域有待进一步开拓；然后，音频平台也需要在界面设计、功能设定、价格策略等方面进行优化升级，以进一步提升用户的满意度，增强用户黏性。在此基础上，用户的需求也越来越多元，平台不但要在数量、质量和创新度上满足用户，同时还要深耕场景使用需求，特定群体的个性化需求，以及情感满足与娱乐消遣的需求，等等。

3. 用户付费意愿提升

2016 年，有声音频市场还在对用户的付费意愿忐忑不安地做着市场调

---

① 易观：《中国夜听经济发展分析 2020》，https：//www. analysys. cn/article/analysis/detail/20019753。

研和猜测。但是经过了短短 3 年时间，各大音频平台已经通过品牌营销、造节狂欢等方式积极拓展了付费市场，培育了用户的付费消费观念。内容付费观念得到了进一步普及，越来越多的消费者已经意识到，好的内容是需要付费的，对内容付费的接受度相对较高。

艾媒咨询公布的 2019 年数据显示，近六成在线音频用户有付费意愿，同时还有接近三成在线音频用户持观望态度，未来有可能加入付费行列，仅有一成左右的在线音频用户明确拒绝付费消费，显示内容付费的用户群体庞大，发展空间巨大，需要各大音频平台通过优质内容的生产与使用体验的优化促进目标用户群体付费收听。

与此呼应的是，各大有声书平台在商业模式方面也在发生不同程度的转变。其中就包括付费模式从完全的单点付费转变为以会员付费为主、单点付费为辅的付费模式。收费伊始，有声书多数从以低于 1 元的单本价格进行售卖，发展到以单集 0.2 元的价格计算，听完一本动辄 500 集的有声小说就需要花费 100 元左右，平台方发现付费收听并非天方夜谭。2019 年，喜马拉雅在"123 狂欢节"中带动了 8.28 亿元的内容消费，而在喜马拉雅研究院公布的报告中，提到一位"70 后"男性在 2019 年共计花费 18708.27 元，如果按 0.5 元/每条声音测算，这位消费者日均收听超过 100 条，全年收听时长 2282.74 小时，平均每天听 6.25 小时。在 2018 年之后，头部音频平台纷纷开始正式上线超级会员制度，从主推有声书畅听权益，到全面将付费节目纳入付费会员体系，付费模式与策略在不断优化升级。

艾媒咨询的一项研究显示，预计 2020 年在线音频行业用户规模将达到 5.42 亿。在 5G 时代下，5G 与 AI、IoT 技术协同升级将使音频在万物皆媒的时代成为最基础的入口之一，同时语音交互也将推动以音频为核心媒介的用户场景出现爆发性发展的机会。音频用户规模和用户黏性也将增至较高量级，音频营销受众规模将出现几何级增长。因此，只有持续建设音频全场景生态，促成优质内容与生态的深度结合，才能为人们开启随时随地的卓越音频收听体验。只有更好地服务、连接生态伙伴与内容创作者，才能开辟更广阔的商业空间，在有声书市场下半场的拼杀中成为赢家。

B.17
2019年有声书用户的收听习惯、内容偏好与平台选择

摘　要： 近年来，国内有声书市场的竞争主要围绕综合性音频平台与垂直性听书平台展开，有声书市场的快速发展使其成为各方高度重视的内容门类。拥有良好教育背景、处于职场中坚的年轻"80后"与"90后"成为有声书的核心收听用户；他们的收听忠诚度相对更高，更依赖平台推荐与榜单选择书目；收听类型以玄幻为主，但也呈现多元化特点；他们除了有声书，还喜欢收听音乐及其他垂类内容。在用户深度运营与价值变现时代，对用户的深度研究将直接促进平台的精细化运营，他们的一举一动将直接影响各个平台的发展方略。

关键词： 有声书　综合性音频平台　垂直性听书平台　喜马拉雅
懒人听书

有声书或有声读物是阅读与音频跨界结合而来的新兴产物，在我国发端于传统广播的长篇连播，兴盛于移动互联网时代的网络听书平台，它可以更大程度地将大家的碎片化时间合理组织利用起来，为众多阅读者走进文字语言世界开辟了一条便捷之径。

---

* 崔玲玲，中科网联数据科技有限公司研究经理。

在以喜马拉雅与蜻蜓 FM 为代表的综合性音频平台与以懒人听书等为代表的垂直性听书平台的推动下，网络听书市场蓬勃发展。近五年来，我国有声书市场均保持了 30% 以上的增长速度，已经有将近 30% 的读者有了听书习惯。① 艾媒咨询数据显示，2019 年我国有声书用户规模有望增至 4. 78 亿②，有声书市场不断发展壮大。

一 全国有声书节目用户画像

2019 年，全国网络听书市场进入头部竞争时代，日益白热化的竞争态势促使各平台越来越注重积累资源、培植主播、营销造势、研究用户，以便更好地拉新与促活。有声书内容越发呈现丰富多元的特性，内容丰富化、类型细分化、书目逐新化、服务多样化、收听付费化，从而满足不同用户群体多样化的收听需求。

中科网联数据科技有限公司调查数据显示，③ 有声书用户呈现明显的年轻化特点，以"80 后"与"90 后"为主，与传统的评书节目听众形成明显的群体差异。他们大多拥有良好的教育背景，是职场的新生代力量，有声书节目与网络音乐、知识服务类节目一起，使他们开始从无到有，逐步养成了收听习惯，建立了固定的收听场景，吸引他们成为忠实的粉丝听众，成为网络音频平台发展的核心动力。

1. "80后""90后"是收听主力，15~24 岁占比接近三成

有声书在网络音频平台的兴起，在很大程度上归功于网络小说，以仙侠、玄幻、穿越、都市、悬疑等类型为代表的网络小说吸引了大量青少年网民，网络小说改编的有声书继而也收割了庞大的青少年用户流量。因此，有

① 《从读书到听书，有声读物市场连续 5 年均保持 30% 以上增长》，《西安晚报》，http://www. sn. xinhuanet. com/2019 - 11/12/c_ 1125221971. htm。
② 艾媒大文娱产业研究中心：《艾媒报告 | 2018 ~ 2019 中国有声书市场专题研究报告》，https：//www. iimedia. cn/c400/63471. html。
③ 本文中所引用数据，除特别标注外，均来自中科网联数据科技有限公司全国音频用户专项调查，2019 年度；样本量 6684 个。

声书用户呈现出鲜明的年轻化特点，与传统的评书节目听众群体形成明显的差异。

有声书用户中，男女比例较为均衡，女性用户略偏多，15～44 岁用户是收听主力军，占比达到 66.9%，其中 15～24 岁用户占比为 27.3%，较其他音频用户高出 6.2 个百分点，是收听的核心用户。在核心用户之外，随着移动互联网的深化发展，大量中年与中老年人群逐渐触网，成为目标用户，"60 后""70 后"中年人群也是有声书的重要目标人群，网络听书平台积极回应这些人群的收听需求，兼容并蓄，通过提供相应的书目内容，扩展人群范围。

与传统的评书节目听众结构比较，有声书用户更为年轻，以"80 后"与"90 后"为主，占比达到 52.5%，同时辐射了部分"70 后"与"70 前"用户，占比为 39.2%；评书听众年龄结构相对更为成熟，"50 后"与"70 后"占比最高，合计达到 44.9%，其中"50 后"在各年龄人群中占比最高，达到 23.7%，成为评书的主力目标人群。此外，评书对"80 后"与"90 后"用户也有一定的吸引力，占比合计为 33.8%。在网络听书平台中，评书也是重要的分类，并拥有较大的流量。

2. 接受过良好教育，多为基层员工与中级管理层

有声书用户的教育背景以中高学历为主，高中及以上学历用户占比达到 85.5%，大专及以上学历用户占比为 61.4%，较其他音频用户高 4.8 个百分点，显示网络听书用户具有更高的学历背景与商业价值。细分用户群体中，年轻的"90 后"用户学历背景最高，大专及以上学历占比达到 85.6%，其次是"70 后"与"80 后"用户。

在工作层级方面，有声书用户以基层员工与中级管理层为主，基层员工占比接近四成，各级管理层占比达到三成，构成了有声书的收听主体。他们数量庞大，大多拥有良好的教育背景，处于职场中基层，具有一定的经济基础，通过收听有声书放松娱乐，消遣休闲，为有声书市场带来了巨大的用户流量。此外，还有相当一部分学生（占比为 14.6%）尚未进入职场，他们也是有声书的重要粉丝群体，拥有巨大的消费潜力。

3. 收入中等，月收入3000~6000元是主流

有声书用户收入水平以中等收入为主，月收入 3000~6000 元占比为 54.1%，月收入 6000 元以上的中高收入者占比为 24.4%，也是有声书的重要目标人群，其中月收入 10000 元以上者占比为 8.3%，用户整体收入水平相对较高。与其他音频用户比较，有声书的高收入用户占比基本相当，月收入 6000~10000 元占比较其他音频用户低 7.13 个百分点，与有声书用户的低龄化存在一定的关系。此外，学生占比明显偏高也在一定程度上影响了收入水平。

4. 休闲更偏爱美食、社交、阅读、品茶、游泳/健身

美食、社交聚会、阅读、睡觉、看电视剧/追剧等是有声书用户日常生活中重要的娱乐休闲方式。与其他音频用户相比，有声书用户明显更喜欢阅读，占比达到 35.2%，较其他音频用户高出 10.4 个百分点，此外也更喜欢去图书馆/书店，因为喜欢听书，所以也具有明显的阅读习惯。阅读方式日渐出现在他们多样化的各个生活场景中，成为一种时尚的生活习惯，像吃饭、睡觉一样的"日常必需品"。在阅读之外，年轻的有声书用户明显更喜欢社交聚会，社交互动偏好也会在很大程度上影响其媒体接触行为与内容消费方式，影响网络听书平台的界面与功能设计。

二 全国有声书用户收听行为习惯

有声书是一种连续性、系列性的音频节目，以有声小说为主，通过类似长篇连载的形式，利用小说的情节性、故事性、悬疑性与趣味性吸引用户投入进去，沉浸其中持续收听，用户对一本有声书产生收听兴趣后，通常会将其连续听完，而一本有声书在单集 20 分钟左右的情况下，动辄就是上千集，需要花费大量的时间进行收听。因此，有声书是一种高频次、持续性、慢消费、高忠诚度的音频节目，与其他音频节目的内容与收听行为形成明显的区隔。

1. 全天多高峰，晚间集中度与收听宽度表现突出

有声书作为媒介消费内容，其收听时段分布也与其他内容一样，明显受到大家生活作息与出行习惯的影响，平日与周末呈现明显的差异。周一至周五，有声书用户在全天多个时段均呈现相对明显的收听高峰与聚焦效应，其中早间与傍晚收听聚集程度相对较高，但收听时长宽度相对偏窄，并呈现明显的午休时段收听高峰，晚间收听集中度也相对较高，并且持续2个小时左右，周末晚间是收听主力时段，收听冲高能力与收听宽度均较为突出，20：00～21：00是全天收听最高峰。与其他音频节目比较，有声书用户收听呈现出收听高峰聚集程度更高，但收听宽度稍有不足的现象，收听场景更为集中，同时内容的相对单一性也在一定程度上限制了用户更长时间地接触音频节目。

2. 用户收听忠诚度与活跃度高，收听时间更长

有声书因其内容特性，用户的收听忠诚度相对较高，收听频次与时长明显高于其他音频节目。而其他音频节目多以单体节目为主，每一期的主题都是相对独立的，用户的收听忠诚度体现在对于节目与主播品牌的认同，但由于选择性较多，也会因为某期节目选题的吸引力不足，而被用户跳过。数据显示，有声书用户中，每天收听的占比较其他音频节目高出9.4个百分点，而在收听时长方面，更多的有声书用户单次收听时长超过40分钟，其中35.8%的有声书用户单次收听时长在40～70分钟，较其他音频节目用户高出11.1个百分点。以单集有声书时长20分钟左右测算，用户平均每次收听了2～3集有声书节目，凸显了有声书节目的高忠诚度与收听黏性特点，在用户活跃度与留存率方面更具竞争优势。

3. 睡前是第一收听场景，碎片化收听特点明显

对于网络音频节目而言，睡前是第一收听场景，有声书也不例外。不同的是，有声书用户更多地在睡前、学习/工作间歇、早晨起床后等场景中听书，较其他音频节目分别高出6.8个、8.9个与6.5个百分点，其他音频节目用户更多地在上下班/开/坐车、做家务等场景中收听音频节目。整体而言，有声书用户更多地在碎片化的闲暇场景下听书，而不是在做其他事情的时候

一边做事一边听书。较其他音频节目的伴随性收听而言，有声书更多地呈现为专注性收听特点，通过一定的专注性沉浸其中，获得娱乐性与满足感。

4. App 榜单与推荐直接影响用户内容选择

在内容的收听选择方面，有声书用户更多地听特定的类别/内容，对于内容的收听忠诚度明显更高，同时更多地听平台推荐的内容与榜单内容，收听比例明显高于其他音频节目用户，超过 50% 的有声书用户习惯通过 App 推荐/精选/榜单来选择喜欢的书目进行收听，其中 28.5% 的有声书用户习惯听 App 推荐内容，较其他音频节目用户高出 10.7 个百分点，而其他音频节目用户更多地随意搜索喜欢的内容收听。

有声书用户对于书目的选择由于对新书目缺乏了解，通常没有明确的目标，只有自己感兴趣的类型，因此会更多地依赖平台的推荐与平台排行榜来寻找喜欢的书目进行收听，通过平台人气与用户口碑来选择书目，这样会导致有声书呈现相对明显的明星效应与收听集中度，越是人气高、口碑好的书目越容易进入大家的视野，被选择收听，而新人新作想要脱颖而出则面临着更大的困难。

对于平台而言，可以充分利用有声书用户的收听选择习惯，发挥主导作用，一方面继续加强推荐与榜单功能，在更大程度上发挥头部知名 IP 作品的带动效应，提升资源利用率，增大平台的流量，提升活跃度与留存率。喜马拉雅平台设立了人气精选、免费榜、飙升榜、付费榜、主播榜、订阅榜与好评榜等多个榜单，懒人听书平台收听排行榜中则细分为周榜、月榜、总榜，以及热门排行榜、好评排行榜、搜索排行榜、下载排行榜、男生排行榜与女生排行榜等多个不同维度的榜单，以吸引用户拓展收听范围，更方便地在平台上选择喜欢的书目进行收听。此外，懒人听书还依托大数据技术，通过海量数据挖掘，根据用户兴趣和喜好向用户个性化推荐书籍资源，目前拥有近千万个由用户创建的精品听单，通过听单除了可以快速找到感兴趣的书籍，还可以找到兴趣相同的听友进行听书交流。[1] 另一方面加强对于新人新

---

[1] 懒人听书官方网站公司简介，https：//www.lrts.me/about。

作的培育与挖掘，并通过加强对于优秀新作的口碑推荐与个性化推荐，提升新作的曝光量，利用平台的流量池促进新作快速扩大知名度，发挥影响力，以此促进平台的持续健康发展。目前各大平台均推出了主播培育计划，将PGC、UGC与PUGC等模式进行结合，以便推出更多优秀的音频内容，满足大家各异的收听需求。

三　全国有声书用户内容收听偏好

目前，各大网络听书平台通过资本市场的支持，已经积累了众多有声书版权资源。在喜马拉雅与蜻蜓FM平台，有声书高居播放量榜首，为平台带来了巨大的网络流量，各平台也大力加强对于有声书版权资源的积累与优质有声书版权资源的争夺。其中喜马拉雅拥有市场上70%的畅销书的有声版权，85%的网络文学的有声改编权，超6600本英文原版畅销有声书版权[①]；懒人听书背靠阅文集团，成为众多文学资源的专业音频出口，获得85%的网络文学有声改编权，现有文学名著、网络小说、诗词歌赋等数万部的有声书籍音频作品。在有声书之外，懒人听书也在社科、教育、时尚、娱乐等内容题材方面进行业务拓展，突破有声书的藩篱，满足不同类别收听人群的"全内容收听需求"[②]。随着各大听书平台对于版权资源积累与独家垄断策略的持续推进，有声书的内容竞争越来越激烈，呈现白热化状态。

（一）玄幻类型优势明显，平台进入独家资源竞争时代

1. 玄幻最受欢迎，平台榜单类型差异明显

有声书用户以80后与90后的青年人群为主，并覆盖了部分中年人群，大家在睡前及闲暇时间收听有声书更多是为了娱乐休闲、放松身心，这决定了其更喜欢故事情节紧凑离奇、轻松活泼、惊险刺激、代入感强的"爽"

---

① 艾媒大文娱产业研究中心：《艾媒报告｜2018～2019中国有声书市场专题研究报告》，https：//www.iimedia.cn/c400/63471.html。

② 懒人听书官方网站公司简介，https：//www.lrts.me/about。

文型小说。

根据喜马拉雅与懒人听书平台的数据，在平台有声书收听排行TOP20榜单中，玄幻小说最受欢迎，均排在各平台榜首位置，合计占比达到32.5%，其中懒人听书由于背靠阅文集团，获得了大量网络小说的有声改编权，其平台中的玄幻小说资源丰富，明显更受欢迎，在TOP20榜单中占比达到45%，成为明显的头部类型。

其他类型有声书中，喜马拉雅平台上，悬疑、言情、异能等类型均具有较强的影响力，其中悬疑类有声书《摸金天师》高居榜首，播放量达到56.28亿，是第二名《猎罪者》的2.45倍；懒人听书平台上，传说、仙侠等类型影响力相对较强，但难以与玄幻相抗衡。除了玄幻、仙侠之外，两大平台在内容类型上均无交叉点，喜马拉雅上的有声书更具有惊险、刺激的特点，更受年轻人欢迎，懒人听书上的有声书用户年龄定位相对更为宽泛，有三档传统评书节目入围TOP20，分别是《单田芳：白眉大侠》、《单田芳：乱世枭雄》与《袁阔成：三国演义》，他们明显更受中年人群的喜爱，这反映两大听书平台在内容设计与用户定位方面存在明显的差异。

2. 平台资源重叠率低，进入独家资源竞争时代

在喜马拉雅与懒人听书有声书TOP20榜单中，除了题材类型差异明显外，在具体书目上，仅有《异世邪君》同时进入两个平台的排行榜。两大平台虽然有声书资源均十分丰富，题材类型也较为多元化，但是共性特点明显少于竞争差异，两大平台的有声书资源与用户群体存在明显的不同，平台竞争进入独家资源的差异化竞争时代，通过不同的资源，锁定各异的用户群体，而懒人听书在玄幻题材的有声书方面竞争优势更为明显。

平台资源积累与竞争的差异化，也会在很大程度上影响用户的收听选择，将呈现分化与聚合的双重特点。一方面，由于不同平台的版权资源差异，更多用户可能会在不同平台之间进行选择转换，寻找自己喜欢的书目；另一方面，部分重度粉丝用户会加剧对某一个平台的依赖与归属感，形成铁杆粉丝。如对网络文学偏爱的青年用户会更多地选择懒人听书，或从其他平台转向懒人听书。

（二）用户对其他内容需求旺盛，平台多元布局优势大

1. 有声书用户对音乐、新闻、娱乐、文艺等内容收听需求较大

有声书用户除了听书之外，还有对其他音频内容的收听需求。数据显示，流行音乐、经典音乐、新闻资讯、脱口秀、评书等位居有声书用户其他内容收听前列。不同性别用户的收听需求呈现一定的差异性，男性更喜欢听新闻、文艺、人文、军事类节目，女性用户更喜欢听流行音乐、脱口秀、服务、情感类节目。在这方面，以喜马拉雅为代表的综合性音频平台占有一定的竞争优势，他们除了有声书内容外，还有非常丰富、门类齐全的其他类型音频节目，满足了有声书用户对于其他内容的收听需求。而以懒人听书为代表的垂直性听书平台虽然也在加强对于其他类型音频节目的拓展，如懒人听书增加了对人文、财经、健康、生活、历史、情感、脱口秀等其他类型内容的投入，设置了相应的版块，以满足用户对有声书节目之外的其他多元化收听需求，但存在资源积累与平台定位的限制，在与综合性音频平台的竞争中处于相对弱势地位，未来战略布局尚需综合考虑平台资源与资本支持情况。

2. 不同年龄用户收听需求差异明显，平台应结合用户结构分类主打

不同年龄的有声书用户对于其他音频内容的收听偏好存在明显的差异，年龄差异大于性别差异，不同平台，特别是对于垂直类听书平台而言，需结合自身的目标用户定位与轮廓结构特点，进行有针对性的类型主打，而不宜盲目发力，同时针对不同年龄用户的收听偏好进行有针对性的推荐，提升用户忠诚度与在平台的停留时长，提升平台活跃度与留存率。

数据显示，在其他音频内容中，"00后"用户更偏爱收听流行音乐、校园、脱口秀、外语教学、教育/培训等内容，知识与娱乐需求兼备，对评书、相声小品、新闻资讯、健康养生等内容的收听需求明显偏低，具有鲜明的代际特点；"90后"用户更偏爱收听新闻资讯、相声小品、吃喝玩乐、幽默笑话/娱乐、情感心理等内容，对校园、流行音乐的收听热度明显偏低，与00后差异明显；80后用户更偏爱收听历史人文、经典音乐与儿童/亲子等内容，他们心态相对较为成熟，对具有一定深度与积淀的文化类、经典类内容

较为喜欢，同时由于家中多有年幼子女，对儿童/亲子类节目有较大的收听需求，对幽默笑话/娱乐、流行音乐、脱口秀的收听兴趣相对偏低；70后用户对旅游类节目、广播剧明显更为偏爱，对新闻资讯、健康养生、情感/心理等内容也有较高的收听喜爱度，但是对历史人文内容的收听兴趣明显偏低，与80后形成差异；60后用户是评书、健康养生、相声小品类内容的忠实听众，喜欢收听文艺类节目，对音乐类节目的收听兴趣远低于平均水平。

（三）为高品质独享内容付费成为潮流趋势

1. 三成有内容付费行为，支撑平台付费模式崛起

近几年来，随着知识付费概念的兴起，众多年轻的移动互联网网民经历了付费模式的洗礼，从免费到收费、会员模式、在线充值、打赏送礼、花钱逐新、知识付费、娱乐付费……为更好的内容付费已经逐渐深入人心，扭转了国内互联网长期以来免费享用的思维观念。

有声书作为各大网络音频平台最重要的内容门类，不但为网络音频平台贡献了主要流量，也成为平台创收的重要内容。喜马拉雅推出喜点，懒人听书推出懒人币，结合单本付费与会员订阅方式，辅以各种营销活动，取得了良好的营收业绩。数据显示，有声书用户中，32.7%的用户有过内容付费行为，虽然付费比例仅为三成，但是与网络音频平台动辄数亿的用户流量相比，仍然是非常可观的，足以成为网络音频平台的营收支柱之一，而随着版权保护法律逐渐完善与大家版权意识的增强，未来内容付费消费模式势必进一步稳固并壮大。

2. 有声书用户明显更愿意为有声书、音乐、财经、人文内容付费

付费内容门类方面，电影、音乐与电视剧位居前列，成为所有音频节目用户付费购买的主要内容类型，有声书用户更多地为音乐节目付费买单，较其他音频用户高出10.1个百分点。在其他内容中，有声书用户明显更多地付费收听有声书节目，占比达到35.1%，较其他音频用户高出28个百分点，显示有声书用户付费明显集中在有声书方面，收听忠诚度、黏性与付费热情明显强于其他音频用户。

其他内容中,有声书用户更多地付费购买网络文学、商业财经、人文/文化、技能培训等内容,也更多地对主播进行打赏。对于网络听书平台而言,有声书用户除了付费收听有声书内容外,还更多地付费购买各个主要垂类内容,这对致力于拓宽平台内容门类、扩大付费收入的网络听书平台来说是一个重大利好。

3. 付费更多为获取高品质、独享内容,以及会员福利特权

在海量内容时代,高品质的精品内容是平台的核心竞争力,无论是免费收听,还是付费购买,高品质内容是吸引用户的第一要素。为扩大用户流量,拉新促活,平台需要投入更多的资源积淀各类受欢迎的版权内容,既要争夺头部版权,也要在主要垂类内容方面多元发力,满足用户对不同内容的收听需求与偏好,并加强对于优质主播的招揽与对潜力主播的培育,壮大主播与制作团队。

数据显示,有声书用户付费的直接原因主要是获得高品质内容、获得独享内容与获得会员福利和特权。作为平台来说,一方面加强对于优质内容资源的投入,将各类内容分门别类,进行精细化运营,提升优质内容识别、挖掘与包装打造能力,提升用户付费的获得感,让付费用户享受物超所值的体验与感受;另一方面,用心构思,切实为会员用户提供各种个性化福利,这种福利不仅仅是畅听与折扣优惠服务,还更多地指向与内容,以及主播相关联的平台定制福利与礼物,以便提升用户的黏性与期待。

四 全国有声书用户对平台的收听选择

(一)网络听书平台凝聚各异人群,综合垂直各有优长

1. 平台定位虽有差异,但仍有三成重叠用户

目前,网络听书市场已经形成了以喜马拉雅、蜻蜓FM为代表的综合性听书平台与以懒人听书为代表的垂直性听书平台的头部竞争格局,在流量逐步见顶的情况下,各平台之间的竞争厮杀越来越激烈,各有优势,也各有短

板。喜马拉雅、蜻蜓 FM 虽然是综合性听书平台，但由于有声书是平台的流量主体与重要盈利点，它们不断加强对于有声书的布局与资源抢占，同时平台上其他丰富的各种类型的音频节目也满足了有声书用户的其他收听需求，具有较为明显的流量优势；懒人听书作为垂直性听书平台，优势是对于有声书内容的深耕细作，用户收听忠诚度较高，黏性较强。易观报告显示，懒人听书每月人均使用时长高达 3.7 小时，人均使用次数高达 38.4 次，均为行业表现最佳。① 为了进一步拓展用户流量，目前懒人听书也在加强对于其他类型音频内容的开发，推出了儿童、人文、财经、曲艺、相声评书、健康、生活、成功、历史、情感、脱口秀等多种不同类型的音频节目，向综合性音频平台迈进，但资源积累尚处于相对弱势地位。

数据显示，有声书用户中，超过三成兼有在综合性音频平台与垂直性听书平台收听的习惯，其中综合性音频平台的收听占比相对更高，达到 68.2%，具有一定的竞争优势，但是垂直性听书平台在有声书用户中也占有较高的地位，收听占比达到 63.7%。在具体平台方面，中科网联数据科技有限公司调查数据显示，喜马拉雅与懒人听书的用户重叠率为 15.7%，其中喜马拉雅占有明显的竞争优势，收听占比达到 66.9%，懒人听书为 48.8%。综合性网络音频平台面临用户留存与促活的压力，垂直性听书平台既面临用户流量扩大的压力，同时也面临被综合性网络音频平台的有声书内容分流的竞争压力。

2. 平台用户差异明显，锁定各异受众群体

有声书收听平台中，作为最具代表性的喜马拉雅与懒人听书的用户群体存在明显的结构差异。② 数据显示，在收听有声书的用户中，喜马拉雅以女性用户为主，占比达到 54.8%，男女比例相对较为均衡；懒人听书明显以男性用户为主，占比高达 60.2%，占有明显的竞争优势。

---

① 《有声阅读市场突飞猛进，三足鼎立的局面由谁打破》，搜狐，http://www.joyyang.com/keji/20190225/02254000.html。

② 文中喜马拉雅与懒人听书的用户轮廓画像数据均基于有声书用户统计计算，与平台整体用户轮廓画像可能存在一定的差异。

用户年龄方面，在收听有声书的用户中，喜马拉雅以15～34岁的青年用户为主，占比达到57.4%；在35～54岁的中年人群中也占有一定的比例，为30.4%。懒人听书以15～44岁用户为主，占比为65.5%。两相比较，喜马拉雅更受年轻有声书用户的青睐，15～24岁用户占比较懒人听书高出11.1个百分点；懒人听书更受中老年用户的青睐，35～44岁与55～64岁用户占比较喜马拉雅分别高出9个与9.9个百分点。虽然懒人听书平台汇聚了众多玄幻、仙侠类网络文学，但在中老年有声书用户中也明显具有较强的影响力与竞争优势。在懒人听书TOP20热门榜单中，有三部评书节目入榜，其中《单田芳：白眉大侠》位居收听榜TOP5行列，与喜马拉雅存在明显的竞争差异。

用户学历方面，在收听有声书的用户中，喜马拉雅与懒人听书均以中高学历为主，在大专及本科以上学历方面喜马拉雅更占优势，占比达到69.3%，比懒人听书高出12.6个百分点。喜马拉雅以年轻的80后与90后为主，他们大多拥有相对良好的教育背景，处于职场基层，消费潜力相对较大。而懒人听书用户相对更为成熟，进入职场时间更长，虽然学历不占优势，但是在职场的中高层占比明显优于喜马拉雅用户。数据显示，懒人听书的中高级管理层用户占比为39.8%，比喜马拉雅用户高出10.5个百分点，用户品质与含金量较高。

用户收入方面，在收听有声书的用户中，喜马拉雅与懒人听书均以中高收入为主，懒人听书用户收入相对更高，平均月收入达到5866元，比喜马拉雅高出217元。喜马拉雅用户月收入3000～7999元者占比达到69.9%，懒人听书用户月收入8000元以上者占比达到24.1%，用户收入水平相对较高，具有较强的消费能力。

（二）有声书用户对网络音乐与广播也有较强的收听需求

在有声书内容与平台之外，有声书用户对网络音乐平台与广播也有明显的收听需求与收听习惯。数据显示，有声书用户中，77.5%会选择网络音乐平台听音乐歌曲，59.3%有广播收听习惯，但主要通过车载收听设备与手机/PAD进行收听，占比分别为54.4%与47.9%。对于网络音乐与广播而言具

有一定的利好，有利于用户规模与影响力的进一步扩大。

目前，部分网络音乐平台为了进一步拓展用户规模，巩固用户留存率与活跃度，进行着业务多元化的尝试。其中以腾讯系音乐平台为主，QQ音乐在音乐馆之外，还有听书版块，酷我音乐与酷狗音乐上均设置了听书与电台版块，尝试通过有声书内容获得进一步的发展。中科网联数据科技有限公司调查数据显示，有声书用户中，49.6%的用户会在网络音乐平台收听非音乐类内容，其中31.9%的用户在网络音乐平台听过其他非音乐类内容。这对网络音乐平台喜忧参半，网络音乐平台上的有声书等非音乐类内容未来会如何发展还有待进一步观察。

有声书作为网络音频平台重要的流量贡献者与盈利支柱之一，对于网络音频平台而言至关重要。目前，国内主要的综合性网络音频平台、垂直性网络听书平台，以及网络音乐平台、广播电台App应用等均将有声书作为大力发展的对象，投入大量的资源制作、购买有声书版权，将会促进国内有声书市场的进一步繁荣。同时，一些垂直性网络听书平台与网络音乐平台也不再满足于垂类内容的发展，积极通过多元化策略拓展用户流量，取得了一定的成效。可以预见的是，未来国内有声书市场的竞争态势将会进一步白热化，走向用户的深入运营与深耕细作时代，只有全方位掌握用户的收听需求与偏好特点，才能稳健扩张，持续发展。

B.18
懒人听书的发展模式、内容策略
与用户研究

王 宇 孙鹿童 龚 捷*

摘　要： 懒人听书平台是有声阅读垂直类在线音频平台，其日活跃用户超过 1000 万。懒人听书主要采用单本付费模式，并获得盈利。其作为深耕有声读物的音频平台，具有网络文学版权改编权的独占优势，同时围绕"听书"经济开拓自己的生产传播生态链。本文从懒人听书平台的发展轨迹、盈利模式、内容生产和营销策略以及用户使用体验等多方面探寻懒人听书的平台特点及其在音频市场中的角色定位。

关键词： 懒人听书 有声阅读 在线音频 有声内容

　　懒人听书是国内有声阅读平台中的佼佼者，据公开资料显示，该平台作为最早入局移动有声书领域的平台之一，成为整个行业中为数不多的实现盈利的平台。通过多年的运营，目前用户规模超过 4 亿，月活跃用户近 3000 万，日活用户近 1000 万，活跃用户日均收听时长约 180 分钟。① 在喜马拉雅、蜻蜓 FM、荔枝等头部综合平台稳固音频市场竞争的格局中，懒人听书

---

* 王宇，中国传媒大学文化产业管理学院教授，主要研究方向为广播研究、健康传播与文化产业；孙鹿童，劳动关系学院文化传播学院讲师，主要研究方向为广播研究、健康传播与新媒体；龚捷，贵州财经大学文法学院讲师，主要研究方向为新媒体与风险传播。
① 梦悦：《音频平台"懒人听书"完成新一轮亿元级融资，行业头部效应显著》，36 氪，2019年 8 月 7 日，https://36kr.com/p/5232787。

深耕有声阅读的垂直领域，围绕有声阅读拓宽业务链条，取得了一定的成效。

根据易观发布的《2018 中国有声阅读行业发展趋势分析》，中国的有声阅读市场经过了探索期、市场启动期和高速发展期之后，目前已经进入应用成熟期。[①] 特别是移动互联网的发展和 4G 网络的普及，用户培养起基于手机界面的移动媒体使用习惯，在这一过程中，伴随性极强的有声阅读平台开辟并探索出较为成熟的市场机制和运行体系。

数据显示，虽然懒人听书的活跃人数不及综合性在线音频平台喜马拉雅，然而在垂直类有声阅读平台中已是佼佼者，并且懒人听书在人均使用时长和人均启动次数两项量化指标中排名前列。也就是说，懒人听书 App 已经构建起了黏性较强的用户群体。那么，取得盈利并获得用户认可的懒人听书有哪些特质？本文将从传播端和用户端，多维度探究其发展模式、内容生产传播策略、用户分析等，从而解析懒人听书在数字音频市场中的角色定位。

一　作为垂直音频平台的发展模式

（一）懒人听书发展历程

2012 年 3 月，懒人听书 App 正式上线，提供书籍收听、付费节目以及有声数字交流等服务。2014 年，懒人听书注册用户突破 1 亿，同时该平台开始转型，由单一听书工具逐渐向成为用户的听书社区进化。此后，该平台用户基数不断增长，至 2018 年，懒人听书注册用户突破 3 亿。

随着用户规模的扩增，懒人听书的资本规模也在不断扩张。2015 年，阅文集团入股懒人听书，后者获得阅文集团 80% 以上的网络文学有声改编权。至此，懒人听书借助版权优势搭建起有声阅读内容的生产与传播的链

---

① 《2018 中国有声阅读行业发展趋势分析》，易观，2018 年 11 月 29 日，https：//www. sohu. com/a/278655724_ 211393。

条，直接面对用户。2018 年 6 月，懒人听书完成金额为 2 亿元的 C 轮融资，时代出版、前海天和、孚惠成长等领投，更多的出版企业助推懒人听书的扩张发展。一年之后，2019 年 8 月，懒人听书完成新一轮亿元级融资，由基石资本领投、三千资本跟投，投后估值在 20 亿元左右。据基石资本投资部执行董事刘凌在接受投中网采访时透露，"懒人听书已经是一个实现几千万净利润的企业"①。本轮融资主要用于内容及版权的引进，尤其是独家版权资源以及头部 IP。同时强化平台生产能力，并结合 3D 音频技术等科技手段，升级用户体验。

平台不仅提供数字听书服务，同时围绕有声书业务拓展主播培养、商业服务、社区互动等，深耕有声阅读的泛内容、泛服务。打通上游出版社、网文平台等版权方，有声数字内容制作，移动互联网环境的传播渠道，懒人听书实现了从生产到传播的产品生态链。目前，懒人听书的注册用户约为 4.3亿，在 IOS、安卓市场、腾讯应用宝等虚拟商店中的下载量均突破 1 亿人次。获得资本青睐和用户认可的懒人听书，已经成为在线音频研究中不可忽略的案例范本。

（二）方向定位：深耕有声阅读

根据艾媒咨询发布的数据显示，2018 年，有声书、电台和直播内容位列在线音频用户偏好的前三位，其中，有声书占比超过 50%。调查用户的明显偏好为有声书市场的发展带来垂直发展的优势。

同时，在线音频市场格局基本稳固，喜马拉雅、蜻蜓 FM、荔枝等综合类音频平台市场占有率高，特别是喜马拉雅显现出完全的领头态势。根据一份移动音频活跃用户规模的调查显示，2020 年 3 月，喜马拉雅以超过 8000人次的活跃度绝对优势位列第一，蜻蜓 FM、荔枝紧随其后。② 相比于综合

---

① 《有声书付费率接近一半，懒人听书估值 20 亿，但在线音频还在烧钱？》，界面新闻，2019年 8 月 12 日，https：//www. jiemian. com/article/3396334_ qq. html。

② 马世聪：《2020 年中国音频产业生态发展分析》，易观，2020 年 4 月 30 日，https：//www. analysys. cn/article/detail/20019760。

类的音频平台，懒人听书无论从内容上还是发展战略上来看，依然是以有声阅读为主，内容产品布局简单、清晰，目标用户群体也更具针对性。事实上，深耕有声读物的垂直市场已经为懒人听书带来了红利，其用户黏性和活跃程度较高，更重要的，依托有声阅读的付费服务模式在懒人听书初见成效。根据公开报道资料，2017 年，懒人听书付费收入超 1 亿元，成为首家盈利的有声读物平台。

（三）生产优势：版权资源"大户"

2015 年，懒人听书与阅文集团达成战略合作，开始成为阅文旗下所有资源最大的音频出口，拥有超过 80% 的网络文学有声改编权。成立于 2015 年的阅文集团，由腾讯文学与原盛大文学整合而成，旗下包括 QQ 阅读、起点中文网等数字阅读品牌。整合之后的阅文集团拥有大量原创网络文学作品，这些对懒人听书输出的大部分版权资源，使懒人听书作为垂直有声阅读平台最重要的资源有声版权在数量和质量上都得到大幅提升。同时，成长于网络文学的那些数字阅读者也极有可能随着媒体使用习惯的改变向有声书平台迁移。

因此，网络文学的独家有声改编权成为懒人听书最大的内容生产优势。在阅文集团入股之前，懒人听书的版权很受限制，而现在更多正版独家优质资源得以被高效利用，一些热门小说也独家放到懒人听书平台上。2018 年，懒人听书获得来自时代出版的融资后，其版权优势进一步向出版物扩展，加之平台还与掌阅文学、纵横中文网、天涯等国内网络阅读平台，以及全国超过 500 家出版社建立了长期合作关系，进一步扩大了对版权资源的覆盖。

相比于其他综合性平台在专业音频节目生产的长处，懒人听书因其基础雄厚的版权实力，在有声阅读这一较为"纯粹"的音频市场找到深耕优势，同时以长篇小说为主的网络文学版权促成懒人听书在长音频类目上掌握更多的话语权，这或许也是懒人听书用户黏性与活跃度较高的原因之一。

（四）有效的盈利模式：单本付费

如今，在中国的互联网媒体市场，知识付费和内容会员制较为普及，社会公众的付费接受度和付费意愿都在上升。在线音频行业的不同品牌和平台的主要商业模式也是围绕虚拟内容付费展开的。

具体来说，音频平台的盈利模式大致可分为三类：一是以喜马拉雅等头部音频平台为代表，参考亚马逊 audible 的付费订阅路线，用户对优质的 PGC 和 PUGC 内容进行付费收听，平台善于借助和发挥意见领袖、知名 IP 的内容生产和传播优势，并尝试分销版权；二是以荔枝为代表在线音频分享平台，主要依靠用户贡献 UGC 内容，并利用音频直播等形式衍生出粉丝打赏主播等粉丝经济模式；三是以懒人听书等有声阅读平台为代表，采用单本读物或小说章节付费收听的模式获得盈利。当然，各个音频平台并不是应用单一盈利渠道，盈利方式多有重叠，同时在市场化的运作中最大化开发变现通道，如位置广告、付费会员制、智能硬件开发，等等。

懒人听书的创始人宋斌曾在采访时表示，懒人听书以小说居多，未来仍会以单本付费为主。[①] 相比于知识付费产品来说，以有声文学为主的音频内容通过单本或章节付费的变现能力是比较通畅和稳固的模式。首先，"听书"的基本单元以一本书或独立篇章为基本单位，这样简单的付费逻辑容易被用户接受。其次，有声阅读市场脱胎于网络文学的付费阅读模式，部分用户已经培养起按章节付费的付费习惯，即使传播要素由文字变为声音，数字化环境下的单本付费模式业已成熟并维持良性循环。再次，单本付费的重要标准即为内容的优劣——如果这本小说内容足够精彩，或是有声作品悦耳，那么用户的付费意愿就会增强，反之则减弱。然而，其他知识付费产品和音频直播除依靠内容质量外，KOL 的影响力等名人效应及其对用户流量的引流作用也占据十分重要的比例，导致盈利变量的增加。综上所述，懒人

[①] 格隆汇：《懒人听书宋斌：用户是如何习惯为有声书付费的？》，百家号，https：//baijiahao. baidu. com/s？id＝1648901944536352936&wfr＝spider&for＝pc。

听书以单本付费为其发展中的主要盈利模式，较好地发挥了有声文学的优势，契合有声阅读的市场环境。单本付费收听虽单价较低，却是不受版面、时间、容量限制的高频次付费产品。根据统计，以单本付费为主的懒人听书，2018年营收超过2亿元，2019年预计达到4亿元左右。

除单本付费模式之外，懒人听书也在开发用户制特权，基本逻辑与视频网站平台相似，即按一定时限缴纳会员费用后，比普通"游客"用户多出部分使用权益，包括部分产品对会员限时免费、赠送听书券、单本付费折扣券等升级权益，而在游客用户—付费用户—付费会员的升级过程中，数字内容消费者与该平台的关联度和亲密度不断上升。

二　多维度的音频内容策略

小说文学的章节架构决定了有声书的基础结构，并逐渐以章节为单位形成了传播端的生产框架和用户端的收听习惯。那么，在内容策略方面，懒人听书基于内容制作的特点和用户需求，制作和传播以有声文学读物为主的音频内容，就目前阶段来看，其大部分内容以满足用户的休闲娱乐媒介需求为主。

（一）整体格局：网络文学占比3/4

懒人听书平台的内容大致分为两大块：传统出版物和网络小说/原创文学。在整体策略上，懒人听书致力于较大限度地开发原创内容，所以75%的付费是在原创这一部分，25%是传统出版物。① 原创内容范畴内，网络文学为最大的内容源头，主要满足用户的休闲娱乐听书需求；传统出版物主要是文学名著、人文社科等，此类内容风格较为严肃，主要满足用户的知识获取听书需求。

根据懒人听书公开报告，用户的付费比例主要向网络文学倾斜，按照

---

① 《懒人听书CEO宋斌：有声读物付费发展趋势报告》，搜狐，2017年12月5日 https：//www.sohu.com/a/208801008_667892。

有声读物内容主题分类，原创内容中的"玄幻奇幻"位列第一，受到年轻用户的喜欢，"都市传说""恐怖灵异""穿越架空"等内容主题紧随其后。付费收入的前五类内容主题占据总体付费书籍约 2/3 的比例，说明付费用户对于网络原创文学明显倾斜，同时对这类内容具有较高的付费意愿。

（二）原创 vs 出版：娱乐化与目的性的音频消费

懒人听书平台中，将不同音频内容按频道分类为使用者导航，包括出版、原创、节目、儿童、相声评书、历史、文学、财经、脱口秀等 25 个内容频道，设置热门榜单等方便使用者浏览和搜索。从频道设置来看，懒人听书涵盖的音频内容不仅局限于有声文学作品，而且涉及泛在线音频行业的各类内容。然而，相比于喜马拉雅等综合性音频平台来说，懒人听书的内容优势基本来源于其原创文学和出版社授权的版权优势，由此，其内容策略上基本围绕"书"而展开。以此为基础，当用户积累和品牌认知度达到一定水平时，懒人听书即着手布局主播孵化、节目类音频制作等产业生态链。

原创和出版作为最主流的两个内容频道，呈现出两类有声内容的不同价值取向和需求取向。"原创"频道延续网络文学平台的风格特点，按照用户兴趣分设不同维度的子分类，而玄幻奇幻、都市传说、穿越架空等付费热门主题均在频道内直观展示；另外，"原创"频道顺应用户的数字阅读习惯和媒体使用习惯，设立"爆更"栏目，让听众像"追剧"一样时刻关注有声读物的更新内容，利用收听惯性和内容迭代提高 App 的打开频率和用户活跃度。

"出版"频道则在呈现风格上更加正统和严肃，其内容分类也参照传统出版图书的分类依据。与"原创"内容相比，"出版"频道音频内容的"网生化"特点相对不太明显，以文学名著、成功学、传记历史等人文社会科学书籍为主。懒人听书的统计数据显示，付费出版物中占比较高的内容主题包括文学名著、少儿天地、人文社科、商业财经等。从这里可以看出，用户在接触该类频道内容时，媒体使用目标更为明确，即提升素养或掌握实用技

巧等，而依靠"网生"的原创频道内容，其传播效果的显现更多的是满足听众的休闲娱乐需要。

"原创"频道作为娱乐化的音频消费，是一种较为日常的媒体消费需求，用户在这类内容上体现出消磨时间、愉悦心情的意向，如同追剧或打游戏的媒介娱乐功能，内容推荐基本符合闲暇时间的使用场景。另外，"出版"频道在内容消费上带有相较更为明显的目的性，在内容推荐和筛选上侧重于自我提升、解除焦虑、贩卖成功经验等。然而，消闲娱乐更融入日常生活，带来了网络文学类的有声音频内容收入占绝对优势的效果。

（三）内容营销的时机："爆款"IP和配合影视剧的同期输出

有声读物在互联网音频市场突围，需要依靠爆款IP实现使用者的引流。例如，喜马拉雅的有声书内容中，播放量百万级以上的多为流量和知名度相对较高的书籍，如《人类简史》等。懒人听书在内容营销上，同样采用"爆款"IP策略。

从《鬼吹灯》系列的经典IP，到近几年在起点中文网等网络文学平台上的爆款作品，懒人听书将自带流量的原创文学作品实时改编为有声读物，有效吸引原作IP的阅读者，顺利完成引流，同时利用经典或爆款内容为平台获取更广范围的活跃用户。

爆款模式为有声书平台带来实际收效，特别是当有声阅读主要用来满足公众的娱乐需求时，使用者在漫无目的的闲暇场景下浏览界面内容，知名作品和流行作品更有可能产生引导作用，同时"爆款"内容本身是在市场和受众检验下诞生的，因此，这类作品的内容输出已经具备吸引流量的前提条件。在网络文学平台上产出的"爆款"IP作品改编后，播放量可高达亿次级，证明了爆款内容策略的实际有效性。

社会化媒体时代带来了用户明显的跨媒介使用习惯，各类媒体应用中的信息不断流动，也为新媒体环境下的内容营销带来了新的机遇和挑战。诚然，懒人听书在有声阅读领域取得了成绩，但在线音频的用户流量暂时无法与视频网站、社交媒体等相比较，视听结合的内容仍占据网络媒体使用者的最大比重。于是，懒人听书在内容营销策略上开始横向拓展，配合影视剧的热度时机同期输出有声阅读内容——热播网剧、电视剧等原作小说的有声版本，一方面影视剧热度可能为懒人听书带来用户增长；另一方面配合影视内容的营销宣传有助于将其影响力从视听平台向声音平台逆向输出，使有声阅读平台和影视剧内容互相借力，形成良性循环。

事实证明，不仅网络小说改编影视剧的市场表现良好，改编剧的原作有声小说传播效果同样不俗，知名文学 IP 叠加影视剧的流行效应可以为平台带来巨大的播放量。爆款网络文学《斗破苍穹》在同名影视剧的影响力加持下，其付费有声小说在懒人听书平台的播放量高达 14.1 亿次。

（四）内容样态：窄细化和立体化

无论是音频平台还是视频平台，内容的细分化已成为发展趋势。当下网民的媒体消费个性化特征显著，人工智能算法推荐等技术应用助推了个体化的媒介内容环境的形成。在这样的环境下，懒人听书的有声阅读内容传播呈现出明显的窄播特征。

以不同内容主题的频道为导航框架，各类内容进一步细分——"原创"频道按人群兴趣不同，区分出男频和女频，提供相应的产品；儿童读物频道按照年龄区间分设更窄的子频道，细分年龄实现用户消费的导流。

主力资源网络文学的内容细分则更明确，这是深耕有声阅读垂直领域的必然结果。例如，内容分类中区分了"现代言情"和"古代言情"、"刑侦推理"和"悬疑探险"、"穿越架空"和"历史幻想"等，窄化至具体层面的有声内容，将有利于精准的内容制作，从选书、主播、配乐等具体的环节上建立精确的生产链，提升制作效率；同时方便使用者迅速定位需求，提升传播效率。除了版权书籍的有声改编外，懒人听书还引入相声评书、音频课程、情感主播电台等泛音频内容。另外，平台还提供数字文本阅读服务，使内容样态更加丰富。

此外，懒人听书的内容细分化还开始向细分人群的特定圈层需求拓展，针对儿童群体的有声内容产品制作正是一例。2019 年 1 月，懒人听书推出

儿童专用有声绘本芽芽故事 App，主要面向 0~12 岁儿童提供启蒙教育故事音频内容。同年 11 月，芽芽故事 App 宣布推出"芽芽公版计划"，将在 2~3 年内持续输出涵盖童话故事、儿童必读名著、儿童国学启蒙、少儿科普等多个体系的有声童书。目前，芽芽故事已经推出了"芽芽睡前故事"的有声内容产品。传播内容不断纵深窄化，圈层化内容出现，懒人听书正在构建更加立体化的内容生态。

（五）PGC + PUGC 的音频传播端

有声阅读平台的发展在很大程度上取决于内容的优劣，这是媒体平台发展的通路。懒人听书拥有较为清晰的媒介定位并已取得一定效果，持续发展势必依赖优质精品内容，而优质内容的生产和传播则源自专业化。综观懒人听书平台的内容产品，呈现出较为明显的专业内容生产路径特点。

有声阅读作品不仅仅是将文字经由人声转化为声音，而且利用有声语言、音乐和音响等传播符号制作产品，特别是付费模式下长音频产品的质量标准更加严苛。也就是说，基于用户的收听期待，有声阅读产品需要专业化的生产制作体现付费音频产品思维，从而激发用户的付费意愿。

通常情况下，作为专业内容生产方，MCN 机构孵化的主播或专业工作室等是专业音频内容制作的主要源头，根据公开数据显示，这类 PUGC 的产品数量在懒人听书平台超过 5 万部。除此之外，懒人听书的内容战略开始向 PGC 的生产制作前端倾斜，依靠独有的版权优势，平台签约了 1000 多位主播，对拥有版权的内容进行有声化制作，平均每位主播一天要录制 2~3 个章节，目前，懒人听书 PGC 内容超过 2 万部。[①] 前文提到的《芽芽睡前故事》，正是专业内容团队生产的产品，PGC 团队筛选改编国内外经典童话故事，由懒人听书创声工厂甄选主播进行情景化演绎。

PGC + PUGC 的生产模式在一定程度上保证了有声读物的整体质量水准，

---

① 梦悦：《音频平台"懒人听书"完成新一轮亿元级融资，行业头部效应显著》，36 氪，2019年 8 月 7 日，https://36kr.com/p/5232787。

单篇付费盈利数字的增长也说明有声读物消费者对于专业内容生产的认可。2019 年中，懒人听书用户付费率上升至 4.5% 左右，至此，平台已连续几年依靠内容付费实现盈利。[①]

三　懒人听书用户研究

（一）用户规模受限但黏度高，青年男性用户占主力

随着移动互联网的发展和智能设备的普及，越来越多的人选择利用碎片化的时间来阅读和消遣。据第十七次全国国民阅读调查显示，2019 年我国有三成以上的国民有听书习惯；其中，成年国民的听书率为 30.3%。诞生于 2012 年的懒人听书目前是垂直听书平台中的冠军，平台月活跃用户高达 2816.3 万，激活用户规模达 3.2 亿。据易观智库发布的《2018 中国有声阅读行业发展趋势分析》报告显示，目前懒人听书 App 每月人均使用时长与每月人均使用次数分别达到 3.7 小时与 38.4 次，远高于排在第二的喜马拉雅，从侧面反映懒人听书的用户黏性较高。尽管懒人听书是有声阅读行业中的佼佼者，但是作为垂直类平台也存在一些先天不足，那就是受众群体有限。懒人听书平台用户突破 3 亿（包括但不限于有声阅读行业），远低于喜马拉雅 4.7 亿的用户规模，究其原因在于懒人听书平台的受众群体主要为听书爱好者，受众群体被限在一个"听"字上，而喜马拉雅还有"看"与"玩"。

用户属性方面，根据中科网联数据科技有限公司的数据分析，懒人听书用户以男性为主，占比超过 60%，活跃用户年龄分布相对较为均匀，涵盖各个年龄层，核心用户群体主要集中在 25～44 岁，受众群体偏年轻化；用户学历以中高学历为主，大多受过良好的教育，大专/本科及以上用户占比

---

① 梦悦：《音频平台"懒人听书"完成新一轮亿亿元级融资，行业头部效应显著》，36 氪，2019 年 8 月 7 日，https://36kr.com/p/5232787。

为 56.6%，用户以中高收入为主，平均月收入达到 5866 元。

在懒人听书热销总榜上，排名前十的书籍有八本都打着"男频"（男生频道简称）的标签，内容以玄幻、热血、都市、军事类为主，并且播放量都是千万级以上。此类书籍内容上更受男性用户喜爱。榜单排名靠前的书籍大部分是网络文学类型。相比较而言，年轻用户拥有重视个性化表达、愿意为兴趣买单的特点，网络文学天马行空的内容更符合他们的爱好取向；用户群体分布跨度大，如商业财经科技用户群体集中在 25～35 岁，相声曲艺评书集中在中老年群体，网文集中在年轻群体等。

（二）使用原因：伴随、社交与知识

1. 发挥伴随性功能，充分利用碎片化时间

用户使用有声书有轻松娱乐、学习知识、满足需求、抚慰心灵、打发时间等几大原因，其中一半以上与音频的伴随性直接相关。有声书在很大程度上贴合了当前快节奏生活下现代人在休闲娱乐场景上日益碎片化的阅读需求。

懒人听书高频用户主要使用有声书来娱乐和获取知识，近一年懒人听书用户活跃数最多的时段为午休时和睡前。音频的伴随性和丰富的内容及表现力，对于不同使用目的的用户在不同使用场景都能充分发挥优势：午休时段是工作中的放松时间，睡前正是需要消磨时间的时候。

碎片化的生活节奏让阅读场景变得不可连续，人们阅读时间的匮乏与信息焦虑之间的矛盾日益凸显。声音作为一种自由流动的媒介，具有天然的多任务性、伴随性优势，能够轻而易举介入人们家务劳动、上下班路途中、驾驶、运动等碎片化的生活场景中。有声读物的阅读模式容易适应"多任务处理"的信息接收和信息解码方式，让人们能做到"一心二用"。

事实上，听书在某种程度上是对阅读活动起源和本质的回归，[①] 有声读物让耳朵代替疲惫的双眼，带领受众进入良好的声觉精神空间，这种伴随性

---

① 张鹏，王铮：《"听书"形态的起源、发展与趋势——兼论图书馆面对新型音频资源的应对策略》，《图书馆理论与实践》2016 年第 3 期。

阅读更加适应现代读者阅读习惯和碎片化的生活方式。加上有声读物还能与车载场景、可穿戴场景以及智能家居等相结合，更能凸显和放大其伴随性特征，真正深入不同场景针对不同人群提供独特的听书体验。

2. 满足社交需求，实现情感认同与归属

懒人听书平台上的社交互动主要有三种方式。

一是内容评论。用户通过回复、点赞等行为完成对音频内容的评价，不同用户之间也可以在评论区完成意见的交流分享。

二是主播互动。用户可以关注感兴趣的主播，给主播发私信以及给主播帖子点赞分享。懒人听书平台专门设有"主播页"，按照主播发布的帖子浏览量新增数的高低排序。很多用户对于主播的新增关注，除了通过喜欢的作品外，平台也会在"主播页"以分类清单列表式推送主播卡片，如"推荐主播""新晋主播""独家主播""节目主播"等，引导用户关注。但目前大部分的主播发帖频次较低，点进主播主页，发现"帖子"页面的下方大多提示"暂时没有动态"，这样用户和主播之间就少了一种沟通的可能性。

三是"听友会"，事实上就是一种社群运营。移动互联网时代，有声读物平台主要依赖的就是线上付费订阅，这种接收方式也为用户社群的建立和运营提供了便利。用户社群的存在主要就是为了让用户活跃起来，培养用户情感认同和归属，增强用户的黏性。在听友会，用户可以通过发帖、荐书、与其他听友互动等方式彼此交流，共享信息和知识，这类属于"产品型社群"，核心是"用产品和用户建立直接的连接"。① 用户是因为被懒人听书优质的内容产品所吸引，出于共同的价值观和兴趣爱好而建立的一种社群，也是一种最直接的用户社群建立方式。此外，还有一种社群是"名人型社群"，一般由专业人士或者自带粉丝效应的名人发挥构建用户社群的作用。例如懒人听书在 2017 年与当代作家张悦然签署了有声书籍战略合作协议，这样读者可以在懒人听书平台听到其有声转化后的作品，给读者带去新体验，同时也为平台吸引了大量作者的粉丝群，继而形成"粉

① 李璐：《社群经济的发展演变及启示》，《青年记者》2016 年第 5 期。

丝经济""社群经济"。相应地，懒人听书也为这些用户建立专门的听友会，互相交流心得，反馈节目感受，提出改进意见，从而形成社群和平台的良性沟通。

3. 优质内容吸引，付费模式循序渐进培养消费习惯

为获得懒人听书专为 VIP 会员提供的大量独享精品内容，用户需要通过平时签到、分享等操作获得积分，积分到达一定数量可以兑换会员和听读券，在购买书籍时可用于抵扣现金。除此之外，平台还针对会员和普通听友分别设置了限时免费的听读资源，在限定的时间内免费在线收听，但下载仍需购买。从完全免费、部分收费、限时免费一直到完善的付费模式，懒人听书的用户循序渐进地被培养起付费习惯。

2012 年成立的懒人听书，前四年主要是为了积累用户数量和培养用户习惯，采取免费收听模式，仅仅依靠广告盈利，通过提供用户需要的优质内容，满足其平时的娱乐需求，渐渐培养其用户的听书习惯。习惯养成之后，懒人听书在 2016 年才正式开通了"付费听书模式"，如节目付费收听、VIP会员制度等。在此模式下，平台提供的部分内容从免费专区转到付费专区，针对以精品付费类书籍为主的娱乐内容付费采用按章节付费模式，因为用户收听这些内容可能是出于影视剧、朋友推荐和关联书单推送的影响，具有偶然性，而针对精品课、有声电台的内容则采取订阅付费模式，因为这些内容的用户通常有比较明确的学习或者情感需求。

根据中科网联数据科技有限公司的调查数据，接近四成（37.9%）有声书用户愿意付费购买优质内容，其中 32.7% 的有声书用户有过付费内容消费行为。整体来说，未来音频内容平台的付费率还有较大的上升空间。

目前，有声书市场已经度过了利用免费听读内容吸引用户的漫长培育期，现在这个阶段，用户基于有声阅读而形成的付费习惯已然形成，对价格的敏感程度逐渐降低，版权市场也相对完善了很多，音频付费模式正逐渐被更多用户所接受。正因如此，市场对音频内容的质量要求也将越来越高，所以，平台想要吸引用户并不取决于有多少免费的内容，在更大程度上取决于有没有满足用户真正需求的优质内容。

（三）用户反馈：意见无法及时采纳，用户体验有待提升

移动互联网时代，实时的互动反馈是平台发展的基本要求，也是连接用户与平台之间最为直接有效的沟通方式。用户针对平台进行反馈，提出对平台的意见，平台再以此为依据找到改进的角度加以完善，这样能够避免很多用户与平台之间很多不必要的争执。互动反馈效果好的情况下，不仅能够更好地推动用户付费行为的达成，还能有效扩大平台的传播范围和效果。

七麦数据显示，App STORE 上对于懒人听书新版本和所有版本的评分汇总情况为，当前版本得分为 4.9，评分人数 29.2 万，所有版本评分 4.8，评分人数 35.4 万——可以说评分一致维持在比较高的水准，但给 1 星的人数还是有不少。

随着版本不断迭代和优化，收到的五星评价呈现平稳态势，波动不大。通过对近一个月的一星评价查阅，发现用户反映的问题主要集中在以下几个方面。第一，收费内容太多，乱扣费现象引起用户的不满；第二，办理会员之后仍然需要额外付费听书，会员体验感不佳；第三，强制收看抖音广告影响用户体验；第四，内容资源变少，喜欢的资源突然下架让用户失望。

总的来说，懒人听书平台的反馈渠道仍然不够开放，具体来说，例如针对上述 App STORE 的用户评价里提及的问题大多未得到解决，回复用户评价时也十分官方，如"您联系了我们，如果有问题，我们肯定会解决的哦""您觉得不想要广告，建议可以开通会员。不能播放的问题也许是您的网络不太稳定导致。可以的话，点击—账号—客服我们给您解答""亲，我们也有很多免费的书籍的哦。您这样随意评价是不是带有目的的呢？"。

此外，在用户想要进一步进行意见反馈时，依然只能通过形式单一的评论、转发、点赞等行为；而懒人听书官方微博的粉丝数量虽然已有 100 多万，但是其热度并未激发，与用户的交流互动并不多。这也就造成了用户只能作为平台内容单方面的接收者，而无法将自己的意见和思考传达给内容制

作方的问题。事实上，有声读物内容下方的评论栏是一个高度集群式的讨论社区，但当前懒人听书用户平台并没有利用好留言评论区的作用，这些评论区普遍讨论热度不高，而微博、微信等社交平台更是吸引更多用户的有利空间，但也同样没有发挥好该有的热度和应用。

综上所述，平台对用户反馈的重视程度依然不足，内容单向传播给了用户，用户的意见也单向地停留在留言评论区。因此，要提高平台与用户的沟通水平，甚至应该成立专门的反馈部门，在引导用户培养听书习惯的同时，认真吸取用户提出的批评建议，与用户多多进行交流互动，并适度针对用户的问题进行解惑答疑。

对于任何行业来说，有价值的用户反馈都是提高行业水准、保证行业持久健康发展的重要基石。中国有声读物市场作为正在茁壮成长、欣欣向荣的文化行业，更应该鼓励用户在良性环境中多多参与，多多反馈，为行业发展多多助力。

四　未来展望：纵深还是横阔？

懒人听书作为垂直型有声阅读平台，其产品内容和平台用户画像已较为清晰。因背靠阅文集团，在网络原创文学版权方面拥有极大优势，特别是阅文集团的各大IP作品资源率先释放给懒人听书平台，显著的资源优势促进听书用户不断累积。同时，通过不断调整付费内容、抽奖等运营方式，逐渐帮助用户培养使用产品的习惯。但懒人听书也面临着和其他垂直型产品一样的困境：产品品类相对单一，可提供给用户的选择范围不够丰富，加上诸如喜马拉雅、荔枝等综合音频平台，以及酷狗音乐、酷我音乐等垂直型音乐平台纷纷发力布局有声阅读市场，平台因势而动才能持续发展。

近几年，中国网络音频用户规模增速明显放缓，"耳朵经济"的用户流量即将达到天花板。面对市场环境和趋势变迁，作为垂直类的有声阅读平台，懒人听书是在继续深耕有声阅读还是横向拓展泛声音的业务和产品，我们或许可以从懒人听书的相关动作中探寻其未来发展的方向和路径。

整体上看，除了优质内容作为基础外，有声阅读等在线音频服务同时要在技术上继续发力，顺应智能化发展的智媒时代需求，继续为平台用户提供更好、更优质的服务，进一步完善平台内容分发渠道，做好有声阅读的社群经济，多与用户对话，为平台用户黏性提升、内容升级提供助力。

芽芽故事的业务拓展预示着懒人听书正在向更加细分的圈层需求市场进发，未来，懒人听书是否会在自己的传播生态链上继续开拓更多的圈层化有声内容产品抑或是平台，还要根据市场规模、盈利状况以及资源流动等多维因素来决定。如果专业化的有声内容产品足够成熟以及具有市场吸引力，那么懒人听书作为内容生产方进行版权之上的产品分销将成为可能。

另一方面，作为单一元素的音频平台，围绕业务基础向外横向拓展产业范畴也许是必然之举。围绕数字音频服务，喜马拉雅等综合头部平台开始推出音响等物联配件，懒人听书也开始在终端渗透方面努力——推出 App 车载定制版，研发搭载了 App 服务的智能音箱、儿童陪伴机器人、智能电视及扫地机器人等硬件。

从上述事实可以看出，懒人听书不仅在深耕有声内容上打通链路，同时开始布局用户体验的应用场景，开发终端入口，将智能科技与以声音元素为主的数字内容有机结合。5G 物联网发展催生适应场景化发展需求的智能硬件终端，如可穿戴设备、智能家居、智慧教具等。而有声书平台可结合终端拓宽应用场景，切入出行、生活、教育等不同的场景，进一步拓展用户的收听环境。在 5G 物联网支持下，谋求与车载场景、可穿戴设备、物联网以及智能家居等相结合，在不同听书场景下为用户提供可嵌入式的舒适听书体验。那么，未来在音频内容触顶时，也许在线音频行业也会仿照视频行业，通过智能嵌入，开启科技终端的入口竞争。

附录：数据篇

Appendix：Data

B.19
2019年全国广播频率融媒体传播效果 EMC融播指数*

一 2019年全国广播媒体融媒传播影响力榜

（一）融媒传播影响力总榜

1. 全国广播频率融媒传播影响力 TOP100

---

* 此部分数据来源：中科网联数据科技有限公司全国204套广播频率融媒传播全网监测及效果评估。城市范围：全国35城市，包括所有直辖市、计划单列市和省会城市（除拉萨）；频率层级：国家级、省级、市级；频率类型：新闻类、交通类、音乐类；时间周期：2019年度。

表1　2019年全国广播频率融媒传播效果评估EMC指数榜（TOP100）

排名	频率名称	触达人数	EMC指数	社交指数	短视频指数	直播流指数
1	中央中国之声	97341652	1790.85	1717.63	313.63	2723.19
2	江苏新闻广播	8830228	1600.20	1468.06	1487.64	1874.10
3	浙江之声	9945755	1569.11	1531.43	1123.74	1730.07
4	浙江交通之声	7345750	1566.39	1510.47	1179.19	1865.70
5	安徽交通广播	3127335	1535.46	1447.74	1693.75	1651.93
6	河南交通广播	10458332	1515.40	1529.66	1317.76	1681.23
7	杭州交通经济广播	7629176	1448.10	1544.58	1304.79	1876.91
8	北京交通广播	10022605	1446.46	1283.44	505.66	2187.61
9	中央中国交通广播	8431978	1444.17	1277.06	823.93	1922.04
10	楚天交通广播	19343397	1443.39	1383.86	1078.67	1741.49
11	江苏交通广播	7707197	1382.44	1291.36	609.30	2060.11
12	河北交通广播	4215392	1324.98	1264.85	644.11	1778.50
13	湖北之声	4257136	1320.58	1075.54	1350.89	1638.76
14	中央音乐之声	19129870	1299.97	999.49	135.86	2401.50
15	福建交通广播	1984414	1295.00	1283.57	462.84	1780.84
16	济南交通广播	1583253	1257.73	1150.05	1033.24	1569.69
17	广州交通电台	7624362	1256.81	1098.74	749.64	1735.15
18	贵州交通广播	1009808	1240.35	1272.19	714.51	1477.14
19	杭州之声	3716697	1225.02	1086.05	822.91	1608.54
20	羊城交通广播	5291874	1183.87	1045.34	541.82	1901.22
21	湖南交通频道	1748293	1171.96	1257.78	838.45	1291.73
22	山东交通广播	1774112	1156.27	1133.88	1385.15	1134.87
23	甘肃交通广播	1399746	1141.06	1000.03	527.74	1599.37
24	山西交通广播	2061198	1116.30	1117.14	330.74	1583.68
25	上海流行音乐广播动感101	10924111	1112.88	910.86	291.83	2321.19
26	太原交通广播	2632269	1112.32	922.11	587.56	1632.74
27	黑龙江交通广播	5318384	1107.49	516.27	700.73	2048.69
28	郑州新闻广播	3160183	1103.71	958.53	385.19	1700.11
29	沈阳新闻广播	4254628	1095.76	816.92	438.04	1802.05
30	辽宁交通广播	2922214	1083.34	957.72	338.25	1741.55
31	广东音乐之声	5839664	1072.52	991.23	184.89	1844.69
32	四川交通广播	2101157	1068.47	1029.47	80.49	1767.84
33	贵阳交通广播	1150831	1054.04	989.30	587.24	1394.31

续表

排名	频率名称	触达人数	EMC 指数	社交指数	短视频指数	直播流指数
34	南京交通广播	2154777	1026.74	816.26	202.36	1872.88
35	郑州交通广播	1742118	1026.50	997.85	539.22	1355.85
36	石家庄交通广播	1162672	1013.84	986.85	110.84	1703.54
37	新疆交通广播	3121912	1007.99	718.51	552.47	1612.80
38	青岛交通广播	3362937	1005.32	908.92	55.47	1692.35
39	浙江音乐广播	1915873	1003.15	943.50	330.41	1705.72
40	福建新闻综合广播	2575612	993.99	1265.14	347.67	1518.43
41	上海交通广播	4206230	992.11	906.87	0.00	2045.57
42	广西经济广播	1489930	991.53	954.93	530.39	1620.72
43	武汉交通广播	1115372	989.45	936.37	135.77	1621.77
44	天津交通广播	8138141	974.95	1425.01	52.02	1173.68
45	合肥交通广播	531940	963.67	767.11	370.70	1496.54
46	楚天音乐广播	1151822	961.68	630.03	475.97	1655.11
47	安徽综合广播	1348331	952.85	776.34	729.74	1575.06
48	吉林交通广播	2619892	946.62	616.89	259.18	1750.49
49	陕西交通广播	2701486	926.19	926.60	0.00	1729.30
50	北京新闻广播	8301114	910.48	672.34	0.00	2018.95
51	云南新闻广播	799164	906.67	660.92	309.43	1550.43
52	广东新闻广播	3040517	902.60	834.10	0.00	1813.21
53	江苏音乐广播	1893610	893.65	641.09	227.16	1680.99
54	广西交通广播	931457	888.77	1030.46	24.91	1412.14
55	长沙交通广播	581620	887.33	390.99	1218.18	1491.13
56	宁夏新闻广播	258458	886.23	851.98	242.04	1321.10
57	河南新闻广播	6951765	882.68	871.44	63.86	1418.47
58	云南交通之声	1111860	882.07	445.52	424.61	1617.90
59	浙江新闻广播	755362	879.19	831.24	698.94	1074.49
60	广州新闻资讯广播	3395380	872.99	853.20	0.00	1853.98
61	广西综合广播	2675563	862.68	810.18	157.25	1512.82
62	安徽音乐广播	1310309	862.67	588.40	268.79	1585.18
63	河北音乐广播	7431265	860.87	706.04	19.31	1698.80
64	吉林新闻综合广播	3471469	857.09	958.11	0.00	1566.86
65	河北新闻广播	8031482	853.45	625.73	175.34	1659.53
66	广西文艺广播	1239826	852.61	766.84	130.40	1610.97
67	辽宁音乐广播 （沈阳交通）	2003830	848.00	900.32	302.79	1406.91

续表

排名	频率名称	触达人数	EMC 指数	社交指数	短视频指数	直播流指数
68	江西交通广播	1126874	843.16	730.41	1158.67	805.76
69	厦门经济交通广播	850366	835.74	781.73	18.29	1512.78
70	河南音乐广播	1638584	828.84	394.00	440.05	1596.72
71	中央中国国际劲曲调频	6479857	828.09	457.89	18.58	1939.70
72	贵州综合广播	669032	827.65	257.19	1315.98	1374.27
73	黑龙江新闻广播	1723448	823.21	438.05	289.78	1625.05
74	成都交通广播	1638922	817.55	443.85	198.51	1816.00
75	江苏经典流行音乐广播	6743718	814.70	641.09	0.00	1961.31
76	四川城市之音	1554401	814.32	466.23	185.87	1781.23
77	中央中国国际环球资讯广播	60369181	811.93	394.95	0.00	2129.27
78	山西音乐广播	1515430	794.87	516.63	197.72	1456.03
79	郑州音乐广播	812987	792.25	857.90	0.00	1448.66
80	武汉新闻综合广播	1179951	783.22	746.53	0.00	1623.55
81	福州交通之声	542254	777.44	994.23	109.68	1180.59
82	兰州交通音乐广播	286310	776.11	633.82	208.79	1280.97
83	重庆交通广播	2947720	767.02	383.53	10.34	1971.80
84	江西综合新闻广播	369695	760.13	575.08	863.43	942.67
85	黑龙江音乐广播	1058188	757.64	314.72	262.40	1632.65
86	济南音乐广播	954575	756.85	376.65	221.79	1619.80
87	青岛综合广播	1286027	756.04	502.90	184.98	1551.51
88	河南流行音乐广播 MyRadio	1544228	750.36	738.88	140.09	1620.77
89	中央中国国际轻松调频	3730549	749.70	332.85	105.63	1771.98
90	北京音乐广播	3710322	748.55	354.00	8.52	1944.40
91	合肥新闻综合广播	5677063	743.42	321.46	797.16	1426.00
92	山西综合广播	647411	736.54	449.21	165.58	1383.17
93	济南新闻广播	2921871	733.17	248.01	213.93	1713.40
94	石家庄音乐广播	900359	728.86	401.58	56.82	1602.80
95	中央经典音乐广播	2471759	727.65	497.06	0.00	1676.03
96	兰州综合广播	592744	726.24	528.32	38.36	1507.20

续表

排名	频率名称	触达人数	EMC 指数	社交指数	短视频指数	直播流指数
97	太原综合广播	820673	716.11	496.71	506.73	1118.31
98	宁波音乐广播 私家车986	990084	714.68	619.00	0.00	1641.55
99	湖南旅游频道 年代音乐台	1766628	711.79	559.16	1039.07	1150.54
100	陕西新闻广播	771108	711.45	515.15	0.00	1565.62

（二）融媒传播影响力平台榜

1. 社交平台榜

表2　2019年全国广播频率融媒传播效果评估社交平台榜（TOP50）

排名	频率名称	社交指数
1	中央中国之声	1717.63
2	杭州交通经济广播	1544.58
3	浙江之声	1531.43
4	河南交通广播	1529.66
5	浙江交通之声	1510.47
6	江苏新闻广播	1468.06
7	安徽交通广播	1447.74
8	天津交通广播	1425.01
9	楚天交通广播	1383.86
10	江苏交通广播	1291.36
11	福建交通广播	1283.57
12	北京交通广播	1283.44
13	中央中国交通广播	1277.06
14	贵州交通广播	1272.19
15	福建新闻综合广播	1265.14
16	河北交通广播	1264.85
17	湖南交通频道	1257.78
18	济南交通广播	1150.05

续表

排名	频率名称	社交指数
19	山东交通广播	1133.88
20	山西交通广播	1117.14
21	广州交通电台	1098.74
22	杭州之声	1086.05
23	湖北之声	1075.54
24	羊城交通广播	1045.34
25	广西交通广播	1030.46
26	四川交通广播	1029.47
27	甘肃交通广播	1000.03
28	中央音乐之声	999.49
29	郑州交通广播	997.85
30	福州交通之声	994.23
31	广东音乐之声	991.23
32	贵阳交通广播	989.30
33	石家庄交通广播	986.85
34	郑州新闻广播	958.53
35	吉林新闻综合广播	958.11
36	辽宁交通广播	957.72
37	广西经济广播	954.93
38	浙江音乐广播	943.50
39	武汉交通广播	936.37
40	陕西交通广播	926.60
41	太原交通广播	922.11
42	上海流行音乐广播动感101	910.86
43	青岛交通广播	908.92
44	上海交通广播	906.87
45	辽宁音乐广播(沈阳交通)	900.32
46	河南新闻广播	871.44
47	郑州音乐广播	857.90
48	广州新闻资讯广播	853.20
49	宁夏新闻广播	851.98
50	广东新闻广播	834.10

2. 短视频平台榜

表3　2019年全国广播频率融媒传播效果评估短视频平台榜（TOP50）

排名	频率名称	短视频指数
1	安徽交通广播	1693.75
2	江苏新闻广播	1487.64
3	山东交通广播	1385.15
4	湖北之声	1350.89
5	河南交通广播	1317.76
6	贵州综合广播	1315.98
7	杭州交通经济广播	1304.79
8	长沙交通广播	1218.18
9	浙江交通之声	1179.19
10	江西交通广播	1158.67
11	浙江之声	1123.74
12	楚天交通广播	1078.67
13	湖南旅游频道年代音乐台	1039.07
14	济南交通广播	1033.24
15	江西综合新闻广播	863.43
16	湖南交通频道	838.45
17	中央中国交通广播	823.93
18	杭州之声	822.91
19	合肥新闻综合广播	797.16
20	广州交通电台	749.64
21	安徽综合广播	729.74
22	贵州交通广播	714.51
23	黑龙江交通广播	700.73
24	浙江新闻广播	698.94
25	河北交通广播	644.11
26	江苏交通广播	609.30
27	太原交通广播	587.56
28	贵阳交通广播	587.24
29	新疆交通广播	552.47
30	羊城交通广播	541.82
31	郑州交通广播	539.22
32	广西经济广播	530.39

续表

排名	频率名称	短视频指数
33	甘肃交通广播	527.74
34	广州汽车音乐电台	517.50
35	长春交通之声广播	508.94
36	太原综合广播	506.73
37	北京交通广播	505.66
38	福州新闻广播	492.34
39	楚天音乐广播	475.97
40	福建交通广播	462.84
41	河南音乐广播	440.05
42	沈阳新闻广播	438.04
43	云南交通之声	424.61
44	郑州新闻广播	385.19
45	太原音乐广播	376.73
46	江西音乐广播	371.89
47	合肥交通广播	370.70
48	福建新闻综合广播	347.67
49	辽宁交通广播	338.25
50	山西交通广播	330.74

3. 融合收听榜

表4 2019 年全国广播频率融媒传播效果评估融合收听榜（TOP50）

排名	频率名称	直播流指数
1	中央中国之声	2723.19
2	中央音乐之声	2401.50
3	上海流行音乐广播动感 101	2321.19
4	上海经典金曲广播 LoveRadio	2258.23
5	北京交通广播	2187.61
6	中央中国国际环球资讯广播	2129.27
7	江苏交通广播	2060.11
8	黑龙江交通广播	2048.69

续表

排名	频率名称	直播流指数
9	上海交通广播	2045.57
10	北京新闻广播	2018.95
11	重庆交通广播	1971.80
12	江苏经典流行音乐广播	1961.31
13	北京音乐广播	1944.40
14	中央中国国际劲曲调频	1939.70
15	中央中国交通广播	1922.04
16	羊城交通广播	1901.22
17	重庆音乐广播风尚881	1878.44
18	杭州交通经济广播	1876.91
19	江苏新闻广播	1874.10
20	南京交通广播	1872.88
21	浙江交通之声	1865.70
22	上海新闻广播	1858.35
23	广州新闻资讯广播	1853.98
24	广东音乐之声	1844.69
25	重庆之声	1825.07
26	上海东广新闻台	1819.19
27	成都交通广播	1816.00
28	广东新闻广播	1813.21
29	深圳新闻广播	1806.17
30	沈阳新闻广播	1802.05
31	四川城市之音	1781.23
32	福建交通广播	1780.84
33	河北交通广播	1778.50
34	中央中国国际轻松调频	1771.98
35	四川交通广播	1767.84
36	深圳交通广播	1757.14
37	吉林交通广播	1750.49
38	深圳音乐广播	1745.00
39	南京音乐广播	1741.74
40	辽宁交通广播	1741.55
41	楚天交通广播	1741.49
42	广州交通电台	1735.15

排名	频率名称	直播流指数
43	浙江之声	1730. 07
44	陕西交通广播	1729. 30
45	济南新闻广播	1713. 40
46	宁波交通广播	1708. 71
47	浙江音乐广播	1705. 72
48	石家庄交通广播	1703. 54
49	郑州新闻广播	1700. 11
50	河北音乐广播	1698. 80

二 2019年上半年全国广播媒体融媒传播影响力榜 TOP100

表5 2019 年上半年全国广播频率融媒传播效果评估 EMC 指数榜（TOP100）

排名	频率名称	EMC 指数	社交指数	短视频指数	直播流指数
1	中央中国之声	1704. 93	1595. 46	247. 40	2728. 45
2	杭州交通经济广播	1357. 04	1412. 69	1158. 43	1866. 78
3	北京交通广播	1311. 72	1135. 60	316. 76	2156. 83
4	江苏交通广播	1291. 61	1176. 32	463. 15	2060. 82
5	中央中国交通广播	1262. 48	1144. 03	386. 22	1894. 45
6	中央音乐之声	1251. 13	904. 29	135. 86	2403. 89
7	安徽交通广播	1135. 92	1296. 32	117. 05	1641. 88
8	羊城交通广播	1124. 80	972. 45	530. 35	1854. 09
9	江苏新闻广播	1097. 26	1297. 48	0. 00	1878. 51
10	杭州之声	1080. 77	901. 10	580. 02	1607. 46
11	河南交通广播	1070. 08	1426. 46	0. 00	1682. 49
12	浙江之声	1066. 69	1322. 44	0. 00	1698. 05
13	上海流行音乐广播动感101	1065. 80	867. 01	210. 95	2319. 92
14	浙江交通之声	1048. 53	1267. 68	0. 00	1845. 51
15	河北交通广播	1045. 95	727. 78	398. 43	1787. 18

续表

排名	频率名称	EMC 指数	社交指数	短视频指数	直播流指数
16	山西交通广播	1043.64	1001.24	304.70	1562.61
17	济南交通广播	1031.43	1002.29	248.14	1597.43
18	楚天交通广播	1013.58	1185.77	0.00	1739.23
19	郑州新闻广播	1011.02	852.12	285.41	1676.32
20	福建交通广播	1007.69	1144.14	0.00	1775.97
21	广东音乐之声	1005.10	913.76	164.23	1798.13
22	甘肃交通广播	977.67	688.71	448.13	1576.03
23	贵州交通广播	974.39	1093.56	72.21	1452.38
24	南京交通广播	954.69	733.41	151.25	1871.50
25	辽宁交通广播	946.10	729.20	238.20	1727.21
26	石家庄交通广播	944.62	821.35	109.19	1707.62
27	上海交通广播	943.49	828.93	0.00	2044.03
28	湖南交通频道	940.69	1111.50	134.25	1302.60
29	郑州交通广播	937.51	824.31	477.46	1370.13
30	天津交通广播	925.47	1329.35	52.02	1146.89
31	青岛交通广播	922.15	848.81	12.13	1666.60
32	四川交通广播	908.64	878.20	0.00	1763.61
33	福建新闻综合广播	902.03	1120.84	289.47	1510.27
34	新疆交通广播	898.85	571.57	444.20	1590.40
35	浙江音乐广播	897.52	831.46	212.46	1686.44
36	广州交通电台	891.84	925.26	0.00	1696.02
37	湖北之声	880.12	939.47	0.00	1642.83
38	太原交通广播	874.75	799.77	53.68	1613.99
39	陕西交通广播	870.11	826.31	0.00	1702.53
40	山东交通广播	869.03	869.18	382.95	1104.24
41	黑龙江交通广播	836.57	333.20	131.83	2020.12
42	安徽综合广播	836.43	669.43	459.77	1554.77
43	云南新闻广播	834.83	537.44	304.47	1540.31
44	河南新闻广播	824.47	767.49	47.10	1440.67
45	广州新闻资讯广播	818.37	760.88	0.00	1815.64
46	武汉交通广播	814.28	763.03	0.00	1641.84
47	广东新闻广播	810.22	716.33	0.00	1688.07
48	北京新闻广播	807.38	484.67	0.00	1994.79
49	广西交通广播	801.11	851.25	24.91	1373.82

续表

排名	频率名称	EMC 指数	社交指数	短视频指数	直播流指数
50	贵阳交通广播	800.39	793.34	42.59	1373.35
51	吉林交通广播	797.24	385.75	255.73	1725.55
52	沈阳新闻广播	797.12	386.63	157.87	1762.29
53	河北音乐广播	796.18	662.15	0.00	1695.53
54	云南交通之声	791.43	409.02	215.87	1599.96
55	成都交通广播	779.86	395.98	196.98	1804.85
56	吉林新闻综合广播	778.58	783.29	0.00	1551.00
57	四川城市之音	773.06	418.23	171.90	1763.20
58	中央中国国际劲曲调频	773.00	408.99	18.58	1906.50
59	江苏经典流行音乐广播	768.65	553.16	0.00	1978.79
60	武汉新闻综合广播	761.33	711.04	0.00	1638.31
61	广西综合广播	758.70	655.33	138.51	1503.34
62	宁夏新闻广播	757.54	692.23	103.50	1297.72
63	浙江新闻广播	756.56	620.60	613.10	1051.80
64	安徽音乐广播	754.69	426.52	219.65	1577.04
65	河南音乐广播	749.68	336.41	229.35	1609.56
66	辽宁音乐广播(沈阳交通)	748.82	782.61	259.71	1370.59
67	厦门经济交通广播	737.34	596.66	9.24	1504.24
68	石家庄新闻广播	722.54	692.72	0.00	1470.28
69	河南流行音乐广播 MyRadio	714.37	646.97	127.17	1626.84
70	北京音乐广播	713.05	328.87	8.52	1912.62
71	江苏音乐广播	711.96	553.16	0.00	1680.19
72	河北新闻广播	708.03	568.11	0.00	1656.52
73	广西文艺广播	704.58	460.27	105.14	1591.54
74	广西经济广播(970 女主播)	698.81	797.64	0.00	1586.98
75	中央中国国际轻松调频	697.14	287.60	100.54	1748.18
76	郑州音乐广播	696.13	626.16	0.00	1444.49
77	济南音乐广播	693.63	314.27	211.75	1632.99
78	合肥交通广播	682.66	356.35	76.23	1488.04
79	宁波交通广播	676.06	410.39	0.00	1708.16
80	福州交通之声	675.21	858.23	51.77	1179.61
81	重庆交通广播	672.84	290.73	0.00	1944.03
82	黑龙江新闻广播	670.94	380.67	30.79	1561.39
83	贵州综合广播	668.40	217.87	509.74	1355.78

续表

排名	频率名称	EMC 指数	社交指数	短视频指数	直播流指数
84	楚天音乐广播	667.72	421.25	0.00	1646.57
85	兰州交通音乐广播	664.66	551.14	57.66	1273.70
86	黑龙江音乐广播	663.67	262.61	208.33	1612.55
87	宁波音乐广播私家车986	656.69	504.59	0.00	1642.35
88	济南新闻广播	656.44	223.86	55.17	1763.06
89	江西交通广播	655.30	624.08	385.34	758.42
90	中央经典音乐广播	653.11	412.02	0.00	1651.93
91	深圳交通广播	651.61	382.75	0.00	1731.54
92	石家庄音乐广播	651.58	356.72	39.14	1600.05
93	重庆之声	640.92	275.81	0.00	1795.89
94	陕西音乐广播	636.01	403.70	0.00	1587.01
95	南宁交通音乐广播	634.45	712.93	83.75	1199.74
96	宁夏交通广播	634.00	492.01	0.00	1392.09
97	兰州综合广播	631.70	432.25	3.90	1471.46
98	湖北经典音乐广播	631.47	379.92	0.00	1638.73
99	山西综合广播	630.06	381.01	75.21	1287.06
100	上海经典金曲广播LoveRadio	629.04	290.19	0.00	2284.46

三　2019年下半年全国广播媒体融媒传播影响力榜TOP100

表6　2019年下半年全国广播频率融媒传播效果评估EMC指数榜（TOP100）

排名	频率名称	EMC 指数	社交指数	短视频指数	直播流指数
1	中央中国之声	1686.17	1534.59	260.12	2720.50
2	江苏新闻广播	1540.46	1343.01	1487.64	1869.60
3	浙江之声	1538.20	1424.96	1123.74	1754.90
4	浙江交通之声	1525.81	1385.52	1179.19	1883.88
5	安徽交通广播	1463.32	1300.58	1693.39	1661.55
6	河南交通广播	1416.36	1287.69	1317.76	1678.40
7	楚天交通广播	1387.17	1271.17	1078.67	1738.43
8	北京交通广播	1369.88	1172.92	397.16	2215.60
9	中央中国交通广播	1359.22	1094.42	760.38	1945.80

续表

排名	频率名称	EMC 指数	社交指数	短视频指数	直播流指数
10	江苏交通广播	1299.39	1132.50	582.65	2057.64
11	杭州交通经济广播	1273.35	1393.04	671.32	1884.78
12	湖北之声	1267.67	969.60	1350.89	1626.35
13	福建交通广播	1234.93	1158.33	462.84	1768.92
14	广州交通电台	1217.31	990.00	749.64	1768.85
15	贵州交通广播	1194.35	1166.98	701.41	1499.17
16	河北交通广播	1189.56	1195.11	266.54	1770.62
17	杭州之声	1182.67	998.42	808.26	1610.03
18	济南交通广播	1181.14	1016.85	1023.04	1537.11
19	山东交通广播	1114.55	1039.37	1355.00	1161.14
20	湖南交通频道	1109.21	1121.87	835.37	1281.18
21	甘肃交通广播	1102.69	947.19	473.50	1620.25
22	中央音乐之声	1099.86	854.03	0.00	2400.62
23	黑龙江交通广播	1092.93	489.27	693.94	2073.44
24	沈阳新闻广播	1065.27	766.75	394.48	1836.29
25	太原交通广播	1059.91	795.17	587.32	1645.53
26	郑州新闻广播	1045.04	842.08	351.87	1717.14
27	山西交通广播	1044.80	1007.31	238.16	1602.30
28	羊城交通广播	1040.55	817.70	322.88	1940.38
29	四川交通广播	1030.40	945.45	80.49	1772.72
30	贵阳交通广播	1017.90	906.53	587.13	1412.30
31	辽宁交通广播	987.26	897.24	280.99	1594.43
32	上海流行音乐广播动感101	978.99	672.15	261.67	2323.08
33	新疆交通广播	976.67	674.70	510.91	1632.65
34	南京交通广播	960.48	701.07	168.34	1874.40
35	广东音乐之声	955.35	745.07	121.90	1884.18
36	广西经济广播(970女主播)	951.25	830.59	530.39	1649.81
37	郑州交通广播	949.75	875.10	455.17	1342.87
38	浙江音乐广播	944.54	804.94	305.21	1722.75
39	楚天音乐广播	935.91	538.87	596.96	1662.65
40	福建新闻综合广播	933.95	1124.32	288.59	1524.71
41	上海交通广播	932.67	772.02	0.00	2046.63
42	武汉交通广播	932.33	851.30	135.77	1578.94

续表

排名	频率名称	EMC 指数	社交指数	短视频指数	直播流指数
43	合肥交通广播	926.29	703.51	368.30	1505.24
44	安徽综合广播	907.72	675.04	718.28	1592.22
45	北京新闻广播	883.85	617.69	0.00	2041.23
46	石家庄交通广播	875.50	848.91	8.89	1700.48
47	青岛交通广播	867.79	576.84	51.97	1715.59
48	广东新闻广播	862.41	728.03	0.00	1853.45
49	长沙交通广播	851.84	329.74	1218.18	1500.11
50	宁夏新闻广播	845.53	771.46	212.57	1339.96
51	天津交通广播	843.16	1218.05	0.00	1197.49
52	浙江新闻广播	831.17	731.72	629.33	1093.65
53	广州新闻资讯广播	822.10	728.40	0.00	1886.87
54	吉林新闻综合广播	821.54	870.24	0.00	1583.19
55	广西交通广播	820.22	954.45	0.00	1443.67
56	陕西交通广播	815.87	645.77	0.00	1753.26
57	河南新闻广播	814.57	763.54	39.29	1399.59
58	吉林交通广播	812.41	526.47	25.80	1772.83
59	安徽音乐广播	810.35	504.91	227.10	1593.57
60	河北音乐广播	809.98	618.07	19.31	1702.33
61	河北新闻广播	809.03	551.52	175.34	1662.47
62	中央中国国际环球资讯广播	806.06	394.95	0.00	2162.70
63	江苏音乐广播	805.51	457.39	227.16	1682.79
64	辽宁音乐广播（沈阳交通）	800.57	785.36	244.51	1436.94
65	云南新闻广播	796.10	581.38	91.53	1560.11
66	江西交通广播	795.20	621.08	1098.69	841.36
67	厦门经济交通广播	794.67	721.43	11.86	1503.52
68	广西综合广播	793.99	695.19	89.26	1521.65
69	山西音乐广播	779.04	458.34	195.94	1497.47
70	广西文艺广播	773.55	622.67	90.99	1629.12
71	石家庄新闻广播	770.33	818.78	0.00	1466.07
72	中央中国国际劲曲调频	770.09	405.54	0.00	1975.56
73	黑龙江新闻广播	768.79	329.53	287.04	1667.32
74	贵州综合广播	766.30	225.52	1012.00	1390.36
75	河南音乐广播	764.09	337.75	420.15	1586.29

续表

排名	频率名称	EMC 指数	社交指数	短视频指数	直播流指数
76	江西综合新闻广播	747.44	546.49	846.27	957.15
77	合肥新闻综合广播	743.45	310.23	797.16	1463.05
78	四川城市之音	743.40	409.13	93.04	1798.88
79	重庆交通广播	740.41	338.53	10.34	1996.69
80	福州交通之声	737.32	885.63	99.98	1181.91
81	江苏经典流行音乐广播	723.37	457.39	0.00	1940.46
82	郑州音乐广播	721.06	680.51	0.00	1452.45
83	青岛综合广播	720.84	435.13	146.86	1575.74
84	兰州交通音乐广播	719.77	504.25	204.23	1289.04
85	山西综合广播	718.68	398.07	156.75	1442.03
86	中央经典音乐广播	715.77	458.55	0.00	1704.46
87	黑龙江音乐广播	709.02	350.27	55.56	1651.69
88	北京音乐广播	703.96	317.78	0.00	1972.89
89	陕西新闻广播	703.31	488.39	0.00	1606.74
90	云南交通之声	702.88	155.51	402.60	1634.69
91	成都交通广播	701.49	382.95	23.00	1827.37
92	济南音乐广播	690.51	332.36	104.57	1605.66
93	湖南旅游频道年代音乐台	690.48	510.79	991.61	1163.36
94	陕西音乐广播	690.15	435.51	0.00	1666.43
95	中央中国国际轻松调频	688.75	290.66	30.17	1796.10
96	石家庄音乐广播	688.75	344.50	35.82	1606.50
97	济南新闻广播	688.34	223.06	200.50	1640.94
98	武汉新闻综合广播	684.53	533.89	0.00	1594.49
99	河南流行音乐广播 MyRadio	682.50	628.49	71.75	1615.98
100	兰州综合广播	678.21	425.57	36.58	1536.37

B.20
2019年全国广播市场收听
竞争格局基础数据[*]

一 北京广播市场收听竞争格局

表1 2019年北京地区广播频率收听竞争格局 TOP10

排名	频率名称	收听率(%)	收听份额(%)
1	北京交通广播	0.56	21.6
2	北京新闻广播	0.27	10.4
3	北京音乐广播	0.25	9.7
4	中央中国之声	0.23	8.9
5	北京文艺广播	0.18	6.9
6	中央音乐之声	0.13	5.0
7	中央经济之声	0.12	4.6
8	中央文艺之声	0.10	3.9
9	中央中国国际劲曲调频广播	0.09	3.5
10	中央中国交通广播	0.08	3.1

二 上海广播市场收听竞争格局

---

[*] 此部分数据来源：中科网联数据科技有限公司全国38城市 RAM 测量仪/日记卡收听率调查，2019年度。

表2 2019年上海地区广播频率收听竞争格局TOP10

排名	频率名称	收听率（%）	收听份额（%）
1	上海流行音乐广播动感101	0.58	32.9
2	上海经典金曲广播Love Radio	0.50	28.5
3	上海交通广播	0.24	13.6
4	上海新闻广播	0.08	4.5
5	上海第一财经广播	0.07	4.1
6	中央中国之声	0.05	3.0
7	中央音乐之声	0.04	2.4
8	上海故事广播	0.03	1.4
9	上海东广新闻台	0.03	1.4
10	中央中国国际劲曲调频广播	0.03	1.3

三 广州广播市场收听竞争格局

表3 2019年广州地区广播频率收听竞争格局TOP10

排名	频率名称	收听率（%）	收听份额（%）
1	广东羊城交通广播	0.71	17.9
2	广州新闻资讯广播	0.56	14.1
3	广东音乐之声	0.49	12.4
4	广东珠江经济台	0.39	9.8
5	广州应急交通广播	0.38	9.6
6	广州音乐广播	0.33	8.3
7	广东新闻广播	0.27	6.8
8	广东城市之声	0.23	5.8
9	广州青少年广播	0.19	4.8
10	广东南方生活广播	0.13	3.3

四 深圳广播市场收听竞争格局

表4 2019年深圳地区广播频率收听竞争格局TOP10

排名	频率名称	收听率（%）	收听份额（%）
1	深圳交通广播	0.64	14.9
2	深圳音乐广播	0.50	11.6
3	深圳生活广播	0.43	10.0
4	深圳新闻广播先锋898	0.41	9.5
5	中央中国之声	0.37	8.6
6	广东南粤之声大湾区广播	0.33	7.7
7	深圳缤纷1043	0.29	6.7
8	中央音乐之声	0.24	5.6
9	中央大湾区之声	0.18	4.2
10	广州音乐广播	0.15	3.5

五 天津广播市场收听竞争格局

表5 2019年天津地区广播频率收听竞争格局TOP10

排名	频率名称	收听率（%）	收听份额（%）
1	天津交通广播	0.72	30.0
2	天津音乐广播	0.41	17.1
3	天津相声广播	0.37	15.3
4	天津新闻广播	0.32	13.4
5	天津文艺广播	0.13	5.5
6	中央经济之声	0.07	2.7
7	天津动听885	0.06	2.7
8	天津经济广播	0.06	2.5
9	中央中国之声	0.05	2.1
10	天津滨海广播	0.05	2.1

六 重庆广播市场收听竞争格局

表6 2019年重庆地区广播频率收听竞争格局TOP10

排名	频率名称	收听率(%)	收听份额(%)
1	重庆交通广播	0.73	22.30
2	重庆音乐广播	0.60	18.30
3	重庆之声	0.45	13.80
4	重庆私家车广播	0.33	10.10
5	中央中国之声	0.27	8.30
6	重庆经济广播	0.24	7.30
7	重庆文艺广播	0.19	5.80
8	中央音乐之声	0.15	4.60
9	中央经济之声	0.12	3.70
10	中央中国国际环球资讯广播	0.08	2.40

七 大连广播市场收听竞争格局

表7 2019年大连地区广播频率收听竞争格局TOP10

排名	频率名称	收听率(%)	收听份额(%)
1	大连交通广播	0.83	28.5
2	大连综合广播	0.43	14.9
3	大连少儿(音乐)广播	0.27	9.2
4	大连新城乡广播	0.22	7.7
5	中央音乐之声	0.20	6.7
6	大连都市之声	0.20	6.9
7	大连体育广播	0.19	6.6
8	大连财经广播	0.18	6.1
9	中央中国之声	0.15	5.1
10	辽宁资讯广播	0.10	3.4

八　青岛广播市场收听竞争格局

表8　2019年青岛地区广播频率收听竞争格局 TOP10

排名	频率名称	收听率（%）	收听份额（%）
1	青岛交通广播	0.62	17.7
2	青岛音乐体育广播	0.47	13.4
3	青岛综合广播	0.36	10.3
4	山东音乐广播	0.32	9.1
5	青岛私家车广播	0.29	8.3
6	青岛经济广播	0.25	7.1
7	青岛故事广播	0.22	6.3
8	中央中国之声	0.20	5.7
9	中央经济之声	0.17	4.9
10	青岛摩登音乐调频	0.15	4.3

九　宁波广播市场收听竞争格局

表9　2019年宁波地区广播频率收听竞争格局 TOP10

排名	频率名称	收听率（%）	收听份额（%）
1	宁波交通广播	0.75	18.5
2	宁波音乐广播	0.70	17.2
3	宁波新闻综合广播	0.66	16.3
4	宁波经济广播	0.47	11.7
5	宁波老少广播	0.25	6.1
6	中央中国之声	0.24	6.0
7	浙江之声	0.20	4.8
8	浙江旅游之声	0.18	4.5
9	浙江交通之声	0.16	4.0
10	中央经济之声	0.15	3.6

十 厦门广播市场收听竞争格局

表10 2019年厦门地区广播频率收听竞争格局TOP10

排名	频率名称	收听率(%)	收听份额(%)
1	厦门经济交通广播	0.44	17.3
2	厦门音乐广播	0.36	14.1
3	厦门综合广播	0.29	11.4
4	厦门旅游广播	0.24	9.4
5	福建新闻综合广播	0.20	7.8
6	厦门闽南之声	0.16	6.3
7	福建经济广播	0.15	5.9
8	中央中国之声	0.15	5.9
9	海峡之声综合广播	0.11	4.3
10	中央音乐之声	0.11	4.3

十一 哈尔滨广播市场收听竞争格局

表11 2019年哈尔滨地区广播频率收听竞争格局TOP10

排名	频率名称	收听率(%)	收听份额(%)
1	黑龙江交通广播	0.60	22.4
2	哈尔滨文艺广播	0.41	15.2
3	黑龙江广播97频道(爱家频道)	0.39	14.4
4	黑龙江高校广播	0.24	9.0
5	黑龙江都市女性广播	0.21	7.6
6	黑龙江音乐广播	0.17	6.4
7	黑龙江生活广播	0.15	5.5
8	黑龙江新闻广播	0.11	4.2
9	哈尔滨音乐广播	0.11	4.2
10	哈尔滨交通广播	0.11	4.1

十二　长春广播市场收听竞争格局

表12　2019年长春地区广播频率收听竞争格局TOP10

排名	频率名称	收听率（%）	收听份额（%）
1	长春交通之声	0.54	34.0
2	吉林交通广播	0.21	13.2
3	吉林资讯广播	0.15	9.3
4	长春时尚音乐调频	0.15	9.2
5	吉林音乐广播	0.09	5.6
6	吉林新闻综合广播	0.07	4.4
7	中央经济之声	0.06	3.6
8	中央中国之声	0.05	3.1
9	长春城市精英广播	0.05	3.3
10	长春新闻广播	0.04	2.5

十三　沈阳广播市场收听竞争格局

表13　2019年沈阳地区广播频率收听竞争格局TOP10

排名	频率名称	收听率（%）	收听份额（%）
1	辽宁音乐广播（沈阳交通）	0.69	19.4
2	辽宁都市广播	0.58	16.3
3	辽宁交通广播	0.46	13.0
4	辽宁经典音乐广播	0.36	10.1
5	沈阳新闻广播	0.34	9.6
6	中央中国之声	0.27	7.6
7	中央音乐之声	0.22	6.2
8	沈阳生活广播	0.21	5.9
9	辽宁之声	0.18	5.1
10	中央经济之声	0.14	3.9

十四　石家庄广播市场收听竞争格局

表14　2019年石家庄地区广播频率收听竞争格局TOP10

排名	频率名称	收听率（%）	收听份额（%）
1	石家庄交通广播	0.28	15.1
2	河北交通广播	0.23	12.0
3	石家庄音乐广播	0.20	10.4
4	中央中国之声	0.15	8.1
5	河北音乐广播	0.12	6.5
6	河北生活广播	0.11	6.0
7	河北经济广播	0.10	5.3
8	河北综合广播	0.09	4.9
9	中央经济之声	0.08	4.0
10	中央音乐之声	0.08	4.3

十五　廊坊广播市场收听竞争格局

表15　2019年廊坊地区广播频率收听竞争格局TOP10

排名	频率名称	收听率（%）	收听份额（%）
1	廊坊交通长书广播	0.61	18.9
2	廊坊综合广播	0.49	15.1
3	河北音乐广播	0.37	11.3
4	廊坊戏曲广播	0.35	10.7
5	天津相声广播	0.23	7.2
6	天津交通广播	0.19	6.0
7	天津音乐广播	0.16	4.8
8	衡水私家车广播	0.13	4.0
9	中央中国之声	0.13	3.9
10	北京音乐广播	0.11	3.3

十六　太原广播市场收听竞争格局

表16　2019年太原地区广播频率收听竞争格局TOP10

排名	频率名称	收听率（%）	收听份额（%）
1	太原交通广播	0.56	15.1
2	太原音乐广播	0.44	10.3
3	山西交通广播	0.34	9.2
4	太原综合广播	0.32	8.6
5	中央中国之声	0.29	8.1
6	山西音乐广播	0.26	7.3
7	山西综合广播	0.24	6.8
8	山西文艺广播	0.22	6.2
9	太原经济广播	0.19	5.4
10	山西故事广播	0.16	4.6

十七　呼和浩特广播市场收听竞争格局

表17　2019年呼和浩特地区广播频率收听竞争格局TOP10

排名	频率名称	收听率（%）	收听份额（%）
1	内蒙古交通之声	0.45	18.7
2	中央音乐之声	0.30	12.6
3	内蒙古新闻广播	0.26	10.7
4	内蒙古经济生活广播	0.20	8.3
5	呼和浩特交通广播	0.19	8.0
6	内蒙古音乐之声	0.17	7.1
7	呼和浩特城市生活广播	0.13	5.3
8	呼和浩特综合广播	0.12	5.1
9	内蒙古新闻综合广播	0.10	4.0
10	内蒙古评书曲艺广播	0.09	4.0

十八　济南广播市场收听竞争格局

表18　2019年济南地区广播频率收听竞争格局TOP10

排名	频率名称	收听率（%）	收听份额（%）
1	济南新闻广播	0.88	24.1
2	济南交通广播	0.67	18.2
3	济南音乐广播	0.51	13.8
4	济南经济广播	0.50	13.6
5	济南故事广播	0.40	10.8
6	山东音乐广播	0.12	3.2
7	山东综合广播	0.11	3.1
8	山东乡村之声	0.08	2.1
9	中央中国之声	0.07	2.0
10	山东经济广播	0.07	1.8

十九　济宁广播市场收听竞争格局

表19　2019年济宁地区广播频率收听竞争格局TOP10

排名	频率名称	收听率（%）	收听份额（%）
1	济宁交通文艺广播	0.74	34.4
2	济宁综合广播	0.56	26.2
3	济宁生活广播	0.51	23.9
4	山东交通广播	0.15	6.8
5	嘉祥音乐广播	0.05	2.3
6	中央中国之声	0.03	1.4
7	山东生活信息广播	0.03	1.3
8	山东综合广播	0.01	0.7
9	山东文艺广播	0.01	0.5
10	山东经济广播	0.00	0.2

二十　南京广播市场收听竞争格局

表20　2019年南京地区广播频率收听竞争格局TOP10

排名	频率名称	收听率（%）	收听份额（%）
1	南京交通广播	0.40	18.4
2	江苏交通广播	0.38	17.1
3	南京音乐广播	0.23	10.5
4	江苏经典流行音乐广播	0.18	8.0
5	南京体育广播	0.15	6.8
6	江苏新闻广播	0.15	6.7
7	江苏音乐广播	0.13	5.7
8	六合音乐广播	0.11	4.8
9	中央中国之声	0.09	4.1
10	江苏金陵之声	0.06	2.9

二十一　扬州广播市场收听竞争格局

表21　2019年扬州地区广播频率收听竞争格局TOP10

排名	频率名称	收听率（%）	收听份额（%）
1	扬州新闻广播	0.50	14.7
2	扬州交通广播	0.46	13.6
3	扬州经济音乐广播	0.40	11.8
4	江苏交通广播	0.31	9.2
5	扬州健康生活广播	0.29	8.6
6	江都广播	0.26	7.7
7	江苏健康广播	0.15	4.4
8	镇江综合广播	0.12	3.5
9	镇江音乐广播	0.09	2.8
10	江苏新闻广播	0.09	2.7

二十二　杭州广播市场收听竞争格局

表22　2019年杭州地区广播频率收听竞争格局TOP10

排名	频率名称	收听率（%）	收听份额（%）
1	杭州交通经济广播	0.71	17.5
2	浙江交通之声	0.52	12.8
3	浙江音乐广播	0.43	10.5
4	杭州西湖之声	0.36	9.0
5	浙江之声	0.35	8.6
6	杭州综合广播	0.30	7.3
7	杭州城市资讯广播	0.27	6.7
8	中央中国之声	0.21	5.2
9	浙江城市之声	0.21	5.2
10	浙江经济广播	0.19	4.6

二十三　合肥广播市场收听竞争格局

表23　2019年合肥地区广播频率收听竞争格局TOP10

排名	频率名称	收听率（%）	收听份额（%）
1	合肥交通广播	0.58	13.3
2	安徽交通广播	0.49	11.3
3	安徽音乐广播	0.44	10.1
4	安徽新闻综合广播	0.39	9.0
5	合肥新闻综合广播	0.33	7.6
6	合肥文艺广播	0.30	6.9
7	合肥资讯广播	0.27	6.2
8	安徽生活广播	0.24	5.5
9	合肥故事广播	0.21	4.8
10	中央中国之声	0.17	3.9

二十四 南昌广播市场收听竞争格局

表24 2019年南昌地区广播频率收听竞争格局TOP10

排名	频率名称	收听率（%）	收听份额（%）
1	江西交通广播	0.26	14.9
2	南昌交通广播	0.24	13.7
3	江西音乐广播	0.22	12.6
4	江西旅游广播	0.17	9.7
5	南昌新闻综合广播	0.16	9.1
6	中央中国之声	0.12	6.9
7	江西综合新闻广播	0.11	6.3
8	江西MIX 969	0.10	5.7
9	江西民生广播	0.08	4.6
10	中央经济之声	0.07	4.0

二十五 福州广播市场收听竞争格局

表25 2019年福州地区广播频率收听竞争格局TOP10

排名	频率名称	收听率（%）	收听份额（%）
1	福建都市生活广播	0.41	19.4
2	福建交通广播	0.37	17.3
3	福建音乐广播	0.31	14.7
4	福建新闻综合广播	0.20	9.4
5	福州交通之声	0.15	7.1
6	中央中国之声	0.14	6.5
7	福建经济广播	0.13	6.3
8	海峡之声汽车生活广播	0.12	5.6
9	海峡之声都市阳光调频	0.10	4.7
10	中央音乐之声	0.04	1.9

二十六 南宁广播市场收听竞争格局

表26 2019年南宁地区广播频率收听竞争格局TOP10

排名	频率名称	收听率（%）	收听份额（%）
1	广西私家车广播	0.42	21.0
2	广西音乐广播	0.33	16.6
3	广西女主播电台	0.31	15.6
4	广西新闻广播	0.21	10.6
5	南宁1049经典广播	0.15	7.6
6	广西交通广播	0.15	7.4
7	南宁汽车故事广播	0.12	6.3
8	中央中国之声	0.11	5.3
9	南宁交通音乐广播	0.07	3.6
10	南宁新闻综合广播	0.06	2.9

二十七 海口广播市场收听竞争格局

表27 2019年海口地区广播频率收听竞争格局TOP10

排名	频率名称	收听率（%）	收听份额（%）
1	海南交通广播	0.64	15.8
2	海口旅游交通广播	0.57	14.1
3	海南音乐广播	0.52	12.8
4	海南新闻广播	0.48	11.9
5	海口音乐广播	0.43	10.6
6	海口综合广播	0.36	8.9
7	国际旅游岛之声	0.27	6.7
8	海南民生广播	0.22	5.4
9	中央中国之声	0.18	4.4
10	中央音乐之声	0.15	3.7

二十八　郑州广播市场收听竞争格局

表28　2019年郑州地区广播频率收听竞争格局TOP10

排名	频率名称	收听率（%）	收听份额（%）
1	郑州交通广播	0.18	17.7
2	河南交通广播	0.15	14.0
3	河南影视广播	0.10	9.7
4	1045 汽车音乐广播	0.09	8.7
5	河南音乐广播	0.09	8.3
6	郑州经典音乐广播	0.06	6.1
7	郑州音乐广播	0.06	5.8
8	河南旅游广播	0.05	4.6
9	郑州新闻广播	0.04	4.2
10	郑州经济广播	0.04	4.2

二十九　武汉广播市场收听竞争格局

表29　2019年武汉地区广播频率收听竞争格局TOP10

排名	频率名称	收听率（%）	收听份额（%）
1	楚天交通广播	0.30	10.7
2	武汉音乐广播	0.24	8.3
3	武汉新闻综合广播	0.23	8.1
4	湖北私家车广播	0.23	8.1
5	湖北文艺广播	0.23	8.0
6	湖北之声	0.23	8.0
7	楚天音乐广播	0.21	7.5
8	中央中国之声	0.19	6.7
9	武汉交通广播	0.19	6.7
10	武汉经济广播	0.18	6.2

三十　长沙广播市场收听竞争格局

表30　2019年长沙地区广播频率收听竞争格局TOP10

排名	频率名称	收听率(%)	收听份额(%)
1	湖南交通广播	0.58	13.3
2	金鹰955	0.41	9.4
3	长沙交通广播	0.34	7.8
4	中央中国之声	0.30	6.8
5	湖南音乐之声	0.30	6.8
6	年代音乐台	0.29	6.7
7	长沙新闻广播	0.27	6.2
8	湖南经济广播	0.21	4.8
9	长沙城市之声	0.21	4.7
10	中央经济之声	0.21	4.7

三十一　西安广播市场收听竞争格局

表31　2019年西安地区广播频率收听竞争格局TOP10

排名	频率名称	收听率(%)	收听份额(%)
1	西安交通旅游广播	0.41	13.4
2	陕西交通广播	0.35	11.4
3	西安音乐广播	0.29	9.4
4	西安新闻广播	0.25	8.1
5	陕西音乐广播	0.22	7.2
6	西安综艺广播	0.20	6.5
7	陕西新闻广播	0.18	5.9
8	陕西经济广播	0.16	5.2
9	陕西都市广播	0.15	4.9
10	西安资讯广播	0.13	4.2

三十二 兰州广播市场收听竞争格局

表32 2019年兰州地区广播频率收听竞争格局 TOP10

排名	频率名称	收听率（%）	收听份额（%）
1	甘肃交通广播	0.74	23.9
2	兰州综合广播	0.52	16.8
3	甘肃都市调频广播快乐1066	0.24	7.7
4	甘肃都市调频经典1022	0.24	7.6
5	甘肃新闻综合广播	0.20	6.5
6	兰州交通音乐广播	0.19	6.2
7	兰州生活文艺广播	0.18	5.8
8	甘肃青少广播青春调频	0.16	5.1
9	甘肃经济广播动感934	0.15	4.9
10	甘肃农村广播	0.13	4.0

三十三 银川广播市场收听竞争格局

表33 2019年银川地区广播频率收听竞争格局 TOP10

排名	频率名称	收听率（%）	收听份额（%）
1	宁夏交通广播	0.55	16.2
2	银川交通音乐广播	0.49	14.5
3	宁夏新闻广播	0.45	13.3
4	宁夏音乐广播	0.34	10.0
5	宁夏旅游广播	0.32	9.6
6	银川新闻综合广播	0.28	8.3
7	宁夏经济广播	0.21	6.2
8	银川都市经济广播	0.18	5.4
9	中央中国之声	0.18	5.3
10	中央中国交通广播	0.16	4.8

三十四 西宁广播市场收听竞争格局

表34 2019年西宁地区广播频率收听竞争格局 TOP10

排名	频率名称	收听率（%）	收听份额（%）
1	青海交通音乐广播	0.49	20.4
2	西宁交通文艺广播	0.41	17.1
3	青海新闻综合广播	0.32	13.3
4	青海生活广播	0.28	11.7
5	西宁新闻综合广播	0.23	9.6
6	西宁都市生活广播	0.17	7.1
7	中央中国之声	0.14	5.8
8	西宁旅游广播	0.12	5.0
9	中央音乐之声	0.10	4.2
10	青海经济广播	0.08	3.3

三十五 乌鲁木齐广播市场收听竞争格局

表35 2019年乌鲁木齐地区广播频率收听竞争格局 TOP10

排名	频率名称	收听率（%）	收听份额（%）
1	新疆949交通广播	0.34	16.2
2	乌鲁木齐旅游音乐广播	0.28	13.2
3	中央中国之声	0.24	11.2
4	乌鲁木齐974交通广播	0.20	9.6
5	新疆929私家车广播	0.17	8.1
6	乌鲁木齐维语交通文艺广播	0.15	7.2
7	乌鲁木齐新闻广播	0.13	6.0
8	新疆音乐广播	0.10	5.0
9	新疆故事广播	0.08	4.0
10	105.3音乐广播	0.07	3.5

三十六 成都广播市场收听竞争格局

表36 2019年成都地区广播频率收听竞争格局TOP10

排名	频率名称	收听率(%)	收听份额(%)
1	四川交通广播	0.31	12.6
2	成都交通文艺广播	0.30	12.4
3	四川城市之音	0.29	11.9
4	四川岷江音乐广播	0.22	8.8
5	四川文艺广播	0.18	7.4
6	成都新闻广播	0.14	5.6
7	成都经济广播	0.14	5.5
8	成都唯一音乐广播	0.13	5.5
9	四川新闻广播	0.12	4.9
10	成都文化休闲广播	0.10	4.3

三十七 贵阳广播市场收听竞争格局

表37 2019年贵阳地区广播频率收听竞争格局TOP10

排名	频率名称	收听率(%)	收听份额(%)
1	贵州交通广播	0.51	15.5
2	贵阳交通广播	0.46	13.9
3	贵州音乐广播	0.39	11.8
4	贵州综合广播	0.35	10.6
5	贵阳新闻综合广播	0.30	9.1
6	贵州都市广播	0.27	8.2
7	贵阳旅游生活频率	0.25	7.6
8	贵州故事广播	0.22	6.7
9	贵州旅游广播	0.17	5.2
10	贵州经济广播	0.14	4.2

三十八 昆明广播市场收听竞争格局

表38 2019年昆明地区广播频率收听竞争格局TOP10

排名	频率名称	收听率（%）	收听份额（%）
1	云南交通之声	0.49	15.3
2	昆明城市管理广播	0.34	10.7
3	云南音乐广播	0.33	10.3
4	云南新闻广播	0.29	9.0
5	昆明新闻综合广播	0.26	8.1
6	昆明文艺旅游广播	0.25	7.6
7	云南经济广播	0.22	6.7
8	中央中国之声	0.21	6.7
9	云南香格里拉之声	0.20	6.3
10	中央音乐之声	0.18	5.6

Abstract

"Report on Development of China's Audio Media (2020)" was jointly edited by CC Data Media Research Co, Ltd. and the School of Journalism and Communication of Jinan University. This report condensed the wisdom of professionals in Chinese broadcasting and audio media industry, journalism and communication media and related media data research companies. From the perspective of the development of current situation of Chinese audio media under the mobile internet communication environment, inspecting the symbiotic relationship between traditional broadcasting and mobile audio, to provide systematic exploration and thinking for the media convergence development of broadcast media and the "going my own way" in the integration and innovation of audio media.

This report covers the basic ecology of Chinese audio media development: traditional broadcasting, mobile radio, mobile music, audio reading and live audio. Through detailed data and actual cases, the scene development and innovation of audio media are described in a full scene, and an objective review and systematic summary of the integration and upgrade of traditional broadcasting are carried out. By 2019, Chinese audio media ecology had been further regulated, where the broadcast media produced in full form and distributed via full platform through the social platform, third-party audio and video platforms and short video platforms to settle in and build audio and video platforms, from "addition" of multiple media to "convergence" of integrate development. The digital and communication, big data technology empowerment in the process of deep media convergence enables the content production and innovation capabilities of broadcast media to be released on the most active internet production and communication lines. The broadcast media ecosystem is forming an audio ecosystem with a traditional communication model plus mobile Internet communication model. Audio listeners' media contact habits and listening behaviors have relatively typical internet attributes and characteristics. It not only changed the content transmission path of broadcast media, but also enriched the content production mode and information dissemination mode of broadcasting as a kind of audio media. It also profoundly affected the convergence development strategy of broadcast media, playing an important role in the convergence process. Broadcast media at all levels across China have transformed their business ideas and strategies, actively explored event marketing, media communication, MCN fields and the extension of diverse industries, forming a new direction and new impetus for the future development of broadcast media.

Broadcast media through the convergence communication has greatly enhanced the communication value and marketing value. By comprehensively evaluate the online and offline convergence communication of broadcast media and the influence of the public opinion and the convergence communication effect of the entire network, we can fully understand the value of broadcast media, explore the highlight of convergence communication, strengthening the role of mainstream media in public opinion, and digitize the high-level communication effect and value of broadcast media public opinion guidance, ideological guidance, cultural inheritance and serve the people.

Keywords: Audio Media; Convergence Development; Multiple Marketing; Comprehensive Evaluation

Contents

I General Report

Abstract: In 2019, under the guidance of policies and regulations, and empowered by new technologies such as mobile Internet and 5G, Chinese audio media industry carried out convergence communication and transformational development, followed its own way, and achieved significant results. This year, relevant policies and regulations have been continuously promulgated, ecological governance in the national audio field has been further strengthened, media convergence has developed in depth, major events have been exciting, determined to follow their own way and accurately spread in targeted poverty alleviation, carpooling and layout of car audio in the market, new festivals are bursting with new vitality, children's audio is empowering the whole scene ecology, audiobook has become a new growth point, smart sounds have entered a golden period to expand the audio market. However, the influence of audio and the volume of traditional broadcasting are still insufficient. In the future, it is necessary to continuously expand the main audio position through convergence and innovation.

Keywords: Traditional Broadcasting; Internet audio; Media Convergence; Scene Match

II Report on the Fusion Development of Chinese Broadcast Media

B. 2 The Basic Situation and Problems of the Construction

of Chinese Broadcast Media in 2019 *Lu Wenxing* / 022

Abstract: In the process of converging media construction, Chinese broadcasting media has settled and built audio and video platforms on "Two Microphones, One Computer, One TikTok", to conduct full-form production and full-platform distribution, and gradually move from "addition" of multiple media to "convergence". Through the establishment of a media center and a central kitchen, the reform of the media mechanism system is carried out. The online and offline communication is comprehensively promoted, the production of graphic and video content is strengthened. The intelligent upgrade and service sinking are carried out. 5G +4K +AI is introduced with new technologies such as speech recognition. The establishment of the media studio and MCN organization, and the strengthening of the construction of the emergency broadcast system have greatly improved the communication and influence of the media. In the future, it is still necessary to further strengthen the diversified communication situation, break the constraints of visual communication, strengthen the monetization of large-scale communication, adhere to the orientation and innovation of integrity, to continue to promote the development of media convergence and transformation and upgrading, and to better utilize the main force.

Keywords: Broadcasting Media; Traditional Broadcasting; Convergence Media Conduction; Multiple Communication

B. 3   Audience Structure, Terminal Composition and Listening

Habits of National Radio Listening in 2019

Chen Yehong, *Zhao Yanpei* / 041

Abstract: With the rapid development of the mobile Internet and the Internet of vehicles, the listening terminals, listening platforms, listening scenarios, audience structure and listening behavior habits of broadcast media have undergone tremendous changes. The listening terminals are showing the development trend of mobile, intelligent, and networked, and the age of the audience Presenting a younger development trend, and the quality of the audience presents an upward trend and a mid to high-end development trend. Mobile Internet and Internet of vehicles bring more opportunities to broadcasting than challenges. In the future, broadcasting media needs to seize this development opportunity, rationalize development ideas, make full use of media credibility and advantages of official media, and the Internet genes of broadcasting media to strengthen Internet thinking. Broadcasting media should continuously upgrade content production capacity, optimize live streaming programs, strengthen vertical boutique programs, full-form content production and distribution, do a good job in mobile transformation and convergence upgrades, enhance the influence of new media and public opinion guidance, and continue to consolidate the main force of mainstream media is the broadcasting media's mission in future.

Keywords: Smart Terminal; Vehicle Terminal; Mobile Terminal; Listening Behavior; Live Streaming; Media Transformation

B. 4   The Behavior Habits of National Audio Listeners' Contact

Media in 2019 and the Impact on the Development

of Integrated Broadcasting   *Niu Cunyou*, *Zhao Haijing* / 067

Abstract: While the Internet is changing people's lives, it is also changing people's media consumption behavior and habits. The networked characteristics of the national audio audience's catalytic behavior objectively reveal the evolution of audio audiences' media consumption behavior in the network environment and the core group of audio audiences and the internet of the identity attributes of audio listeners. The behavior change and identity evolution of audio listeners have become the guide for the convergence development of broadcast media from the end and terminal of media communication, revealing the core, essence and vitality of the convergence development of broadcast media.

Keywords: Audio Listeners; Audio Marking; Internet Communication; Media Convergence

B. 5 2019 National Broadcasting Media Communication Effect

Evaluation and Application Scenario Analysis   *Sun Linlin* / 091

Abstract: In 2019, national broadcasting media at all levels across the country accelerated the transformation and upgrading of integrated communication, and continued to exert efforts on core information communication platforms such as their own clients, social media, and short video media. The communication matrix tends to be improved, and the effect of convergence communication and network influence is getting stronger. Among the various frequencies, national-level frequencies have obvious advantages in media communication, provincial-level frequencies are the backbone of media communication, traffic frequencies occupy a competitive position, live streaming programs are the core of communication, and social and short video platforms have weak influence. In the future, each frequency still needs to strengthen the platform layout and content operation to increase activity and influence.

Keywords: Broadcast; Media Convergence Transformation; Type Frequency; Effect Test; Scene Practice

B. 6   Analysis of the National Broadcasting Advertisement and

Development Trends in 2019   *Yang Xiaoling* / 106

Abstract: In 2019, affected by factors such as the internal and external economic environment and the decline in the overall brand advertising market, national broadcast media brand advertising showed a downward trend for the first time. Judging from the scale of revenue from the overall publication of radio advertisements and the year-on-year changes in the operating revenues of various radio stations and different types of frequencies, the national radio advertising market has been under greater pressure in the past year. Under the pressure and challenges, broadcast media at all levels across the country changed their business ideas and strategies, actively explored event marketing, media convergence communication, MCN fields and diversified industrial extensions, forming new directions and new driving forces for the future development of broadcast media.

Keywords: Radio Advertising; Advertising Launch; Type Frequency

B. 7   Practical Exploration of the Convergence Communication

of Chinese Broadcast Media   *Tu Youquan* / 121

Abstract: This article systematically expounds the precautions, integration points, development directions and methods of broadcast media integrated communication from the internal and external driving forces of broadcast convergence communication, reflection on its own capabilities, reform of various aspects, operation strategy specifications, sound strategies and practical explorations, etc. In the context of mobile internet, broadcast media can only completely recognize their unique sound advantages, refine the core competitiveness of the media, and at the same time carry out brand-new changes in human resources, concepts, processes, management, and value evaluation methods, in order to better advance media convergence enhances network influence and public opinion guidance.

Keywords: Broadcasting Media; Convergence Communication; Driving Force; All-round Challenge; Operation Strategy

III   Online Music

B. 8   The Competitive Landscape, Development Environment and
Characteristics of China's Online Music in 2019   *Tong Yun* / 146

Abstract: Online music is a piece of music distributed through various wired and wireless methods such as the Internet and mobile communication networks. It has the characteristics of digitalization, networking, openness, sharing and interaction. In the era of media convergence, Chinese online music has ushered in unprecedented opportunities for development, and market competition is launched around users, platforms and industries. With the support of policies, online music industry has embarked on an institutionalized and legalized development track. Through the implementation of a series of measures as protection of music copyright, the market environment has become healthier and more orderly. According to the analysis of statistical data of 2019, the main characteristics of Chinese online music development are: music production focuses on originality; online music operations are coordinated; music communication highlights socialization and the scale of the music industry is globalized.

Keywords: Online Music; Original Music; Musical Social; Media Convergence

B. 9   Content Synergy and Resource Integration of Online
Music and Music Broadcasting   *Sun Shiliang*, *Wu Xiaoyu* / 161

Abstract: In 2019, with the support of capital and platform, the Chinese

original music industry will usher in a new wave of explosive growth in user flow. After the music industry be "Internetization", it also brings opportunities for industry out of circles and resource regeneration for different audio listening scenarios. For broadcasting media, online music can not only promote the content upgrade of music broadcasting frequency, but also reshape the development of media integration of broadcasting media, integrated marketing of online and offline scenes, and promotion and transformation of user catalysts to consumption by content. The broadcasting media convergence matrix and business model in the internet ecology.

Keywords: Online Music; Streaming Media; Broadcasting Media; Music Broadcasting; User Payment

B. 10   Internet Music Users' Listening Preferences and Selection

Characteristics in 2019   *Zhang Zheng* / 174

Abstract: With the rapid development of the Internet, especially the mobile Internet, the listening behavior of music users has gradually changed to mobile, intelligent and customized. The scale of online music users and the market has grown rapidly, becoming the core of music consumption. This article starts with the demographics and consumption values of online music users, content consumption preferences and consumption scenarios for music songs, preference about singer, song attention channels and interactive sharing behaviors, online music Applications platform selection, and differences in the frequency of online music Applications and broadcasting. The selection preference and other aspects are systematically sorted out, committed to a comprehensive understanding of the music consumption track and preferences of the music user group, and provide data support and strategic suggestions for the convergence development of online music platforms and music broadcasting frequencies.

Keywords: Internet Music; Music Preference; Listening Habits

Ⅳ Commercial Internet Radio

Abstract: Chinese commercial internet radio station refers to a new form of "Internet + Broadcasting" dissemination that is established by commercial capital in China and provides online live and on-demand, audio upload and download, entertainment, social communication and other diversified matrix services for profit. It is an Internet radio station with the nature of a private enterprise belonging to the Internet company. On the Internet fast lane of media convergence and 5G technology development, Chinese commercial Internet radio mainly presents a three-pointed development situation of Himalaya, Dragonfly FM and Litchi. It has obvious industry characteristics in audio social networking, 5G intelligence, knowledge payment, and in-vehicle marketing. And steadily move forward to whole scenes, generalization entertainment and industry + platform standardization.

Keywords: Internet Radio; Mobile Audio; Audio Socialization; Knowledge Payment

Abstract: In recent years, the improvement of audio technology and the change of user's consumption concept have created a good environment for the rapid development of online voice live broadcast. Online audio Application represented by Litchi, Himalayas and Dragonfly FM have opened up online voice live broadcast sections, which not only bring market economic effects, but also

create huge social effects. Due to the late start of the online voice live broadcast market, the user market still has great development potential at present. With the in-depth layout of various live broadcast, short video and other platforms, the user scale of online voice live broadcast will further expand in the future. In 2019, the development of online voice live broadcast gradually matures. While the audio live broadcast platform is rapidly expanding the market and looking for differentiation, a series of problems such as content homogeneity and low monetization rate have emerged. Nowadays, with the gradual increase in the volume of online voice live broadcast, the regulatory authorities are gradually increasing their attention and management of voice live broadcast. It is predicted that among the many voice live broadcast platforms in the future, large-scale integrated platforms will become the main front to attract funds and users. The social nature of voice live broadcast will become increasingly prominent. In the development concept of " live broadcast +", the monetization mode of voice live broadcast will also be more diverse.

Keywords: Online Voice Live; Voice Live Broadcast Platform; Industry Ecology; User Behavior

B. 13　2019 Domestic Online Audio Show Payment Research

Beijing Radio and Television Station Broadcast

Development Research Center / 226

Abstract: This paper analyzes the production, dissemination, and consumption of the three parts in the industry chain of online audio program content payment to study the development status of domestic online audio program content payment in 2019. In 2019, the domestic online audio program content payment field continued to grow, the industry chain and operation model became increasingly clear, and users' content payment habits were initially established. Content payment has become an important profit model for major platforms. Combining the development experience of foreign audio content payment industry, put forward strategic suggestions to serve the development of Chinese online audio content payment industry.

Keywords: Audio Payment; Industrial Ecology; Content Operation; Platform Operation; User Portrait

B. 14 Content Listening Preferences and User Listening Habits

of Online Audio Programs in 2019 *Shen Huizhi / 246*

Abstract: At present, national online audio platforms are showing a trend of monopolistic competition on top platforms represented by Himalaya, Dragonfly FM and Litchi. User flow growth is gradually Approaching the ceiling. In-depth user operation and promotion have become the key to the further development of the platform. The more in-depth user research is getting more and more important. This article starts with user portraits, listening behavior habits and content consumption preferences of network audio programs, comprehensively analyzes network audio users, and analyzes the user profile structure and content consumption characteristics of the three major audio platforms, which is for the in-depth development of the network audio industry and platforms, to provide key data support and viewpoint references with in-depth operations.

Keywords: Network Audio Program; Network Audio Platform; User Portrait; Listening Habits; Content Preference

B. 15 Content Strategy and Competition Situation Between

"Ximalaya" and "Dragonfly FM" in 2019

Shen Qiwu, Zhou Xiaoxing / 262

Abstract: Unlike online video, which detonated the fierce competition on major platforms since its inception, online audio has experienced a long and gentle

exploration in its early days. Whether it is Internet radio, micro radio, or podcast, it seems that it has not been able to push online audio to the "front". Until the technological empowerment of mobile Internet and mobile smart devices gave birth to mobile audio platforms represented by Himalaya and Dragonfly FM, network audio truly ushered in the eve of "explosion". Himalaya and Dragonfly FM have gradually developed into top players in the domestic audio industry by creating high-quality content, strengthening copyright resources and IP accumulation, and cultivating professional anchors. They also successfully opened the platform profit model through festival activities, advertising and marketing, content payment. Through cross-industry joint creation of smart terminal entrances, they strengthened the construction of the whole scene content ecology, laying a solid foundation for the development of the future smart era. But at the same time, compared with the video and short video market, the domestic audio market is still weak, and still needs to be vigorously developed, continue to innovate and persist.

Keywords: Himalaya; Dragonfly FM; Premium Content; Scene Ecology; Intelligent Portal; Vertical Field

Ⅴ　Commercial Online Audio Books

B. 16　The Full-line Upgrade of China's Audio Book

Marketing in 2019 　　　　　　　　　　*Yu Dan* / 280

Abstract: In the past five years, Chinese audiobook market has maintained a growth rate of more than 30%. In 2019, the scale of Chinese audiobook market has reached 6. 36 billion yuan, an average annual growth rate of 36. 4%. The operation of the voice platform lies in platform capital investment, platform technology innovation, and audiobook products, marketing and other aspects have shown upgrade characteristics. The user in audio consumption has also shown an upgrade trend in terms of quantity and listening time, content demands and willingness to pay. In the future, the sound market will continue to maintain a steady growth trend.

Keywords：Audiobooks；Platform Operation Upgrade；User Consumption Upgrade

B. 17　The Listening Habits，Content Preferences and Platform
　　　　Choices of audio book users in 2019　　　*Cui Lingling* / 293

Abstract：In recent years，competition in the domestic audiobook market has mainly revolved around comprehensive audio platforms and vertical listening books platforms. The rapid development of the audiobook market has made it a content category highly valued by all parties. Young generations born in the 80s and 90s who with a good education background and the backbone of the workplace have become the core listening users of audiobooks；their listening loyalty is relatively higher，and they rely more on platform recommendations and lists to select books；listening types are mainly fantasy，but also presents diversified characteristics. Besides audio books，they also like listening music and other vertical content. In the era of in-depth user operation and value monetization，in-depth research on users will directly promote the refined operation of the platform，and their every move will directly affect the development strategy of each platform.

Keywords：Audiobooks；Comprehensive Audio Platforms；Vertical Listening Platforms；Himalayas；Lazy Audio

B. 18　The Development Model，Content Strategy and User
　　　　Research of "Lazy Audio"
　　　　　　　　　Wang Yu，Sun Lutong and Gong Jie / 307

Abstract：Lazy Audio Application is a vertical online audio platform for audio reading with more than 10 million daily active users. Lazy Audio mainly

adopts a single-book payment model and obtains profit. As an audio platform for deep cultivating audiobooks, it has the exclusive advantage of network literature copyright adaptation rights, and at the same time develops its own production and communication ecological chain around the "listening books" economy. This article explores the characteristics of the Application and its role in the audio market from the development track, profit model, content production, marketing strategy and user experience of the Lazy Audio.

Keywords: Lazy Audio; Audio Reading; Online Audio; Audio Content

Ⅵ　Appendix: Data

社会科学文献出版社

皮 书

智库报告的主要形式
同一主题智库报告的聚合

✦ 皮书定义 ✦

皮书是对中国与世界发展状况和热点问题进行年度监测，以专业的角度、专家的视野和实证研究方法，针对某一领域或区域现状与发展态势展开分析和预测，具备前沿性、原创性、实证性、连续性、时效性等特点的公开出版物，由一系列权威研究报告组成。

✦ 皮书作者 ✦

皮书系列报告作者以国内外一流研究机构、知名高校等重点智库的研究人员为主，多为相关领域一流专家学者，他们的观点代表了当下学界对中国与世界的现实和未来最高水平的解读与分析。截至2020年，皮书研创机构有近千家，报告作者累计超过7万人。

✦ 皮书荣誉 ✦

皮书系列已成为社会科学文献出版社的著名图书品牌和中国社会科学院的知名学术品牌。2016年皮书系列正式列入"十三五"国家重点出版规划项目；2013~2020年，重点皮书列入中国社会科学院承担的国家哲学社会科学创新工程项目。

中国皮书网

（网址：www.pishu.cn）

发布皮书研创资讯，传播皮书精彩内容
引领皮书出版潮流，打造皮书服务平台

栏目设置

◆ **关于皮书**

何谓皮书、皮书分类、皮书大事记、
皮书荣誉、皮书出版第一人、皮书编辑部

◆ **最新资讯**

通知公告、新闻动态、媒体聚焦、
网站专题、视频直播、下载专区

◆ **皮书研创**

皮书规范、皮书选题、皮书出版、
皮书研究、研创团队

◆ **皮书评奖评价**

指标体系、皮书评价、皮书评奖

◆ **互动专区**

皮书说、社科数托邦、皮书微博、留言板

所获荣誉

◆ 2008 年、2011 年、2014 年，中国皮书
网均在全国新闻出版业网站荣誉评选中
获得"最具商业价值网站"称号；
◆ 2012 年，获得"出版业网站百强"称号。

网库合一

2014 年，中国皮书网与皮书数据库端口
合一，实现资源共享。

权威报告·一手数据·特色资源

皮书数据库
ANNUAL REPORT(YEARBOOK)
DATABASE

分析解读当下中国发展变迁的高端智库平台

所获荣誉

- 2019年，入围国家新闻出版署数字出版精品遴选推荐计划项目
- 2016年，入选"'十三五'国家重点电子出版物出版规划骨干工程"
- 2015年，荣获"搜索中国正能量 点赞2015""创新中国科技创新奖"
- 2013年，荣获"中国出版政府奖·网络出版物奖"提名奖
- 连续多年荣获中国数字出版博览会"数字出版·优秀品牌"奖

成为会员

通过网址www.pishu.com.cn访问皮书数据库网站或下载皮书数据库APP，进行手机号码验证或邮箱验证即可成为皮书数据库会员。

会员福利

- 已注册用户购书后可免费获赠100元皮书数据库充值卡。刮开充值卡涂层获取充值密码，登录并进入"会员中心"—"在线充值"—"充值卡充值"，充值成功即可购买和查看数据库内容。
- 会员福利最终解释权归社会科学文献出版社所有。

数据库服务热线：400-008-6695
数据库服务QQ：2475522410
数据库服务邮箱：database@ssap.cn
图书销售热线：010-59367070/7028
图书服务QQ：1265056568
图书服务邮箱：duzhe@ssap.cn

社会科学文献出版社 皮书系列
SOCIAL SCIENCES ACADEMIC PRESS (CHINA)
卡号：486328483313
密码：

S 基本子库
UB DATABASE

中国社会发展数据库（下设 12 个子库）

整合国内外中国社会发展研究成果，汇聚独家统计数据、深度分析报告，涉及社会、人口、政治、教育、法律等 12 个领域，为了解中国社会发展动态、跟踪社会核心热点、分析社会发展趋势提供一站式资源搜索和数据服务。

中国经济发展数据库（下设 12 个子库）

围绕国内外中国经济发展主题研究报告、学术资讯、基础数据等资料构建，内容涵盖宏观经济、农业经济、工业经济、产业经济等 12 个重点经济领域，为实时掌控经济运行态势、把握经济发展规律、洞察经济形势、进行经济决策提供参考和依据。

中国行业发展数据库（下设 17 个子库）

以中国国民经济行业分类为依据，覆盖金融业、旅游、医疗卫生、交通运输、能源矿产等 100 多个行业，跟踪分析国民经济相关行业市场运行状况和政策导向，汇集行业发展前沿资讯，为投资、从业及各种经济决策提供理论基础和实践指导。

中国区域发展数据库（下设 6 个子库）

对中国特定区域内的经济、社会、文化等领域现状与发展情况进行深度分析和预测，研究层级至县及县以下行政区，涉及地区、区域经济体、城市、农村等不同维度，为地方经济社会宏观态势研究、发展经验研究、案例分析提供数据服务。

中国文化传媒数据库（下设 18 个子库）

汇聚文化传媒领域专家观点、热点资讯，梳理国内外中国文化发展相关学术研究成果、一手统计数据，涵盖文化产业、新闻传播、电影娱乐、文学艺术、群众文化等 18 个重点研究领域。为文化传媒研究提供相关数据、研究报告和综合分析服务。

世界经济与国际关系数据库（下设 6 个子库）

立足"皮书系列"世界经济、国际关系相关学术资源，整合世界经济、国际政治、世界文化与科技、全球性问题、国际组织与国际法、区域研究 6 大领域研究成果，为世界经济与国际关系研究提供全方位数据分析，为决策和形势研判提供参考。

法律声明

"皮书系列"（含蓝皮书、绿皮书、黄皮书）之品牌由社会科学文献出版社最早使用并持续至今，现已被中国图书市场所熟知。"皮书系列"的相关商标已在中华人民共和国国家工商行政管理总局商标局注册，如LOGO（ ）、皮书、Pishu、经济蓝皮书、社会蓝皮书等。"皮书系列"图书的注册商标专用权及封面设计、版式设计的著作权均为社会科学文献出版社所有。未经社会科学文献出版社书面授权许可，任何使用与"皮书系列"图书注册商标、封面设计、版式设计相同或者近似的文字、图形或其组合的行为均系侵权行为。

经作者授权，本书的专有出版权及信息网络传播权等为社会科学文献出版社享有。未经社会科学文献出版社书面授权许可，任何就本书内容的复制、发行或以数字形式进行网络传播的行为均系侵权行为。

社会科学文献出版社将通过法律途径追究上述侵权行为的法律责任，维护自身合法权益。

欢迎社会各界人士对侵犯社会科学文献出版社上述权利的侵权行为进行举报。电话：010-59367121，电子邮箱：fawubu@ssap.cn。

社会科学文献出版社